Affinitas Linguae Hungaricae Cum Linguis Fennicae Originis Grammatice Demonstata: Nec Non Vocabularia Dialectorum Tataricarum Et Slavicarum Cum Hungarica Comparata

Sámuel Gyarmathi

AFFINITAS
LINGVAE HVNGARICAE
CVM
LINGVIS FENNICAE ORIGINIS
GRAMMATICE DEMONSTRATA.

NEC NON

VOCABVLARIA

DIALECTORVM TATARICARVM ET SLAVICARVM

CVM HVNGARICA

COMPARATA.

AVCTORE

SAMVELE GYARMATHI

MEDICINAE DOCTORE
ET SOCIETATIS SCIENTIARVM GOTTINGENSIS SODALI CORRESPONDENTE
NEC NON SOCIETATIS NATVRAE CVRIOSORVM JENENSIS SOCIO.

GOTTINGAE

TYPIS JOANN. CHRISTIAN. DIETERICH. 1799.

AVGVSTISSIMO AC POTENTISSIMO

TOTIVS ROSSIAE

AVTOCRATORI

PAVLO PRIMO.

LIBRARY OF THE TAYLOR INSTITUTION
UNIVERSITY
11 APR 1951
OF OXFORD

POTENTISSIME CAESAR

DOMINE

LONGE INDVLGENTISSIME.

Non nisi sapientiae et gratiosissimae liberalitati debetur, qua Potentissimi Imperii Rossici Principes virorum doctorum studia haud dedignati sunt prosequi, quod plures recentiorum populorum linguae nobis innotuerint, quorum antea ne nomina quidem fando accepta fuerunt. Pertinent huc linguae Votjakorum, Tscheremissorum, Tschuvaschorum, Permiorum, Vogulorum, Sirjenorum, Morduinorum, Esthonum, Finnorum et Lapponum, quos populos fere omnes divina providentia Rossiae sceptro subjecit.

Spero itaque Caeſar longe indulgentiſſime, Te audaciam, qua huic libro meo ab immortali Nomine Tuo ſplendorem et gratiam conciliare ſtudui, non ſolum benigno animo mihi condonaturum, ſed operam quoque meam in linguis populorum Tuae dominationi ſubjectorum diligentius perſcrutandis adhuc collocatam, et in poſterum, ſupremum numen et Tua Majeſtas ſi adnuerit, collocandam, favore Tuo amplexurum eſſe.

Cum primum Grammaticas trium linguarum primo loco memoratarum, quae Petropoli 1775 prodierunt, perlegerem, certiſſimaque in illis linguae meae patriae Hungaricae animadvertere viderer veſtigia, percuſſus ſum intimo devotiſſimae gratitudinis ſenſu erga

Principem, tot Novis ſcientiae humanae ambitum ditantem, quae hucusque eruditos homines fugerant. Magis vero commotus ſum lecta exhortatione, In praefatione ad opus inſcriptum: *Vocabularia totius orbis comparativa Auguſtiſſimae cura collecta* et Petropoli 1786. 1789. edita, qua exteri viri docti ad opus omni laude ſuperius continuandum et perficiendum humaniſſime excitantur. Implevit me ſtatim ſummus ardor, in via tam egregie coepta et munita ulterius progrediendi, et in linguas ſupra dictas altius inquirendi. Verum quamvis hujusmodi diſquiſitionum inſtituendarum deſiderium ſit mihi quaſi innatum, ſemper tamen opportunitas defuit mihi, praeſertim quod tales diſquiſitiones in terris imperii Tui, Potentissime Princeps, longe a mea patria, et hinc, ubi jam dego, dissitis, sint faciendae, nec nisi Te tutelari Genio feliciter possint peragi. Quodsi autem Tua Majestas labori meo faverit, forsitan sub auspiciis Tuis latius evagari mihi licebit, id quod ipse in ardentissimis votis habeo. Ceterum precor Deum optimum maximum, ut Te, domumque Tuam et regnum Tuum omni felicitate beet, et cumulet.

Tuae sacro sanctae Majestati

devotissimus

SAMVEL GYARMATHI.

Transsilvanus. Med. Doctor.

PRAEFATIO.

Niſi utile eſt, quod facimus, ſtulta eſt gloria. Diſquirere utrum lingua hungarica affine aliquid cum linguis *Fennicae* originis habeat, laborem exigit arduum, et difficilem; quaenam autem hinc redundatura ſit utilitas, non ſine ratione quaeri poteſt. Antequam igitur opus aggrediamur, ne muſcas captare, et laterem lavare videamur, ſana perpendere ſvadet ratio, utrum operae pretium ſit tanto nos ſubjicere labori?

Perſpicaciſſimi hiſtoriarum ſcrutatores, perveſtigata obſcura illa veteris aevi epocha, in qua magna gentium migratio varias, easque ſubitas produxit mutationes, in eo tandem inter ſe conſentire videntur, quod tam natio *Hungarica*, quam illae omnes, quas hodie hiſtorici nationes *Fennicae* originis nominant, ex eadem origine ſatae, et auctae, ex oriente aut ſeptentrione (ſub judice lis eſt) avita ſua ſede emigrantes, per varios caſus, perque multa rerum diſcrimina, in has, quas hodie incolunt terras, delatae, manſionem demum certam, et fixum ſtabilierunt domicilium.

Argumenta penſitare, quibus doctiſſimi viri hocce ſuffulciunt aſſertum, mei inſtituti non eſt, ſed ea tantum expendere, quae quaeſtioni huic: *Utrum linguae dictarum gentium ſimile quid inter ſe ha-*

habeant? multis dubiis subjectae, et ab eruditis exagitatae, lucem aliquam affundere possunt.

Olaum Rudbeckium, et post hunc Sajnovitsium, similitudinem hanc subolfecisse quampluri-mis notum est. Sajnovits eam in Demonstratione sua*) Havniensium eruditae societati dedicata adstruere conabatur. Proxime autem eam, eruditus vir I. HAGER**) majore multo eruditionis apparatu in Dissertatione sua corroboravit. Quid autem ego praestare potuerim, sequentibus docebitur.

Instituta linguae meae patriae per aliquot annos disquisitione curatiori, et acquisita quarundam aliarum linguarum cognitione, observare coepi, linguam hungaricam non tantum ex linguis orientalium, Persarum, Hebraeorum et Turcarum, sed etiam ex quibusdam Europae linguis haud parvam mutuasse vocum copiam. Primo loco memoro Slavos, quorum linguae, teste doctissimo *Szekeres* Presbytero, et censore quondam librorum Viennae, linguarum slavicae, hungaricae, latinae, germanicae, et graecae callentissimo, voces hungarica lingua debuit multas, jam per secula civitate donatas. Multas ex lingua valachica quoque adoptavit, quae tamen ipsa etiam ex slavica et latina conflata est. Praeterea ex lingua germanica, italica, gallica, et anglica aliquas acquisivit.

Ex

*) Sajnovits. *Demonstratio Idioma Hung. et Lappon. idem esse.* Havniae. 1770.

**) *Neue Beweise der Verwandschaft der Hungarn mit den Lapländern.* Wien. 1793.

Ex omnibus his, inquam, linguis nostra hungarica magno satis vocabulorum numero aucta est, Enimvero non possem harum ideo similitudinem asserere, cum similitudo ex vocabulorum similitudine magis, quam aliis proprietatibus sumta mihi semper visa sit minima.

In publicum edidit *P. Beregszászi* Professor collegii ref. in *Sárospatak*, vir literaturae orientalis peritissimus, mihique amicissimus, opus *) magno eruditionis apparatu elaboratum, ex quo lector cognoscere poterit, in quibus lingua hungarica cum orientalibus convenit. Magna assiduitate scrutatus est vir diligentissimus linguas orientales sequentes: Hebraicam, Chaldaicam, Syriacam, Aethiopicam, Arabicam, Persicam, Turcicam, Curdicam, Zendicam (Zend Avesta), Pehlvicam v. Samskritamicam, Kalmuckicam, Zingaricam, Hindostanicam, Indicam, Manschuricam, Tataricam, Sinensem, Armenicam, Grusinicam, Georgianam, praeterea linguas occidentales: Valachicam, Bohemicam, Germanicam, Latinam, Italicam, Gallicam, Albanicam, Romanicam, Romano-Valachicam, et quidquid in his labore diuturno detegere potuit, vocabula vndique plurima notando, et Syntaxin earum linguarum subtiliter rimando, consequenter illa, quae hungarico aliquid affine habebant sollicite congerendo; in unum corpus regedit, atque ita literaturae hungaricae amatoribus thesaurum maxime aestima-

*) *Ueber die Aehnlichkeit der hungarischen Sprache mit den morgenländischen, nebst einer Entwickelung der Natur, und mancher bisher unbekannten Eigenschaften derselben, von P. Beregszászi.* Leipz. 1796. 4. p. 214.

aestimabilem contexuit, qui ex eo multa admodum adhuc incognita, in linguae patriae naturam investigandam pertinentia, et nexum ejus cum omnibus his linguis demonstrantia maxima cum voluptate haurire possunt, quo omnes boni patriae cives, tam hodierni, quam posteri, magna huic viro de republica literaria optime merito, gratitudine devincti sunt, eruntque.

In hoc ergo opere inveniet lector sciendi cupidus plurima, quae lingua nostra ex *Oriente* acquisivit. Quid autem *Septentrio* hanc ad rem illustrandam obtulerit, illud euolvere jam mei erit instituti.

Similitudinem, quam ego statuere allaboro, sequentia constituunt momenta.

Primo. Terminationes Nominum Substantivorum et Adjectivorum, quae vocibus certum aliquem characterem imprimunt, ope cujus significatio earum illico detegi potest.

Secundo. Similitudo modi declinandi et comparandi.

Tertio. Varia Pronominum significatio, et formatio, praecipue Pronominum Possessivorum coalescentia cum Nominibus et Praepositionibus possessivis.

Quarto. Suffixa et Possessiva, quae concursu Suffixorum, cum vocibus oriri solent.

Quinto. Conjugatio, et Significatio Verborum multifaria, quae in lingua Lapponum et Finnorum tam varia est, ut hungaricam superare videatur.

Sexto. Natura Adverbiorum, inprimis autem Praepositionum, quae rectius Postpositiones dici merentur,

rentur, et quae per Numeros et Perſonas, tamquam reliqua Poſſeſſiva flexibilia inflectuntur.

Septimo. Syntaxis vocum.

Octavo. Similitudo vocabulorum multorum, quod quidem momentum mihi ſemper ultimum in iſtiusmodi diſquiſitionibus eſſe ſolet.

Nono. Collatio locorum biblicorum ope cujus multo facilius et clarius plurimarum vocum ſimilitudo offendi poterat, quam auxilio lexicorum, aut grammatices.

Auxilia quibus uſus fui ſunt ſequentia.

Quoad linguam lapponicam adhibui: *Lexicon Lapponicum* cum interpretatione vocabulorum ſveco-latina, et Indice ſvecano-lapponico, in uſum tam illorum, quibus cura eccleſiarum in Lapponia committenda, aut iam commiſſa eſt; quam aliorum curioſorum, et linguarum ſtudioſorum, indigenarum, et exterorum, illuſtratum praefatione latino-ſuecana, generoſiſſ. dom. equ. aurat. de ſtella polari, Regis, Regnique Cancell. Conſil. et Profeſſ. Upſal. *Johannis Ihre.* Nec non auctum, grammatica lapponica a dom. *Erico Lindahl* Praepoſ. et paſt. eccl. Lyckſeleenſis, et *Johanne Oehrling*, paſt. eccleſiae Jockmockenſis confecta. In lucem editum cura, et impenſis illuſtriſſ. regiae in eccleſias lapponicas directionis. Anno MDCCLXXX. Holmiae. Typis Joh. Georg Lange. Opus certe eſt ſui generis unicum, uſitatiſſimas omnes linguae lapponicae voces a viris eruditis linguaeque peritis, partim in Lapponia natis, ibique educatis, collectas continens, nam *Joh. Oehrling* in Lapponia natus anno 1718 in in Gymnasio Hernoesandensi educatus, in Academia Upsaliensi eruditus, ad suosque redux, rectoris et pastoris munere per triginta sex annos functus, anno 1779 diem obiit supremum. Continet hoc lexicon paginas 716 in 4. Usus sum praeterea *Grammatica Lapponica Henrici Ganander Aboensis*. Holmiae 1753. *Grammatica Fennica Bartholdi Vhael*. Aboe 1733. *Poesi Fennica*, quae in forma dissertationum praeside celeberrimo Prof. *Henrico Porthan* prodiit, ab anno 1766 usque 1778. Usus sum tandem, *Tentamine Lexici Fennici Danielis Juslenii*, Stockholmii edito, anno 1745. quod complectitur paginas 567 in 4.

Ut autem lectores mei justam linguae lapponicae et finnicae notionem acquirere possint, necessarium duxi illa huc transferre, quae in grammatica dicta doctorum virorum, *Lindahl et Oehrling* eleganter scripta sunt, atque lexico lapponico praemissa leguntur. Quo rarius enim lexicon hocce in manibus eruditorum meae patriae versatur, eo gratius meis lectoribus futurum spero, rem ad institutum meum maxime pertinentem hic adnotasse.

„Illum certe hujus nostrae lucubrationis usum futurum speramus (ait vir eruditus) illumque in finem hoc editur opus, ut linguarum studiosis aditus sit ad linguam etiam lapponicam penitius cognoscendam, tantopere a reliquis europaeis diversam et differentem."

„Hi linguarum cultores mirabuntur linguam hujus gentis, quae studia literarum non colit, cujusque simplicitas vitae haud multarum scientiarum et

artium

artium adminiculo opus habet, tamen multis abundare elegantiis, vocibusque, quibus quae dicenda ſunt nervoſe ſatis exprimi poſſunt."

„Hae voces phraſesque ſaepe tales ſunt, et tam ſingularis energiae, ut in aliud idioma aegre transferri poſſint, atque ſi verſiones ex una in alteram linguam merito cenſentur requirere eruditionem ſolidam, ingeniumque acutum, multo adhuc difficilius erit negotium, ex lingua lapponica in aliam quamvis quidquam transferre, propter idiotismos, hujus linguae, indolemque ſingularem."

„Quod in lingua lapponica termini technici ſcientiarum artiumque illarum, quas gens ignorat, deſiderentur, nemini mirum videri poteſt. Omnibus aliis gentibus id ipſum commune eſt, quae cum primum ſcientias et artes amplexae ſunt, terminos technicos artiumque nomina aut ſimul mutuatae ſunt, aut nova effingere neceſſum habuere. Ex hac ipſa cauſa lingua lapponica aevo recentiori multis, imprimis vocibus theologicis aucta eſt, quarum tanta laborat penuria, quanta excellit copia vocum, quibus quae in vita communi occurrunt exprimuntur*).

„Voces

*) Exempli gratia: Nix vento cumulata et compacta, appellatur: *Filpatak*. Nix frigore tantummodo indurata, ſed non conglaciata: *Tele*. Nix cruſta tenui glaciali obducta: *Skawe*. Cruſta nivis craſſior, et altius congelata: *Tjarw*. Pars ima nivis, ſive quae humo proxima eſt, quando conglaciatur: *Skiltje* et *Tjuoke*. Nix admodum alta: *Wuor*.

Haec pauca hic de voce *Nix* et *Glacies* notaſſe ſufficiat, habent autem Lappones praeter has, voces plurimas adhuc, quibus varias nivis ideas, ejusque vicinas modificationes exprimunt, quas hic omnes notare nolui,

„Voces itaque theologicae maxima ex parte recentiores sunt, aut tales antiquae, quae praeter significationem vulgarem simul speciatim exprimunt illas res et functiones, quae ad cultum divinum et religionem pertinent. Huic usui nonnullae harum jam unice inserviunt, e. gr. *Kastatet* fere semper est baptizare: *Scallo*, semper et unice sacram coenam, *Scallotet* sacram coenam distribuere significant, reliqua ut omittamus."

„Praeter hanc vocum theologicarum penuriam etiam nonnullae aliae desiderantur, et illae quidem tales, quibus nulla carere posse lingua videtur. Ita e. gr. quia virtus, et bene moratus nullo idoneo, et proprio nomine gaudent, per circumlocutionem auctores illam appellaverunt *Tjabbes tape*, sive honestam rationem vivendi, hunc *Tjabbes tapek*, sive talem, qui ita vivit." Conscientiae etiam nomen in lingua lapponica recentioris est aevi, quod varie expressere auctores.

„Voluptate et luxu ut fere caret gens lapponica, ita et nomen ignotum, reliqua ut heic praetereamus. Id notatu dignum est, nomen *ata* et verbum *atet* communis esse significationis *) quibus omne id exprimitur, cujus nomen genuinum aut ignoratur, aut ex memoria excidit, sensus autem e contextu eliciendus est."

Ut

nolui, ne lectores taediosa talium vocum enumeratione fatigarem. Sed quis hoc mirari poterit, qui ingentem nivis copiam, qua lappones per potiorem anni partem teguntur, et cum qua per totam vitam luctantur perpendit?

*) Vide p. 33. vocem *Ata*, *Atet*, quod Hungarorum *Izé*, *Izélni*, respondet.

„Ut ſupra diximus, lexicon hoc illorum imprimis inſervit uſui, quibus cognitio linguarum arridet. Illarum quidem gentium linguas, quibuſcum nobis eſt commercium aliquod, omnium primum addiſcere neceſſum habemus, qui ut obtineatur finis, lexica raro deſunt, aliaque adminicula: at cum his nequeat circumſcribi limitibus deſiderium linguarum curioſorum, nonniſi plurium et fere omnium linguarum cognitione explebile, locus nobis eſt ſperandi, illis certe gratum hoc futurum opus *). His linguarum cultoribus eo minus poeniteat porrigere opem, quod, ſe cum in hoc muſarum genere oblectant, id ſimul utilitatis exinde redundet, ut, collatis ſecum invicem linguis, illarumque aut convenientia aut diſcrepantia detecta aliqua cum probabilitate ortum gentium illarum, quibus vernaculae ſunt, nos edocere valeant.

„Cognitio itaque linguarum gentium ortum et proſapiam docet, indicatque, ut et ſolum et genus vitae mutaverint monſtrat; quae quidem hiſtoria aeque et jucunda, et utilis forte eſt eritque ſemper atque illa, quae crudelia et exitioſa bella nobis enarrat.

„In lucem adhuc non ſatis eſt prolatum, unde originem lappones ducant, neque illud ipſi a majoribus acceptum relationibus quidem, ne dicam hiſtoria, in hoc tempus reſervatum habent. Et quia mores vitaeque conditio, illam ſine dubio quam voluit quod inhabitant ſolum, induerunt ſpeciem, nihil niſi lingua reſtat, ex qua penitius examinata, et cum aliis collata hoc erit eruendum.

At

*) Mihi certe fuit maxime gratum, quod idem meis popularibus contingere non ſine cauſa ſpero.

„At cum his quaestionibus id tantum quod verisimile est, raro certa ratio rerum obtineatur, mirum non est, de ortu lapponum varias, et diversas fuisse opiniones. Itaque eruditi plures lappones esse Israelitas contenderunt, et in ostendenda convenientia linguae cum Ebraea desudaverunt, et quidem non absque omni specie veri, nisi nulli non similis euadat lingua Ebraea, nullo habito respectu vocalium, mutatisque praeterea pro lubitu literis unius ejusdemque organi. In illis qui huic rei explicandae operam dedere, clarus est Olaus Rudbeckius junior, Professor quondam Upsaliensis, nec non Magister Johannes Thelin, pastor antehac et praepos. Umensium, quorum adhuc eruditae observationes manuscriptae exstant. Linguam lapponicam cum hungarica in multis convenire ut jam dudum observatum est, ita illud deinceps Dom. Sajnovits natione Hungarus, Norvegiam cum ante aliquot annos peragraret expertus est, id quod ulterius expositum est, et demonstratum dissertatione academica, quae Upsaliae sub Praesidio Generosiss. Dni. Equitis regii, regnique Cancell. Consil. Joh. Ihre anno 1772 prodiit: *De convenientia linguae lapponicae cum hungarica.* Fennicam quoque linguam cum hungarica aliquatenus congruere scriptoribus non ignotum, et quidem aequo ac lapponica jure, propter illam, quae inter has ambas est similitudo, quod pace dixerim illorum, qui has et nationes et linguas plane diversas esse contendunt, qua de re in actis literariis Upsaliensibus prolixa est disputatio.

„Nihilominus vix negari potest, has linguas in multis concordare, quod et hoc lexicon ostendit,

idque

idque collatis utriusque linguae grammaticis ulterius elucet. Quod vero Lappones a vicinis Svecis et Norvagis plura mutuati sint vocabula, istud mirum non est. De cetero unum alterumve in polonica, anglicana et quoque gallica lingua exstat vocabulum cum lapponica congruum. An in russica quaedam sint, certo dicere non possumus. Hactenus viri eruditi Lindahl et Oehrling.

Pauca haec, quae primo tentaminis loco in publicum dare potui faventibus oro lectores oculis excipere, meque potius auxilio beneuolo animare, quam mordaci subjicere criticae dignentur, amicam quamvis correctionem gratissimo semper animo excepturum. Eo enim plura de die in diem a me expectare hujus generis specimina possunt, quo faventiores lectores meos, mihique suppetias ferre paratos reperiam.

Linguae lapponicae gnari mihi condonare dignentur, quod orthographia auctorum veteri et nova, in meis exemplis lapponicis et fennicis mixtim usus fuerim, exercitatio etenim requiritur maxima, ad uniformitatem semel adoptatae novae orthographiae in toto opere curiose observandam. At mihi, qui omni vivo destitutus magistro nonnisi venerandos consulere potui mortuos, pronum erat varios committere errores. Neque lexicon omnes continebat voces, quas ex variis grammaticis deprompsi.

Ingrati hominis nomine dignus evaderem, nisi publice confiterer, me quam plurima, quae in hoc opere reperiuntur, Celeberrimo Professori, et Magnae Britanniae Regis Aulae Consiliario, *A. L. Schlözer*, et magnae Bibliothecae Georgiae Augu-

 stae

ſtae in acceptis referre debere. Hic enim Vir eruditus plurimos mihi libros, pagina 125 grato animo enumerandos, propria ex bibliotheca evolvendos obtulit, meque in iis, quae ad inveſtigandas octo nationum fennicarum linguas neceſſaria erant, humaniſſime inviare dignatus eſt.

In Bibliotheca autem memorata lexica omnia, quorum copia haec magna gaudet, aliaque ſcripta in rem meam pertinentia quaerenti ſemper parata offerebantur, haec enim eſt fons ille inexhauſtus, theſaurusque ditiſſimus, ex quo omnigenae eruditionis cultores ſitim ſuam reſtinguere poſſunt. Extra hanc dubito, an alibi terrarum aeque multifaria, ordine aeque bono digeſta, et omnium deſiderio ſatisfaciens reperiatur librorum ſupellex. Hujus ergo cuſtodibus vigillantiſſimis publica referenda eſt gratia, qui promptiſſime ſemper, atque alacri animo petentibus theſaurum ex vaſto hoc penu depromere, atque nova novaque auxilia inveſtiganti amiciſſime offerre conſveverunt.

Inſigne tandem additamentum ex *Vocabulario Manuſcripto* 33 gentium Sibiricarum Celeb. Prof. *Fiſcher;* quod pagina 219 fuſe deſcriptum eſt, obtinui, quod M. S. ſui generis unicum Cl. Prof. et Mag. Brit. Reg. Aulae Conſ. J. C. *Gatterer*, humaniſſime mihi concredere dignatus eſt.

Magno praeterea mihi adjumento in variis linguae ſlavicae dialectis ſcrutandis erat D. Theologiae Candidatus *Stojkovits* ex comitatu Hungariae Syrmienſi oriundus, linguarum ſlavicarum peritiſſimus, qui in via hac mihi primum tentata facem amiciſſime praebere ſemper paratiſſimus erat.

CON-

CONSPECTVS OPERIS.

Fasciculus primus.

 Fasci-

Fasciculus secundus.

Fasciculus tertius.

Posses-

Appendix prima.

Appendix secunda.

Ortho-

Ortographia hungarica cum ruſſica comparata.

а	A'z.	a.	
б	Buki.	b.	
В	Vjedi.	v.	
Г	Glagol.	g. h.	
Д	Bobro.	d.	
е	Jeſzt.	je. e.	
Ж	'Sivjete.	's. ds.	'Sertva. Dſertva. *Ut in gall.* Iour.
З	Zemlja.	z.	Zemlja. *Ut in latinorum:* Zona. *Germ.:* Seele. Sorge.
И	I'ſe.	i.	
К	Káko.	k.	
λ	Ljudi.	l.	
М	Miſzlote.	m.	
Н	Nás.	n.	
о	On.	o.	
П	Pokoi.	p.	
р	Rtzi.	r.	
с	Szlóvo.	ſz.	Puſztinja. *Ut in lat.* Cuſtos. Salus.
Ш	Tvérdo.	t.	
У	U.	u.	
ф	Fert.	f.	
Х	Kher.	kh. ch.	Blokhi. *Ut in lat. Achivus.*
ц	Tzi.	tz.	Tzárſztvo. *Ut in lat.* Caeſar, *et german.* Zentner.
Ч	Tſerv.	ts.	Tſerv. *Ut in ital.* Cielo. Cervello.
ш	Sa.	s.	Viſnja. *Ut in german.* Scheere. *Abwiſchen.*
Ь	Jerr.		
ЬI.	Jeri		
Ь	Jer.		
Ѣ	Jaty.	je.	Szjemja. *Ut in latin.* Jecur.
ю	Ju.	ju.	

d

Я	Ja.	ja.	Knjaginja. *Ut in germ.* Ja. Jahr.
ї	I.	i.	
щ	Stſa.	ſtſa.	Stſaſztie. *Ut in hungar.* Reſtſég.
э	e.	e. ö.	
Ю	Jo.	jo.	
ю́	ü.	ü.	
Нь.		ny.	Kameny. *Ut in gallorum:* Alemagne. Regne.
Ль		ly.	Voply. *Ut in gallorum:* Merveille. Feuille.
ть		ty.	Blagodáty. *Ut in germanorum:* Welche. Solche. Mägdchen.
ћ		gy.	*Ut in italorum:* Gente. Giro. *et latinorum;* Genus. Germania.

Orthographiam hanc hungaricam cum ruſſica comparare, ſub initio ſtatim neceſſarium duxi. Ideo primum, quod per totum opus orthographia hac uſus ſum, in deſcribendis vocabulis lapponicis, finnicis, eſthonicis, votjakicis, tſchuvaſchicis, tſcheremiſſicis, permicis, ſirjenicis, morduinicis et tataricis. Secundo, quia in appendice operis ſecunda, ubi ex Vocabulariis 200 linguarum comparativis Petropoli editis vocabula nationum plurimarum legibiliter deſcribere nitor, non alia mihi hunc in finem commodior viſa fuit orthographia, quam hungarica, utpote quae poſt ruſſicam, omnibus fere Europae linguis praeferenda videtur, quoad orthographiae ſuae facilitatem, quod aequus lector primo ſtatim intuitu facile dijudicare poterit.

De Terminationibus.

Similitudinem linguarum, hungaricae, lapponicae, et finnicae demonſtraturo ſub initium ſtatim prolixa ſimilium Terminationum ſeſe offert ſeries. Hanc Terminationum ſimilitudinem magnum ad rem meam adferre momentum, ex eo evidenter patet, quod haec non caſu quo, aut forte fortuna, mixtim quaſi, per omnes orationis partes diſſeminata eſt, ſed certum quendam, et oculis criticis primo ſtatim intuitu inſignem produnt ordinem, video enim Subſtantiva Subſtantivis, Adjectiva Adjectivis, Diminutiva Diminutivis, Privativa Privativis, Adverbia Adverbiis eſſe ſimilia.

Terminationes Subſtantivorum et Adjectivorum ſunt ſequentes: as, es, is, os, adt, *vel*, at, ot, dagc, *vel*, dag, tag, i, k, em, allem.

Lapponice.	*Latine.*	*Similes hungaricae Terminationes, partim ſignificatione quoque convenientes.*
Mihas.	Fortis.	Izmos.
Jegnas.	Glacie obductus.	Jeges.
Tarwas.	Pice abundans.	Szurkas.
Tſaggas.	Extenſus.	Tágas.
Pohas.	Malus.	Potrohas. Obeſus.
Puotſelwas.	Morbus.	Nyelves. Loquax.
Årjas.	Verſus meridiem.	Varjas. Cornicibus abundans.
Wajaldakes.	Oblivioſus.	Felejdékes.
Meſketakes.	Moroſus.	Reſzketeges. Tremulus.
Laſsketakes.	Placabilis.	Fergeteges. Procelloſus.
Okitokes.	Ingratus.	Tökös. Hernioſus.
Awatakes.	Jucundus.	Avatagos. Vetuſtus.

A *Lapponice*

Lapponice.	*Latine.*	*Hungarice.*
Palkotakes.	Deflectens.	Menedékes. Inclinatus.
Tuddetakes.	Contentus.	Tudákos. Sciolus.
Sawotakes.	Optabilis.	Kiyánatos.
Pilkes.	Jocosus.	Lelkes. Animatus.
Pielies.	Auritus.	Files. Füles.
Metkes.	Tardus.	Etkes. Vorax.
Pejes.	Albus.	Fejes. Capitatus.
Telpes.	Jocosus.	Tréfás.
Edeles.	Inopinatus.	Fedeles. Operculatus.
Weiteles.	Licentiosus.	Ejteles. Octalis.
Oljajes.	Oleosus.	Olajos.
Famokes.	Robustus.	Homokos. Sabulosus.
Muiteles.	Memoria dignus.	Emsiteles. Hiteles. Credibilis.
Kenes.	Ignavus.	Kényes.
Kewoles.	Timidus.	Kevélyes. Superbiens.
Nialkes.	Lubricus.	Nyalkás. Delicatulus.
Perjes.	Velamentum camini.	Perjés. Graminosus.
Seipetes.	Non caudatus.	Sejpes. Blaesus.
Sujeles.	Flexibilis.	Ajulós. Deliquium animi pati solitus.
Taikes.	Mollis.	Telkes. Curia praeditus.
Tjåiwajes.	Ventrosus.	Gojvás. Strumosus.
Sarwes.	Cornutus.	Szarvas.
Tuolwajes.	Sordidus.	Tolvajos. Latronibus abundans.
Omakes.	Subnubilus.	Homokos. Sabulosus.
Anekes.	Brevis.	Enekes. Cantor.
Armokes.	Clemens.	Kegyelmes.
Laikes.	Piger.	Pajkos. Petulans.
Navajes.	Villosus.	Nyavajás. Valetudinarius.
Pasteles.	Acutus.	Eles.
Skanjes.	Resonans.	Hangos.
Suokes.	Spissus.	Szökés. Fuscescens.
Teiwes.	Res.	Tetwes. Pediculosus.
Teutetes.	Explementum.	Tettetés. Simulatio.
Tsefkes.	Acutus.	Hegyes.
Walljes.	Copiosus.	Bövséges.
Wastes.	Deformis.	Restes. Piger.
Wekkes.	Multus.	Fékes. Capistratus.
Welkes.	Albus.	Lelkes. Animatus.

Lapponice.

Lapponice.	*Latine.*	*Hungarice.*
Wides.	Amplus.	Széles.
Wuonjes.	Tardus.	Reſtes.
Åjewes.	Novus.	Ujjas. Ujjontas.
Åiwajes.	Pertinax. Capitoſus.	Fejes.
Åiwes.	Celebris.	Hires. Neves.
Idedis.	Matutinus.	Idös. Vetuſtus.
Eeckdedis.	Veſpertinus.	Kisdedes. Parvulis pueris praeditus.
Lorwos.	Villoſus.	Orvos. Medicus.
Kotjos.	Famulus	Bojtos. Filamentoſus.
Murkos.	Nebuloſus.	Murkos. Dauco praeditus.
Mutkos.	Fragilis.	Mutskos. Sordidus.
Niaulos.	Pituitoſus.	Nyálos.
Nelos.	Haebes.	Nyeles. Manubriatus.
Paitos.	Pronus.	Pajkos. Petulans.
Pikos.	Manifeſtus.	Tsikos. Striatus.
Mainos.	Laudabilis.	Monyos. Ovatus.
Puljos.	Glaber.	Suljos. Ponderoſus.
Puikos.	Notus.	Pókos. Protuberans.
Juoſkos.	Rigidus.	Vaſkos.
Njåmkos.	Facile ad haereſcens.	Ragadós.
Jatkos.	Nive opertus.	Havas.
Niatſos.	Tempeſtas mitior.	Varatſos. Exulceratus.
Puoikos.	Notus.	Fiókos. Ciſtulis praeditus.
Tasmos.	Morbo vexatus.	Hasznos. Vtilis.
Tjåkos.	Occultus.	Arnyékos. Opacus. *Titkos.*
Tåbmos.	Notus. Cognitus.	Tudos. Doctus.
Tårmos.	Rugoſus.	Kormos. Fuliginoſus.
Tſuoikos.	Cognitus.	Tſokos. Oſculabundus.
Uljos.	Aeſtuoſus.	Suljos. Ponderoſus.
Wuolos.	Jucundus.	Gyámolos. Adminiculoſus.
Åntos.	Claudus.	Sántás. Sánta.
Palat.	Fodina.	Falat. Offa. Bolus.
Wielgadwuådt.	Virilitas.	Haladat. Occaſ. Praeteritio.
Allagwuådt.	Altitudo.	Foganat. Conceptio. Effectus.
Zjengalwuådt.	Profunditas.	Tſinàlat. Structura.
Hallott. } Niakkott }	Inclinatus.	Hajlott.

Lapponice.	*Latine.*	*Hungarice.*
Tjuolot.	Obliquus.	Horgadott.
Puodſot.	Nudus.	Koppasztott.
Puorradag.	Bonitas.	
Pahuodag.	Malitia.	Balgatag.
Zjappuodag.	Nigredo.	
Muåttadagc.	Dum diutius ningit.	Fergedag. *Fergeteg. Fuvatag. Rengeteg.* Silua horrida, immenſa.
Laſkadagc.	Imber.	Fergeteg. Zápor.
Pievedagc.	Splendor ſolis.	
Kååſadagc.	Tempeſtas calida.	
Puorradagc.	Tempeſtas bona.	
Taalvadagc.	Tempeſtas perfrigida.	Sivadag. *Sivatag*-idö.
Kolckadagc.	Sudum.	
Pieggadagc.	Ventoſa tempeſtas.	Fergeteg.
Palvadagc.	Coelum nubiloſum.	Felbödeg, *Felhös-idö.*
Viertuodagc.	Tempeſtas incommoda.	
Våättadagc.	Tempeſtas humida.	
Jagcniadagc. } Råvadagc. }	Tempeſtas torrida.	Rekkendég. Rekkenſég. *Rekkenöſég.*
Arvadagc.	Pluvia diuturnior.	Áradag, Áradék. *Áradas* Exundatio.
Zjazjadagc.	Pluvia.	
Mierckadagc.	Nebuloſa tempeſtas.	
Aladagc. } Tavadagc. }	Aquilo. Boreas.	Fuvatag.
Luladagc.	Auſter, vel Nothus.	
Nuårttadagc.	Eurus, v. Subſolanus.	
Orjadagc.	Zephyrus, v. Favonius.	
Miedadagc.	Ventus ſecundus.	

Notet

Notet velim hic, Lector perſpicax, ideas has, quibus Lappones varias tempeſtatis modificationes, et mutationes exprimunt, omnes terminari in: *dagc*, idem faciunt Hungari in vocibus ſuis, hic adnotatis, aeque varias ideas tempeſtatum exprimentibus.

Lapponice.	*Latine.*	*Hungarice.*
Årjeli.	Meridianus.	Déli.
Årjeli piågg-	Ventus meridionalis.	Déli ſzél.
Årjeli-Hene.		
Årjelisne.	Foemina auſtral.	Déliné. Déli aſzſzony.
Jabmaldak.	Animi deliquium	Szarándok. Eremita.
Njiraldak.	Oſtium catara-ctae.	Vakondok. Talpa.
Potaltak.	Adventus.	Potolék. Supplementum.
Tajok.	Stultus.	Kotſok. Ardeae ſpecies.
Tarbek.	Opus.	Szérdék. Rejectaneum. Inquinamentum.
Teblak.	Maculoſus.	Ablak. Feneſtra.
Tjildok.	Pretioſus.	Hulladék. Reiectaneum.
Tſitſok.	Paſſer.	Titok. Arcanum.
Tobdok.	Notus.	Undok. Foedus-di.
Tåjatak.	Fractura.	Töredék. Stramentum.
Wainok.	Cupidus.	Bajnok. Pugil.
Waldok.	Caelebs.	Tajdok. Otsmany. Defoedatus.
Windek.	Feneſtra.	Szelindek. Canis. Laniorum.
Wankek.	Aeger.	Terjék. Theriaka.
Tjadatok.	Diarrhaea.	Foſadék.
Nakkelem.	Impulſus.	Félelem. Metus.
Pårrelem.	Conſumtio.	Sérelem. Laeſio.
Tajetem.	Intellectus.	Kérelem. Petitio.
Kåſelem.	Implicatio.	Kéſedelem. Mora.
Wanatem.	Extenſio.	Védelem. Defenſio.
Walom.	Ejulatus.	Fajdalom. Dolor.
Kåttjelem.	Tentatio. Periculum.	Veszedelem.
Meroſtallem.	Conjectura.	*Méredelem.* Méregetés. Dimenſio.

Lapponice.	*Latine.*	*Hungarice.*
Muitelem.	Reminiſcentia.	*Emlitelem.* Emlités. Emlékezet.
Sebraſtallem.	Conſortium.	Segedelem. Auxilium.
Laidetallem.	Corruptio.	Sérelem. Laeſio.
Keſatallem.	Vectura.	Kéſedelem. Mora.
Ajatallem.	Meditatio.	*Akadalom.* Akadék. Impedimentum.

Diminutiva, quae invenire potui ſunt ſequentia:

Ajekats.	Fonticulus.	Kats. Manus paruula.
Pardnats.	Puerulus.	Kovats. Silex paruula.
Swikkats.	Anfractulus viarum.	Dugats. Obturamentum.
Aiwatz.	Capitulum.	Kulats. Lagenula.
Aackatz.	Uxorcula.	Forgats. Fruſtulum.
Kirjatz.	Libellus.	Követs. Lapillus.
Padnagatz.	Canicula.	Kutyátska.
Kabmagatz.	Calceolus.	Tſizmatska.
Puorrebuotz.	Meliuſculus.	Jobbatska.
Stuorrabuotz.	Majuſculus.	Nagyobbatska.
Neitakuts.	Infantulus.	Gyermeketske.
Pardnekuts.	Puerulus.	Fiutska.
Akkakuts.	Vetula.	Kofátska.

Huc pertinent voculae illae, quibus Lappones multifariam exprimere ſolent ideas has: *Parvum*, *Parvulum*, *Paucum*, *Paulum*, *Paululum*, *Pauxillum*. ex. gr. Utzje. Utzjanatz. Unna. Unnatz. Un-unnatz. Unna-waanatz. Unnadzjam-maannadzjam. Pitta. Pinnatz. Pinpinnatz. Quibus totidem reſpondent in lingua hungarica, voculae diminutivae, ut: Kis, Kitſiny. Kitſinke. Szikra. Szikrányi. Morſa. Morſányi. Morſátska. Kevés. Parányi.

Nomina Privativa Lapponum habent quoque aliquam ſimilitudinem, licet non tam evidentem, uti hactenus enumerata.

Lapponice.

Lapponice.	*Latine.*	*Hungarice.*
Kiedatembe.	Manu carens.	Kezetlen.
Pielitebmes.	Surdus.	Filetlen.
Porradketta.	Jejunus.	Etlen.
Jubmeletta.	Deo carens.	Istentelen.
Adesapta.	Profanus.	Szentelen.
Pednikapta.	Pecunia carens.	Pénzetlen.
Juolketeme.	Pedibus carens.	Lábatlan.

Uti in terminationibus Lapponum, ita in litteris initialibus eorum certam observo similitudinem. Quemadmodum enim Hungari, ita et Lappones abhorrent duplicem in initio vocum consonantem, et si quas, tam in hac quam in illa lingua animadvertimus voces duplici consona incipientes credo illas maximam partem non ab atavis suis sed a vicinis Suecis, et Germanis mutuasse, ut: *Slactet.* Mactare *Prins.* Princeps. *Pålster.* Emplastrum. H. Flastrom. *Blade.* Folium. Ex simili fonte hauserunt Hungari: *Strof.* Schraube. *Spékelni.* Mit Speck zubereiten. *Plajbátz.* Bleyweiss. *Pléh* Blech, et alia his similia.

De Declinatione.

Paradigma declinationis hungaricae, lapponicae et finnicae Lectoribus meis propositurus, quatuor adferam exempla. Primum erit: *Kabmak.* Calceus, cui opponam hungaricum *Makk.* Glans. Secundum erit: *Addamos.* Datum. Hung. Adomás, vel Adomány. Tertium erit: *Cala.* Piscis. H. Hal. Quartum erit: *Kesi.* Manus. H. Kéz. Exempla haec per 13 Casus inflectam; uti: per Nominatiuum, Genitivum,

vum, Dativum, Accusativum, Vocativum, Ablativum, Locativum, Mediativum, Negativum, Factivum, seu Mutativum, Nuncupativum, Penetrativum, Descriptivum, seu Instructivum. Constructionem horum casuum Paradigmati subjicienda demonstrabunt exempla. Cel. *Ganander*, Grammaticus, 13 Casus, at Doctissimus *Ihre* non nisi 10 numerat.

	Lapponice.	*Hungarice.*	*Lapponice.*	*Hungarice.*
N.	Kabmak.	Makk.	Addamos.	Adomás.
G.	Kabmaken.	Makké.	Addamosen.	Addomásé.
D.	Kabmaki.	Maknak.	Addamosi.	Adomásnak.
A.	Kabmakeb.	Makkot.	Addamoseb.	Adomást.
V.	Kabmak.	Makk.	Addamos.	Adomás.
A.	Kabmakest.	Makkostol.	Addamosest.	Adomásostol.
L.	Kabmaken.	Makkonn.	Addamosen.	Adomásonn.
M.	Kabmakin.	Makkal.	Addamosin.	Adomással.
N.	Kabmakatta.	Makkatlan.	Addamosatta.	Adomásatlan.
F.	Kabmaken.	Makká.	Addamosen.	Adomássá.
N.	Kabmakan.	Makkul.	Addamosan.	Adomásul.
P.	Kabmaki.	Makknak. ba.	Addamosi.	Adomásnak. ba.
D.	Kabmaklai.	Makként. Makkal.	Addamoslai.	Adomásként.

Finnice.

Finnice.	*Hungarice.*	*Finnice.*	*Hungarice.*
N. Cala.	Hal.	Keſi.	Kéz.
G. Calan.	Halé.	Keden.	Kézé.
D. Calalle.	Halnak.	Keſille.	Kéznek.
A. Calaa.	Halat.	Keſei.	Kezet.
V. Cala.	Hal.	Keſi.	Kéz.
A. Calaſta.	Halaſtol.	Keſiſt.	Kezeſtöl.
L. Calaſa.	Halann.	Keſiſan.	Kezenn.
M. Calalla.	Hallal.	Keſilla.	Kézzel.
N. Calalta.	Halatlan.	Keſilta.	Kezetlen.
F. Calaxi.	Hallá.	Keſixi.	Kézzé.
N. Calana.	Halul.	Keſina.	Kézül.
P. Calahan.	Halnak. ba.	Keſie.	Kéznek. be.
D. Caloin.	Halként.	Keſien.	Kézként.

 Exempla

Exempla constructionem casuum demonstrantia sunt sequentia.

Nominativus. L. Attje påta. H. Atya jö. Pater venit.

Genitivus. Attjen pardne. H. Atya fia. Atyájé à fiu. Atyának fia. Patris filius.

Dativus. Àttjai leb waddäd. H. Atyának adtam. Patri dedi.

Accusativus. Attjeb wuoidnib. H. Atyát láték. Patrem videbam.

Vocativus. Attje påte! H. Atya jövel. Veni Pater!

Ablativus. Atjest Kullib. H. Atyátol hallám. Ex patre audiebam. H. Atyástol együtt hallám. Simul cum patre audiebam.

Locativus. Attjesne wuoidnab. H. Atyánn látom. Per patrem, vel in patre video.

Mediativus. Attjin tjuowob. H. Atyával követem. Atyastol együtt követem. Simul cum patre sequor. Seu: In societate patris sequor.

Negativus. Attjetaka leb. H. Atyátlan vagyok (leszek). Sine patre sum. Seu: *Inpatris sum.*

Factivus, seu *Mutativus.* Attjen kalkab tunji orrot. H. Atyául fogok neked lenni. Ero tibi patris loco.

Nuncupativus. H. Atyához, Atyáig, Atyára mégyek. Ad patrem, usque ad patrem, super patrem eo.

Penetrativus. Kåret warai. H. A' hegynek menni. In montem ascendere. H. A falunak menni. Versus pagum ire. H. Tüznek viznek neki menni. In aquam ignemque irruere. H. Jánosnak keresztelték. Baptisatus est ad nomen Johannis. *Er ist Hans getauft worden.*

Descriptivus, seu *Instructivus.* H. Az Apostolként mondhatom. Dicere possum, secundum Apostolum. H. Véggel áll fel'em a' puskád. Scolpetum tuum recta versus me directum est. Versus me collineat. H. Melegenn itta az herbatejet. Theam bibit calide, vel calidam.

Varias has vocum terminationes, antiquiores Grammatici Hungari, uti Molnár, pro veris Casuum Terminationibus accepere, et more Lapponum, Finnorumnorumque plurimos Casus statuere; at moderni Grammatici terminationes illas, partim adverbiales, partim praepositionales, partim nominales, negativas, et transmutativas nuncupavere. Casus vero proprie dictos nonnisi quatuor, Nom. Genit. Dat. et Acc. statuere.

Numerus Pluralis apud Lappones terminatur in h ut: Attje. Attjeh. *Pater. Patres.* Puorak. Puorakeh. *Bonus. Boni.* Stuores. Stuoraseh. *Magnus. Magni.* Nuor. Nuoreh. Nuorah. *Juvenilis. Juveniles.* Kabmak. Kabmakeh. *Calceus. Calcei.* Akka. Akkah. *Uxor. Uxores.* Usto. Ustoh. *Cupiditas. Cupiditates.* Allmats. Almatjeh. *Homo. Homines.* Hungarorum vero Pluralis in k desinit, ut: *Atya. Atyák Jo. Jòk. Nagy. Nagyok Ifju. Ifjak. Tsizma. Tsizmak. Feleség. Feleségek. Kivánság. Kivánságok. Ember. Emberek.*

Habent autem tam Hungari quam Lappones praeter Pluralem hunc alium adhuc Numerum Pluralem, qui non in omnibus observatur vocibus, sed tantum in Nominibus Cognationis. Significat vero is, non Personae pluralitatem, sed consortium, aut sodalitium cum illa Persona junctum. Exemplo res clarius patebit. Si quis dixerit *Lapponice:* Wåljah etsa mo. *Hung.* Bátyáim szeretnek engem. Fratres amant me; tunc vox *Wåljah: Bátyáim*, revera multos *Fratres* significat. Sed si quis dixerit: *Lap.* Wåljatjeh etsa mo. *Hung.* vero: *Bátyámék* Szeretnek engem; tunc vox *Wåljatjeh, Bátyámék*, non multos *Fratres*, sed unum *Fratrem* significat, cum quo, eo temporis momento, quo hic sermo fit, plures alii homines in consortio sunt, consequenter, hac voce non solum fratrem meum, sed reliquos etiam in ejus consortio actu existentes homines me amare assero. Tales sunt omnes hi Plurales: L. Ednitjeh. Ednits. H. Anyamék. *Matres mei.* L. Pardnitjeh.

Pardnits.

Pardnits. H. Fiamék. *Filii mei.* L. Abbetjeh. H. Néném ék. *Sorores meae.* L. Neititjeh. H. Léányomék. *Filiae meae.* L. Kradnatjeh. H. Tarſamék. *Socii.* Verum hoc ſerio notet velim Lector duplicem hunc Pluralem, Hungaros poſſeſſivis tantum nominibus tribuere, Lappones vero nominibus cognationis ſimplicibus. Conſequenter, voces allatae ſignificant apud Hungaros: *Matres meae. Filii mei. Sorores meae. Filiae meae. Socii mei.* Praeterea, Lappones Numerum etiam Dualem habent, non tantum in Nominibus, Pronominibusque; ſed in Verbis etiam, quo tamen Hungari carent.

In utraque lingua declinantur etiam Nomina compoſita cum conjunctione Enclytica: *ai*, et cum Adverbiis Interrogandi Lapponicis *pe*, *be*, *bai.* Hung. *é*, *is*; vt: *Nom.* Stalpinai. H. Farkaſis. *Lupusque. Gen.* Stalpig. H. Farkaſéis. *Lupique. Dat.* Stalpainai. H. Farkasnakis. *Lupoque. Acc.* Stalpig. H. Farkaſt is. *Lupumque. Voc.* Stalpinai. H. Farkas is. *Lupeque. Abl.* Stalpiſtannai. H. Farkaſtolis. *A lupoque. Loc.* Stalpiſtaga. H. Farkaſonnis. *Per lupumque. Med.* Stalpinaga. H. Farkaſſalis. *Cum lupoque. Neg.* Stalpitagat. H. Farkaſtalanis. *Sine lupoque. Fact.* Stalpinag. H. Farkaſsáis. *Loco lupique. Pen.* Stalpajaga. H. Farkasbais. *In lupumque. Deſcr.* Stalpalagainai. H. Farkasként is. *Secundum lupumque.*

Huc pertinent:

L. Jubmelbe.	H. Iſten é?	*Deus ne?*
L. Jubmelampe?	H. Iſtenem é?	*Deus meus ne?*
L. Jubmelaſampe?	H. Iſtenemnek é?	*Deo meo ne?*
L. Jubmelaſammai.	H. Iſtenemnek is.	*Deo meo etiam.*
L. Kirkoſtkobai?	H. Templomba é?	*In templumne?*
L. Ádnamgos?	H. Anyámé é?	*Matris meae ne?*
L. Peiweges.	H. Napis.	*Dies quoque.*
L. Callogis.	H. Kut is.	*Fons etiam.*

Lappo-

Lappones amant voces duplicare more Hungarorum, ut: L. Pekkeſt pekkai. H. Diribrol darabra. *De fruſto in fruſtum.* L. Japeſt japai. H. Eſzendöröl eſztendöre. *De anno in annum.* L. Kåteſt kåtei. H. Kézröl kézre. *De manu in manum.* L. Orron orroje. H. Örökkön örökké. *In aeternum.* L. Kitto kato. H. Egyſzer is máſſzoris. *Continue.* L. Akta kåbba. *item.* Juobba kåbba. H. *Egy is máſis.* Alterutet. L. Lakkas laka. H. Idébb idébb. *Non procul.* L. Pako lako. H. Pelda beſzéd. *Adagium.* L. Tabben ja tobben. H. Imitt is amótt is. *Hic et illic.* A. Tuoles tales! H. Hibli hubli! *Oh miſerum!*

Nec in lapponica, nec in hungarica lingua ullum *Generis* veſtigium reperire potui, ſed Adjectiva promiſcue omnibus ſubſtantivis invariata Terminatione praeponuntur, ut: L. Mo teudo. Mo akka. H. Én férjem, Én feleſégem. *Meus vir, Mea uxor.* L. Sarwes wuokſa. Sarwes koſa. H. Szarvas bika. Szarvas tehén. *Cornutus taurus. Cornuta vacca.*

De Comparativis.

In formando Comparativo haud ſecus evidens obſervatur ſimilitudo. Quemadmodum enim Hungari in Comparativo pro litterá finali ſemper b habere ſolent, hoc idem faciunt Lappones, vti exempla ſubjecta teſtantur.

Gracilis

	Gracilis	Gracilior	Gracillimus.
L.	Kedze.	Kedzeb.	Kedzemus.
H.	*Keskeny.*	*Keskenyebb.*	*Leg keskenyebb.*
	Pulcher.	Pulchrior.	Pulcherrimus.
L.	Zjabbes.	Zjabbeſeb.	Zjabbeſemus.
L.	Zjabbe.	Zjabbeb.	Zjabbemos.
H.	*Szép.*	*Szebb.*	*Leg ſzebb.*
	Rotundus.	Rotundior.	Rotundiſſimus.
L.	Jorbaſatz.	Jorbaſatzab.	Jorbaſatzamus.
H.	*Kerek.*	*Kerekebb.*	*Leg kerekebb.*
	Humidus.	Humidior.	Humidiſſimus.
L.	Nioska.	Nioskab.	Nioskamus.
H.	*Nedveske.*	*Nedveſkébb.*	*Leg nedveskébb.*
	Felix.	Felicior.	Feliciſſimus.
L.	Lickogas.	Lickogaſab.	Lickuogaſamus.
H.	*Boldog.*	*Boldogabb.*	*Leg boldogabb.*
	Humidus.	Humidior.	Humidiſſimus.
L.	Luſskos.	Luſskoſab.	Luſskoſamus.
H.	*Lutskos.*	*Lutskoſabb.*	*Leg lutskoſabb.*
	Dives.	Ditior.	Ditiſſimus.
L.	Bånda.	Båndab.	Båndaimus.
H.	*Gazdag.*	*Gazdagabb.*	*Leg gazdagabb.*
	Longus.	Longior.	Longiſſimus.
L.	Kukke.	Kukkeb.	Kukkemus.
H.	*Kurta.*	*Kurtább.*	*Leg kurtább.*

De Numeralibus.

Numeralia Lapponum maximum inter reliqua ad rem meam adferunt momentum, in his enim tanta per omnes Numeralium ſpecies regnat ſimilitudo, quantam in nulla alia Grammatices parte obſervare potui. Videamus exempla.

Cardinalia, ad Quaeſtionem: *Kalli?* Hány? Quot?

Lapponice.			*Hungarice.*	*Latine.*
Akht.	Agd.	1	Egy. Egj. Edgy.	Unus.
Kuåhte.	Kuekta. Qwekta.	2	Kettö. *Két. Ketteje.*	Duo.
Kolma.	Holma. Horma..	3	Három. *Hárma.*	Tres.

Lapponice.

Lapponice.		*Hungarice.*	*Latine.*
Nielie. Nelje.	4	Négy. *Négye.*	Quatuor.
Wihtta. Wita. Wit.	5	öt. *öte. öttel.*	Quinque.
Kuhdta. Kota. Kot.	6	Hat. *Hata.*	Sex.
Zjetzja. Kietja. Kiehtzja. Tjetja. Hetja. Kautzje.	7	Hét. *Hete.*	Septem.
Kakhtzję. Kaktſe Aktſe. Åutzje.	8	*Nyótz. Nyótza.* Nyóltz.	Octo.
Åkhtzje.	9	Kilentz. *Kilentze.*	Novem.
Logie.	10	*Elég. Elegevan.* Tiz.	Decem.
Akht loge nal.	11	*Egy elég-nél. Egy tiz-nél.* Tizen-egy.	Undecim.
Kuåhte loge nal.	12	*Kettö elég-nél. Kettö tiz-nél.* Tizen-kettö.	Duodecim.
Kuåhte loge.	20	*Kettö, Elég. Két elég. Kettöleg. Két-tiz.* Huſz.	Viginti.
Kuåhte loge ja akht.	21	*Két elég és egy. Két tiz és egy.* Huszonegy.	Viginti unum.
Kolmaloge.	30	*Három elég. Harmaſlag.* Harmintz.	Triginta.
Nieljalogie. Nelje-lokke.	40	Negyven. *Negyedleg.*	Quadraginta.
Witaloge.	50	*ötödleg. ötödik elég. ötven.*	Quinquaginta.
Akhta wita logkai.	51	*Egy-ötöd-leg.* ötven egy.	Quinquaginta unum.
Kuhåte huhdadlog-kai.	62	*Ketto hatod-lag.* Hatvankettö.	Sexaginta duo.
Kautzielogie.	80	*Nyoltzadlag.* Nyoltzvan.	Octoginta.
Tjuote. Zjuårte.	100	Száz.	Centum.
Tuhat. Tuſañ.	1000	Ezer.	Mille.

Ordi-

Ordinalia, ad Quaeſtionem: Kallad? *Hányad? Hányadik?* Quotus?

Lapponice.	*Hungarice.*	*Latine.*
Vuåstad.	*Egygyed. Egygyedik.* Elsö.	Primus.
Nubbad.	Másod. Második.	Secundus.
Kolmad, Holmad.	Harmad. Harmadik.	Tertius.
Nieljad. Neljad.	Negyed. - ik.	Quartus.
Witad. Widad.	ötöd. - ik.	Quintus.
Kotad. Kudad.	Hatód. - ik.	Sextus.
Hetjad.	Heted. - ik.	Septimus.
Kaktſad.	Nyoltzad. - ik.	Octavus.
Åutzjad.	Kilentzed. - ik.	Nonus.
Logad.	Tized. - ik.	Decimus.
Kuektalogad.	Huszad. - ik.	Viceſimus.
Tjuotad.	Század. - ik.	Centeſimus.
Tuhad.	Ezered. - ik.	Milleſimus.

Diſtributiva, ad Quaeſtionem: Kallaſi? *Hányas? Mennyis? Mennyinn?* Quoteni?

Kuekti.	Ketten.	Bini.
Holmai.	Hárman.	Terni.
Holmas,	Hármas.	Ternarius.
Neljas.	Négyes.	Quaternarius.
Witas.	ötös.	Quinarius.
Kotas.	Hatos.	Senarius.
Kietjes.	Hetes.	Septenarius.
Holmades.	Harmados.	Qui trientem obtinet.
Neljades.	Negyedes.	Qui quadrantem obtinet.
Witades.	ötödös.	Qui quincuncem obtinet.
Kotades.	Hatodos.	Qui ſextantem obtinet.
Logades.	Tizedes.	Decurio.
Tjuotades.	Zázados.	Centurio.
Holmad åſzie.	Harmad része.	Tertia pars.
Vitad åszie.	ötöd resze.	Quinta pars.
Holmalaka.	Hármaſlag.	Trifariam.

De

De Pronominibus.

Pronomina debita attentione confiderata dignam itidem materiem fubminiftrant.

Verum equidem eft, quod Pronomina perfonalia Lapponum *Mon*, *Todn*, *Sodn* à Svecorum *Min*, *Din*, *Sin*, defcendiffe videntur, fed reliqua quae in fequentibus notabuntur funt Lapponicae originis.

Kä? Kii? *H.* *Ki?* Quis?
Mi? H. *Mi?* Quid? Quale?
Mijas? H. *Mijen?* Qualis.

Muo. Mun. H. *Enyim.* Meus. Tuo. Tun. H. *Tiéd.* Tuus. Suo, Sun, H. *Övé.* Suus.

Mijen H. *Mijénk.* Nofter. Tijen. H. *Tijétek.* Vefter. Sijen. H. *Övék.* Eorum.

Jobba cobba. H. *Egyis máfis.* Alteruter. Haec vox cum hungarica, non tam fono, quam rythmo convenire videtur; Hungari etenim tales voces rythmicas plurimas habent. *Dib dáb*, *Aga boga*, *Dér dur*, *Dirib darab*, *Giz gaz*, *Hejje hujja*. *Entfem bentfem* &c.

In conftructione cum fubftantivis eum fequuntur ordinem, quem Hungari, ut: *Mijen attje.* H. Mi atyánk. *Tijen attje.* H. Ti atyátok. *Sijen attje.* H. ök attjok.

Finni, Pronomina fua perfonalia Ego, Tu, Ille, cum tribus his particulis: *nifi*, *non*, *ne*, compendiofe combinant, quod ipfum apud Hungaros in communi fermone quotidie obfervamus.

F. Ellen.	*Nisi ego.*	H. Ha én nem.
Elles, *vel* Ellet.	*Nisi tu.*	Ha te nem.
Ellei.	*Nisi ille.*	Ha ö nem.
Ellemme.	*Nisi nos.*	Ha mi nem.
Ellette.	*Nisi vos.*	Ha ti nem.
Ellei.	*Nisi illi.*	Ha ök nem.
En.	*Non ego.*	Én sem. (Neque ego.)
Es, *vel* Et.	*Non tu.*	Te sem.
Ei.	*Non ille.*	ö sem.
Emme.	*Non nos.*	Mi sem.
Ette.	*Non vos.*	Ti sem.
Et.	*Non illi.*	ök sem.

Dum aliquid prohibere volunt, tunc Imperativo Pronomen personale Particulâ prohibendi auctum adjungunt.

F. Åle, *vel* Ålvos.	*Ne tu.*	H. Te se.
Ålcon.	*Ne ille.*	ö se.
Ålkåmme.	*Ne nos.*	Mi se.
Ålkåt.	*Ne vos.*	Ti se.
Ålkôn.	*Ne illi.*	ök se.

Exemplo sit: F. Ålå syô. *Ne tu ede* H. Tese egyél. Én sem iszom, tese igyál. *Ego non bibo, nec tu bibe.* Haec, et similia ea celeritate pronunciant Hungari, quod Particulae negativae, et prohibitivae: *sem*, *se*, cum Pronomine personali in unam coalescunt vocem, eo prorsus modo uti in Pronominibus Finnorum observavimus.

Pronomina coalescunt cum Infinitivis Verborum etiam, ad modum Suffixorum, quae Nominibus, aliisque orationis partibus jungi solent, ut: L. Mannadinam, Mannadinad, Mannadines. H. *Mennem, Menned. Mennie kell.* Mihi ire. Tibi ire. Illi ire oportet. His in exemplis videmus in lapponico suffixum *nam, nad, nes*, et in hungarico suffixum *em, ed, ie*, verbo adjuncta esse, quae efficiunt, vt hi Infinitivi per Numeros et Personas flexibiles evadant. De his suo loco in capite (De verbis, eorumque Infinitivis), uberius

uberius tractabitur; hic pauca haec meminisse necesse erat.

Pronominibus *Kå* et *Mi* interdum Emphaseos causa in fine additur *tas*, hoc modo: *Kåtas? Mitas?* Prorsus simile quid contingit cum iisdem Pronominibus Hungarorum *Ki* et *Mi*, his enim Emphaseos causa saepissime addunt terminationem *tsoda*, hoc modo: *Kitsoda? Mitsoda?* Quis? Quid?

Praeterea additur saepe tribus his Pronominibus interrogativis *Kå? Kutte? Mi?* Quis? Quid? terminatio, aut potius Adjectio syllabica *Ke*, quae eorum significationem mutat, fiunt enim Personalia, aut, si vis; Distributiva, ut: *Kåke, Kutteke, Mike.* ex. gr. *Kåke påta.* Vnusquisque veniet, quod Hungari eodem prorsus modo exprimunt, addita Adjectione syllabica: *Kiki eljö. Kiki leül, és eszik.* Unusquisque sedet et comedit. At Hungari praeter Adjectionem hanc syllabicam praefigunt his Pronominibus aliam quoque: *Vala-*, quae itidem pulchre convenit cum lapponico *Ke.* Ex. gr.

L. Kutte	etsa	mo?	
H. Ki	szeret	engem?	
Quis	*amat*	*me?*	
L. Jus Kutte*ke*	etsa	mo.	
H. Ha *vala*ki	szeret	engem.	
Si aliquis	*amat*	*me.*	
L. Mi	tunji	manni?	
H. Mit	tettek	(tsinálták)	néked?
Quid factum est tibi?			
L. Jus	mi*ke*	sjadda.	
H. Ha	*vala*mi	történnék.	
Si	*quidquam*	*evenerit.*	

De Possessivis et Suffixis.

Possessiva soleo nominare, omnia Nomina substantiva et Adjectiva, Pronomina, Verba, Participia, Adverbia et Praepositiones, quae ideam aliquam possessionis involvunt. Character vocum talium possessivarum est suffixum pronominale adhaerens. Ex. gr. *Ház* Domus *Ház-am*, Domus mea. Syllaba finalis *am*, est suffixum pronominale sumtum ex Pronomine possessivo enyim, *meus*. Talia possessiva sunt sequentia: Nomen Adj. poss. *A' java*. Optima pars alicujus rei. Pronomen poss. *Enyim, tiéd, övé*. Meus, tuus, suus. Verbum poss. *Ijedtembe* szinte meg holtam. In *meo metuisse* (*metu*) fere exanimatus sum. Participium poss. Nints neki ához semmi *szollója*. Non habet ille hac in re *loquentem suum*, (*ad loquendum*) Adverbium possess. *Hamarjába*, Cito. Praepositio poss. *Töllem, Rollad, Hozzája*. A me. De te. Ad illum.

Eodem prorsus modo formant Lappones et Finni sua possessiva, uti exempla sequentia docent.

Digitus meus.	*Digitus tuus.*	*Digitus suus.*
L. Suarbmam.	Suarbmad.	Suarbmas.
H. Barmam.	Barmad.	Barma.
H. Ujjam.	Ujjad.	Ujja.
Digiti mei.	*Digiti tui.*	*Digiti sui.*
L. Suarbmaidam.	Suarbmaidad.	Suarbmaides.
H. Barmaim.	Barmaid.	Barmai.
H. Ujjaim.	Ujjaid.	Ujjai.
Digitus noster.	*Digitus vester.*	*Digitus illorum.*
L. Suarbmame.	Suarbmade.	Suarbmasa.
H. Barmunk.	Barmatok.	Barmok.
H. Ujjunk.	Ujjatok.	Ujjok.
Digiti nostri.	*Digiti vestri.*	*Digiti illorum.*
L. Suarbmamech.	Suarbmadech.	Suarbmasach.
H. Barmaink.	Barmaitok.	Barmaik.
H. Ujjaink.	Ujjaitok.	Ujjaik.

Pater

Pater meus.	*Pater tuus.*	*Pater suus.*
L. Atzjam.	Atzjad.	Atzjas.
H. Atyám.	Atyád.	Attya.
Oculus meus.	*Oculus tuus.*	*Oculus suus.*
L. Silmäm.	Silmåd.	Silmäs.
H. Szemem.	Szemed.	Szeme.
Deus meus.	*Deus tuus.*	*Deus suus.*
L. Jubmelam.	Jubmelad.	Jubmeles.
H. Istenem.	Istened.	Istene.
Corculum meum.	*Corculum tuum.*	*Corculum suum.*
L. Vammozjam.	Vammozjad.	Vammozjes.
H. Szivetském.	Szivetskéd.	Szivetskéje.
Filius meus.	*Filius tuus.*	*Filius suus.*
L. Pardnam.	Pardnad.	Pardnas.
H. Fiam.	Fiad.	Fia.

Qui exempla adlata oculis perlustrat, momento videt insignem in Possessivorum formatione similitudinem. In primo exemplo: *Suarbmam* Digitus meus, *Ujjam*, adjeci aliam quoque vocem hungaricam, *Barmam*, (Brutum meum) eo quod haec vox maiorem habens cum voce *Suarbmam* similitudinem, facilius multo lector formationis Possessivi similitudinem observare poterit.

Observabit quivis characteres Personarum, primae et secundae, eosdem prorsus esse qui sunt in lingua hungarica, character primae Personae est littera *m*, secundae autem *d*, et quidem tam in singulari quam in plurali Numero. Character autem primae, secundae et tertiae Personae in Numero Plurali duplicato: *Digiti nostri*, suarbmamech, *Digiti vestri* suarbmadech, (in quibus nempe tam possessor, quam res possessa in Plurali Numero est) est littera *ch* quam Hungari per *k* exprimunt. Ergo hic aeque magna est convenientia.

Lappones blande et honorifice aliquem compellantes, ut plurimum Diminutivo-possessivis utuntur, ut: *Puåradzam!* Mi bone! Mi chare! Mea Animula! *Pardnatjam!* Mi filiole! Hoc idem faciunt

Hungari constanter et frequentissime, ut: Kedvesetském! Fiatskám! Galambotskám! Édeském! Aszszonykám! Uratskám! Léánykám! Szépetském! Lelketském! Szivetském! Rosátskám! Viólátskám! Mea puella! Meum corculum! &c.

Pronomina possessiva non sunt, nisi genitivi Pronominum personalium, ex. gr. *Mon*, Ego, Plur. Nominativo: *Mije*. Nos. Genitivo: *Mijen*. Nostri. *Mijen manah*. Liberi nostri. H. *Mi gyermekink*, vel: *A gyermekek mijénk*. Hungari eodem modo faciunt suum Pronomen possessivum. Ego. *Én*. Nos. *Mi*. Nostri *Mijénk*, et hac voce utuntur semper loco possessivi: *Mijénk à nyeresség*. Lucrum est nostrum.

De Verbis.

Significatio Verborum apud Hungaros varia et multiplex est, dantur enim Verba Activa: *Fog*. Capit. Passiva: *Fogódik*, Capitur. Determinata: *Fogom*. Capio certum aliquod individuum. Interminata: *Fogok*. Capio incertum aliquid. Immanentia, seu Neutra: *Gazdagulok*. Ditesco. Transitiva: *Gazdagitom*. Dito. Potentialia: *Foghatom*. Capere possum. Desiderativa: *Ehetném*. Esurio. Frequentativa: *Fogdosom*. Capto. Inchoativa: *Sárgulok*. Impallesco. Diminutiva: *Legyintem*. Leniter percutio. Verba secundae Personae; id est: talia, quibus illos tantum alloquimur, qui familiariter compellandi, aut nullo honore digni sunt, uti, amici, vel servi, ut *Szeretlek téged*, *titeket*. Amo te, *vel* vos.

Varias has verborum significationes in lingua lapponica locum habere verosimile est. At cum mihi non viva voce, sed auxilio Lexicorum et Grammatices hanc linguam scrutandi occasio data est, hinc exempla non alia, nisi quae in his libris reperi, adferre

adferre poſſum. Quas ergo enumeratarum ſignificationum invenire adhucdum non potui, illas lapſu temporis auxilio Correſpondentium meorum linguae lapponicae gnarorum, ex Suecia, obtinere ſpero. En illas quae inueniri poterant.

Activum. L. Tiedam. H. Tudom. *Scio.* L. Etſab. H. Szeretek. *Amo.*

Paſſivum. L. Etſetowab, *vel* Etſetuab. H. Szerettetem. *Amor.*

Determinatum. Non reperi.

Indeterminatum. Non reperi.

Immanens, ſeu *Neutrum.* L. Ponduo. H. Gazdagulok. *Diteſco.*

Tranſitivum. L. Ponduohdam. H. Gazdagitom. *Dito.*

Potentiale. L. Painetattet. H. Feſtödhetni. *Poſſe colorari.*

Deſiderativum. L. Puoraſtam. H. Ehetném. *Eſurio.*

Frequentativum. L. Etſatzjam, *vel* Åhtzjatzjam. H. Szeretdegelem. *Frequenter amo.* L. Ajatellagåtam. H. Fontolgatom. *Identidem meditor.*

Inchoativum. L. Wielgkuodam. H. Fejéredem. *Albeſco.*

Diminutivum. L. Etſcleſtam, *vel* Åhtzjeleſtam. H. Szeretintem. *Parumper amo.* L. Reiwetaſtet. H. Verintem. *Aliquantulum verbero.*

Verbum ſecundae Perſonae. Non reperi.

Quoad Verbum Paſſivum notari meretur, quod tam apud Lappones, quam apud Hungaros illud multo elegantius per tertiam Pluralem Praeſentis Indicativi exprimi poteſt, et ſolet, ſecundum vulgi conſuetudinem; quam per Tranſitiva, aut ſic dicta Mandativa: *veretem, veretel, veretik,* ſecundum litteratorum ineptam uſurpationem, hoc enim dubiae ſignificationis Verbum eſt, primo enim ſignificat: *Veretik.* Verberatur. Secundo: *Illi curant illum verberare.* ex. gr. *Jánoſt á birák veretik.* Johannem judices verberare curant. Videamus plura exempla, in utraque lingua.

Lapponice.	*Hungarice.*	*Latine.*
Zjelckich.	Mondják.	Dicitur.
Zjuoignoich.	Beszéllik.	Fertur.
Puorruo.	Esznek.	Editur.
Juckuo.	Isznak.	Bibitur.
Zjuodzjojufwuo.	Állanak.	Statur.
Mannuo.	Mennek.	Itur.
Tagku.	Tselekesznek.	Agitur.
Logku.	Olvasnak.	Legitur.

Videamus iam tabellam, quae ſignificationes Verborum linguae lapponicae et finnicae in Lexicis et Grammaticis repertorum, ordine captui accomodato oculis ſiſtit.

Lapponice.		*Latine.*	*Hungarice.*
Etſab.		Amo.	Szeretek.
Etſam, *vel*	Åhtzjam.	Amavi.	Szerettem.
Etſehtattam.	Åhtzjehtattam.	Amor.	Szeretődöm.
Etſahttalam.	Åhtzahttalam.		Szerettetem. magamat.
Etſehſtam.	Åhtzjehtam.	Curo ut amet.	Szerettetem.
Etſatzjam.	Åhtzjatzjam.	Frequenter amo.	
Etſeelam.	Åhtzieelam.	Frequenter quidem ſed minus amo.	Szeretdegelem.
Etſeſtam.	Åhtzjeſtam.	Amo aliquantulum.	Szeretgetem.
Etſeleſtam.	Åhtzjeleſtam.	Omnium minime amo.	Szeretintem.
Etſehtattalam.	Åhtzjehtattalam.	Facio ut alterum ſaepe et diu amet.	Szerettetgetem. Szeretgettetem.

Finnice.	*Latine.*	*Hungarice.*
Teen.	Facio. ago. Laboro.	Teszem.
Tehdân.	Efficior. Agor.	Tevődöm.
Teetân.	Sino facere.	Tétetem. - ed. - ti.
Teetetân.	Curor fieri.	Tétetem. - el. - tik.
Teeſkelen. —	Factito.	Teddegelem.
	Simulo.	Tettetem.
Teeſkellân.	Factitor.	Teddegeltetem. - el. - ik.
	Simulor.	Tettettetem. - el. - ik.
Tettelen.	Saepe facio fieri.	Tétetgetem.
		Tétetdegelem.
		Teddegeltetem.
	Simulo.	Tettetem.
Tehwyn. —	Fio.	Tehető leszek.
	Sum factu facilis.	Tehetösülök.

 Hic

Hic videt Lector duplici modo ſcribi Verbum *Etſam*, *Ahtzjam*. Prior eſt noviſſima Eruditi Viri. Ihre Orthographia, poſterior autem antiquior, Ganandri et aliorum.

Huc pertinent praeter haec, nonnulla Verba Finnorum, ſignificatione etiam cum hungaricis valde convenientia. Uti et eorum Subſtantiva et Adjectiva derivata.

Finnice.	*Latine.*	*Hungarice.*
Cuolen.	Morior.	Halok.
Cuoletan.	Occido.	Halatom. i. e. *ölöm*.
Cuoletetan.	Occidor.	Halattatom. i. e. ölettetem. - tel. - tik.
Cuolema.	Mors.	Halomány.
Cuolewainen.	Mortalis.	Halovány. Halando.
Cuolewaisus.	Mortalitas.	Halovány ſág Halandoſág.
Puorranam.	Convaleſco.	Gyogyulok. - - *Lapponice.*
Puorrehdam.	Sanor.	Gyogyitodom. *Ich werde geheilt.*
Puorrahdalam.	Pedetentim convaleſco.	Gyogyuldogalok.
Puorgogâtam.	Convaleſcere incipio.	Gyogyulni kezdek. Gyogyulgatok.

Quanta in multifaria hae verborum linguae hungaricae, lapponicae et finnicae ſignificatione lateat energia, nemo, niſi linguae hungaricae apprime gnarus dijudicare poterit, item is, qui lapponicam et finnicam ex aſſe callet. Sola enim haec, eaque manca tabella, tam varias, unius Verbi modificatione expreſſas offert ideas, quarum ſignificationem, linguae europeae non aliter, niſi per prolixas Periphraſes reddere queunt. Hic eſt inexhauſtus ille fons, ex quo maxima concinnitas et praeciſio (ſi ita loqui liceat) linguae hungaricae emanat, copia enim verborum, omnium ſignificationum in his linguis, fidem ſuperans animaduertitur.

Singu-

Singulari digna ſunt attentione, numeroſa Finnorum verba in *m* terminata, quod Hungaris familiariſſimum eſt. Ex plurimis nonnulla hic adferre ſufficiat.

Finnice.	*Hungarice.*	*Latine.*
Viegam.	Futom.	Curro.
Ådnaham.	Sokallom.	Multum mihi videtur.
Stuorraham.	Nagyollom.	Magnum mihi videtur.
Utzaham.	Kitſinlem.	Parvum mihi videtur.
Stuorraſtalam.	Magaſztalom.	Elatius me gero, Superbio.
Vuoinaham.	Megvetem.	Contemno.
Vuordtam.	Vártam. *Praet.* Várom.	Expecto.
Pådam. Manam.	Menem. Menek.	Venio.
Poram.	Eſzem.	Edo.
Poradam.	*Eſzekedem.* Evödöm. Vendégeskedem.	Comeſſor.
Zjeuzjadam.	Rugdoſodom.	Calcitro.
Manadam.	Menődöm.	Eo.
Mårahdam.	*Haragudom.* Haragſzom.	Iraſcor.
Jugam.	Iſzam. Iſzom.	Bibo.
Jugieſtam.	Iddogalom.	Bibſo. Pitiſſo.
Hamſuom.	Harapom. Hapſolom. Hamſolom. Ham! ham! ham! *puerorum.*	Mordeo.
Åidnam.	óјnam magamat. Iſten óhatja tölle. óváſt tſelekedte.	Video.
Vuåſzham.	Forralam. Főzöm.	Coquo.
Paldtam.	Illantam. Ijeſztem.	Terreo.
Almuåhtam.	Kiterjeſztem.	Patefacio.
	Álmodtam.	Somniavi.
Zjegam.	Dugam. Dugom.	Abdo.
Coaldam.	Herélem.	Caſtro.
	Áldam. Áldom.	Benedico.
Jaegadam. Jågadam.	Engedem.	Obedio. Parco.
	Tagadam. Tagadom.	Nego.
Logam.	Olvaſam. -ſom.	Lego.
Tiedam.	Tudam. Tudom.	Scio.
Vieſzadalam.	Dudoldogalam.	Cantito.

In

In ipſa Paradigmatum formatione eſt quoque aliqua ſimilitudo, uti haec duo exempla lapponica monſtrant. At mox inferius, in Paradigmate Verbi Subſtantivi Lapponum multo evidentiorem notabimus ſimilitudinem.

Hungarice.

	Praet. Perf. Ind.	*Ind. Praeſ.*	*Ind. Praet. Perf.*	
S.	Jaackim.	Dörgetem.	Turgetim.	*Pulſo.*
	Jaackic.	Dörgeted.	Turgetic.	
	Jaacki.	Dörgeti.	Turgeti.	
Pl.	Jaackime.	Dörgetiink.	Turgetime.	
	Jaackidte.	Dörgetitek.	Turgetidte.	
		Dörgettek.		
	Jaackin.	Dörgetnek.	Turgetin.	
	Optat. Imperf.	*Ind. Praet. Perf.*		
S.	Jaackazjem.	Dörgettem.		
	Jaackazjec.	Dörgetted.		
	Jaackazje.	Dörgette.		
Pl.	Jaackazjme.	Dörgettiink.		
	Jaackazjte.	Dörgettetek.		
	Jaackazjn.	Dörgettenek.		

Video quoad Infinitivos verborum lapponicorum peculiarem iſtam proprietatem, quam ſoli linguae hungaricae propriam eſſe novi, Hungari enim Infinitivos ſuos ſuffixo pronominali finaliter augent, et per numeros Perſonasque inflectunt, ut ſequentia docent.

	Lapponice.	*Hungarice.*		*Latine.*		*Hungarice.*	
S.	Pårradinam.	Ennem	kell.	Comedere mihi	oportet.	Fáradnam	kell.
	Pårradinad.	Enned		Comedere tibi		Fáradnad	
	Pårradines.	Ennie		Comedere ſibi		Fáradnia	
	Jaackedinam.	Hinnem	kell.	Credere mihi	oportet.		
S.	Jaackedinad.	Hinned		Credere tibi			
	Jaackedines.	Hinnie		Credere ſibi			
Pl.	Jaackedinieme.	Hinnünk		Credere nobis			
	Jaackedinlede.	Hinnetek		Credere vobis			
	Jaackedinaſa.	Hinniek		Credere ſibi			
S.	Mannadinam.	Mennem	kell.	Ire mihi	oportet.		
	Mannadinad.	Menned		Ire tibi			
	Mannadines.	Mennie		Ire ſibi			

Cha-

Character hic inter reliquos aptiſſimus eſt ad ſimilitudinem harum linguarum ſtabiliendam. Omnes etenim linguas Europae in eo convenire credo, quod earum Infinitivi ſimplices et inflexibiles ſint, Hungarorum vero Verba Determinata Infinitivos per numeros Perſonasque flexibiles habent, uti et Lapponum.

Aliud obſervatu dignum eſt in connubio Adverbii Interrogantis *ne?* cum verbis. En exempla:

Lapponice.	*Hungarice.*	*Latine.*
Manamgos?	Megyek-é?	Eo-ne?
Managkos?	Mégy-é?	Is-ne?
Mannagoſt?	Megyen-é?	It-ne?
Mannapkos?	Megyiink-é?	Imus-ne?
Mannabettidkos?	Mentek-é?	Itis-ne?
Mannichkoſt?	Mennek-é?	Eunt-ne?
Jaackamgos?	Hidjem-é?	Credam-ne?
Lekus?	Vané?	Eſt-ne?
Lekus attjatt heimen?	Vané apád ithon?	Eſtne pater tuus domi?

Hic obſervare Lector facile poterit, Adverbia Interrogandi in utraque lingua, cum verbis in unam coaleſcere vocem.

Plurimum ad rem meam confert, quaedam Verba Immanentia, ſeu Neutra, Tranſitiva, Potentialia, Inchoativa et Diminutiva enumerare. Nominatim vero indigitare, quam conſueto Hungaris modo formentur Tranſitiva ex Neutris, ſeu Immanentibus. Lapponica rotundis, hungarica curſivis impreſſa ſunt litteris:

Imma-

Immanentia.	*Transitiua.*
Tjalmehtuvam.	Tjalmehtuttam.
Szemtelenülök.	*Szemtelenitem.*
Coecus fio.	Occaeco.
Wiegam.	Wiegahtam.
Futom.	*Futtatom.* Kergetem.
Fugio.	Sector fugientem.
Ponduom.	Ponduohdam.
Gazdagulok.	*Gazdagitom.*
Ditefco.	Dito.
Jauckam.	Jauckahdam.
Veszek.	*Vesztem.*
Pereo.	Perdo.
Tagam.	Tagahtam.
Dógozom.	*Dógoztatom.*
Laboro.	Laborare facio.
Logam.	Logatam.
Olvasom.	*Olvastatom.*
Lego.	Legere facio.
Wuozam.	Wuozohtam.
Tsepegek.	*Tsepegetem.*
Huzom.	*Huzotom. Huzatom.*
Stillo.	Stillare facio.
Traho.	Trahere facio.
Padnetufvam.	Padnetuhttam.
Fogatlanulok.	*Fogatlanitom.*
Dentibus privor.	Edento.
Wuorraftuvam.	Wuorraftuhttam.
Nyomorgok.	*Nyomoritom.*
Periculo premor.	Periculo aliquem objicio.
Tartun.	Tartutetan.
Tartom.	*Tartatom.*
Apprehendo.	Apprehendere facio.
Palet.	Paletet.
Kapálni.	*Kapáltatni.*
Fodere.	Effodiendum curare.
Tapatan.	Tapatetan.
Tapotom.	*Tapoltatom.*
Trituro.	Triturari facio.
Tåyten.	Tåytetån.
Töltöm.	*Töltetem.*
Impleo.	Impleor.
Painet.	Painetet.
Festeni.	*Festetni.*
Imbuere. Tingere.	Tingendum curare.

Passiva

Passiva proprie dicta rarius reperiuntur, et illa cum Passivis Hungarorum veris, et non factitiis, (quorum terminatio est *odom*, *edem*, *ödöm*) accurate conveniunt, ut: Soradam *Kavarodam*. *Keveredem*. Intricor. Puorrehdam, *Gyogyitodom*, *Gyogyulok*. Restauror. Convalesco.

Inchoativa etiam nonnulla hanc nacta sunt terminationem: ut Wielgkuodam *Fejéredem*. Albesco. Zjappuodam. *Barnodom*. Fuscesco. Nigresco. Arckuodom. *Bátorkodom*. Audeo. Warckuodam. *Vénhedem*. Senesco.

Desiderativa sunt: Porastuwam. *Ehetném*. Esurio. Jugastuvam. *Ihatnám*. Sitio. Spiddestuvam. *Verhetném*. *Verekedhetném*. Verberare cupio (quasi Verberaturio). Waldestuwam. *Házasulhatnám*. Uxoraturio. Adestuvam. *Adhatnám*. Daturio.

Potentialia sunt: Painetattet. *Festethetni*. Posse colorari.

Diminutiva sunt: Reiwetastet. *Verinteni*. Aliquantulum verberare. Etseleſtam. *Szeretintem*. Parumper amo.

Hungari ex omnibus Substantivis et Adjectivis facere possunt Verba. Hoc observo apud. Finnos quoque:

F. Kaunis. *Szép*. Pulcher. Kaunistan. *Szépitem*. Pulchrum reddo.
F. Coipi. *Láb*. Pes. Coipelen. *Lábalok*. *Gyaloglok*. Pedibus utor citatim.
F. Coira. *Kutya*. Canis. Coiristelen. *Kutyálkodom*. Nequiter ago. Canis morem sequor.
F. Coria. *Ekes*. Elegans. Corrittelen. *Ekesitem*. Orno.
F. Cova. *Kémeny*. Durus. Cowenen. *Keménnyülök*. Induresco.
F. Hapain. *Savanyu*. Acidus. Happanen. *Savanyodom*. Acesco.
F. Hâpi. *Szégyen*. Pudor. Hâpiân. *Szégyenlem*. Erubesco.
F. Heicko. *Gyenge*. Debilis. Heickenen. *Gyengülök*. Infirmor.

F. Herra.

F. Herra. *Ur.* Dominus. Herrailen. *Uralkodom.* Dominor.
F. Jauho. *Liszt.* Farina. Jauhan. *Lisztelek.* Molo. *Lisztalt malom.* Mola.
F. Jää. *Jég.* Glacies. Jäädin. *Jegesedem.* Glaciem contraho.
F. Nimi. *Név.* Nomen. Nimitän. *Nevezem.* Nomino.
F. Noki. *Korom.* Fuligo. Noen. *Kormozom.* Fuligine inquino.
F. Ongi. *Horog.* Hamus. Ongin. *Horgászok.* Hamo piscor.
F. Paha. *Rosz.* Malus. Pahennan. *Roszszitom.* *Rontom.* Deterius facio.
F. Pohja. *Fenék.* Fundus. Pohjaan. *Feneklek.* Fundum vaso impono.
F. Poica. *Fiu.* Pullus. Pojin. *Fiadzom.* Pullum pario.
F. Pyhä. *Szent.* Sanctus. Pyhitän. *Szentelem.* Sanctifico.
F. Ratzu. *Lo.* Equus. Ratzastan. *Lovaglok.* Equito.
F. Röyckiä. *Kevily.* Superbus. Röyckäilen. *Kevilykedem.* Superbio.
F. Rouho. *Fü.* Herba. Rouhoitan. *Füvelem.* *Füvezem.* Herbis orno.
Rouheitetan. *Füvésedem.* H. ornor.
Rouhoitun. Rohdun. *Füvesülök.* *Füvezödöm.* *Füvellem.* Herbasco.
F. Sana. *Szo* Vox: *Ven 'Sana.* Vetula vociferans, continuis jurgiis molestans. Sanon. *Szollok.* Dico. Loquor. Sanaton. *Szoltatok.* Dicor.
Sanoilen. *Szollalkozom.* *'Szaholok.* Altercor. Jurgor.
F. Sawi, Argilla *Agyag.* Sawean. Argilla lino. *Agyagozom.*
F. Sia. *Helly* - Locus, Sioitan. *Hellyheztetem.* Loco.
F. Suitzl. *Zabola.* Frenum. Suistan. *Zabolázom.* Freno.
F. Tali. *Fagyu.* Sebum. Talitzen. *Fagyazom.* Sebo lino.
F. Tina. *On.* Stannum. Tinan. *Onazom.* Stanno obduco.
F. Walda. *Hatalom.* Potentia. Wallitzen. *Hatalmaskodom.* Dominor.
F. Waras. *Tolvaj.* Fur. Warastan. *Tolvajkodom.* Latrocinor.
F. Witza. *Veszszö.* Virga. Witzan. *Veszszözöm.* Virgis caedo.
F. Wohla. *Bárány.* Agnus. Wohlin. *Bárányzom.* Agnum pario.
F. Woi. *Vaj.* Butyrum. Woitelen. *Vajazom.* *Kenem.* Ungo.
F. Wyö. *öv.* Cingulum. Wyötän. *övedzem.* Cingo.
F. Callis. *Drága.* Pretiosus. Callistan. *Drágitom.* Pretium augeo.

Quae

Quae ſequuntur, Lapponica ſunt:

Wielak. *Fejér.* Albus. Wielakuom. *Fejérülök.* Albeſco.

Tjalme. *Szem.* Oculus. Tjalmehtuvam *Szemetlenülök.* Caecus fio.
Tjalmehtuttam *Szemetlenitem.* Occaeco.
Tjalmaihofwam. *Szemeſülök* Oculatior fio. *Szemeſedem.*

Nielja. *Négy.* Quatuor. Nieljadaſtam. *Négyelem.* In 4 partes ſeco.

Logie. *Tiz.* Decem. Logadaſtam. *Tizedelem.* In 10 partes ſeco

Manged. *Kéſö.* Serus. Mangedan. Manganet. *Késni. Késedelmezni.* Sero venire. Sero peragere rem aliquam.

Idied. *Reggel.* Mane. Idiedaſtam. *Reggelezek.* Mane proficiſcor, aut aliud aliquid facio.

Åkie. *Eſtve.* Veſper. Åkiehdaſtam. *Eſtvézek. Ejtſzakázok.* Veſperi, aut noctu aliquid facio.

Paras. *Avas. Vén.* Vetus. Parasmattam. *Avitom. Vénitem.* Veteraſcere facio.

Nuora. *Ifju.* Juvenis. Nuorasmahttam. *Ifjitom.* Juniorem facio.

Same. *Lappon nyelv.* Lingua lapponica. Item: Same Kiål. Suomi Kieli. *Finniai nyelv.* Finnica lingua (NB. *Finnice*). Samaſtet. *Lapponozni. Lapponoſulni. Lapponul beſzélni.* Linguâ lapponicâ loqui.

Idem faciunt Hungari cum ſuo: *Magyar.* Hungarus. *Magyaroſitni. Magyarázni. Magyarozni.*

Hungarizare. In linguam hungaricam transferre. Vel ſimpliciter: Interpraetari. Hungaricos mores alicui familiares reddere.

Ata. At. *Izé.*

Atet. *Izélni.* Vox haec Singulari attentione digna, nullius fixae ſignificationis, ſed cuius ſignificatio ex contextu tantum elici poteſt, in Lexico Lapponico occurrens, mihi non parvam adtulit voluptatem. Huic enim ſimilem nulla lingua europaea habet. Quod Germani cum ſuo: *Das Ding.* exprimere ſtudent, id huic aliquantulum accedere videtur. At Lapponum *Ata*, et Hungarorum *Izé;* fungitur munere Nominis Adj. Subſt. Verbi, Partic. et Aduerbii. Videamus exempla. *Hallod é Izé! gyere bé.* Audi *Izé* ingredere. Hic, loquens vult nominare; *Petrum Johannem* &c. ſed nomen illi

C non

non succurrit. Adjectiv. *Izé bort ivutt Peter, és megrészegedett.* *Izé* vinum bibit Petrus, atque inebriatus est. i. e. *Generosum* vinum. Subst. *Izétöl részegedet meg Péter.* Per *Izé* inebriatus est Petrus. i. e. Per *vinum.* Verbum. *Bort izélt Peter, és megrészegedett.* Vinum *izévit* Petrus, ex quo inebriatus est. i. e. Vinum *bibit.* Participium. *Bort izélvén Peter megrészegedett.* Vinum *izéns.* i. e. *bibens.* Adverb. *Izélül bánt vèllem Peter.* Izéiter mecum egit Petrus. i. e. *Inhumaniter.*

Apud Lappones nonnisi Nominis Verbi et Adverbii munere fungitur, vt: L. Tat at. H. *Ez az Izé.* Haec res. L. At ålma le sodn. H. *Izé ember amaz.* Bonus vir est iste. L. Jubmel atei Adameb ulkos paradiseft. Deus Adamum ex Paradiso ejecit. H. *Az Isten ki izélte Adámot a' Paradistombol.* L. Ate tåmpeb stallen sisa. H. *Izéld bé a' lovat az istállóba.* Intromitte equum in stabulum. L. *Atei* udnats ijan? Quando mortuus est? HungrusAdverb. Interrogandi ex suo *Izé* facere non potest. At potest facere Adv. Temporis. *Izékor.* Tunc.

Hic memoranda sunt etiam quaedam Impersonalia, quae omnia superius prolata, de multifaria verborum significatione, ulterius confirmant.

Lapponice.	*Hungarice.*	*Latine.*
Atza.	Árad.	Aqua exundat.
Rååde da.	Hajnallik. Pitymallik.	Aurora videtur.
Avvieda.	Szivarog.	Transmittit liquorem.
Zjuckuoda.	Világosodik.	Lucescit.
Etcuoda.	Estveledik.	Vesperascit.
Wieckuoda.	Szürkül.	Crepusculum instat.
Zjerguo.	Zörög. Dörög.	Tonat.
Zjåsosta.	Hidegedik.	Aer frigescit.
Jelecasta.	Tisztul.	Serenat.
Muåtta.	Havaz.	Ningit.
Arwa.	Esik.	Pluit.
Zuormasta.	Jégesik.	Grandinat.

Para-

Paradigma Verbi Subſtantivi Lapponum.

L. Le. H. Leſzſz. *Lat.* Eſt.

Ind. Praeſ. I.

S. Leb.	*ſive.* Mon lèb.	H. Leſzek.	Lat. Sum.
Leh.	Todn leh.	Léſzſz.	Es.
Le.	Sodn le.	Leſzſz.	Eſt.
Pl. Lepe.	Mije lepe.	Leſzünk.	Sumus.
Lepet.	Tije lepet.	Leſztek.	Eſtis.
Låh.	Sije låh.	Leſznek.	Sunt.

Praeſens II.

Mon-leb orromen. H. Leſzek örökült. Lat. In eo ſum, vt ſim.

Imperf. I.

S. Lijeb.		
Lijih.		
Lei.		
Pl. Leime.	H. Lejünk.	Legyünk.
Leite.	Lejitek.	Legyetek.
Lejen.	Lejenek.	Legyenek.

Imperf. II.

S. Lijeb.	Lih.	Li.	Orromen.
Pl. Lime.	Lite,	Lijen.	Orromen.

Perfectum.

Mon leb orrom. H. Lettem. örököltem. Fui.

Plusq. Perf.

S. Mon. lijeb. Todn lih. Sodn li Orrom.
Pl. Mije leime. Tije leite. Sije lejen Orrom.

Futurum.

Mon kalkab orrot. H. én leſzek örökös. *Suecice.* Jag. ſkal wara. *Ich werde ſeyn.*

Imperativus.

S. Orrom. Orro. Orros lekes. H. örökös legyek, légy, legyen. L. Sim. Sis. Sit. Eſto tu, Eſto ille.

Pl. Orrob. Orrote. Orroſe lekuſka. H. örököſök, legyünk, legyetek, legyenek.

 Obta-

Optativi Praesens I.

S. Mon litjab. *Hung.* Letjek., ledjek. Legyek.
Todn litjah. Letj. ledj. Légy.
Sodn litja. Letjen. ledjen. Legyen.
Pl. Mije litjebe.
Tije litjabet.
Sije litjeh.

Optativus Praesens II.

Mon litjab orromen.

Imperf. I.

S. Mon lulib. T. lulih. S. luli. H. Lennék. Lennél. Lenne. *Lat.* Effem. Effes. Effet.
Pl. Mije lulutme. T. luluite. S. lulun. H. Lennénk. Lennétek. Lennének.

Imperf. II.

Mon lulib orrot.

Perfectum.

Mon litjab orrom. L. Fuerim.

Plusquamperfectum.

Mon lulib orrom. *Lat.* Fuiffem.

Futurum.

Mon kalkatjab orrot. *Lat.* Fuero.

Alterum Futurum.

Mon kalkib orrot.

Infinitivus.

Orrot. *Lat.* Effe.
Orrot kalket. Futurum effe. — — Futurum.
Orron. Orroten. *Germ.* Indem man ift. *Lat.* In exiftendo. H. Léteközben. Létiben. Voltában. — Gerundium.
Orrotjet. Orroman. *Germ.* Zum da feyn. Ad. exiftendum. H. Léteire. — — — Supinum.

Participium.

Praef. Orroje. H. örökös. A' ki volt, lett, és öröklilt. *Lat.* Ens, qui eft, vel manet.
Praet. Orrom. H. Volt. *Lat.* Qui fuit.
Fut. Orrojafaa. H. örököfülendö. Lejendö. *Lat.* Futurus qui erit.

Caetera,

Caetera, quae ad rem meam nihil conferre videbantur, in hoc Paradigmate notare breuitati studens, superuacaneum duxi.

Hic videt lector vocem *Kalkab*, et vocem *orromen*, *orrom:* partem constituere hujus Paradigmatis. Unde hae voces? Quoad vocem *Kalkab* notet velim Lector, eam originem traxisse ex Svecico; *Skal*, uti Futurum demonstrat, quod Auctor Svecus per Phrasin *Jag skal wara*, exprimit. Haec vox *Skal*, oritur quidem ex Germanico *Ich soll*, verum tamen hodie significat *Ich werde*, consequenter, *Mon kalkab orrok*, significat: *Ich werde seyn*.

Vt autem originem vocis *Orrom*, *Orromen* debita attentione scrutari, et intelligere possimus, omnes Phrases, quas haec vox cum suis derivativis ingreditur, sollicite notavi, ex *Lexico Lapponico Ihre*. Si ergo varias harum vocum significationes lector attente contemplabitur; videbit eas, tam apud Hungaros, quam apud Lappones hodiedum adhuc in maximo usu esse, consequenter, voces *Orromen*, *Orrom*, *Orrot*, *Orro*, *Orros*, *Orrob*, *Orrote*, *Orrost*, *Orron*, *Orroten*, &c. jure meritoque in Paradigmate verbi substantivi *Le* adhibitas esse. Sed per sequentia res adhuc clarius elucescet.

L. Orrob. H. örökülök. örökösülök. L. Maneo.
L. Tanne mon orrob. L. Heic permaneo.
H. Itt én megörökösülök.
L. Sodn le orrom puorak ålme. Probus ille fuit vir.
H. ő volt örökké jo ember.
L. Orron orroje. Perennis.
H. örökkön örökké. In secula seculorum. Semper.
L. Orroje. Ens. Qui est, vel manet.
H. örökös. Haeres. Aeternus. Sempiternus. Perennis.
L. Ikkat orroje. Perpetuus. Perennis.
L. Ikkat. Perpetuo. In sempiternum.
H. Mindég. Perpetuo.
L. Ikkat årroje Jubmel.

 H. Min-

H. Mindég örök Isten. Deus qui manet in aeternum.
L. Orrom. Orro. Mansio. Habitatio.
H. örök. örökség.
H. öreg. Senex. A ki eleitölfogva az *örökségbe* lakott.
H. Meg *örökült*, meg *öregült*. Qui semper in haereditate sua habitavit: perennis, inveteratus, senex factus est.
L. Orrob takkai tasa. Manere coepit hic.
H. örökülni kezdett itt.
L. Orro podda. Mansionis tempus.
H. örökösülés ideje. Lakás ideje.
L.] Orrob takka hálemest. Quam maxime est garrulus.
H. örökké fog tsevegni.
L. Orrom. Essentia.
H. örök. örökösség. örök valoság.
L. Orrotakes. Essentialis.
H. örökitett. örökös. Változhatatlan. Állando.
L. Orromes kauto. Respectu essentiae suae.
H. örökségere nézve.
L. Orrom nuope. Levamen. Laxamentum.
H. öröm napja. Gaudii dies.
L. Orrojem. Cessatio.
L. Orrot. Orrotet. Manere. Habitare.
H. örökülni. örökösülni. örökitni. örökösitni. örökösödni. örököfsé lenni. örökké egy hellyt mulatni.
L. Orroteje. Commorans. *Participium*.
H. örökösülö. örökösödö.

Experiamur, utrum originem quatuor horum verborum, (quibus partim Hungari, partim Lappones, in exstruendo aedificio Paradigmatis Verbi substantivi usi sunt;) ex antiquitate quasi eruere, et modernis oculis visibiliter sistere, possumus. Ponamus omnes has voces quae hoc Paradigma ingrediuntur, olim seorsim totidem verba regulariter conjugata fuisse, adeoque exstitisse quatuor verba regularia: *Vagyok, Valok, Leszek, Örökülök*, quod sanae rationi valde consentaneum est. Regularis horum Verborum Conjugatio necessario ea debuit fieri, quam tabella sequens exhibet. At lapsu temporis, magna pars horum Paradigmatum exolevit, et quidem nominanter ea, quae cursivis litteris impressa est. Reliquae

liquae autem partes, tanquam rudera noſtrae linguae grammaticalia ad hunc usque diem adſervatae ſunt, ex quibus tandem demum Paradigma noſtri Verbi Auxiliaris, *Vagyon*, *Van* conſutum, conſarcinatum eſt. Hoc idem fecerunt Graeci, Latini, et aliae nationes, homines etenim, voces, tanquam ſigna conceptuum arbitraria, de ſeculo, in ſeculum, uti veſtimenta, mutare, et recentiora veteribus adaptare conſueverunt. Hoc clariſſime videtur in Paradigmate verbi ſubſtantivi Latinorum, quod ex ſex, aut ſeptem diverſis verbis conflatum eſt: *Sum*, *Eſſe*, *Fui*, *Ero*, *Facio*, *Forem*, *Futurus*. Nemo ergo contemplationes has grammaticales, meras chimaeras et ſomnia Rudbeckiſantia nominare juſte poterit. En tabellam quatuor verborum antiquorum.

Paradigma antiquum.				Paradigma hodiernum.	
			Indicativus.		
Vagyok.	*Valok.*	Leſzek.	örökülök.	Vagyok.	Sum.
Vagyſz.	*Valſz.*	Léſzſz.	öröküllſz.	Vagy.	Es.
Vagy. Vagyon. Van.	*Vul.*	Leſzſz.	öröküll.	Vagyon.	Eſt.
Vagyék.	Valék.	Levék.	örökülék.	Valék.	Eram.
Vagytam.	Voltam.	Lettem.	örökültem.	Voltam.	Fui.
Vagyok.	*Valok.*	Leſzek.	örökülök.	Leſzek örökiilt.	Ero. Fio.
			Optativus.		
Vagyjak.	*Valjak.*	Legyek.	örököljek.	Legyek.	Sim.
Vagynék.	Volnék.	Lennék.	örökülnék.	Volnék.	Eſſem.
Vagyándok.	*Valándok.*	Lejéndek.	örökülendek.	Lejéndek.	Fuero.
			Infinitivus.		
Vagyni.	*Valni.*	Lenni.	örökülni.	Lenni.	Eſſe.
Vagyo.	Valo. Part. Praeſ.	Levö.	örökülö.	Valo.	Ens.
Vagyott.	Volt. Part. Praet.	Lett.	örökült.	Volt.	Qui fuit.

Notatu digna eſt inflexio negativa verbi ſubſtantivi *Eſt*, quae apud Hungaros aeque locum habet.

S. Ib le.	Hung. Nem vagyok.	Non ſum.
Ib le.	Nem vagy.	Non es.
I le.	Nints.	Non eſt.
Pl. Epe le.	Nem vagyunk.	Non ſumus.
Epet le.	Nem vagytok.	Non eſtis.
Åh le.	Nintſenek.	Non ſunt.

Adverbium negativum Hungarorum, in tertia ſingulari et plurali, cum verbo ſubſtantivo in unam coaleſcit vocem.

De Adverbiis.

Dantur nonnulla Adverbia lapponica, quae hungaricis idem ſignificantibus ſimilia ſunt, aut ſaltem Terminationes ſimiles habent, ut: L. Hijt. *Huc.* H. Itt. Itten. Ide. L O wai, Wajpie. *Oh utinam.* H ó vajha. L. Jabmemlaäcka. *Moriendo.* H. Haldoktólag.

Comparantur Adverbia Lapponum, ſicuti apud Hungaros.

L. Hwuållen,	hwuålleb,	hwuållemudz.
H. Alá,	alább,	leg alább.
Infra.	*inferius.*	*infime.*
L. Siſte.	ſiſkeb.	ſiſkemus.
H. Benn,	bellyebb.	leg bellyebb.
Intus,	*interius.*	*intime.*
L. Mangield,	mangieb.	mangiemudz.
H. Hátul,	hátrább.	leg hátrább,
Poſtice,	*poſterius.*	*poſtreme.*
L. Lacka,	lagab.	lamudz. *vel* lakkabut.
H. Közel,	Közelebb.	leg közelebb.
Prope,	*propius.*	*proxime.*
L. Caſka,	caſkab.	caſkamus.
H. Bé,	bellyebb.	leg bellyebb.
Intra.	*interius.*	*intime.*

Inter-

Interrogatio, et responsio adverbialis Hungarorum apud Lappones evidenter obseruatur, ex. gr. H. Hányaslag? Hármaslag. *Lap.* Kallelaka? Holmalaka. *Quotuplici modo? Trifariam.* L. Jukkemlaka. H. Ivólag. Lat. *Modo ad bibendum idoneo.* L. Jerbmelaka. H. Okoskodólag, Okoson. Lat. *Prudenter.* L. Wuoigenenlaka. H. Lelkileg. *Spiritualiter.* Lap. Argeslaka. H. Félöleg. Lat. *Timide.* Lap. Puoraklaka. H. Jobbatskálag, Jobbatskán. Lat. *Aliquatenus bene.*

Adverbium kukken. *Longe* varias motus de loco, vel ad locum modificationes admittit attentione dignas, vt: L. Kukken. H. Meszsze. Lat. *Longe.* L. Kukket. H. Meszsziinnen, Meszsziül, Meszsziröl. Lat. *Ex longinquo.* L. Kukkas. H. Meszszire. Lat. *In longum, ad locum remotum.*

De Praepositionibus.

Praepositiones Grammaticorum, Hungari, Lappones et Finni, jure Postpositiones nominare possunt, illae enim vocibus ferme omnes postponuntur. Sunt autem hae Postpositiones duplicis generis; solitariae, et sociae. Solitarias nomino illas; quae extra conjunctionem cum vocibus, solitarie adhiberi, et intelligi possunt. Socias autem illas, quae cum vocibus conjunctim occurrunt.

Postpositiones Solitariae.

Lapponice.	*Hungarice.*	*Latine.*
Ednam *lusa.*	Anyám*haz.*	Ad matrem meam.
Jubmelen *wuost.*	Isten*hez.*	Erga Deum.
Aita *wuästai.*	A'templom *ellenibe.*	Adversus templum.
Attjes *ludne.*	Az atyá*nál.*	Apud patrem.
Kälkats *paalda.*	A'viz *mellet.*	Juxta fluvium.
Sokottjomen *tsagge.*	Parantsolatja *szerint.*	Juxta praeceptum eius.
Kedken *tsagge.*	A' kö *mellet.*	Juxta lapidem.
Kåte *pirra.*	A' ház *körül.*	Circa domum.
Lake *naute.*	Szokás*ban.*	In moribus.
Wuome *kaski.*	Erdö*közt.*	Inter silvam.
Laipe *kum.*	Kenyé*rrel.*	Cum pane.
Alme *pakto,*	Ege*nn.*	Per coelum.
Jakkon *pakto.*	Hit *által.*	Mediante fide.
Jubmel *diet.*	Isten*ért.*	Propter Deum.
Aita *mangelt.*	Templom *megett.*	Pone templum.
Aita *cuoluo.*	Templom *felé.*	Versus templum.
Suolo *tuokai.*	Sziget *mellet.*	Pone insulam.
Ajek *wuolde.*	Forrás *mellet.*	Penes fontem.
Mo *melte.*	Én *melletem.*	Penes me.
Almen *wuolai.*	Ég *alatt.*	Sub coelo.
Jabmeki *lute.*	Halál*bol.*	A mortuis.
Wuome *sisa.*	Erdö*ben.*	In silva.
Aita *ŏudi.*	Templom *elött.*	Ante templum.
Mana *ŏudi.*	Menj *el.*	Abi.
Ednam *nala.* To *nala.*	Anyám *nal.* Te*nállad.*	Apud matrem; Apud te.
Jubmelen *nala.*	Isten*nél.*	Apud Deum.
Ware *kuoren.*	Hegy *körül.*	Circa montem.
Turwe *paijel.*	Pásinton *fejül.*	Super cespitem.
Attjes *luthe.*	Atya *elött.*	Coram patre.

Nonnullae praeponuntur vocibus.

Lapponice.	*Hungarice.*	*Latine.*
Solied ednam.	Anyám hire *nélkül.*	Clam matre mea.
Wadni attjem.	Atyámon *kivül.*	Praeter patrem meum.
Nauta laipen.	Kenyér *nélkül.*	Sine pane.
Tjada Windekeb.	Ablako*nn.*	Per fenestram.
Pignos alme.	Az ége*nn által.*	Trans coelum.
Kitta aitan.	Templom*ig.*	Usque templum.

Ex

Ex Poſtpoſitione *paijel*, formant Lappones aliam: *Paijeleſt*. Lat. *Super* Hung. *Fejül*, ita ex *Palda* formant: Paaldaſt. *Juxta* Hung. *Oldalaſt*. Haec ideo notanda ſunt, quod in Adverbiis Hungarorum haec Terminatio *áſt*, *eſt*, ſaepe occurrit, ut: *Futváſt* currenter, v. currendo. *Ováſt* Caventer, v. cavendo. *Hanyáſt*, hanyatláſt, hanyatt. Supine. *Örömeſt*. Libenter.

Poſtpoſitionibus Sociis Pronomina perſonalia ad modum Suffixorum finaliter adjunguntur, atque ideo Poſſeſſivae evadunt, ut:

L. Paldesnan.	Paldesnat.	Paldesnas.
H. Melletten.	Melletted.	Mellette.
L. *Penes me.*	*Penes te.*	*Penes ſe.*
L. Paldesnanne.	Paldesnatte.	Paldesneſe.
H. Mellettünk.	Mellettetek.	Mellettek.
L. *Penes nos.*	*Penos vos.*	*Penes ſe.*
L. Piram.	Pirat.	Piras.
H. Körüllem.	Körülled.	Körülle.
L. *Circum me.*	*Circum te.*	*Circum ſe.*
L. Kaſkame.	Kaſkanette.	Kaſkebſa.
H. Közöttünk.	Közöttetek.	Közöttök.
L. *Inter nos.*	*Inter vos.*	*Inter ſe.*
L. Luſam.	Luſad.	Luſas.
H. Hozzám.	Hozzád.	Hozzaja.
L. *Ad me.*	*Ad te.*	*Ad ſe.*
L. Luſame.	Luſate.	Luſaſas.
H. Hozzánk.	Hozzátok.	Hozzájok.
L. *Ad nos.*	*Ad vos.*	*Ad ſe.*
L. Paijelam.	Paijelad.	Paijelaſas.
H. Fejüllem.	Fejülled.	Fejülle.
L. *Super me.*	*Super te.*	*Super ſe.*
L. Mangieſtam.	Mangieſtad.	Mangieſtas.
H. Megettem.	Megetted.	Megette.
L. *Pone me.*	*Pone te.*	*Pone ſe.*
L. Naldan.	Naldat.	Nalaſat.
H. Töllem.	Tölled.	Benned.
L. *A me.*	*A te.*	*In te.*

Sunt

Sunt autem nonnullae Postpositiones, quibus Pronomina personalia praeponuntur, quapropter illae possessivae evadunt, ut:

L. Mijen kaskan.	Tijen kaskan.	Sijen kaskan.
H. Magunk közt.	Magatok közt.	Magok közt.
L. *Inter nos.*	*Inter vos.*	*Inter se.*
L. Mo diet.	To diet.	So diet.
H. Magamért.	Magadért.	Magáért.
L. *Propter me.*	*Propter te.*	*Propter se.*
L. Mo-kum.	To-kum.	So-kum.
H. Magammal.	Magaddal.	Magával.
L. *Mecum.*	*Tecum.*	*Secum.*

Dantur Terminationes quaedam, quae Nominibus adjectae, apud Lappones et Hungaros casus varios formant, apud Latinos autem nonnisi solis Praepositionibus reddi possunt, ut: Attje-st. Hung. Atyá*bol*. *Ex patre.* Attjes-*ne*. H. Atyá*ban*. In patre. Attj-*in*. H. Atyá*val*. Cum patre. Attje-*tak*. H. Atyát-*lan*. Sine patre. Sed omnium frequentissime occurrit terminatio, *n*, quae Hungaris etiam valde familiaris est, ut: Sijtha-n. H. *A Major-on*. Per villam. *Cask-an.* H. *A Közep-in.* Per medium. Nipi-n. H. *Kési-n.* Per cultrum. Almatj-en. H. *Ember-en. Embert.* Per hominem, Hominis.

Syntaxis.

Linguam Hungarorum, Lapponum et Finnorum, quoad Nominum Terminationes, Declinationem, Comparationem, Pronomina, Suffixa, Verba, et Praepositiones, plurimum interse convenire vidimus. Superest investigatio similitudinis modi construendi, quam si stabilire potero; argumentum inter reliqua asserti mei fulcimina obtinebo palmarium.

Non est mihi propositum, singulas hic repetere Syntaxeos Regulas, et obvia quaevis in medium pro-

proferre constructionum exempla. Constat enim dari Regulas quasdam syntaxeos universales, in quibus plurimae nationes inter se conveniunt, uti sunt: Convenientia Relativi cum praecedente substantivo, et Interrogativi cum suo Redditivo: Praecedentia Nominativi, in societate Verbi personalis, et Adverbii; Regimen Verbi Activi, cum Accusativo juncti, item Infinitivi, cum casu proprii sui verbi &c.

Convenientissimum ergo ad rem meam judico, talia adferre exempla, quae linguae hungaricae, lapponicae et finnicae ita sint propria; ut illa in lingua latina, germanica, aliisque europeis vix exprimi, vel saltem non sine Periphrasi reddi possint. Principem inter talia exempla locum obtinebit, Propositio logica sine copula: *Homo est mortalis*. H. *Az Ember halando*, item. Terminatio Adjectivorum, et Numeralium, cum substantivis constructorum, invariata, observavi etenim Adjectiva, et Numeralia Lapponum, et Finnorum Substantivis juncta, per omnes Casus et Numeros invariata manere, quod Latinis, Germanis, Italis, Gallisque esset impossibile, vt: H. Jo ember. *Bonus homo*. G. Jo embere. *Bonus hominis*. D. Jo embernek. *Bonus homini*. Plurali: Jo emberek. *Bonus homines*. H. Száz aranyot adott. *Centum aureum dedit* &c. Sed de his, et similibus suo loco plura.

Observatio 1.

Adjectivum et Pronomen Possessivum praeponitur Substantivo ut apud Hungaros. Hic de convenientia Adjectivi cum Substantivo, (vt apud Latinos, aliosque,) Genere, Numero et Casu, ne vestigium quidem est, imo huic contrarium docebit Observatio 3. L. Walagas caaba. H. Katonás aszszony. *Virilis animae faemina*. L. Wackie palwieleje. H. Hü szolga. *Fidelis servus*. L. Jorbmaladz pardne. H.

H. Okos fiu. *Intelligens filius.* L. Ttjalmetes almats. H. Szemetlen ember. *Coecus homo.* L. Murkos peiwe. H. Ködös nap. *Dies nebulosus.* L. Tåbdos pappa. H. Tudos pap. *Doctus pastor.* Mårtekes almats! H. Szegény ember! Szegény feje! *Miserandus homo!* L. Ijedtzam pardnai. H. Magam gyermekemnek. *Proprio meo puero.* L. Ijedtzam njalmai. H. Magam szájamban. *In proprium meum os.* L. Mijen attje. H Miatyánk. *Noster pater.* Bene. L. Attje mijen. H. Atyánk mi. *Pater noster.* Male. L. Muo acka. H. Én feleségem. *Mea uxor.* Bene. L. Acka muo. H. Feleségem én. *Uxor mea.* Male. L. Muo pådnagam. H. En kutyám. *Meus canis.* Bene. L. Pådnagam muo. H. Kutyám én. *Canis meus.* Male.

Observatio 2.

Si vero Pronomen separatum, aut suffixum, seu Nomen Possessivum intercesserit; tunc Nomen Substantivum Adjectivo praeponitur, ut: L Pardnad *lä* zjuorpe. H. A. Fiad-bolond. *Filius tuus* est *stultus.* L. Pådzuom *lä* luobdag. H. A' Szarvasom-sánta. *Cervus meus* est *cespitator.*

Observatio 3.

Adjectiva, et Numeralia Substantivis juncta, per omnes Casus, et Numeros invariata manent, ut: L. Denkewes almats. H. Kövér ember. *Obesus homo.* Genitivo: L. Denkewes almatsa. H Kövér emberé. *Obesus hominis,* non: *Obesi hominis* Dativo: L. Denkewes almatsi. H. Köver embernek. Acc. L. Denkewes almatsa. H. Köver embert. *Obesus homini. Obesus hominem. Obesus homines. Obesus hominibus* &c. L. Wit laipe. H. Öt kenyér. *Quinque panis,* non: *panes.* L. Kaktse japit wiesoi. H. Nyoltz esztendöt élt. *Octo annum vixit,* non: *annos.* L. Åktse peiwe. H. Kilentz nap. *Novem dies. Neun Tag,* non: *Tage.*

Obser-

Obſervatio 4.

Appoſitio fit more peculiari Hungarorum; dum duo vel plura Subſtantiva in Nominativo ita ſibi invicem junguntur; quod prius ſemper Regens ſubſtantivum, ſecundum vero Rectum dici poſſit, ut: L. Njuktja tålke. H. Hattyu toll. *Cygnus pluma*, quaſi diceres: *Cygni pluma*. L. Biållo njuoktem. H. Harang ütö. *Campana piſtillum*, quaſi: *Campanae piſtillum*. L Pana kritjem. H. Fogfajás. *Dens dolor*, quaſi: *Dentis dolor*. L. Silba ſuårmas. H. Ezüſt gyürü. *Argentum annulus*, quaſi: *Argenti annulus*.

Obſervatio 5.

Valde obvia eſt repetitio ejusdem ſubſtantivi, aut adjectivi, Emphaſeos cauſa, praecipue in exclamationibus, ut: L. Jubmieladzam Jubmieladzam taga nu puoriſt mu cuodo! H. Iſtenem Iſtenem, tégy ollyan jol velem! *Deus mi Deus mi facias tam bene erga me!* L. Caaba caaba catti ijetzadt! H. Menyetske menyetske vigyázz magadra! *Mulier mulier cave tibi*. L. Kieura kieura almats. H. Erös erös ember. *Fortis fortis homo*. L. Jageſt jagkai. H. Eſztendöröl eſztendöre. *De anno in annum*. L. Peiweſt peiwai. H. *Naprol napra*. De die in diem. L. Pahadt pahabbuo. H. Roſznál roſzſzabb. *Malo pejor*. L. Qwektaſa qwektaſa, kolmaſa kolmaſa mannin. H. Ketten ketten, Hármann harmann mentek. *Duo duo, tres tres iverunt*. L. Neljaſa neljaſa ſaddi. H. Négyet négyet küldött. *Quatuor quatuor miſit*.

Obſervatio 6.

Pronomina demonſtrativa Subſtantivis juncta, aeque invariata manent, uti Adjectiva, in Obſ. 3. ſi autem ſine Subſtantivo occurrunt, tunc declinantur, ut:

L. Adte

L. Adte tuåm ålmai. *Da illi homini.* Bene.
H. Add amaz embernek.
L. Adte tuåſa ålmai. *Da illi homini.* Male.
H. Add amannak embernek.
L. Adte tuåſa. *Da illi.* Bene.
H. Add amannak.

Obſervatio 7.

Non ſubſtantiva, ſolum ſed Numeralia etiam evadunt Poſſeſſiva, quae tunc ſignificationem aliis linguis vix exprimendam acquirunt, ut:

L. Monnu cuohtas pådta, vel.
L. Mijaſt qwektes pådta, vel.
L. Qwektes mijaſt (pådta).
H. Kettőnk el jött.
Noſtri δυας venit. Unſer zwey ſind angekommen.
L. Mijn witas manai.
H. ötünk elment.
Noſtri πεντας ivit. Unſer fünf ſind weggegangen.

Obſervatio 8.

Subſtantivum cum ſubſtantivo conſtructum in Dativo Caſu ponitur ad exprimendam poſſeſſionem, ut: L. Padnagi padnag. H. Kutyának kutyája. *Cani canis*, *Dem Hunde Hund*, non: *Des Hundes*, *Hund.* L. Welkes repenakh låch koddum. H. A' fejére a' rokáknak megöletett. *Albae vulpium ſunt occiſae;* i.e illa pars vulpium, quae alba erat. L. Jabaladz ålmuch låch jabmam. H. A' gazdaga az embereknek meg holt. *Divites hominum ſunt mortui.*

Obſervatio 9.

Latinorum *habeo*, et Germanorum *Ich habe* Hungarus nunquam aliter niſi per voces duas: *Eſt mihi*, *Es iſt mir*, exprimere ſolet, hoc idem facere video Lappones, ut: L. Muuſt lå rudta. H. Nekem van pénzem. *Mihi eſt pecunia.* L. Attjeſt lå ſkautzja. H. Atyának van bajuſzja. *Patri eſt myſtax*, v. *barba.*

L. Le

L. Le musne Kirje. H. Van nekem könyvem. *Eſt mihi liber.* L. Lå tusne tawereh. H. Vagynak neked Kintſeid. *Sunt tibi opes.* L. Zjuorpe pardne lå tuuſt. H. Bolond fiad van neked. Stolidus filius eſt tibi. L. I le mune pednik. *Non eſt mihi pecunia.* H. Nints nekem pénzem.

Obſervatio 10.

Verbum Subſtantivum Lapponum *le*, *eſt*, Verbo Subſtantivo Hungarorum *van*, contrariam videtur habere Conſtructionem, illud enim in Propoſitione Logica vices ſubit Copulae, uti Verba Subſtantiva Linguarum europearum, ex gr. L Pardnad *le* zjuorpe. *Filius tuus eſt ſtolidus.* Hoc vero apud Hungaros per Ellipſin quaſi omittitur, ut H. A'te fiad-bolond. *Tuus filius-ſtolidus.*

Huc pertinent exempla ſequentia:

L. Jubmel le puorak. *Deus eſt bonus.*
H. Az Iſten — jo.
L. Manna le niorach. *Infans eſt debilis.*
H. A Gyermek — nyomorek.
L. Ki le mo owånek? *Quis eſt meus inimicus?*
L. Ki — azén ellenſégem?
L. Mo widno le tatt. *Meum officium eſt hoc.*
H. Azén kötelesſégem — az.
L. Muo tatt le padnag.
H. Enyim az a' — Kutya. *Meus iſte eſt canis.*
L. Mi le Jubmel? *Quid eſt Deus?*
H. Mi — az Iſten?
L. Puorak le tatt. *Bonum eſt illud.*
H. Jo — az.

Suſpicio hic juſta mihi ſuboriri videtur, Auctores Suecos per analogiam tantum linguae ſuae, et omnium fere europearum, Verbum Subſtantivum *eſt le* in omni Propoſitione Logica Copulae loco interponere. At ſi forte linguam Lapponum penitius ſcrutari inciperent, et uſum Verbi Subſtantivi *le* in rudi Lapponum Confabulatione peculiari attentione obſervarent; tunc forte demum Ellipſin ejus in plurimis Phraſibus animadverterent, non ſecus ac nos illam in lingua noſtra hungarica animadvertimus. Expertus loquor, et juſta de cauſa mihi nata eſt ſuſpicio. Etenim Hungari linguam Valachorum mixtim in Tranſilvania degentium ita hungarizaverunt, ut hodiae numeroſae Conſtructiones juxta Syntaxin hungaricam, et directe contra genium linguae valachicae formari conſueverint. Nominatim autem haec ipſa conſtructio contrariam paſſa eſt metamorphoſin, In Tranſilvania dicunt: V. *Domnu noſtruj bogat.* Dominus noſter *eſt* dives. V. *Proſtu nuj bogat.* Ruſticus non *eſt* dives. Hanc ellipſin evidenter committere ſolent ad normam Hungarorum; nam Valachi, in Moldavia, et Valachia Tranſalpina degentes: *Domnu noſtru* jeſte *bogat. Proſtu nu* jeſte *bogat* dicere ſolent, adeoque gentilitium ſuum Verbum Subſtantivum *jeſte* conſtanter adhibent, eo quod in his regionibus nullum cum Hungaris commercium habeant.

Interea ſerio notet velim Lector Suecus; Hungaros non in omni prorſus conſtructione abjicere Verbum Subſtantivum: *eſt, van*, ſed praecipue in conſortio Participiorum et Adverbiorum illud adhibere, vt L. Tabben le attjam. H. Itt van atyám. *Hic eſt pater meus.* L. Tabrekésne le. H. Felſzegezve van. *Affixum eſt.* quaſi: *Affigendo eſt.* L. Taſsine leb mon. H. Itt vagyok én. *Hic ſum ego.*

Ex magna hac Ellipſeos Verbi Subſtantivi frequentia ſequitur, notatu digna illa Linguae hungaricae proprietas, quod Hungarus totam orationem ſcribere, et longum ſermonem ſerere ſine ullo adhibito *Verbo* poſſit. Exempli gratia ſit brevis hicce ſermo.

A

A Svekusok, Németek, 's más éuropai nemzetek elött, egyáltaljában nem kis tsuda a' mi idöszó nelkül valo beszéllésünk, és irásunk, kiknek nyelvek e' részben hajthatatlan. De valamelly idegen nemzetbeli tudosok a' mi nyelvünknek jártas és nyomos esmeröi, azok elött nem mese annak ezen jeles tulajdonsága; hanem inkább igen nevezetes egy disze, ékessége, fontossága, és rövidsége. Mi is e' nélkül a' magyar beszéd, és irás? Hanem tsak valami déák, német, frantzia foltokbol öszve toldozott foldozott rongy, mellynek olvasása egy ma feltámolando Zrinyi Miklos, vagy Gyöngyösi elött nevetséges, értése lehetetlen, és követése tsömör.

Nesztek hát a' kults Kedves Magyar Ifjaim nyelvünk ékességeinek leg titkosabb kamarájára, melly nyitva mindnyájatoknak, mihelyt a' leg régibb Magyar irók fontos velössége a' ti mindennapi mulatságos olvasástoknak tárgya. Nem álom ez, 's nem supa képzelödés, amaz orra fintsolgato tudákos Korpádiként; hanem nyelvünk igaz ösi szép tulajdonságainak szemes visgálásán épült tapasztalás, melly minden elött; valaki egyszer nem izevesztett, 's nem déák, német, tot korts; á leg elsö tekintetre is nagyon szembe tünö remek szépség.

Observatio II.

Infinitivi construuntur cum Verbis, et cum Casibus suorum Verborum, ut: L. Mannam jugkat. *Eo bibere*, v. *bibitum*. H. Megyek inni. L. Mudduo mannama. *Tempus ire*, v. *eundi*. H. Ideje menni.

Hic reflectendum est ad ea, quae in capite Verborum de Infinitivis dicta erant.

Infinitivi Verborum Determinatorum adſciſcunt ſibi per omnes Numeros, et Perſonas Verbum *Kell* vel *illik*, ſed in Lapponico ſine tali Verbo quoque ſtare poſſunt; ut:

L. S. Jaackedinam.	H. Hinnem	kell vel illik.	Credere mihi	oportet.
Jaackedinad.	Hinned		Credere tibi	
Jaackedines.	Hinnie		Credere ſibi	
Pl. Jaackediniemе.	Hinnünk		Credere nobis	
Jaackediniede.	Hinnetek		Credere vobis	
Jaackedinaſa.	Hinniek		Credere ſibi	

Obſervatio 12.

Participia Perſonam ſignificantia, ſi Poſtpoſitione augeantur locum actionis ſignificant, vt: L. Låm porriem. H. Evöben vagyok. *Sum in edente.* i. e. in loco comeſtionis. L. Låm mannien. H. Menöbe vagyok. *Sum in eunte.* H. Aratoba vagyok. *Sum in metente.* i. e. in loco meſſis.

Obſervatio 13.

Familiariſſimum eſt Hungaris ex Participiali Adjectivo, unam quaſi vocem compoſitam cum Subſtantivo, cui junctum eſt formare. Idem reperio apud Lappones, ut: L. Muårra zjuåppie. H. Fa vágo. *Praeciſor arborum.* L. Haawet alckuodeije. H. Seb gyogyito. *Sanans vulneris*, ſeu: *Chirurgus.* L. Wierbme zjuttadeije. H. Hálo foldozo. *Reſarciens retis.* L. Sielluo cohzjehteije. H. Lelkekre vigyázo. *Advigilans animae.* L. Sielluo piebmuoeije. H. Lélek legeltetö. Lelki páſztor. *Paſtor animae. Paſcens animas.*

Obſervatio 14.

Emphatice conſtruuntur Participia cum ſuis propriis Verbis, ut: L. Pora porai. H. Éve ett. *Edendo*

Edendo comedit. L. Jaucka jauckai. H. Veſzve veſzett. *Pereundo periit.* L. Tahpſa tahpſai. H. Tűnve tűnt. *Evaneſcendo evanuit.* L. Siunieda ſiuniedam. H. Aldva áldom. *Benedicendo benedicam.* H. Várvá vártam. Kérve kértük. Adva adták. *Expectando expectavi. Rogando rogavimus. Dando dederunt.*

Obſervatio 15.

Poſtpoſitiones Subſtantivis adnexae magnam in loquendo et ſcribendo brevitatem conciliant, ut: L. Peiweſt peiwai. H. Napról napra. *De die in diem.* L. Jageſt jagkai. H. Eſztendöröl eſztendöre. *De anno in annum.* L. Ohm manna to pira. H. Hir mene te irántad. *Fama perlata eſt de te.* L. Ednam luſa. H. Anyámhoz. *Ad matrem meam.* L. Attjes luthe. H. Atya elött. *Coram patre.* L. Turwe paijel. H. A páſinton fejül. *Supra ceſpitem.* L. Ware kuoren. H. Hegy körül. *Circa montem.* L. Wuone kasni. H. Erdö között. *Intra ſylvam.* L. Ednam nala. H. Anyámnál. *Apud matrem meam.* L. Aita mangelt. H. Templom megett. *Pone templum.* L. Manpir lepet hålemen? H. Miröl van beſzéd? L. Tan atanpira. H. Ama'rol. *De quo eſt ſermo? De eo.* L. Mo ja to kaſkan. H. Én-és te közötted. *Inter me et te.*

De Similitudine Vocum hungaricarum, cum vocibus lapponicis, et finnicis.

Perluſtratis omnibus, ſimilitudinis Linguae hungaricae cum lapponica, et finnica gradibus, devenio tandem ad ultimum, quem ego quidem leviſſimum judico, licet alii momentoſiſſimum eſſe cenſeant. Eſtque is, Similitudo vocum lapponicarum et finnicarum cum hungaricis.

Sunt multae voces in his tribus linguis, quae interſe tantopere conveniunt, ut iisdem characteribus deſcriptae, eandem quoque habeant ſignificationem. Has ergo vel pueri, easdem eſſe cum vocibus hungaricis, facile dijudicabunt. At multo plures reperi tales, quae quidem non eandem directe ideam ſed illi maxime vicinam exprimunt, quas proinde ex eadem radice natas eſſe nemo inficias ibit. Conſtat enim inter eos, qui variarum linguarum cognitionem ſibi acquiſiverunt, nullam fere vocem in duabus diverſis linguis reperiri, quae in utrisque, aequalem haberet ſignificationis ſuae extenſionem, ſed eandem, in hac lingua ad dextram, in illá vero, ad ſiniſtram quaſi deflectere, et nouam ſibi acquirere ſignificationem. Exemplo nobis eſſe poteſt vox *manus*, quae primo intuitu fixam ſatis habere videtur ſignificationem; at penitius ſcrutanti tales in diverſis linguis occurrunt phraſes, in quibus vocis hujus ſignificatio, a ſua prima et phyſica mirum quantum deflectit ſignificatione. Latinus dicit: *Manus militum.* Italus dicit: *Metter mano.* Calumniari. *Giuoco di mano.* Fraus. *Far man laſſa.* Nemini veniam (pardon) dare. Gallus: *Un main de Papier.* Chartae ſcapus. *Donner la main a un cheval.* Habenas equo remittere. Germanus: *Vor der Hand. Nach der Hand.* Primo. tandem. *Vorhand im Spiele oder ſonſt haben.* Primatum in luſu aut alio negotio habere. Anglus phraſi: *Cool hand* varias exerit notiones quas Latini per voces: *indifferens, frigidus, alios deſpectui, contemptui habens*, reddere ſolent. Hungarus autem per vocem, *Kezes* manu praeditus *obſidem* exprimit; *Kezet adni.* Manum dare. Promittere, per phraſin autem *Négy kéz láb máſzni: Quatuor manibus, pedibusque repere;* idem, quod Germanus per Verbum *Kriechen*, notare ſolet. Quis non videt, has ſex nationes, valde obviam hanc vocem *manus* ſex diverſis adhibere ſenſibus, et quidem interſe valde differentibus? Has idearum una eademque voce expreſſarum magnas diverſitates, a prima jam juventute notaveram. Igitur opere pretium duxi quasdam hic adferre voces lapponicas, et finnicas, quae etſi cum hungaricis non eandem, ſed vicinam certe notent ideam, ex eodem prorſus fonte promanaſſe clare videri poſſunt.

Lap. Finn.	*Latine.*	*Hungarice.*
Scaaiam.	Vociferor.	
	Os meum.	*Szájam.*
	Vociferor.	*Szájaſkodom.*
Niaulos.	Limoſus.	
	Salivoſus, Lippus.	*Nyálas.* Tſipás.
Njuolga.	Rectus.	
	Protenſus. Tenax. Mucoſus.	*Nyúlós.*
Skuiſe.	Stupidus.	
	Turpis. Foedus.	*Tſuf.*
Rusna.	Nebula.	
	Deformis.	*Rusnya.*
Swaſkes.	Agilis. Celer. Velox.	
	Robuſtus. Athleticus.	*Vaſkos.*
Sålke. Sålka.	Tigillum.	
	Feſtuca. Pertica.	Szál. Szálfa. Rud. *Szálka.*
Tele.	Nix compacta.	
	Hyems.	Tél. *Tele.* Poſſeſſive.
Tolok.	Stabilis. Firmus.	
	Res. Serium. Opus.	*Dolog.*
Torho.	Fatuus.	
	Fragilis. Friabilis.	*Torha.*
Jrut.	Organum muſicum.	
	Tuſſis.	Hurut.
Ilme.	Vir.	
	Animus. Ingenium.	*Elme.*
	Ingenioſus.	Elmés.
Iſketem.	Fiducia. Conſcientia.	
	Conjuro. Fidem deponere cogo.	*Eſketem.*
Iſkotet.	Perſuadendo inducere.	

Lapp. Finn.	*Latine.*	*Hungarice.*
Alme.	Coelum.	
	Pomum.	*Alma.*
Aratafit.	Colligere reliquias.	
	Meffis.	*Arátas.*
Auke.	Utilitas.	
	Ratio.	Ok. *Oka.* Poff.
Cova.	Durus.	
	Silex.	*Kova.*
Zijcko.	Canis foemina.	
	Hinnulus. Pullus equinus.	*Csikó.*
Negga. - -	Avarus.	
	Superbus. — — —	*Negédes.*
Ådtjot. - -	Accipere.	
	Dare. — — — —	*Adni.* Adjad. *Imperat.*
Idied.	Mane.	
	Tempus.	*Idő.*
	Tempeftive. Matutine.	*Idején.* Jokor. Joreggel.
Idedis.	Matutinus.	
	Tempore longo praeditus. Aetate gravis.	*Idős.*
Ajek.	Fons.	
	Labium.	*Ajak.*
Ajekats.	Fonticulus.	
	Labiolum. *Diminutiv.*	*Ajakátska.*
Hardo.	Humerus.	
	Portator. Dolium.	*Hordo. Hordozo.*
Hitet.	Negare.	
	Perfuadet.	*Hitet.*
	Fidem; in Accufativo.	*Hitet.*
Jaggar.	Aridus.	
	Vertagus. Canis valde macilentus, aridus.	*Agár.*
Kadva.	Membrum genitale muliebre. Uterus.	
	Laetitia. Exultatio.	*Kedv.* Kedve. Poff.
Kaupok.	Urbs.	
	Porta. Portae. *Plur.*	Kapu. *Kapuk.*
Keiwes.	Levis.	
	Paucum. Parum.	*Kevés.*
Laptet.	Elevare.	
Laptjet.	Evolare.	
	Pila.	*Lapta.*

Lapp.

Lapp. Finn.	*Latine.*	*Hungarice.*
Rånd.	Artificium.	
	Ordo. Systema.	*Rend.* Rendtartás.
Muza.	Terra.	
	Campus.	Mező.

Dantur porro, voces plurimae, quas quidem Lappones et Finni orthographia valde differenti scribunt, etenim Grammatici certant, et adhuc sub judice lis est, attamen ego similitudinem, licet interdum longe petitam, in his etiam subolfacio. Quod autem voces has hungaricis vocibus approximare, et per quosdam quasi gradus assimilare valeam, quoita lectoribus similitudinem in his obviam intuendam sistam; in earum modificatione, et fabricatione consonantes eo usui accomodatas substituo, et vocales pro lubitu permuto, hoc enim linguae hungaricae proprium est, vocales saepe permutare, ut ex quibusdam vocibus clare patet: *Gyértya.* Candela, a variis dicitur: *Gyartya. Gyirtya. Gyortya. Gyurtya. Veres.* Ruber. *Vörös. Ember.* Homo. *Embör. Koporso.* Sepulchrum. *Kaparso. Pénz. Pinz. Házat. Házot. Üveg. Eveg. Iveg. Kolts. Kults. Taplo. Toplo.* His similia plurima reperiuntur in lingua hungarica.

Haec, et similia, quae sequens tabella ob oculos ponet, mihi absurda, et imaginaria esse prorsus non videntur, licet obiter intuenti, et in Etymologiis eruendis inexercitato, ita appareant; certum enim est, vocabula per Seculorum decursum valde immutari, abbreviari, vel prolongari, quod Latinae litteraturae, imprimis vero Diplomatices Studiosis notissimum est. Lectorum igitur aequo judicio committam, in condendis his originationibus, meam amplecti aut propriam fovere sententiam.

Lapp. Finn.	*Latine.*	*Hungarice.*
Hasittaja.	Incitator.	Huſzitoja. Uſzitoja. *Uſzito.*
Palva.	Nubes.	Falva. Falve. Felvö. *Felhö.*
Telpe.	Jocus.	Telfe. Terfe. Tréfe. *Tréfa. Tréfa.*
Tima.	Anno praeterito.	Timaj. Tamaj. *Tavaj.*
Tuowle.	Fomes.	Tovlo. Tavlo. *Taplo.*
Kiäl.	Vox lingua.	Ijel. Jel. Nyel. *Nyelv.*
Cuulen.	Audio.	Chulen. Chulom. Hulom. *Hallom.*
Kullett.	Audire.	Chullett. *Hallott.* Praet.
Warjo.	Umbra.	Varjék. Arjék. *Arnyék.*
Pallem.	Metus.	Fallem. Fellem. *Félem. Félelem.*
Hauckaja.	Latrator.	Ukkaja. Ukkáto. *Ugato.*
Elomies.	Meſſor.	Elömies. *Elömives.* Arato. Eletmives.
	Murarius.	*Kömives. Mies. Mives.* Operarius.

In his et ſimilibus caſibus, ſerio notet velim lector, Germanos et Nationes his vicinas (uti eſt Suecica, cuius Orthographiá totum Lexicon Lapponicum *Ihre* ſcriptum eſt) frequentiſſime ſolere litteras ſequentes ſecum invicem permutare.

p	ſcribunt loco	b vel f
t		d
d		t
g		k
ſ		z
c		ch vel h.
w		h
kqu.		g
c		k

Nonnullae harum vocum incremento initiali addito, illico originem hungaricam produnt; ut: F. Åjeldekes. *Obliviosus.* H. Elejdékes. Felejdékes. *Felejdékeny.* L. Aſtos. *Tardus.* H. Eſtes. *Reſtes.* L. Pelge. *Pollex.* H. Hüpelge. *Hüvelke.* L. Kådot. *Retardari.* H. *Akadott.* L. Luwas. L. *Humidus.* H. Oluvas *Olvadós.*

Aliae contra reſecta una alteraque littera initiali, hungarice ſignificant, ut: Waras. *Fur* Voroz. *Oroz.*

Oroz. Or. Orgazda. Ulkon. *Foris*. Kün. Ulkolen, *Extra*. Külön. Juoſkos. *Rigidus*. Uoſkos. Voſkos. *Vaſkos*. Kerſi. *Fuſus*. Erſi. Orſi. *Orſo*. Kullet. *Audire*. Khullet. Hullet. *Hallot*. Praet.

Animadverti praeterea quasdam voces ad Hiſtoriam Naturalem pertinentes, alias quidem ſignificationes ſed aeque ex Hiſtoria Naturali ſumtas adſumſiſſe, ut: *Roka*. Lapponibus: Caſtoreum, Hungaris: Vulpes. *Waſki*. Finnis: Cuprum, H. Ferrum. *Ketke*. L. Hyaena, H. Capra. *Zijcko*. L. Canis foemina. H. *Cſiko*. Pullus equinus.

Tam varia, et vaga eſt Scriptorum Lapponicorum Orthographia, ut de ea certi aliquid ſtatuere vix poſſibile ſit, tentamina etenim eorum ſunt adhuc nova; quae de anno in annum nova correctione indigent. Cum hi Scriptores maximam partem natione Sueci fuerint, quivis videt Orthographiâ eos Suecanâ uti debuiſſe. At hac in parte etiam interſe maxime differunt, quod ex ſequenti tabella clare patet, quam Henricus Ganander in Grammatica ſua Lapponica Lectoribus proponit, in qua quinque memorat Scriptores, diverſa Orthographiâ uſos.

Tornaeus.	*Grau.*	*Auctor anonymus.*	*Lund.*	*Fielſtröm.*	
Wuoſtes.	Wueſtes.	Wuoſts.	Wuoſtes.	Hweltes.	*Primus.*
Puorre.	Puere Puore.	Buere.	Puorre.	Buȣre.	*Bonus.*
Wuognia.	Wueingen.	Wueingen.	Wuoinga.	Hweigenes.	*Spiritus.*
Wuolta.	Wueſt.	Wueſt.	Wuoſtai.	Hwueſt.	*Contra.*
Atze. Adtze.	Aggie Ackie. Agge.	Achie Adze.	Atze. Azze.	Attje.	*Pater.*
Jietz.	Jeg. Jeges.	Jegie.	Jedz.	Etz. Egje.	*Ipſe.*
Oidzod.	Aggud.	Aggiod.	Oitzot.	Adtiot.	*Accipere.*
Zjatzje.	Kiatzje.	Giatze.	Zjatze.	Tjatz.	*Aqua.*
Kotzot.	Kuggud.	Gåckiot.	Kotzot.	Kottiot.	*Vocare.*
Zjalme. Zialme.	Gialme.	Gialmie.	Zjalme.	Tjalme. Tzialme.	*Oculus.*
Almatz.	Almaz.	Almag.	Almagie.	Almats.	*Homo.*

Simile aliquid obſervo apud Hungaros in voce *Unus*, hanc enim diverſi auctores diuerſis modis ſcripſerunt:

Egy.	Edgy.	Edj.	Egj.	Eddj.	*Unus.*

Non

Non ergo mirabitur Lector me Hungarum, Orthographiâ meae Nationi receptâ ſcribentem, tam diverſo ab his Auctoribus ſcribendi modo in brevi hoc Syllabo Lapponico-Finnico-Latino-Hungarico uſum. Secus etenim me nunquam mei Provinciales intellexiſſent. Multo felicior tamen in omnibus his fuiſſem, ſi mihi viua ex voce, haec adnotata vocabula Lapponica et Finnica audire, et deſcribere licuiſſet, tunc enim certi aliquid figere potuiſſem. At nunc, dum alieno, ut ajunt, ore edere cogor; non omnia, ea quâ vellem adcuratione exprimere valeo. Spero tamen me ab Orthographiae modernae hungaricae gnaris, facile intellectum iri, quibus ex ſequenti parallela relationem, quae eſt inter pronunciationem hungaricam, et lapponicam, atque finnicam, pervidere, et intelligere facile erit.

Orthogr. L. F.	*Hung.*
Zja.	tya.
Zje.	tye.
Zjo.	tyo
zju.	tyu.
thja.	tya.
tj. gi. ge. gy.	gy.
ttj.	gygy.
tza.	tza.
gie.	gye.
gia.	'ia gya.
ky.	kü.
kie.	tye.
ſ.	z. ſz.
ſj hj.	ſ.
nj.	ny.
å.	o.
ȧ.	é.
ő.	ö.
v b.	v f.

Quam

Quam neceſſaria' eſſet adcurata vocum, per fixam et ſtabilitam Orthographiam ſcriptio, et diſtinctio, exempla ſequentia monſtrant. Cotzam. *Vigilo.* Codzam. *Mingo.* Cadzam. *Sorbeo.* Catzam. *Labor.* Cazjaam. *Interrogo.*

Aliquas voces hungaricas in Statu Suffixo, ſeu *Poſſeſſivo* notare neceſſum judicavi, cum illae hoc modo ſimilitudinem cum lapponicis vel finnicis, evidentius ob oculos ponant.

Vocabula in primâ Columnâ curſivis litteris impreſſa ſunt finnica, reliqua autem lapponica.

Quae inter vocabula hungarica, in tertiâ columnâ curſivis literis impreſſa ſunt, ea proprie ſignificationem vocabulorum lapponicorum, et finnicorum exprimunt; at reliqua quae rotundis literis ſunt impreſſa, vel ad approximationem vocum hungaricarum ad lapponicas et finnicas pertinent, adeoque ficta ſunt, vel vero aliquem Caſum, Numerum, Tempus, Perſonam, vel Statum Suffixum (Poſſeſſivum) vocabuli iſtius conſtituunt, in quibus nimirum ſimilitudo vocum primae columnae evidentius animadverti poteſt. Nonnulla horum ſunt etiam Synonyma alia demum ideam aliquam vicinam ſignificantia.

Lappon. et Finn.	*Latine.*	*Hungarice.*
Adgam rudta.	Habeo pecuniam.	
Adtam mådtai.	Do gregi avium.	*Ádom madarſeregnek.*
Adde ſtalpai.	Da lupo.	*Add farkasnak.*
Aggam.	Animus meus infeſtus eſt.	*Aggodom.*
Aido.	Via, qua Lappones cum ſuis Rangiferis commigrant.	
	Janua.	*Ajto.*

Lappon. et Finn.	*Latine.*	*Hungarice.*
Ajetakes.	Quodcum impedimento peragi potest.	*Akadékos.*
Ajatallem.	Impedimentum.	*Akadalom. Akadék.*
Ajek.	Fons.	
	Labium.	*Ajak.*
Ajekats (Fonticulus).	Labiolum.	*Ajakatska.*
Aju.	Cerebrum.	Agyu. Nagy-agyu. *Agy.*
Ajutoin.	Cerebri expers.	*Agyatlan.*
Aita.	Templum.	
	Templum frequentans.	
	Religiosus.	*Aitatos.* Ahitatos.
Aita.	Sepes.	*Aitó.* Kerités. örizet.
Aitaan.	Sepio.	*Aitózom.* Békeritem.
Aidatoin.	Sepis expers.	*Aitótlan.*
Akt.	Unus.	Ekt. Egd. Edg. *Edgy. Egy.*
Akten mannet.	Una proficisci.	Ekten menni. Egden menni. Egyen menni. *Együtt menni.*
Aktetem.	Conjunctio.	
	Conjungo.	*Iktatom.* Bé-iktatom. Egybe szerkeztetem.
Ake. Ikä.	Aetas.	Ikö. Igö. *Idö.*
All inusitatum, inde derivantur 28 sequentes voces.		*Al.* Al-ház. Al-föld. Al-fele. Al-tiszt.
Alle.	Sub *ad locum.*	*Alá.*
Alla.	Sub *in loco.*	*Alatt.*
Alda.	Sub *de loco.*	*Alól.* Alóllam.-lad.-la.
Alas. *Ales.* *Alaspäin.* *Alaskäsin.* *Alahalle.* *Alhalle.*	Deorsum.	*Aláfele.*
Alahalla.	Infra.	*Alolfelöl.*
Alahalda.	Ex inferiore loco.	*Alolról.*

Lappon.

Lappon. et Finn.	*Latine.*	*Hungarice.*
Alakàllans. *Alalla.*	In suo loco manendo quiete.	*Alolla.* Alatta.
Alatzen.	Subtus.	*Alatt. Alol.* Alatſon. *Adjectiv.*
Alenen.	Fio inferior, deſido.	*Alatſonúlok.* Aláju-tok.
Alennàn.	Submitto, humilio.	*Alázom.*
Aletan.	Humilior, dejicior.	*Aláztatom.* Alázo-dom.
	Sopio. Inſoporo.	Alatom.
Aluſtan.	Fundamentum pono.	*állatom.* Állitom. Állapitom. Allko-tom. Alkuſzom.
Alendaminen.	Humiliatio.	*Alázás.* Alázmány.
Alendamatoin.	Non demiſſus.	*Alázatlan.* Alázha-tatlan.
Alus. *Aluſta.*	Subſtratum. Subje-ctum.	Alos. *Alſo.* Állat. Álla-tás. Alku. Alkalom. *Alamuſzta.*
Aluskiwi.	Lapis fundamentalis.	Állás kövi. Alſokövi. Alkot-kövi. Funda-mentom köve. *Sze-geletkö.*
Alhainen.	Demiſſus.	*Alázatos.*
	Dormiturio.	Alhatnám.
Alin. Alimainen.	Infimus.	Alatſon. Alázott. *Leg-alſo.*
Alamainen.	Subditus.	Alávalo. Alámvalo. *Jobbágy.*
Alamaiſus.	Subjectio.	Alázat. Álázas. *Alá-zatoſſág.*
Alamaiſeſti.	Subjectiſſime.	*Alázatoſon.* Alázva.
Alat.	Zephyrus.	Élet. *Lehellet.*
Aleſtet.	Verſus occidentem. ire.	*Eſte* felé menni. Nap le-*eſte* felé menni.
	Occidens ſol. Ve-ſpera.	Eſtve.
Albes.	Vilis.	
Albetet.	Irridere. Blaſphe-mare.	*Elvetett.* Megvetett. *Megtſuſolt.* Aláve-tett.
Aldes. Alda.	Grates. Gratiae.	*Aldás.* Áldja. Iſten.
Alge	Incipere.	

Lappon.

Lappon. et Finn.	*Latine.*	*Hungarice.*
Algeftet:	Inceptare. *Diminutiv.*	Elgefztet. *Elkezdett.*
Algeje. Algeteje.	Qui quidquam inchoat,	Eleje. *Elkezdöje.*
Alke.	Facile,	Elke. Elge. Elege. *Elég.*
	Satis.	Elég.
Alku,	Principium. Origo.	*Alku.* Alkotás. Alkotmány.
All. Allok.	Altus.	
	Erectus. Stans. Exaltatus.	*Allo.*
	Sto.	*Allok.*
Allates.	Quod rei alicui fupponuntur, ut altius adtollatur.	Állás.
	Suppofitio. Pofitio.	*Allatás.*
	Affertum. Demonftratio. Subftantia.	Állat.
	Effentia. Res creata, animal.	
Alletet *infinit.* Alletem.	Altiorem facio.	*Allatom.* Felállitom.
	Verus, nón fictus.	
Alm.	Fictum. Somnium.	*Alom.*
Alme.	Coelum.	
	Pomum.	Alma.
	Mens.	Elme.
Almats. Alma.	Homo.	
	Rationabilis. Ingeniofus.	Elmés.
Almes.	Dulcis.	
	Somnolentus. Dulci fomno fopitus.	*Almos.* Édes álom.
Annan.	Do.	*Annál* egy Kitfit, Iftók! *pro:* adnál egy kitfit.
Andelen.	Saepe do.	*Addogalok.*
Andaja.	Dator.	Adója. *Poff.* *Ado.*
Andamus.	Datio.	Adomás *Adomany.*
Andaminen. *Andamatoin.*	Qui non dat.	*Adatlán.*
Andias.	Beneficius.	Adó. Adakozo. Adogato.

Lappon.

Lappon. et Finn.	*Latine.*	*Hungarice.*
	Debitor.	*Adós.*
Appi.	Socer.	Apa. *Após Ip. Ipa.*
Annoppi. Noppi.	Socrus.	Annapa. Anapa, *Napa.*
Armeſt.	Aegre. Vix.	
	Libenter.	*örömeſt.*
Armes.	Miſerabilis.	
	Laetus. Gaudens.	*örömes.*
Arme.	Commiſeratio.	
	Gaudium.	*öröm.* öröme. *Poſſ.*
Ara.	Maturus.	Ere. Erö. *ért. Megért.*
Arates.	Reliquiae Cibi, vel prandii.	
Arataſit tjågget.	Reliquias colligere.	
	Meſſis.	Aratás.
Arek.	Lapidum congeries.	
	Foſſa. Fovea.	*árók.*
Arwo.	Pretium.	*áru.* Árra. Ára. *Poſſ.*
	Merces.	Áru.
Aſtos.	Tardus.	Eſtes. *Reſtes.*
Attje.	Pater.	*Atya.*
	Pater ejus. *Poſſ.*	Attja. Attya.
Attjegutjám.	Paterculus meus.	*Atyátskám. Dimin.*
Augurku.	Cucumis.	*Ugorka.*
Auke.	Utilitas. Uſus.	
	Ratio. Cauſa.	Ok. *Oka. Poſſ.*
Auwe.	Cingulum.	öv. *öve. Poſſ.*
Ata. }	De his vide in capite de verbis tranſitivis.	Izé.
Atet. }		Izélni.
Arbats. Arbeje.	Vidua.	*Arva.* özvegy.
Akkera.	Frequens.	*Gyakor.*

B.

Barko.	Cortex, imprimis betulae. Gemmae jam prorumpentes Salicis.	*Barka.* Fűzbarka.
Beres.	Promeritus. Qui meruit.	*Béres.*
Bod.	Taberna.	*Bót.*

C.

Lappon. et Finn.	*Latine.*	*Hungarice.*
Caaputetan.	Rador.	*Koptattatom.*
Caappan.	Manu rapio.	*Kapom.*
Caappet.	Quae abrafa funt.	*Kopott.*
Cacka.	Stercus hermanum.	*Kuka.*
Caima.	Cognominis. Qui eft ejusdem nominis.	*Koma.* (Gevatter)
Calmar. Calmaria.	Urbs Sveciae mercaturâ celebris.	*Kalmár.* (Mercator).
Cafzara.	Falx.	Kafzor. *Katzor.*
Cafzi.	Reticulum.	*Kas.* Hálo modrafontkas.
Cafa.	Acervus.	Cafal. *Kazal.*
Catzon.	Video. Afpicio.	
Catzotan.	Videor.	*Katfongatom.*
Chala. Kal.	Pifcis.	*Hal.*
Cohco.	Tufsis.	Köhgö. Köhögö. *Köhögés.*
Coputan.	Pulfo. Ferio.	*Koppantom.*
Coputetan.	Pulfor. Ferior.	*Koppantatom.*
Coputus.	Pulfatio.	*Koppantás.*
Copiftelen.	Pulfito.	*Kopogtatgatom.*
Cova.	Durus.	
	Silex.	*Kova.*
Covat.	Lapides quibus Cerevifia coquitur.	Kovats.
Cuckoi.	Gallus.	*Kokás.*
Cuolen. *)	Morior.	Cholem. Holem. Halom. *Halok.*
Cuoletan.	Neco.	Halatom. Halni kénfzeritem. *ölöm.*
Cuoletetan.	Necor.	Halattatom. ölettetem. *ölödöm.*
Cuolema.	Mors.	Halomány. *Halál.*
Cuolewainen.	Mortalis.	*Halovány Halando*
Cuolewaifus.	Mortalitas.	Halovány fag. *Halandofág.*

Lappon.

*) Litteram C, proculdubio pronuntiant Finni, ut *Ch.* Hungari autem C abjiciunt et h retinent.

Lappon. et Finn.	*Latine.*	*Hungarice.*
Curcku.	Guttur.	Torku Nagy torku. *Torok.*
Curcumlucku.	Larynx.	Torkomluka. Torkomlika. *Gége.*
Cuulen.	Audio.	Chulen. Chulom. Hulom. *Hallom.*
Cuulutan.	Audiri facio.	*Hallatom.*
Cuullia.	Auditor.	*Hallo.*
Cugitan.	Castigo.	Kuritom. *Huritom.*
Curitus.	Castigatio.	*Huritás.*
Curittaja.	Castigatór.	*Hurito.* Huritoja. *Poss.*

D.

Daggetet. Dinget.	Facere ut tundatur.	*Döngettet.*
Denkewes almats.	Obesus homo.	Degett ember. Dagadt ember.

E.

Edna.	Mater.	*Anya.*
Ednam.	Mater mea.	*Anyám.*
Edkits.	Momentum.	Egy Kits. *Egy kis* idö.
	Momento. Parumper.	*Egy Kisség.*
Ei. Ji.	Nox.	Ej. Ejtszaka.
Ejet.	Errare. Delinquere.	
Ejegåtet.	Incipere delinquere.	Ejt. Ejti. Esik. Megesik. Vétkezik.
	Frequentativum.	*Ejtegetett.*
Eke. Ekkam.	Patruus major natu.	
	Frater minor natu.	*Ecsém.*
Ekkedes.	Vespertinus.	
	Hucusque.	*Ekkedig.* Eddig.
Ekewe.	Aeternus.	örökke. *örekké* valo.
Kåsse eked. Et. Ete. Etho.	Aliquando vesperi.	*Késö estve.*
	Vesper.	*Este. Estve.*
Ela.	Vividus.	*élö.* Eleven.
Elem. Eleme.	Vita.	*élelem. élet.*
Elemes.	Vitalis.	*élelmes.*
Elo.	Vita. Victus. Seges. Messis.	
Elåtys. *Elatus.*	Victus.	*élelem.*
Elaevaeinen.	Vivide.	*Elevenenn.*

Lappon. et Finn.	*Latine.*	*Hungarice.*
Elando.	Vivendi modus.	Elendö. *élés.*
Elåmå.	Vita.	Elelem. *élet.*
Elån.	Vivo.	Elem. *élek.*
Elåtån.	Suftento. Alo.	Eletem. *éltetem.*
Elåtetån.	Suftentor. Alor.	Eltettetem. el-ik.
Eleskelen.	Victito.	Elesgetek. *élegetek. éldegelek.*
Elettåjå.	Altor.	Eltetö.
Elein.	Animal.	Elö. *élöállat.* Ele-mény.
Elocas.	Colonus.	Elökés. Elödí. *Lakos.*
Elomies.	Meffor.	Elömies. Elömives. Elelem mives. *Arato.*

Aftia.	Dolium.	Hordo.	Vox compo-fita ad analogiam prioris.
Aftiamies.	Doliarius faber.	Hordomives.	

H.

Haaxi.	Navi.	Hacho. Håkjo. *Hajo.*
Hallok.	Inclinatus. Nutans.	Hajlok. *Hajló.*
Halal. Kalol.	Mors.	*Halál.*
Hampet.	*Latrare.*	*Ham! ham! ham! Onomatop.*
Harret.	Fremere. Canum more.	*Herregni.*
Hårfytån.	Irrito.	*Herregetem.*
Hafitan.	Canem incito.	*Ujzitom.*
Hafittaja.	Incitator.	Ufzittoja. *Poff. Ufzitto.*
Hafzutan.	Loquor confufe.	*Hazuttam.* Mentior. in *Perf.*
Hafzutus.	Loquela inordinata. Mendax.	*Hazuttos.* Hazuttolni
Hafzuttaja.	Qui confufe loquitur. Mendacem arguens.	*Hazuttolo.*
Hauckaja.	Latrator.	Ukkato. *Ugato.*
Hauckun.	Latro.	*Ugatok.*
Haucottelen.	Ofcitor.	*Afitozom.*
Haucotus.	Ofcitatio.	Afitás.
Hardo.	Humerus. Portator. Dolium.	*Hordo.* Hordozo.
Halem.	Loquela.	

Lappon. et Finn.	*Latine.*	*Hungarice.*
	Audio loquelam.	*Hallom.*
Haracka.	Pica.	*Szarka.*
Harcka.	Mordax dictum.	
	Picus. Avis mordax, et loquax.	*Harkáj.*
Hald. Kold.	Luna.	*Hold.*
Halailen.	Amplexor.	*ölelem.*
Halaileminen.	Amplexus.	*ölelmény.* ölelés.
Hallawä.	Albicans.	*Halovány.*
Häje.	Nuptiae.	*Hejje-hujja.*
Häikytän.	Sedo.	Hejhetem. *Hejheztetem.*
Häikyttän.	Sedor.	Hejhettetem. *Hejheztettetem.*
Häikytys.	Sedatio.	Hejhetés. *Hejheztetés.*
Heinä.	Foenum.	Héna. *Széna.*
Heitan.	Jacio.	*Haitom.*
Heitetan.	Jacior.	*Haitatom.* - ol. - ik.
Hecotan.	Cacchinno.	*Hakotálok.* Hahotán katzagok.
Hita.	Formula jurandi.	
	Juramentum.	Hit.
Hitet.	Negare.	
	Persuadere.	Hitetni.
Huljun.	Moveor huc illucque.	*Hullok. Optat.* Hulljon.
Huljutan.	Quasso.	Hullatom. *Rázom.*
Huljutetan.	Quatior.	*Hullattatom.* -ol.-ik.
Humpa.	Stolidus. Hebes.	*Tompa.*
Huone.	Domus.	Hon. *Honja.* Hon vané apád? *Estne tuus pater domi?* It hon. *Domi est.*
Hunetoin.	Domo carens.	Honatlan. *Honnyatlan.*
Harmae.	Triplex.	*Hármas.*

I.

Idied.	Mane.	
	Tempus.	*Idő.* Idő'd. *Poss.*
Idedis.	Matutinus.	

Lappon. et Finn.	*Latine.*	*Hungarice.*
	Tempore longo praeditus.	
	Senex.	*Idős.*
Ihra.	Adeps.	*Ir. 'Sir.*
Ihraan.	Ungo.	*Irazom.*
Ikaenae.	Omnino.	*Igen.*
Ikae.	Tempus.	Idö.
Ija. Yö.	Nox.	*Ej.*
Jiko.	Noctu.	Ejkor. *Ejfélkor.*
Ikke.	Quicunque.	Akki. A'ki. *Kiki.* *Akarki.*
Illotem.	Noxa. Injuria.	
	Injurio *afficio.*	Boſzſzuſággal. *Illetem.*
	Tactus, irritatio.	*Illetés.*
Ilo.	Gaudium. Laetitia.	
	Decorum.	*Illö.*
Ilapiltjo.	Nequam.	
	Homo Nauci.	*Atyopityo.*
Ilpis.	Pravus. Deterioris indolis.	*Leptſes.*
Ima.	Utique.	*Imé.* Ám. Ugy-ám. Ugyan. Igen.
Inta.	Semper.	*Untalan.* Minduntalan.
Iſä.	Pater.	*Iſe.* ös.
		A mi *Iſemukat*, öſſinket.
Itze.	Ipſe.	*Izé.*

J.

Jaggár.	Aridus.	
	Vertagus. Canis valde macilentus, aridus.	*Agár.*
Jaa. Jeg. Jegna. Jåå.	Glacies.	*Jég.*
Jågnas.	Glacie obductus.	*Jéges.*
Jelet.	Vivere.	
	Vita.	*élet.*
Jelegåtet.	Incipere vivum fieri.	*élegetett.* Praet.
Jelaſket.	Reviviſcere facere. Refocillare.	Eleſzget. *éleſztget.* *Ind. Praeſ.*

Lappon.

Lappon. et Finn.	*Latine.*	*Hungarice.*
Jeno.	Fluvius.	
	Oppidi nomen in *Hung.*	Jenö. Boros *Jenö.*
Jeſkotem,	Interrogo.	*Eſketem.*
Jeſſ.	Rurſus. Iterum.	*Es.* Esmét. Ismét.
Jiwe.	Cingulum.	*öve.* Poſſ. *öv.*
Jonka.	Jonas.	
	Johannes.	Janko.
Judjot.	Reſciſcere.	*Tudni.*
Judjom.	Cognitio.	Tudjam. Tudom. *Tudomány.*
Juoſkos.	Rigidus,	Uoskos. Voſkos. *Vaskos.*
Juſkeſet.	Magno contendere labore.	*Igyekezett.* Praet. *Küſzködött.*
Juttet.	Iterfacere.	
	Pervenit.	El-*jutott.*
Jubmel.	Deus.	*Iſten.* Jo. *Bonus.*
Jårgaldattet.	Facere ut quis revertatur.	*Járkáltattat.* *Nyargaltat.*
Jårgelvas.	Gonverſio.	
	Currendo. Curſim.	*Nyargalváſt.*
Jålki.	Veſtigium.	*Jel.*
Jålo.	Locus coeli non nubilus inter nubes.	Égi *jel.* Jelenſég.

K.

Kadwes.	Laſcivus.	
	Charus.	*Kedves.*
Kadwa.	Membrum genitale muliebre. Uterus. Clitoris.	
	Laetitia. Exultatio.	Kedv.
Kajet.	Vociferari.	*Kaját.* Kajábál. Kiát. Kiált, Kiábál. *Indic. Praeſ.*
Kajgetet.	Sonum edere.	*Kijátgatott.* Praet.
Kajok. Kajwes.	Mentis impos.	*Kaján* ember. Gonoſz ember.
	Catulus. Puerulus.	*Köjök.* Gyermekeſzü.
Kåjek.	Incurvatus. Flexus.	*Kajáts.*
Kaip.	Pileus.	*Kalap.* Kolop.

Lappon. et Finn.	*Latine.*	*Hungarice.*
Kakkas.	Balbus.	
	Gallus gallinaceus.	*Kakas.*
Kaka.	Placenta.	
	Stercus humanum in formam placentae extenſum.	*Kaka.*
Kålkos almats.	Tardus homo.	*Halkas* ember. A'ki halkal megyen.
Kalet.	Vadum penetrare.	*Gázolni.*
Kalſetet.	Inviſendo amicos, et vicinos, ſe oblectare.	*Kelletett.* Kelletni magát.
Kannam.	Animula chara!	Szivem! Kintſem. Galambom! Kedveſem. Allocutiones allectantes, Hungaris valde uſitatae.
Katket.	Colligare.	Kötöget. *Köt.*
Kava.	Flexura. Curvamen.	Káva.
Kaudnes.	Utilis. Aptus.	
	Charus.	Kedves.
Kaſzara.	Falx.	Kaſzor. Katzor.
Kaupok.	Urbs.	
	Porta.	Kapu. Plur. *Kapuk.*
Kâuko.	Uncus.	*Kanko.* Horog.
Kausjo.	Canis foemina.	*Kutya.* Nöſténnye.
Kåſi. Keſi. Kez.	Manus.	Kezi. Keze. *Kéz.*
Kaſv.	Imago.	*Kép.*
Kåſketån.	Jubeo invitor.	Késztetem. *Kiſztetem.*
Kats. Biren-Kats.	Urſi unguis.	
	Manus parvula puerorum.	*Katſö.*
Keb?	Quis?	Ki? *Kibe* bizol? Cui te confidis?
Kedke.	Lapis.	Kövedke. Kövétske. *Diminutiv.* Kö.
Kédkajes.	Lapidoſus.	Köjes. *Köves.*
Kedta låäbpuo.	Palmus.	Kezed lapja. *Tenyer.*
Kedſes.	Tenuis.	*Keſkeny.*
Kedſetet.	Adtennare.	*Keſkenyitett.* Praet.
Keiwes.	Levis.	
	Paucum. Parum.	*Kevés.*
Kenes.	Ignavus. Ineptus.	

Lappon.

Lappon. et Finn.	*Latine.*	*Hungarice.*
	Delicatulus. Effaeminatus.	*Kinyes.*
Keres.	Charus.	*Kedves.*
Kerjãn.	Mendico.	Kérek. Kéregetek.
Ketke.	Hyaena.	*Kérjen.* Opt.
	Capra.	*Ketske.*
Keulot.	Circulo cingi.	
Keule.	Circulus.	*Kerület.*
Kiljatet.	Vociferari.	*Kijáltott.* Praet.
Kiljot.	Clamare.	*Kijált.* Ind. Praes.
Kirtet.	Circumire.	*Keritett.* Praet.
Kifta.	Chirotheca.	Keftü. *Keſztyü.*
Kiål.	Vox. Lingua.	Jjel. Jel. Nyel. *Nyelv.*
Kiålo.	Guttur.	Nyelö. *Nyeldeklö.*
Kiåp.	Livor.	*Kék.*
Kiåpes.	Lividus.	*Kékes.*
Kiwi.	Lapis.	Köwi. Lapideus. *Kö.*
Koggo?	Quomodo? Ubi?	*Hogy?*
Kot.	Sex.	*Hat.*
Kotad.	Sextus.	*Hatod.*
Kotades.	Sextans.	*Hatodos.*
Kotas.	Seni.	Hatos. *Haton.*
Kotſek.	Avis aquatilis.	*Kótſok.*
Kuitetattet.	Querimoniam mereri.	*Követtetett.* Praet.
Kuiteles.	Querulus.	Követeles. *Követelödzö.*
Kukke.	Longus.	
	Multum.	*Sok.*
Kukke.	Longe. Diu.	Sokká. *Sokánem láttam.* *Diu non vidi.*
Kullet.	Audire.	Khullet, Hullet. *Hallott.* Praet.
Kullatet.	Audire facere.	*Hallatott.* Praet.
Kulleje.	Audiens.	Hallója. *Poſſ. Hallo.*
Kullem.	Fama. Auditus.	Hallom. A' ſok *hallom.* A ſok *eſzem iſzom.*
Kullemas.	Quod eſt audiendum.	*Hallomás.*
Kulos.	Famoſus.	Hallós.
Kuopaldak.	Contractio in plicas.	Kuporodok. *Kutzorodok. - dom.*
Kuoren.	Penes. Prope.	Körül.
Kuriſtan.	Evacuo.	*Ki-üreſitem.*

Lappon. et Finn.	*Latine.*	*Hungarice.*
Attjes kuoren.	Penes patrem.	Apám *Körül.*
Kyne.	Lacrimae.	*Könyü. Könyv.*
Kurgetet.	Effluere.	
	Perſequi.	*Kergetett.* Praet.
Kutte?	Quis?	*Kit?* Accus. Ki.
Kōyſi.	Funis.	Kötes. Kötö. *Kötél.*
Kōytån.	Ligo.	*Kötöm.*
Kōytetån.	Ligor.	*Köttetem.*
Kådhet.	Texere.	
	Ligare.	Köthet. *Kötni.*
Kådot.	In motu retardari.	Akadott: *Akadni.*
Kådwe.	Curvus.	Gedve. Gerdve. Gördve. *Görbe.*
Kåradak.	Acclivitas.	*Meredek.*
Kårsk.	Curioſus.	
	Mercator.	*Kereskedö.*
Kåtelats.	Domeſticus.	
	Obligatus.	*Köteles.*
Kå?	Quis?	*Ki?*
Kåke.	Aliquis.	*Kike.*
Kaeleſtelem.	Moras traho.	
	Mora.	Kéſedelem.
Kåpa.	Acus retibus conficiendis inſerviens.	
	Ligo. Raſtrum.	Kapa.
Kaerki.	Picus.	Harkáj.
Kårſi.	Fuſus.	Erſi. Orſi. *Orſo.*
Kehŏ: Kōhe.	Tuſſis.	*Köhe.* Köhögés.
Kehiſen. Kōhiſen.	Tuſſito.	Keheſen. Adverb. *Köhögök.*
Kåt. Kez. Kezi.	Manus.	*Kéz. Keze.* Poſſ.
Kåteſt. Kåti.	De manu in manum.	Kézröl Kézre.
Kåte låpo.	Vola.	*Keze lapja.* Tenyér. Marok.
Kōōpeli. Kyōpeli.	Spectrum.	
	Imago.	*Kép.*
Kåte.	Tugurium. Domus.	Kotetz. Kotyetz. Pajta. ól. Iſtallo.
Köwe.	Pauper.	
	Paucum.	*Kevés.*
Kü. Ku.	Lapis.	*Kö. Kü.*

L.

L.

Lappon. et Finn.	*Latine.*	*Hungarice.*
Laku.	Foramen.	*Lük. Lik.*
Laitar.	Vituperator. Obtrectator.	*Lator.*
Lakkula. Lucku.	Sera. Clavis.	*Lakat.*
Lapa.	Planta pedis. Pes.	Ta-lapa. *Talp.*
Lapa.	Scapula.	*Lapát.* Val-lapotzka.
Airon lapa.	Remi palmula.	Evező *lapát.*
Lapot.	Perdi.	
	Furatus eſt.	*Lopott.*
Laptet.	Elevare.	
Laptjet.	Evolare.	
	Pila. Quae alte evolat.	Lapta.
Laſſka.	Benignitas.	
Laſſketakes.	Benignus. Lentus. Tardus. Placabilis.	*Laſſutska.* Tſendes.
Lomp.	Fruſtum.	Lomp. Lomb. Lompos. *Lombos.* Hiſpidus. Hirſutus.
Luſſkos.	Fluidus.	*Lutskos.*
Luowte.	Splodere.	Lövette. Praet. *Löni.*
Lyön.	Ferio. Verbero.	*Lövöm.*
Latſet.	Obſcoena loqui.	*Lotſogni.*
Lawetak.	Rami pini.	
	Folia arborum.	*Levél.*
Lema.	Jus.	Leve. *Lév.*
Leſte.	Nimis ſero.	*Eſte.* Eſtve.
Liagnak.	Vitrum.	*Üvegnek.* In Dativo Singulari.

M.

Manam.	Eo.	Menem. Menek. *Menyek.*
Menen.	Eo. Vado.	*Menyek.*
Meneten.	Mitto.	Menetem. Menni inditom. *Küldöm.*
Mannam.	Itio.	Menemény. *Menés.*
Mannak.	Qui iter non fecit.	*Menetlen.*
Manneje.	Iter faciens.	Menöje. *Ménökéje érkezett.* Ituriens.
Mannem.	Iter.	Mennem kell. Eundum eſt mihi.
Mannet.	Ire.	*Menni.*

Lappon.

Lappon. et Finn.	*Latine.*	*Hungarice.*
Nieikx mannet.	Irruere in aliquem.	*Neki menni.*
Mannetet.	Facere ut aliquis eat.	*Menettetni.*
Manje. *Minia.*	Nurus.	Menye. *Poss.* Meny. Menyetske.
Manien?	Quomodo.	Minöen? Minö modra? *Minémü?* Mijen?
Maret.	Fremere.	*Mart.* Praet. *Marni.* Marokodni. Morogni.
Margetet.	Cum fragore prorruere.	*Morgatni.* Dörgetni Dörög morög.
Melde.	Penes.	*Mellé.*
Melte.	Juxta.	*Mellette.*
Mere.	Limes.	Mérö. *Mérés.* Határzás.
Meretet.	Determinare.	*Mérni.* Méretni. Méretett. *Praet.*
Meretem.	Determinatio.	Méréméný. Méretmény. *Mérés.*
Meteli.	Tumultus feditio.	
	Peftis. Phtyfis pulmonalis.	Métely.
Mi? Min? Mites?	Quis?	*Mi?* Ki.
Mitå?	Quid?	*Mit?*
Mike.	Aliqui.	Kik. *Mik.*
Mije.	Nos.	*Mijénk.* Mink. *Mi.*
Mefi.	Mel.	*Méz.*
Mieli.	Mens. Animus. Voluntas.	*Mely. Sziu.* Pectus. Cor.
Miålga.	Pectus.	*Mely.*
Millinen?	Qualis?	*Millyen?* Minö? Minémü?
Monne. *Muna.*	Ovum.	*Mony.* Tyukmony. *Monya.*
Moni.	Multus.	*Mennyi?* Minö?
Morrem.	Murmurare.	*Morogni.*
Muenje.	Coelum.	Menj. *Menny.* Mennyei.
Muin.	Meum.	*Miénk.*
Muitem.	Recordatio.	
	Recordor. Commemoro.	Emuitem. *Emlitem.*

Lappon. et Finn.	*Latine.*	*Hungarice.*
Muitos. Muiteles.	Memoria dignus.	Emliteles. *Emlitésre mélto.*
Mukko.	Stercus.	*Mutsok.* Motsok.
Mådde.	Multus. Plures.	Mend. *Mind.*
Måi.	Noster.	*Mejénk.* Mijénk.
Målgetet.	Loqui. Fari.	*Emlegetett.* Praet.
Månatet.	Opi, levamini esse.	*Mentett.* Praet.
Måre.	Ira.	
	Mordens.	Maró.
Mårok.	Iracundus.	*Marokodo,*
Muria.	Friabilis.	Morja. Moronyu. *Poronyu.* Mor'sálo.
Måddon.	Stuprare.	
	Sterilis foemina.	Meddö.
Muåttag.	Nix.	
	Acervus. Nivis.	Fuatag. *Fuvatag.*
Muza.	Terra.	*Föld.*
	Campus.	*Mezö.*
Måigat.	Motitare.	*Mozgatni.*
Måiwe.	Pulvis.	*Pojva.* Palea.
Målgetet.	Loqui. Fari.	*Emlegetett.*
Mårak.	Iracundus.	
	Mordeo. Mordax.	*Marok.* Marokodo.
Måhå.	Homo tardus.	*Puha.* Mollis.

N.

Naiwes.	Madidus.	*Nedves.*
Naule.	Clavus.	
	Manubrium.	Nyele. Poss. *Nyel.*
Neete.	Martes.	*Nest.*
Nåen.	Video.	*Nézem.*
Nåytetån.	Ostendor.	*Nézetem.* - tel. - tik.
Negga.	Avarus.	
	Superbus. Contemptor superciliosus.	*Negédes.*
Nålkå.	Esuriens.	Nyaloka.
	Ligurio.	*Nyálank.*
	Delicatulus. Superbus.	Nyalka.
Neſket.	Abradere.	*Nyesegetni.*
Nedma. Nialem. Nilm.	Lingua.	*Nyelv.*
Nielem.	Devoro.	*Nyelem.*

Lappon. et Finn.	*Latine.*	*Hungarice.*
Niellaen.	Voror.	*Nyelettetem.* - el. - ik.
Nieletaen.	Devorare facio.	*Nyeletem.* - ed. - ti.
Nieliae.	Vorax.	*Nyelö.*
Niaijes.	Hillaris.	*Nyajas.*
Nialgelet.	Deglutire.	*Nyelget.* Ind. Praef.
Nialgetet.	Grato fapore effe.	*Nyalogat.* Ind. Praef.
Nialme.	Os.	
	Saliva.	*Nyál.*
Niammet. Nyalnod.	Sugere.	*Nyalni.*
Niaule.	Limus.	*Nyál.*
Niaulos. Nelos.	Limofus.	*Nyálos.*
Njikot.	Stridere.	*Nyikogni.* Nyikorogni.
Niorga.	Scapula.	
	Ephipium.	Nverge. Poff. *Nyereg.*
Niorach.	Debilis.	*Nyomorék.*
Nior. Ner. Nir.	Nafus.	*Or.*
Nifu.	Uxor. Foemina.	
Nittem. Nitto. Nit totem.	Minae. Comminatio. Admoneo.	Intem. Intetem.
Njuktja.	Olor.	Hattju. *Hattyu.*
Njuol. Niel. *Nuoli.* Nel. Njuola.	Sagitta.	*Nyil.* *Nyila.* Poff.
Njuolga.	Rectus.	
	Tenax.	Nyulós.
Njuonot.	Sagire.	Gyonat. *Gyontat.*
Njuofka.	Crudus.	Nyofka. Nyefka. Nyes. *Nyers.*
Njuowet.	Mactare.	*Nyivadt.* Nyivafztott. Praet.
Njutet.	Tundere.	*ütött.* Praet.
Njutetet.	Tundendum, curare.	*üttetett.* Praet.
Njutem.	Tufio. Comminutio.	*ütemény.* ütés.
Njålot. *Nuolen.*	Lingere. Lingo.	*Nyalt* Praet.
Njåloje.	Lingens.	Nyaloja. Poff. *Nyalo.*
Njåloltak.	Res ad lingendum data.	Nyalodék. *Nyalnia való.*
Njålom.	Linctus.	*Nyalomány.*
Njåmot.	Sequi. Sectari.	*Nyomozni.*
Njåko.	Somnium.	Nyuko. Nyugvo. Quiefcens.
Njålet.	Deglutire.	*Nyelni.*

Lappon.

Lappon. et Finn.	*Latine.*	*Hungarice.*
Njålatak. *Njaelo.*	Fauces. Gula.	Nyeltek. *Nyeldek-lö.*
Njålanja.	Vorax.	*Nyalánk.*
Njålatallet.	Devorari.	*Nyelettetett.* Indicat. Praef.
Njåletet.	Deglutiendum praebere facere ut deglutiat.	*Nyelettet.* Praef. Ind.
Nuókahet.	Acquiefcere.	Nyughat. *Nyugodni.*
Nåpam.	Mi-nepos.	Unapám. *Unakám.*

O.

Orwa.	Orphanus.	*árva.*
Ojalges.	Non planus. Iniquus.	Egyelges. *Egyvelges.*
Oljajes.	Oleofus.	*Olajos.*
Orron orroje.	Perpetuus, perennis, In fecula feculorum.	*örökön örökl.*
Omena.	Pomum.	*Oma. Alma.*
Olm.	Somnus.	*álom.*

P.

Pa. Po. Pu. Puu.	Lignum.	*Fa.*
Pallem.	Metus.	Fallem. Féllem. *Félelem.*
Pallos.	Timendus.	Pélös. *Félős.*
Palwa. *Pilvi.*	Nubes.	Falva. Felve. Felvö. *Felhö.*
Palwas.	Nubilus.	*Felhős.*
Pardne.	Filius.	Fiu.
Pardnatjam.	Filiolus.	Fiats*kám.*
Partajes.	Latus. Amplus.	*Partos.* Széles.
Pafke.	Anguftus.	*Kefkeny.*
Pasma.	Fafciculus filiorum.	*Páfzma.*
Peja, Pe. Paeae.	Caput.	*Feje.* Fö.
Pele.	Dimidius.	*Fele.*
Attja pele.	Vitricus.	Áttya fele. Fél atya. Halber Vater. *Mostoha. Atya.*
Edne pele.	Noverca.	Annya fele. Halbe Mutter. *Moftoha anya.*
Tjalme pele.	Alter oculus.	Szeme fele. Halbes Aug. *Fél fzeme.*
Tjuolke pele.	Alter pes.	*Fél lába.* Halber Fufz.

Lappon. et Finn.	*Latine.*	*Hungarice.*
Kata pele.	Altera manus.	*Fél keze*. Halbe Hand.
Vålja pele.	Frater uterinus.	*Fél báttya*. Halber Bruder.
Pel neljad.	$3\frac{1}{2}$.	*Fél negyed*. Halb vier.
Pek. Penk. Pink. Ponk.	Dens.	Fog.
Pelge. *Pelgie*.	Pollex.	Hü-pelge. *Hüvelke*. Poss.
Pelje. *Pielje*. Pil. Pel. Pil.	Auris.	Felje. Fülje. *Füle*. *File*.
Peldó.	Ager.	*Föld*. Szantoföld. Ex germanico: *Feld*.
Peratet.	Pruina operiri.	
	Adustus.	*Piritott*.
Pende.	Mensa.	
	Scamnum.	Pád.
Piejet.	Ponere.	Hejhetni.
Piaggos.	Ventosus.	*Fingos* Szeles.
Potko.	Actio calcitrandi.	
	Solea calceorum, et equorum.	*Patko*.
Puoskuom.	Crepitum ventris edo.	*Poszogom*.
Puottet.	Aequare. Suplere.	*Potolni*.
Puottosnak.	Suplementum.	Potolnak. Potolnék. *Potolék*.
Påå.	Caput.	*Feje*. *Poss*.
Påttanet.	Intumescere.	
Påttanem.	Tumor.	*Pattanás*.
Paeskinen.	Hyrundo.	*Fetske*. *Dativ*. Fetskének.

Q.

Qwekta. Kuekta.	Duo.	*Kettő*.
Qwektetet.	In duas partes dividere.	*Kettöztetett*. Praet.
Qwektastallem.	Dubitatio.	*Kételkedés*.

R.

Ruis.	Secale.	Ro's.
Raggostallem.	Superbia.	
	Effero. Tollo. Exalto. Laudo.	Magosztalom. *Magasztalom*.
Rakennan.	Struo.	*Rakom*.
Raketan.	Struor.	*Rakatom*. -ol. -ik. *Lappon*.

Lappon. et Finn.	*Latine.*	*Hungarice.*
Ratketet.	Segregandum curare.	*Rekeſztetett.* Praet.
Raucka.	Veſtis pellicea.	Rukha. *Ruha.*
Rèmetet.	Tonare. Fragorem edere.	*Reſzketett.* Praet. Megrendült.
Ringet.	Campanam pulſare.	
	Cunas infantum agitare, ſicuti campanae oſcillant.	*Ringetni.* Rengetni.
Ramba.	Claudus.	*'Sámba.* 'Sámba lába.
Ruoka.	Caſtoreum.	
	Vulpes.	*Roka.*
Ruosna.	Moroſus.	
Rusna.	Nebula.	
	Turpis. Opacus. Squallidus.	*Rusnya.*
Rånd.	Artificium.	
	Ordo. Syſtema.	*Rend.* Rendtartás.
Råſsot.	Expergefacere.	
	Quaſſare. Concutere.	*Rázott.* Praet.
Råto.	Pratum.	*Rét.*
Råtsje.	Effrenus.	
	Pagi nomen in Tranſilvania.	*Rétſe.*
	Anas.	*Rétze.*
	Reticulatum opus.	*Retze.*
Rôhin.	Grunnio.	*Röhögök.*
Rôhkaeys.	Grunnitus.	*Röhögés.*
Rôhina.	Sonus aſthmaticus.	*Hörrögés.* Herregés. Hirpitélés.
Råggånja. Rågkânj.	Harpago. Inſtrumentum quo quisquam arripitur, vel extrahitur.	*Rokontza. Rakontza.*
Råwe. Åno råwe.	Ripa amnis exuſta.	*Réve. Rev.*

S.

Saige. Saigaſtallet.	Parcus. Tenax. Parcum eſſe.	Sainálni. Sainalgatni.
Sagg.	Valde.	*Sok.*
Saletet.	Mori.	
	Naſci.	*Született.* Praet.
Salem.	Fiſſio.	*Szelem.* Ind. Praeſ.

Lappon. et Finn.	*Latine.*	*Hungarice.*
Salet.	Findere.	
	Fiſſio.	*Szelet.*
Sarvi. Zjuorve. Tjerwe.	Cornu.	*Szarva.* Poſſ. Szarv. Szaru.
Sarves.	Cornutus. (Cervus.	*Szarvas.*)
Sarjes.	Vulneratus.	
	Herba ſecunda, poſt foeniſecium prodiens.	Sarjas. *Sarju.*
	Vulnus in pedibus boum.	Sarju ki *Sarjuzik* az ökör lába.
Saſka.	Saltus, qui ambobus pedibus ſimul fit.	
	Locuſta, quae hoc modo ſaltat.	*Sáska.*
Saja.	Situla.	*Sajtár.*
Sajo.	Semen.	
	Nomen fluvii, in Tranſilvania.	*Sajo.*
Scaiaam.	Vociferor.	
	Os meum.	*Szájam.*
Sappe.	Fel.	*Epe.*
Ségges.	Gracilis.	
	Clunes largas, carnoſas habens.	*Segges.*
Seima. Seime.	Seta equina.	
	Sericum.	Sejme. Poſſ. *Sejem*
Sais.	Locus paludoſus.	
	Carex in locis paludoſis creſcens.	*Sás.*
Sarwi.	Cornu.	*Szaru.* Szarva. *Poſſ.*
Saari.	Tibia.	*Szár.*
Sica.	Sus.	*Szuka* diſzno. In Silvaniâ.
Silmä. Tjalme. Zjalme.	Oculus.	Szeme. Poſſ. *Szem.*
Silmitöin.	Oculis carens. Orbus.	*Szemetlen.*
Sil.	Ventus.	*Szél.*
Silda.	Pons.	Hilda. *Hid.*
Sijtan.	Concipio. Gigno.	Születem. *Születek.* (Naſcor).
Sijli.	Filtrum. Colum.	*Szürö.*

Lappon.

Lappon. et Finn.	*Latine.*	*Hungarice.*
Siwwo.	Animus. Studium, Cor.	*Sziv.* Igyekezet.
Sjuka.	Trochus.	*Tsiga.*
Skuife.	Stupidus. Turpis.	*Csuf.*
Skarja.	Forfex. Falx messoria.	*Sarlo. Sarju vágo.*
Sopet.	Verrere.	*Sepret. Mandativum.* Praes. Ind.
Skwoldar.	Nugator.	*Csapoddr.*
Suoine.	Foenum.	Szuójne. Szóne. *Széna.*
Suoinesk.	Herbosus.	*Szénás.*
Sjålb. Sjålbes.	Blaesus.	*Sejp'. Sejpes.*
Sjuwes.	Libens.	*Szüves.* Szives. Szivesen.
Swaskes.	Agilis. Celer. Velox. Robustus. Athleticus.	*Vaskos.*
Såcki.	Saccus.	*'Sák.*
Sålke. Sålka.	Tigillum.	
Salko.	Pertica. Festuca.	*Szálka. Szál.* Szalfa. Rud.
Såjo.	Curvamen. Nomen Fluvii in Transilvania.	*Sajo.* Hic ob curvaturas hoc nomen accepisse potuit.
Su, Suu.	Os.	Száj
Sårrwot.	Exarescere.	Sorvadt. (Aridus.)
Sårwe.	Pinus arida.	Sorvadt fenyö.

T.

Tagam. Tagazjam.	Facio.	Tógom. Dògom. Dolgom. *Dolgozom.*
Taidet.	Scire.	*Tudott.*
Taidek.	Inscius.	*Tudatlan.*
Taidem.	Cognitio.	Tudom. *Tudomány.*
	Ob nimium *scire* vel *nescire* delirat.	A *tudom*, és a' *nemtudom* háborgatja.

F 2 *Lappon.*

Lappon. et Finn.	*Latine.*	*Hungarice.*
Taides.	Species.	*Tudós.*
Taidos.	Notus.	
Taita.	Forte.	*Tám. Talám.*
Taiwas.	Fulcrum.	Támaſz.
Taiw.	Locus.	Tai. *Táj.*
	Quo loco habitat?	Melly tájon lakik.
Taiwai.	Saepe.	
	Anno elapſo.	Tavaj.
Tallek.	Patella.	*Tál.* Tálak. *Plur.*
Talwe. Talwi.	Hyems.	Télwe. *Télbe.* Hyeme. *Tél.*
	Hibernus.	Téli.
Takketakes.	Factu poſſibilis. Perfectus.	Tökélletes.
Tapak.	Uliginoſus. Amnis. Fluentum Rivulus.	Patak.
Tappa.	Quo quid obturatur. Obturamentum parietum.	Tapaſz. *Mörtel aus Leim.*
	Argilla qua parietes aedificorum ligneorum obducuntur.	
Tappas.	Clauſus. Occluſus.	*Tapaſtott.*
Tapet.	Claudere. Limo ſubmergi.	*Tapaſtani.* Tapadni. Belétapadni. Elſüjedni.
Tappetattet.	Poſſe occludi.	*Tapaſtathatot.* Praet.
Taputus.	Palpus. Palpatio.	*Tapotás. Tapogatás.*
Taputtaja.	Palpator.	*Tapotó.* Tapotója. *Poſſ.*
Tapatan. Tapatetan.	Triturari facio.	Tapotom. *Tapottatom.*
Tartun.	Aprehendo.	*Tartom.*
Tartutetan.	Aprehendor.	*Tartatom.* ol. -ik.
Tartutus.	Operatio. Aprehenſio. Manutentio. Intertentio.	*Tartás.*

Lappon. et Finn.	*Latine.*	*Hungarice.*
Taſka.	Pera.	*Táſka.*
Tattamitt.	Statim.	*Tüſtént.*
Tattarenna.	Panicum.	*Tatárka.*
Tawwe.	Qui a littore *longe di-*	*Tova.*
Tawwen le.	Longe abeſt. ſtat.	*Tova van.*
Teble.	Makula.	Szeble. *Szeplö.*
Teen.	Facio. Ago. Laboro.	Tejen. Tegyen. *Teſzem.*
Tehdaen.	Efficior. Agor.	*Tétetem.* el ik.
Teeſkellaen.	Factitor. Simulor.	*Teddegeltetem. Tettettetem.*
Teeſkelen.	Factito. Simulo.	*Teddegelem. Tettetem.*
Teetaen.	Sino facere.	*Tétetem.* - ted. - ti.
Teetetaen.	Curor fieri.	*Tétettettetem.* - el. - ik.
Teettelen.	Saepe facie fieri.	*Tétetgetem. Teddegeltetem.*
	Simulo.	*Tettetem.*
Tehwyn.	Fio. Sum factu facilis.	Tehevény. *Tétevény.* Tevény.
Teco.	Opus. Labor.	*Tétel. Tevés.*
Teettaejae.	Qui facit fieri.	*Tétetö.* Pallér.
	Qui opus urget.	*Tétettetö.*
Tekewaeinen.	Activus.	
	Laborioſus.	Tétevény. *Dolgozvány.* ad Normam; Fösvény. Jövevény.
Tekemaetoein.	Ignavus.	
	Infectus.	*Tetemuta.*
Tekemys.	Actio.	Tétemés. *Tétemény.*
Teeſkelemys.	Simulatio.	*Tettetéſe*, a' tevésnek.
Tele.	Nix compacta.	
Teli.	Hyems.	*Tél.* Jo *tele* van.
Terkok.	Anguſtus.	
	Anguſtiae, faux.	*Torok.* Plur. *Torkok.*
Tes, jes.	Iterum.	*és. Esmét. Ismét.*
Tetet.	Scire.	*Tudott.* Praet.
Teteles.	Notus.	*Tudtolos.* Tudtára van.
Teteſattet.	Cognitum habere.	*Tudoſitott.* Praet.

 Lappon.

Lappon. et Finn.	*Latine.*	*Hungarice.*
Tetetet.	Notum facere.	*Tudtára tétetett.*
Tetos.	Notus.	Tudtós.
	Doctus.	*Tudos.*
Teutet.	Implere.	Tötött. *Töltött.* Praet.
Teuwes. Tåwes.	Plenus.	*Tejes.* Tellyes.
Tiedån.	Scio.	*Tudom.*
Tjalme.	Oculus.	Szalme *Szeme.* Poss. Szem.
Muorje tjalme.	Una bacca.	Egy *Szem* eper, málna, áfonnya.
Tieutet.	Implere.	Tötött. *Töltött.* Praet.
Tikke.	Pediculus.	Tetü.
Tilpe.	Jocus.	Tilfe. Tirfe. Trife. *Tréfa.*
Tima.	Anno praeterito.	Timaj. *Tavaj.*
Tjokkoldet.	Titillare.	*Tsiklandot.* Praet.
Tjoppet.	Caedere. Scindere.	*Tsapott.* Praet.
Tjorpe.	Iners, qui artifex non est nec faber.	*Tsorba.*
Tjorpes.	Defectu laborans.	*Tsorbás.*
Tjude.	Hostis.	
	Miraculum. Terriculamentum.	*Tsuda.* Rémitö, Ijesztö.
Tjuk.	Pullus.	Tjuk. *Tyuk. Tik.*
Tjuodtjelem.	Resurectio.	Gyogyulmány.
	Convalesco. Resurgo.	*Gyogyulok.*
Tjuoggatak.	Punctum. Foramen.	Juggaték. *Juggatás. Juk.*
	Perforo.	*Juggatok. Jukasztok.*
Tjålwe.	Stomachus.	Goiva. *Gojva.*
Tjålwajes.	Ventrosus.	
	Strumosus.	*Gojvás.*
Tjåkketet.	Confidere.	
	Nictitavit obdormiendo.	*Gyökkentett.*
Tjåkos.	Occultus.	*Titkos.*
Tjålfe.	Inutilis. Depravatus.	*Tsalfa.*
Tjårmuk.	Vitulus rangiferus anniculus.	
	Hinnulus.	*Gyermek-lo.*

Lappon. et Finn.	*Latine.*	*Hungarice.*
	Puer.	*Gyermek.*
Tolok.	Stabilis, firmus, qui non vacillat.	
	Res. Serium.	*Dolog.*
	Res ſtabilis.	Állando *dolog.*
Tolga. Tuol.	Calamus.	*Toll. Tollu. Tolla.*
Torko.	Fatuus.	
	Fragilis. Friabilis.	
	Inutilis.	*Torha.*
Truſſet.	Sternutare.	*Trüſsent.* Ind. Praeſ. 3. Sing.
Tſaggas.	Extenſus.	Tágas.
Tſagget.	Extendere.	*Tágitni.*
	Fulcire. Adjuvare.	Segitni.
Tſaggedne.	Obſtetrix.	*Segéd.* Segédné. Segitőné.
Tſagge.	Fulcrum.	*Segéd.*
Tſegget.	Erigere.	*Segitni.* Segit.
Tſiptſot.	Digitis torquere.	*Tſipni.*
Tſiwkeſet.	Pipare.	Tſivegni. *Tſipegni.* Tſevegni.
Tſiålet.	Latrare.	Thihelni. *Tſakolni.* Tziholni.
Tſiålenje piådnek.	Canis latrans.	*Tſaholo* Kutya.
Tſågget.	Farcire. Ingerere.	
Jaurai tſågget.	In aquam demergere.	Vizbe *tſüggedni.* — — ſüjedni. — — halni.
	Corruere. In deſperationem ferri.	*El tſüggedni.*
Tuuli.	Ventus.	*Szél.* Szellő.
Tſåpet.	Rodere.	*Tſipni,* harapni. *Tſipdesni. Tſipegetni.* Tſippenteni.
	Qui rodit, Roſor.	Tſipenyő. *Tſippentö. Tſipegetö* Tſippentjü.
Tſåpenje.	Mus.	*Egér.*
Tuddet.	Contentum eſſe.	
	Acquieſcere.	
	Scire.	Tudni. *Tudott.* Praet.
Tuddem.	Acquieſentia.	

Lappon. et Finn.	*Latine.*	*Hungarice.*
	Quando quis contentus est.	
	Scientia.	Tudomány.
	Scio.	*Tudom.*
Tuddetakes.	Contentus.	
	Doctus. Sciolus.	*Tudákos.*
Tuhin.	More suum fodico.	*Turni.* Turok.
Tuhlet.	Dilapidare.	
Tuhlar.	Prodigus.	
	Fur.	*Talhár.* Valachice. *Tolvaj.* Hung.
Tulme.	Fimus.	
	Stramen.	Talma. *Szalma.*
Tulmes.	Stercoratus.	Szalmás.
Tunahem.	Submersio in aquam.	
	Dispareo.	*Tünöm.* Eltünöm.
Tulvet.	Exundare.	
	Liquefit. Dissolvitur.	*Olvad.*
Tuobbanet.	Illic.	*Tovább.* Továbbat. *Tova.*
Tuognet.	Refarcire. Obturare. Reficere quod hiatum accepit.	*Dugni.* Bédugni.
Tuoddet.	Addere. Augere.	*Tódni.*
Tuodde.	Additamentum.	*Tódás.*
Tuolpes.	Planus.	Talpas. Talapos. *Lapos.*
Tuolpetes.	Planities.	Lapát. Lapátos. *Lapaj.*
Tuowle. Tållåh. *Taula. Tuli.*	Fomes.	Tovlo. *Toplo. Taplo.*
Tuowlet.	Fomite urere.	
	Alere.	*Táplálni.*
Tuowlogåtet.	Pedetentim alere.	*Táplálgatott.* Praet.
Turgetet.	Tonare.	Dörgetett. *Dörgeni.*
Tut. Tül. Tola.	Ignis.	*Füz.*
Tåbbos. Tobbos.	Pulvinar.	
	Tympanotriba.	Dobos.
	Tympanum.	Dob.
Tåbdet.	Scire. Intelligere.	Tudott. *Tudni.*
Tåbdem.	Cognitio.	Tudom. *Tudomány.*
Tåbdos.	Notus. Cognitus.	Tudott. *Tudós.*
Tåjet.	Frangere.	*Törött.* Törni.

Lappon.

Lappon. et Finn.	*Latine.*	*Hungarice.*
Tåjem,	Actus frangendi.	Törem-ény. *Törés.*
Tåjalket.	Laboriose frangere.	Törekedni.
		Tojoskodni.
		Tojolkodni.
		Tojakodni.
Tåjatak.	Fractura.	*Töredék.* Tojadék.
Tåjetattet.	Frangi posse.	*Törethetett.* Praet.
Tåjetet.	Frangendum curare.	*Töretett.* Praet.
Tåjot.	Frangi.	Töröd. *Töródik.*
Tålke.	Pluma.	Tollka. *Tollatska.* Toll.
Tåmetet.	Gerere. Aggerere.	*Temetni.* Feltölteni. Temetett. Perf.
Tåme.	Certe. Forsan.	*Tám.* Talám.
Tårsok.	Crassus.	
	Truncus.	*Törsök.*
Taei.	Pediculus.	*Tetü.*
Tåka.	Perticae, quibus Tentoria distendunt.	
	Pyramis lusoria.	Teke. *Germ.* Kögel.
Taeytaen.	Impleo.	Tötöm. *Töltöm.*
Taeytetaen.	Impleor.	*Töttetem.*
Taeytoes.	Expletio. Complementum.	Tehetös. *Tehetösség.* Tötés.

U.

Ukkar.	Industria.	
	Prima aratura.	Ugar.
Ukkartet.	Industria et labore acquirere.	*Ugarolni.*
Utse.	Parvus.	*Kitsin.*
Utsanem.	Dimiminutio.	Kitsinem.
		Kitsinités.

Z.

Zijcko.	Canis foemina.	
	Hinnulus.	Cziko. *Csiko.*

W.

Wadtam.	Do.	*Adtam.* Praet.
Waddes.	Donum.	*Adás.*
Waggats.	Vallecula.	*Vögyetske.*
Wagge.	Vallis.	Vögge. *Vögy.*
Waiwa. Waj. Waja. Waje.	Labor. Aerumna.	*Baj.*

Lappon. et Finn.	*Latine.*	*Hungarice.*
Waj. Wuoj. Wuoja. *Woi. Woy.*	Butyrum.	*Vaj.*
Wajaldakes.	Obliviosus.	*Felejdékeny.*
Wajes.	Triſtis. Moeſtus.	*Bajos.* Bajoſkodo.
Wajpe.	Utinam.	*Vajha.*
Wako.	Fiſſura, ſeu apertura glaciei.	*Vék.*
Waldos.	Culpa. Cauſa.	*Vád.*
	Culpoſus.	*Vádos.* Vádolt.
Walkeus.	Mundus.	Világ.
Walgei.	Lnx.	*Villág.* Világoſſág.
Walitzen.	Eligo.	*Válaſztom.*
Walitan.	Eligor.	*Válaſztatom*
Walla.	Verum.	*Való. Valóſág.*
Waljegâtet.	Eligere. *Inchoativ.*	*Válogatott.* Praet.
Waljem.	Electio.	*Válogatás.* Válaſztás.
Waljet.	Eligere.	Vált. *Válaſzt.* Ind. Praeſ.
Wanatet.	Extendere.	Vonatni. *Vonni.*
Wanatem.	Extenſio.	Vonás. *Vonatás.* Feſzités. Vonatom.
Wanha.	Senex. Vetus. Antiquus.	Vénhe. *Vén.* Vénhedett.
Wankus.	Senectus.	Vénhes. Vénheſség. *Venſ'g.* Venhedés.
Wanhenen.	Seneſco.	*Vénülök.*
Wanhetan.	Senio oneror.	*Vénhedem.*
Waras.	Fur.	Voroz. *óroz. ór.* órozni. órgazda.
Wares. Wuorta.	Cornix.	*Varju.*
Warg. Vargas.	Lupus.	Fark. *Farkas.*
Warjo.	Umbra.	Varjék. Árjék. *árnyék.*
Waſetet.	Facere ut praetereat. Manu ducere.	Vezetett. *Vezetni.*
Waſki.	Aes. Cuprum.	
	Ferrum.	*Vas.*
Waſko.	Inſtrumentum raſorium.	
	Culter haebes.	*Vaſko.*
Watza.	Venter. Stomachus.	*Patzal.* Inteſtina.
Wauhco.	Fatuus.	*Bahóka.*
Wauwa.	Infans. Pupus.	*Buba.*

Lappon. et Finn.	*Latine.*	*Hungarice.*
Warpuinen.	Paſser.	Veréb. *Vereben.* Cum Poſtpoſitione.
Weſi. Wezl. Witi.	Aqua.	*Viz.*
Weri. Wir.	Sanguis.	*Vér. Vir.*
Wietetaen.	Producor.	*Vitetem.* - el. - ik.
Wiejas.	Auferens.	*Vivö.* Vivöje. *Poſſ.*
Wikke.	Cauſa. Culpa.	Vitke. Vétke. *Vétek.*
Wircku.	Alacer. Geſtiens.	*Virgontz.*
Wiwa. Wiwwa. Wiw. *Waewy.*	Gener.	*Vö.* Vevö. Vivö. Veje. *Poſſ.*
Wuode. Wuowde.	Silva.	Vad. Vadſág. *Vad-erdö.*
Wuoswem.	Pica. Malacia. Avarus.	*Fösvény.*
Wuowd. Wuowda.	Arbor cava.	Odv. Odu. Udu. *Odvas fa.*
Wyö. Vye.	Cingulum. Balteus.	*öv.* öve. *Poſſ.*
Wårka.	Locus ubi tentoria ponunt Lappones.	Várka. *Váratska.*
Wåtk. Wåtka.	Scalprum. Celum.	Veſö. *Véſötske.*
Wårto.	Serenitas coeli.	Virado.

Å.

Åiwai.	*Adv.*	Föképen.
Åiwe.	Caput. Dux.	*Fö. Feje.*
Åiwe ålme.	Dux.	*Fö* ember.
Åiwe wuole.	Pulvinar.	*Fö* ajja.
Åiwe ſudde.	Sutura cranii, quae in infantibus adhuc eſt aperta.	Feje lágya.
Åkſe.	Ramus arboris.	*ág.*
Åkſats.	Ramulus.	*Ágatska.*
Ålke.	Brachium. Humerus.	ölke. ölötske. *öl.*
Ålkajes.	Lacertoſus.	*ölös.* Nagy ölökkelbiro, a' Ki nagy terheket ölibe vehet.
Ålma.	Vir.	
Ålol.	Maxilla.	*áll.* All kaptza.
Åra.	Vena.	*ér.* Ere.
Årres.	Maſculus.	Eres. *Erös.*
Årbes.	Orbus.	Árvás. *árva.*
Årbes mana.	Infans orbus.	Arva gyermek.

Lappon.

Lappon. et Finn.	*Latine.*	*Hungarice.*
Ard.	Locus, ubi silva in alpibus incipit. Ora silvestris montium.	*Erdö.*
Ajenes.	Mora.	*ájangás.* Szájongas. Késedelem.
Allajet.	Revivifcere. Vita.	*élet.*
Yö.	Nox.	*éj.* Ey.

Voces Hungarice sonantes, sed aliter significantes.

Praeter jam memoratas, observavi voces nonnullas, quas primo intuitu hungaricas esse diceres, at adjecta earum significatio aliud docet. Potuit harum vocum significatio prorsus eadem olim fuisse, quae hodie apud Hungaros obtinet, aut vice versa, potuerunt Hungari eandem olim cum his vocibus combinavisse ideam, quam hodie Lappones conjungunt, antequam ab iis separati fuissent, at ea hodiedum abolita est. Huic similia in Lexicis omnium linguarum videmus, Voces enim de Seculo in Seculum mutare solent significationem, uti hoc vel ex Lexicis Latinis antiqui, medii et recentis aevi clarissime patet.

Significat	*Finnis, v. Lapponibus.*	*Hungaris.*
Adnom.	Attritus.	Mihi dare (oportet).
Aito.	Minae.	Janua.
Adalmes.	Pullus.	Compotatio. *áldomás.*
Anekes.	Brevis.	Cantor. *énekes.*
Buda.	Praeceptum.	Cloaca. Latrina.
Edes.	In anteriorem partem.	Dulcis.
Elme.	Regio. Terra.	Mens. Animus.
Este.	Impedimentum.	Vespera.
Habja.	Odor.	Spuma ejus. Spuma sua. *Poss.*
Hammas.	Dens.	Cineratus. Cinereus.
Hartsa.	Tignum.	Trutta (Piscis).
Irke.	Procus.	Pullus gallinaceus. *Tsirke.*
Jo.	Jamdudum.	Bonus.

Significat

Significat	*Finnis, v. Lapponibus.*	*Hungaris.*
Kakkas.	Balbus.	Gallus gallinaceus.
Koros.	Vacuus.	Annofus. Seniculus.
Kåtskes.	Vicinus.	Caprarum custos.
Lenes.	Lenis. Mollis.	Linofus. Lino gaudens.
Lållok.	Zelotypus.	Anima. *Lélek.*
Mak.	Affinis.	Glans.
Mano.	Luna.	Terricnlamentum puerorum. *Mamás. Mumu.*
Mårtek.	Ardelio nequam.	Menfura.
Mefe.	Vitulus rangiferus.	Fabula. Commentum. Aenigma.
Mod.	Animus.	Ratio. Modus.
Mojos.	Rifus.	Blattis, vel Tineis abundans.
Murkos.	Nebulofus.	Dauco praeditus.
Napok.	Tegumentum capitis pellicium.	Dies multi.
Njålkan.	Curfim.	Superbe. Petulce. *Adv.*
Or.	Tintinabulum.	Nafus.
Pallos.	Timendus.	Framea. Gladius carnificis.
Påkos.	Rifus.	Inflatus. Tuberofum genu equorum.
Pilda.	Pali fupellectilium.	Exemplum. *Példa.*
Saigo.	Detritus.	Leniter dolens. *Sajog.* Ind. Praef.
Sark.	Tunica.	Calx. Calcaneum. *Sarka. Sarok.*
Sawo.	Optatum.	Serum lactis.
Sebre.	Confortium.	Ad vulnus.
Segges.	Gracilis.	Craffus. Clunes largas carnofas habens.
Sima.	Restis.	Laevis. Politus.
Suta.	Sine eo.	Cornibus carens.
Te.	Tunc.	Tu.
Teke.	Huc.	Pyramis luforia. *Kögel.*
Teres.	Corium. Lorum.	Planus. Planitie praeditus.
Tudni.	Tibi.	Scire.
Tålwai.	Tolutim.	Latro. Fur. Praedo.
Tfipa.	Membrum genitale mulierum.	Lippitudo oculorum.
Wadas.	Pannus levidenfis.	Feris beftiis abundans.
Wallok.	Excretus.	Fateor.
Warai.	In procinctu.	Exulceratus.

Significat

Significat Finnis, v. Lapponibus,		*Hungaris.*
Warrok.	Sanus.	Suo. Suere.
Warjo.	Arma.	Cornix. *Varju.*
Waj.	Adagium.	Butyrum. *Vaj.*
Weres.	Nullo ſanguinis vinculo junctus.	Ruber.
Wejem.	Poteſtas.	Gener meus.
Wedder. Wädder.	Mugae.	Urna.
Wärretem.	Depravatio.	Verberor. *Veretem.*

Unum adhuc ſupereſt momentum, idque attentione ſingulari dignum. Scilicet collatio Bibliorum Finnicae et Hungaricae linguae. Plurima nova ex fonte hoc, ad noſtrum aſſertum roborandum acceſſiſſe argumenta, in ſequentibus immediate docebimus.

Unusquisque videt, in Lexicis Vocabula ut plurimum in Themate ſolum inveniri, at textus Sacrarum Literarum ea in variis Caſibus, Numeris, Modis, Temporibus, et Perſonis inflexa, et variis incrementis aucta oſtendit, multifaria haec modificatio Vocabula finnica hungaricis multo evidentius approximare ſolet, eorumque ſimilitudinem tam clare oculis ſiſtit, ut ea vel primo intuenti in oculos cadere debeat. Adſunt praeterea in locis allatis, exempla conſtructionum bene multa, in quibus ſyntaxis ſolis Finnis et Hungaris uſitata occurrit, (Hungarismus) quae in linguâ latinâ, aut germanicâ non niſi per prolixam Periphraſin reddi poteſt. Non parvâ mihi laborioſa haec locorum biblicorum collatio conſtitit diligentiâ, at ſi eam tam extraneis, quam Finnis et Hungaris aceptam fore comperero, amplum me retuliſſe praemium gratus profitebor.

Voces, quae in utraque linguâ ſimiles eſſe reperi, literis curſivis impreſſae ſunt, quoita lector illas ſine ullo labore invenire et invicem conferre poſſit.

Finnice.

Finnice.	*Hungarice.*	*Latine.*
Wanha Teſtamenti.	Vénhedett Teſtamentom. O Teſtamentom.	Vetus Teſtamentum.
Geneſ. 27, 22.		
aeni on Jacobin *aeni*. Mutta *Kaedet* owat Eſaun *Kaedet*.	az *ének*. Jakob *éneke*. (Szava). de à *Kezek*.(vagynak)Eſau*Kezek*.	Vox eſt Jacobi vox. Sed manus ſunt Eſaui.
Geneſ. 7, 22.		
Ja *caicki* jolla *elaewae* hengi *oli* cuiwan maam *paeaellae*, ne coulit.	Es *Kiki* (minden a' minek *eleven* lelke *vala* Száraz földön *fejül*, az meghala.	Et omne, cui viva anima erat (quod reſpirabat) Super terrâ ſiccâ (continente)moriebatur.
Geneſ. 39, 12.		
Ja kån *tartui* hånen hameſenſa.	*És ötarta* (megtartoztatá) ötet köntöſénél fogva.	Et illa detinebat eum veſte tenus.
Geneſ. 44, 25.		
ja oſtakat meille jotakin *elatuſta*.	és váſároljatok nekünk egy Kevés *életett*. (eleſséget. eledelt).	Et comparate nobis paucum cibarium, alimentum.
Geneſ. 45, 8.		
Wielåkö minum Iſåni *elae?*	Vallyon az én Atyám *élé?*	Utrum meus pater vivit ne?
Geneſ. 45, 23.		
Mutta Iſållens låhetti hån *ewaeſtae* mat calle.	De Iſaknak Küldött ö. *evèſt*(eledelt) utra.	Sed Iſaco miſit ille alimentum ad iter.
4.		
Coſka Herra *naeki* hånen *menewaen* catzowan.	Midön az Ur *nézé* ötet. *menvén* nézöül.	Cum dominus vidit eum euntem viſum.
8.		
Ja olen aſtunut *alas* wapahtaman Egyptilåiſten *Kaeſiſtae*.	*És* vagyok Szálvaalá (alá ſzállottam)	Et deſcendi (*Und bin herabgeſtiegen*).

Finnice.	*Hungarice.*	*Latine.*
	fzabaditani Egyiptomiák *Kezé*böl.	Liberatum eos ex manu Egyptiorum,
ja *wiemaen* heitä tâldä maalda,	és *Vinni* öket ezen orfzágbol (vinnem)	et ductum (ducere) eos ex hoc regno,
hywaeaen ja lawiaan maahan.	*hiv* (jo) és tágas orfzágba.	in bonum et amplum regnum.
Exod. 4, 3.		
Ja hän Sanoi: *heitae* fe maahan.	És ö monda: *haitsd* azt a'földre,	Et ille dicebat, projice eum ad terram,
ja hän *heitti* fen maahan.	és ö *haittd* azt a'föl-dre.	et ille projiciebat, eum ad terram.

Evangelium Mathei.

Cap. I.

Aufi Teftamenti.	Uj Teftamentom.	Novum Teftamentum
1.		
Jefuxen Chriftuxen fyndimia *Kirja*,	Jefus Criftusnak fzületéfe *Könyve* (irja)iroja. iraja.	Liber generationis Jefu Chrifti,
Davidin *Pojan*, Abrahamin *Pojan*.	David *Fijának*, Abraham *fijdnak*.	filii David, filii Abraham.

Cap. II.

8.		
ja cofca te *löydette*,	és hat*ilölitek*.(meg-lelitek.)	et fi vos invenietis.
22.		
pelkaeis hän finne mennä.	*félegete* ö oda *menni*.	timuit illo ire.

Cap. III.

10.		
Sentähden jocainen *puu*.	mert aza' *fa*. a'melly nem tefzen	Omnis ergo arbor non faciens fructum
joca ei *tee hive* hedelmätä,	*hiv* gyümöltyöker. terem.	bonum. exciditur et in ignem
hacatan pois, ja *tuleen heitetaen*.	Kivágatik, es *tüzre haitatik*.	jacitur,

Cap.

Finnice.	*Hungarice.*	*Latine.*
16.		
Coſca Jeſus *caſtettu oli*,	Mikor Jeſus *Kereſz-telttvala* (meg-kereſztelve yala.	Cum Jeſus baptizatus erat.

Cap. IV.

1.		
Silloin *Wietin* Jeſus hengeldå corpeen, *Kiuſatta* Perkeldå.	A'kor *vitetven* Jeſus lélektöl puſztába. *Kiſirtetni* ördögtöl.	Tunc Jeſus actus eſt in deſertum tentari a diabolo.
3.		
Sano, että nåmåt *Kiwet Lewixi* tulewat.	mondjad, hogy eme' *kövek levé-nek* (*legyenek*) kenyerek.	dic, ut lapides iſti fiant panes.
10.		
Mene pois Satan, ſillå *Kirjoitettu on*:	*menj el* Sátán, mivel *irattatva van*:	abi poſt me Satana; ſcriptum eſt enim.

Cap. V.

14.		
Te oletta mailman *walkeus*.	*Ti valátok* világ-nak *világoſſága*.	Vos eſtis lux mundi.
16.		
että he *naekiſit* teidån *hywaet tyőnne*.	hogy ök nézzék a'ti *hiv tetteteket*. hogy láſſák a ti jotſelekedeteiteket.	ut videant veſtra pulchra opera.
25.		
ja ſinå *heitetaen* tornijn.	és te *hajtatol* tomnyba.	et in cuſtodiam conjiciaris.
38.		
Te cuulitta ſanotuxi:	*Ti hallottàtok' Sa-nolni* (*mondani*)	Audiſtis quia pronunciatum eſt.
Sialma, *Sialmaſt*.	*Szemet Szemért*.	Oculum proculo (Hungarismus.)

Cap. VI.

Finnice.	*Hungarice.*	*Latine.*
3.		
Mutta coſca ſinä almu *annat*,	De mikor te alamisnát *annal* (adnáladſz.	Te autem faciente eleëmoſynam,
nij älkön ſinun waſen *Kaetes tietkö*.	nemkell a'te bal *Kezednek tudni*,	neſciat ſiniſtra tua,
mitä oikia *Kätes teke*.	*mit* joob *Kezed teve*. (tevék. *tèk*.	quid faciat dextera tua.
8.		
mitas te tarwitzetta.	*mit ti* ſzükölködtök. (miben ſzükölködtök.	quo indigetis;
9.		
Näin teidän ſijs pitä rucoileman:	Azért tinéktek igy kell könyörögnödtök:	Sic ego adorate vos:
Iſä meidän joca *olet* taiwais.	Atya miénk, ki *volt*(vagy)egekbenn,	Pater noſter qui es in coelis,
Pyhitetty olcon ſinun *nimes*.	Szentelt legyen a'te *neved*.	Sanctificetur nomen tuum.
10.		
Lähiſtikön ſinun waldacundas,	Jöjjönel a'te országod,	Adveniat regnum tuum.
Olkon ſinun tahtos,	Légyen meg a'te akaratod,	Fiat voluntas tua.
nijn *maſa*, cuin taiwaſa.	mint földönn, ugy égbenn (*mezö*).	Sicut in terrâ, ſic in coelo.
11.		
Anna meille *taenäpän*	*Annád* nekünk *é'naponn*(adnad. add.	De nobis hodie
meidän jocapäiwäinen leipäm.	a' *mi* mindennapi kenyerünket.	noſtrum quotidianum, panem.
12.		
Ja *anna* meille medän wel cam andexi,	*E add* néklink a'mi vétkünk botſánatját,	Et dimitte nobis debita noſtra
nijcuin mekin andexi *annam*.	*mikint miis* botſánatott *annánk* (adnánk	Sicut et nos dimittimus
meidän welwolliſtem.	a'mi vétöinkuek.	debitoribus noſtris.

Finnice.

Finnice.	*Hungarice.*	*Latine.*
13.		
Ja älä johdata meitä Kinſauxcen.	Es ne vigy minket kiſirtetbe.	Et ne nos inducas in tentationem,
Mutta päästä meitä pahaſta.	De ſzabaditts minket gonoſztol, (puhátol).	Sed libera nos a malo
Sillä ſinum on Waldacunda,	Mert tiéd (van) az Orſzág,	Quoniam tuum (eſt) regnum, (Hungarismus).
ja woina, ja cunnia ijancaickiſeſt, Amen.	és hatalom, és ditſöſég, örökké, Amen.	et potentia, et gloria, in Secula, Amen.
14.		
Sillä jos te andexi *annate.*	Mert mikent ti botſánatott *annátok.*	Nam ſicut vos dimiſeritis,
22.		
Silmae on ruumin *Walkeus.*	*Szeme van* teſtnek *Vllágoſſága.*	Oculus et corporis lucerna,
23.		
Waan jos ſinum *Silmaes on paha.*	De ha a'te *Szemed van puha.*	Si autem oculus tuus malus fuerit,
25.		
	De ha a'te ſzemed gonoſz, elfajult, puha;	
älkät murhe itteco teidän.	nem kell gondoſkodnotok, a'ti lelketekben,	ne anxiemini animae veſtrae,
hengenne tähden,		
mitae te ſyötiae, ja *mitae juotta.*	mit ti egyetek, es mit iuotta(ivott. ittatok, igyatok.)	quid manducetis, et quid bibatis.
34.		
huomeniſeſta. päiwästä.	*honnapi* nap.	craſtinus dies.

Cap. VII.

12.		
Caicki ſijs *mitae te* tahdotta.	*Kiki* azért, a' *mit te* akartok (Minden)	Omnes igitur quod vultis
että ihmiſet pitä *teille tekemaen,*	hogy az emberek-	ut homines faciant vobis

Finnice.	*Hungarice.*	*Latine.*
	nek kell *tivele-tek tenni.*	
nijn *te mijös* heillä *tehkaet.*	*ti is* azokhal *tegyé-tek.*	ilíud et vos facite illis.
8. nuose ja *Kaey.*	álj fel, és *Kelj.* - járj kelj. járok kelek.)	Surge, et ambula.

Cap. X.

10. Sillä *työmies* on ruocans ansainut.	Mert a' *tevömives* (a munkas) mélto eledelere.	Nam operarius dignus est mercede sua.

Cap. XII.

40. Sillä *nijncuin* Jonas *oli* walascalan *watzas colme* päiwä	Mert *mikint* Jonás *vala* tzethalnak *patzaljában*, (béliben) *három* napot,	Sicut enim fuit Jonas in ceti ventre, tres dies
ja *colme yoetae:*	és *három éyt.* (három éjjet napot et volt.	et tres noctes.
44. Ja cuin hän-*tule.*	És mikor ö *tére,* (viszsza tére)	Et dum reverteretur, ecce invenit eum va-
nijn hän *loeytae* sen tyhjäxi.	tehat ö *löjte* azt henyélve. (lölte, lelte)	cantem.

Cap. XIII.

13. ettei he *naehden naee.*	mert nem *néznek, nézve,*	nam videntes non vident,
eikä *cuulen cuule.*	nemis *hallanak hallva.*	neque audientes audiunt.

Finnice.

Finnice.	*Hungarice.*	*Latine.*
39. mutta *elomiehet* owat Engelit.	de az *élömivefek* voltak az Angyalok (*aratók.*)	at meffores fuerunt Angeli.

CAP. XIV.

8. *Anna* minule täfa fatifa.	*annád* nekem ezen tál*ann*	Da mihi hic in difco
Johannes Caftajan *pää*.	János Kerefztelö-nek *feit*.	Joannis Baptiftae caput.

CAP. XV.

14. jos *fokia fokiata talutta*.	ha *vakia vakiát téritti*, ha vak vakot vezeti,	Si caecus caecum ducat,
17. ette *caicki mitae fuukun* fifälle *mene*,	mert *kihi* (minden) a' '*mi fzájhon* beled *mene*,	nam omne ingrediens in os, in ventrem cedit.
fe *mene watzaan*.	az *mene patzalban*. (bélben).	
20. mutta pefemättömillä *kaefillae fioedae*,	de (ha) mosdatlan *Kézzel efzjöd*,	Verum illota manu manducans
ei faaftuta *ihmiftä*.	(*efzöd. efzed.*) nem fertézteti *ehm*bert.	non inquinat hominem.

CAP. XX.

16. Sillä *monda owat* cutzutut,	Mert *minden* (fok) *van* hivatott,	Nam multi funt vocati
mutta harwat *walitutt*.	de kevés *vállafztott*.	fed pauci electi.

Cap. XXI.

Finnice.	*Hungarice.*	*Latine.*
33.		
ja *rakenſi tornin*,	és *raka tornyot*,	et aedificavit turrim.
ja pani ſen wuorolle *peldomiehille.*	és teve ö a'bann *földmieſeket.*	et locavit eam agricolis.
Peldomies.	*Földmives.*	

Cap. XXII.

Finnice.	*Hungarice.*	*Latine.*
10.		
ja ne palveilat *menit ulos teille*,	És á ſzolgák *menének alá* uttzákra,	Et egreſſi ſervi in vias.
ja cocoiſit *caicki cuin he loeyſit*,	és bévivérek kitkit a'kit ök *lölének*,	congregaverunt omnes quos invenerunt,
pakat, ja *hywaet*,	*puhát*, és *hiwet.* roſzſzat, és jot.	malos, et bonos.
21.		
Andacat Keiſarille, cuin Keiſarin *owat*,	*Adjátok* Tſáſzárnak, á mi Tſáſzárnak *valo*,	Reddite Caeſari quae Caeſari competunt,
ja Jumalalle, cuin Jumalan *owat.*	és Iſtennek, a mi Iſtennek *való.*	et Deo, quae Deo competunt.
32.		
Ei *ole* Jumala *cuolluitten* Jumala, mutta *elaewitten.*	Nem *vúla* Iſten, *halottaknak* Iſtene, hanem *elevitteknek.* elöitteknek. elevenittetteknek.	Non' eſt Deus mortuorum Deus. Sed viventium.

Cap. XXIII.

Finnice.	*Hungarice.*	*Latine.*
16.		
Woi tietae te ſokiat taluttajat.	*Jaj tiétek ti vokiak térittöje!* Jaj tinéktek ti vak vezetök!	Ve vobis! o caecorum duces!
24.		
ja Camelin *nielette.*	és a' Tevét *nielitek.* (elnyelitek.	et camelum deglutitis.

Finnice.

Finnice.	*Hungarice.*	*Latine.*
35.		
Että *teidaen paeael-lan* pitä *tuleman eaicki* wanhurſcas *weri.*	Hogy *ti fejülletek* kelljen *térni Kiki*, igaz *veri*-nek. Hogy rajtatok legyen minden igaznak vére. Hogy réatok átokul térjen.	Ut veniat ſuper vos Omnis juſtis ſanguis.
37.		
nijncuin Cana coco *poicans*	*mikint* a' Tyuk-gyüjti *fiokáit*	quemadmodum gallina congregat pullos ſuos,
ſijpeins *ala.*	ſzárnyai *alá*,	Sub alas.

CAP. XXIV.

2.		
ei pidä täſä *jaetettae-maen kiwe kiwen paeaellae.*	nem marad itt *té-tetve köve köven fejülle.*	non relinquetur hic lapis ſuper lapidem.
20.		
	Nem marad meg egy kö á maſikon	
tapudais *talwella.*	történjék *télvell.* (telben. öſzſzel, tavaſzſzal)	contingat hyeme.
31.		
Ja hän lähettä Engelins ſuurella Baſunan *aenellae.*	Es ö küldendi Angyalait harſogo Trombitával *éne-kellni.* (hangos trombita ſzoval).	Et ille legabit Angelos ſuos ſonante tubâ et voce.
38.		
Soeit ja joit.	*ött és ivott.* (Ettenek és ittanak)	comederunt et bibe-runt.

Cap. XXV.

Finnice.	*Hungarice.*	*Latine.*
2. Mutta wijsi heistå *oli taitawata.*	De öte azoknak *vala tetemuta.* (bolond.	Verum quinque earum (ex iis) erant fatuae.)

Cap. XXVII.

51. Ja catzo, Templin esiwaate *repeis cahtia,* ylhåldå haman *alas.*	Es imé, a Templom kárpitja *repede kettĕ,* fejültöl fogva *alá.*	Et ecce interexpansum templi fissum est in duo a sursum usque deorsum.

Evangelium Marci.

Cap. I.

6. ja söi *metze* hunataja.	es evék *mézet* erdeit. (Erdei mézet).	et edebat mel silvestre.

Cap. III.

3. jolla cuiwettu *kaesi oli.*	Kinek megszáradott *kezi vola.* (vala.	cui arefacta manus erat. (Hungarismus: pro habebat.)
27. Ei *taida* kengån wåkewån *huonesen mennae.*	Nem *tud* senki az erösnek *honnyába menni.*	Nemo potest in domum fortis ingredi.

Cap. XIV.

14. Cusa on wierasten *huone?*	Hol van a' Wierth *honna?* (Gazda honnja Vendégfogado).	Ubi est diversorum?

Finnice.

Finnice.	Hungarice.	Latine.
15. osotta salin *raketun*, ja walmistetun.	mutat palotát *rakottat*, és felkészitettet.	demonstrabit caenaculum stratum, et paratum.

Cap. XVI.

18. Ja jos he jotakin *myrky juowat*.	És ha ö valami *mirkit juott* (*mérget ivott.*)	Et si mortiferum quid biberit.

Evangelium Lucae.

Cap. I.

3. että minä nijtä järestäns sinulle *Kirjotaisin*,	hogy én neked szorgalmatosonn jorendel *irjak*	quod ego secundum ordinem tibi scribam
hywae Theophile.	*hiv* Théofilém. (Jo Théofilém.)	optime Theophilé!
18. sillä minä olen *wanha*.	mert én vagyok *vénhe*.	nam ego sum senex.
29. ja ajatteli, *millinen* se termetys *oli?*	és elgondolá; *millen* aza' köszöntés *vala?*	et ratiocinabatur; qualis esset salutatio illa.
53. Isowat *taeytti* hän *hywejdellae*.	Az ehezöket *telitti* ö *hivedelemmel* tölti ö jokkal, joszágokkal.	Esurientes implevit bonis.

Cap. IV.

21. *taenaepän on taemae kirjoitus taeytetty*.	*e'napon van eme' irjatás telittetett.* ma tellyesedett bez az irás.	hodie impleta est scriptura haec
cuin *te* nyt *cuuletta*.	mint *ti* azt *hallottátok*.	uti vos audivistis.

Cap. V.

Finnice.	*Hungarice.*	*Latine.*
6.		
ja heidän werckons *repeiſi.*	és az ö hálojok *repedeze.*	et eorum rete diſrumpebatur.

Cap. VI.

38.		
Andakat, ja *teille annetan.*	*Adjatok,* és *tinéktek adatik.*	Date. et vobis dabitur.

Cap. VIII.

8.		
Jolla on corwat *cuulla,* ſe *cuulcan.*	Kinek van füle *hallani,* az *halljon.*	Cui eſt auris ad audiendum, is audiat (qui habet aurim *Hungarismus*).
16.		
eli pane *poeydän ala.*	nemis *teſzi pad alá.*	neque ſubtus lectum pouit.

Cap. X.

30.		
Ixi *ihminen alas meni* Jeruſalemiſt	egy *ember alá mene* Jeruſalemböl	Homo quidam deſcendebat ab Hieruſalem
Jerichoon, ja tuli ryömärriten *katſijn.*	Jérikoban, és eſék gyilkoſok *Kezében.*	in Jericho, et incidit in latronum manus.

Cap. XIV.

23.		
että minun *huoneni taeytetaiſin.*	hogy az én *honnyom töltetteſſen.* hogy teljék meg a' házam.	ut impleatur domus mea.

Cap. XV.

11.		
yhdellä miehellä *oli caxi poicaa.*	egy embernek *vala két fia* (fiokája.	cuidam homini erant duo filii (quidam habebat duos filios *Hungarismus.*)

Cap.

Cap. XVI.

Finnice.	*Hungarice.*	*Latine.*
3.		
håpen minå *kerjaetae.*	ſzégyenlen én *kéregetni.* (Koldulni)	crubeſco ego mendicare.

Cap. XXIV.

16.		
Mutta heidån *filmaenſae pidettin,*	De az ö *ſzemeik fedettek,* (meghomájoſodtak.	At oculi illorum tenebantur.
ettei he håndå *tundenet.*	hogyötet ne *tudnák* esmernék.	ne illum agnoſcerent.
28.		
ja hån *tsetteli* hånens.	és ö *tetteté* nekik (elöttök)	et ipſe ſe finxit.
29.		
ole meidån canſzamme,	maradj mi velünk,	mane nobiſcum,
fillå *ehto joutu.*	mert *eſtve jut.* (közelit. jö. közelget).	quoniam veſpera appropinquat.
30.		
otti hån leiwån, kijtti, *murſi,*	vevé ö a'kenyeret, hálálkodék *morſálá,*	accepit panem, benedixit, fregit, et dedit illis.
ja *andoi* heille.	és *ádá* nekiek.	
48.		
Mutta te *oletta* nåiden *todiſtajat.*	De ti *valátok* ezeknek *tudoſitoja.* (Bizonyſága).	Sed vos eratis teſtes horum.

Evangelium Johannis.

Cap. I.

1.		
Aluſa oli Sana,	Eleinten *vala Sana.* (beſzéd, ſzo, ige, 'Sanolni, 'Simbelni.).	In principio erat verbum,

Finnice.

Finnice.	*Hungarice.*	*Latine.*
ja se *Sana oli* Jumalan tykönä.	és a '*Sana vala* Istennél.	et verbum erat apud Deum,
ja Jumala *oli* se *Sana*.	és az Isten *vala* a' *Sana*.	et Deus erat verbum.
4.		
Hänes *oli Elaemae*, ja *Elaemae oli ihmisten Walkeus.*	Bene *vala élem* (Élelem. Élet) és az *élelem vala Embereknek. Világossága.*	In ipso erat vita et vita erat lux hominum.
6.		
Yxi *mies oli* lähetetty Jumalalda, jonga *nimi oli* Johannes.	Egy ferjfiu *vala* Küldettetve Istentöl, *Rinek neve vala* János.	Unus vir erat missus a Deo, cui nomen erat Joannes. (*Hungarismus*).
15.		
Johannes *todisti* hänestä.	János *tudosita* rolla. Tanubizonyságot teve.	Joannes testabatur de illo.
26.		
mina *kastan wedella,*	én *keresztelek vizzel.*	ego baptizo aquâ.
52.		
ja Jumalan Engelit ylösastuwan ja *alas tulewan ihmisen Pojan paeaelle.*	és Istennek Anyalit fel menni es *ala szállván* (szállani *ember fijára fejülle.* (*fejülröl*).	et Dei Angelos ascendere, et descendere supra filium hominis.
8.		
wiekaet edeskäywälle. Ja he *weit.*	*vigyétek* Násznagynak. Es ök *vivék.*	ferte architriclino. Et illi tulerunt.
12.		
Sijtte *meni* han *alas* Capernaumijn.	Azután *mene* ö *alá* Kapernáumba.	Post hoc descendit in Capharnaum.
20.		
tätä Templi *on rakettu* cuusi wijdettäkymmendä ajastaica, ja sina *rakennat* sen *colmena* päiwänä.	ezen Templom *van rakattva* negyven hat eszentendeig, es te *raknád* azt harom napokig.	hoc templum est aedificatum quadraginta sex annis, et tu aedificares illud tribus diebus.

CAP.

Cap. III.

Finnice.	Hungarice.	Latine.
1.		
Nicodemus *nimeldae.*	Nicodemus *nevü.*	Nicodemns nomine.
8.		
Tuuli puhalda cusa hän tahto.	*Szellö füvallik* hova az akar.	Spiritus spirat ubi vult.
11.		
ja et te ota *wastan* meidän *todistustam.*	és ti nem *veszitek* bé a'mi *tudositásunkat.* (tudositám).	et vos non accipitis nostrum testimonium.

Cap. IV.

Finnice.	Hungarice.	Latine.
25.		
minä *tiedän.*	én *tudom.*	ego scio.
27.		
ja ihmettelit että hän sitä.	és tsudálkozának hogy ö	et mirabantur quod ille
puhutteli.	*puhatola* (tudakozodék).	loquebatur.
mitaes kisit?	*mit keressz?* (kiszteszsz?)	Quid quaeris?
32.		
jota et *te tiedae.*	mellyet *ti* nem *tuatok.*	quem vos non noscitis.
47.		
joka *oli cuolemallans.*	mert *vola halomallo.* (haloványlo. haldoklo).	erat enim moribundus.
49.		
Herra *tule alas* ennen cuin.	Uram *jövel alá* minek elötte.	Domine descende antequam
minun *poican cuole.*	az én *fiukám hala.* (fiatskám meg halna. *pujkám. pujátskám*).	meus filiolus moretur.
50.		
Jesus *sanoi* hänelle: mene,	Jesus *'sanola* neki: *meni*, (*menj*)	Jesus dixit ei: vade,
sinun *poicas elae.*	a'te *fiukád éle.* (*él*).	tuus filius vivit.

Cap.

Cap. V.

Finnice.	*Hungarice.*	*Latine.*
5.		
halwatuita.	*halovány.* halando. guttautött. elefett tagu. *megfzáradott.* Szárazbetegfégbe finlödö.	Languens, (pallidus, moribundus).
10.		
nyt on Sabbathi.	*moft von* fzombat (*van* vagyon).	nunc eft Sabathum,
21.		
Sillä *nijnkuin Ifae* herättä ja wirwotta *cuoleitta.*	Mert *mikint öfe* támafztja, és elevenitti *h u o l a t t a t* (*halottat*).	Nam, ficut Pater fufcitat et vivificat mortuos.
22.		
Sillä ei *Ifae tetaen* duomitze, waan *andoi caicken* duomion *Pojalle.*	Mert nem *öfe tefzen* itélletet hanem *ada kiki* itélletet *fijunak* (*minden*).	Nam pater non facit judicium (non judicat) fed dedit omne judicium filio.
23.		
Että *caicki Poica* cunnioittaifit.	Hogy *kiki fiokát* tifztelje.	Ut quivis filium honorificet.
36.		
ne *tyoet* jotca mina *teen,*	azon *tettek* mellyeket én *tefzek,* (tételek tétemények.	ipfa opera, quae ego facio
todiftawat minufta,	*tudofitnak* vollam.	teftantur de me.
39.		
Tutkicat Ramatuita.	*Tudakozzatok* az iráfokat.	Scrutamini fcripturas.
42.		
Mina *tunnen.*	Én *tudom* (tunnám. tudnám).	ego fcio.
44.		
Cuinga te *taidatte* ufco?	Mikent *tudtok* hinni? *tudátok* *tudtatok*	quomodo poteftis vos credere.

Cap.

Cap. VI.

	Finnice.	*Hungarice.*	*Latine.*
7.	että *cukin heiſtae wähaengin* ſais.	hogy *kiki keveſſet veheſſen* abbol.	ut unusquisque modicum accipiat ex eo.
8.	Peterin *weli.*	Peternek *veli*, (vejl *veje.* attyafia.	Petri frater.
9.	jolla *on caxi cala*	kinet *van két hala.*	cui eſt duo piſcis. (qui habet duos piſces. *Hungarismus*).
12.	cootkat *murut* quin jäit.	ſzedjétek fel a' *marat* (maradott) darabokat. (mor'ſákat. mor'ſalékokat)	colligite ſuper abundantia fragmenta.
13.	*muruilla.*	*maradék.*	fragmentum, reliquiae.
16.	Mutta coſca *ekto tuli, menit* hänen Opetuslapſens *alas* meren *tygoe.*	Mikor pedig *eſte* eljöve', (*telék*) *menének* az ö Tanitványai *alá* a' tengerig.	Ut antem veſpera ingruit, deſcenderunt diſcipuli eius ad mare *usque.*
19.	ja he *peljaeſtyit.*	es ök *félemlének.*	et illi timuerunt.
20.	minä *olen*, älkat *peljaetkoe*	En *valék*; ne *féljetek.*	ego earum, ne timete.
21.	*Haaxi.*	*Hajo.*	Navis.
33.	Sillae ſe Jumalan leipae *on* ſe jocaTaiwaſt *tule alas*, ja *anda* mailmalla *elaemän.*	Mert az Iſtennek kenyere (*van*). melly Menyböl *ſzálla alá.* és *ada* világnak *élelmet* (életet).	Nam Dei panis eſt ille qui coelo deſcendit, et dedit mundo vitam.

Finnice.

Finnice.	*Hungarice.*	*Latine.*
38. Silla minae *tulin* Taiwast *alas.*	Mert én *szállottam* égböl *alá.*	Quia ego descendi de coelo.
42. jonga *Isaen* ja *Aeitin me tunneme.*	Kinek *öst* es *Anyát mi tunnumk* (*tudnok.* esmernők.	Cujus partem et matrem nos novimus.
62. jos te *naette* ihmisen *Pojan* finne *yloes. menewaen* cusa han ennen *oli?*	ha ti *nézitek* az ember *Fijät* oda fel, (elé) *menvén* (menni) hol ö elöször *volt;*	Si videritis filium hominis eo ascendentem, ubi erat prius.
63. *elattwaexi teke.*	*elevenné teszen.*	vivum facit vivificat.

Cap. VII.

34. Teidan pitae minua etzimen. ja ei *loeytämaen.*	Ti kerestek énmagamat és nen *löjtekmeg* (leltek meg).	Vos quaeritis me et non invenietis.
35. kuhnngasta hän *menne?*	hova ö *menne?*	Quo iturus est?
53. Ja nijn *cukin meni* cotians.	Es akkor *kiki mene* haza. (*choza, chotia*).	Et tunc unusquisque perexit domum.

Cap. VIII.

5. *Kiwillä.*	*Kövezni.*	Lapidare.
7. se *heittäkän* ensin händä. *kiwellä*	az *hajittson* elsöbb rája *kövel.*	is primum lapide in illam jaciat.
23. te *oletta alhalda.* ja mina *olen ylhaldae.*	ti *valátok alolrol.* (ti vagyto kéföld röl valók és én *valék fejülröl.*	Vos eratis (estis) de deorsum, et ego eram (sum) ex sursum.

Finnice.

Finnice.	Hungarice.	Latine.
8.		
eikő *taemae* ſe *ole*, joka iſtui, ja kerjais?	nem *eme' vala* é? ki ülle, és *kéregete*? (*kérje is*).	nonne iſte erat? qui ſedebat, et mendicabat?
12.		
en mina *tiedae*.	én nem *tudom*.	non ego ſcio.
13.		
nijn he *weit* ſen,	a'kor azok *vezeték* őtet,	tunc illi duxerunt eum.
20.		
me tiedämme tämän meidän Pojaxen,	*mi tudjuk eme' mi Fijunkat*,	nos ſcimus iſtum noſtrum filium,
ja etta hän *ſokiana* ſyndynyt *on*.	és hogy ő *vakon* ſzületett *volt*. (van).	et quod ille coecus natus eſt,
22.		
Nain ſanoit hänen *Wanhemmans*,	Igy 'ſanolának az ő *Vénhei* (ſzüléi)	Sic dixerunt parentes eius
Sillä he *pelkäiſit* Judalaiſia.	mivel *ök félkettek* (*félegettek*) ſidoktol.	quoniam illi timebant Judeos.

CAP X.

1.		
	A ki nem az ajton megyen bé az akolba;	Qui non per oſtium intrat in ovile,
ſe *on waras*, ja ryőwäri.	az *van oroz*, és gyilkos.	ille eſt fur, et latro.
3.		
ja lambat cuulevat hänen *aenens*.	és a'juhok hallják az ő *énekit*. (ſzavat) (ének-ſzo).	et oves audiunt ejus vocem.
11.		
Mina *olen* ſe *hywae paimen*.	én *vagyok* a' *hiv páſztor*.	Ego ſum paſtor fidus (bonus)
hywae paimen anda hengens lammaſ*ten edeſt*.	a' *hiv páſztor adja* maga juhai*ért*. *életét*.	fidus paſtor dat pro ovibus ſuis animam (vitam).

Finnice.	*Hungarice.*	*Latine.*
14.		
Minä *olen* ſe *hywas paimen*,	En *vagyok* a' *hiv pásztor*.	Ego ſum paſtor fidus
joka *tunnen omani*	ki *tudom* á *maga-méit*	qui cognoſco meas,
ja minu *tutan* myös *omildani*.	és engem is *tud-nak* á *magaméi*.	et me quoque noſcunt meae.
16.		
Minulla *on* myös muitta lambaita	Nekem *vannak* más juhaim is,	Mihi ſunt (Ego habeo) aliae oves quoque, (*Hungarismus*)
jotka ei *ole* täſtä lammas *huoneſta*.	kik nem *valók* ezen bárány *honnybol*, (*akolbol*)	quae non ſunt ex caulâ hac,
ja he ſaawat *cuulla* minun äneni:	és azok fogják *hal-lani* azén *éneke-met*,	et illae audient vocem meam,
ja pitä *oleman* yxi lammas *huone*,	és kelt *lenni* egy bárány *honny-nak*,	et oportet fieri unum ovile, (oportet quod ſit)
ja yxi paimen.	és egy pásztornak.	et unum paſtorem.
22.		
Ja Jeruſalemis *oli* kirkomeſſu,	Es Jeruſálembe *vala* Templom ſzentelö Innep,	Et Hieroſolymis erant Encaenia;
ja *talwi oli*.	és *tél vola*.	et hyems erat.
31.		
Nijn Judalaiſet poimit taas *kiwiä*	Akor a' ſidok ragadának megint *követ*	Tunc Judaei ſuſtulerunt rurſus lapidem,
hända *kiwittaexens*.	ötet *kövezni*	eum lapidatum.
32.		
minä oſotin teiile *Jſeldaeni*	én mutattam nek-tek, *öſömnek*	ego oſtendi vobis, Patris mei
monda hywaetyöetae.	*minden hiv tetteit* ſok jo téteményeit	multa (omnia) bona opera.
41.		
Ja *monda tuli* hänen tygöns.	Es *minden tére* ö hozzája. és ſokan menének ö hozzája.	Et multi venerunt ad eum.

Cap.

Cap. XIII.

Finnice.	*Hungarice.*	*Latine.*
3.		
ja *oli* Jumalan tygö *menewae.*	és *lön* vala Istenhez menövé.	et factus erat ad Deum iens.
	és Istenhez mene.	(et ad Deum vadit).
9.		
ei ainoastans minun *jalkojani pese,*	nem tsak az én lábaimat *mosod,*	non solum meos pedes lavas,
mutta myös *kaedet* ja *paeae.*	hanem még *kezemet* és *fejemet* is.	verum etiam manus meas, et caput meum.

Cap. XIV.

4.		
Ja cuhunga minä *menen,*	És az hova én *menek*	Et quo ego vado.
te tiedaette.	*ti tudjátok.*	vos scitis.
18.		
En minä jätä *teitae orwoixi:*	Nem én hagylak *titeket árvául.*	Non ego relinquam vos orphanos.
19.		
ja ei mailma sillen minua *naae,*	és nem *néz* a'világ többé engem, (lát	et mundus jam me non videt amplius,
mutta *te naeettae* minun:	de *ti néztek* engem,	verum vos videtis me,
sillä minä *elaen,*	mert én *élek*	quia ego vivo,
ja te myös *elätte.*	és ti is *éljétek* (éltek).	et vos vivetis.

Cap. XVI.

27.		
ja uscoita *minun* Jumalasta *laehtenen.*	és hisztek *engem* Istenöl *lettnek.*	et creditis me a Deo factum (procedentem).

Cap. XVIII.

13.		
sillä hän *oli* Caiphan *appi.*	Mert ö *vala* Kajafás *apja* (Ipja).	Nam ille erat Cajaphae Socer.

Cap. XIX.

Finnice.	*Hungarice.*	*Latine.*
19.		
Nijn Pilatus *kirjoitti* myös *päaellekirjoituxen.*	És Pilatus *irata* is *fejülleirást.*	Scripsit autem Pilatus et titulum,
ja pani *ristin paeälle,*	és tevé *kereszten fejülle.*	et posuit super crucem
ja *oli* näin *kirjoittetu.*	és *vala* igy *irattatva.*	et erat hoc modo scriptum:
24.		
ja owat *heittaenet* és minun hamastani arpa. —	*hajittanak* az én ruhámra sorsot (*vetnek*)	et mittunt sortem super vestem meam.
31.		
että heidän *saeaeriluuns* piti ricottaman.	hogy az ö *száraik* meg törettessenek.	ut frangantur eorum crura.
34.		
josta cohta wuoti *Weri* ja *Weisi.*	mindjárt foja ki *Vér*, és *Víz.*	et continuo exivit sanguis et aqua.

Cap. XXI.

3.		
Minä *menen calaan.*	én *menek halászni.*	ego vado piscatum.
5.		
ongo teillä *mitän* syötäwätä?	van nektek *mit* ennetek? — valami ennetek?	est vobis quid ad comedendum (*Hungarismus*)? (habetis aliquid ad comedendum)?

Cap. I.

Apostolitten *Teot.*	Apostolok *Tette* (Tselekedete).	Acta Apostolorum.
18.		
on hän *keskeldae cahtia pakahtunut.*	ö *Középbe ketté pattant.*	ille medius crepuit.
19.		
Ja se oli *tiettaewae caickille,*	És ez vala *tuttával kiki* (kinekkinek)	Et notum factum est omnibus

Finnice.

Finnice.	*Hungarice.*	*Latine.*
cuin Jeruſalemiſe haſuwat,	*kik* Jéruſálemben lakoznak,	qui Hieroſolymis habitant,
että ſe *peldo* heidän *kielellaenſae* kutzutan, Akadelma,	hogy azon *föld* azö *nyelveken* neveztetett Akadalmá-nak	quod ille ager in eorum idiomate nominatus ſit Akedalma
ſe on, *weripeldo.*	az van (az az) *vér-földét*-nek.	hoc eſt: Ager ſanguinis.
24.		
Sinä Herra, joca caickein ſydämet *tiedaet*,	Urunk! ki kiki ſzivét *tudot*,	Domine noſter! qui ſingulorum corda noſcis,
oſotta cumman,	mutasd meg,	oſtende
ſinä näiſtä cahdeſta	mellyik ezén kettöſtöl *volt vállintott*	quisnam ex duobus fuerit electus?
olet walinnut.	mellyiket vállaſztottad é kettö közzül.	
26.		
ja hän *walittin.*	és ötet *vállaſzták.*	et eum elegerunt.

CAP. II.

3.		
Ja heille *naeyt* wijleſkellyt *kielet.*	És magokon *nézék* eloſzlani *nielvet*, és láták hogy nyelvek oſzolnakki ö réájok.	Et ſuper ſeſe viderunt diſperti linguam (linguas).
mijncuin tuliſet.	*mikint tüzet.* (tüz formában)	tanquam ignem.

CAP. VII.

47.		
Mutta Salomon *rakenſi* hänelle *huonen.*	De Salomon *raka* néki *honnyot.*	Salomon autem aedificavit ei domum.

Cap. IX.

Finnice.	*Hungarice.*	*Latine.*
41.		
ja *andoi* hänen heillen *elaewaenae.*	és *adá* azt nekik *elevenen.*	et dedit eam illis vivam (ſtitit eam vivam).

Cap. XVIII.

6.		
teidaen werenne oleon *teidaen paeanna*	a' *ti véretek* legyen *ati fejeteken*	Sanguis veſter ſit (ſuper) caput veſtrum.
päälle.	*fejül.*	Superne.

Cap. XX.

20.		
ja *ollen* teille opet-*tanut.*	és — titeket *tanit*-ottalak *volna.* (*tanu, tanut, tanit. tanitas, tanulás, tanuſág, tanitvany*, teſtis, teſtem, docet, inſtitutio, actus diſcendi, doctrina diſcipulus.	atque vos docuiſſem.
Opetuslapſet.	*Tanitvány.*	Diſcipulus.
26.		
ættä minä *olen* wiatoin *caickein wereſtä*	hogy én *vagyok* tiſzta *kiki vére-ſtöl.* (vérétöl).	quod ego ſum mundus ab omnium ſanguine.

Cap. XXV.

22.		
huomena ſaat ſinä hänendä *cuulla.*	*hónap* fogod te ötet *hallani.*	cras audies eum.

Cap. XXVIII.

23.		
ja *opetti* heille, *huomeneſta ehtoſeen aſti.*	és *tanitá* öket *honaptol eſtvé-ig.* reggeltöl eſtig.	et docebat illos a mane ad veſperam.

Finnice.

Finnice.	*Hungarice.*	*Latine.*
28. Nijn *olcon* se teille *tiettäwä.*	Azért *légyen* ez néki *tuttává.* Azért légyen ez néktek tudtotokra.	Notum ergo sit vobis.

Si omnia per decursum operis dicta, debita attentione sub examen vocentur, sequens ex iis consequentia deduci posse videtur.

Dari in Lingua finnica quadruplicis generis vocabula.

Primo talia, quibus Finni in antiquissimis adhuc temporibus, dum in arcto cum Hungaris vivebant commercio, utebantur. Haec commode in tres species dividi possunt; *Prima* complectitur vocabula illa, quae Finni et Hungari ad hodiernum usque diem intacta fere conservaverunt, uti: menen, menyen, *it*, vér, sanguis, viz, *aqua*, köve, *lapis*, tél. *hyems*, waj, *butyrum* etc. plurima. *Secunda* exhibet talia, quae immutata quidem sunt, et quasi truncata, vel aucta, at primo statim intuitu originem hungaricam facile produnt, ut olit, volt, *fuit*, vargas, farkas, *lupus*. Wanha, vén, *senex*. Sarwi, szarva, *cornu* etc. *Tertia* comprehendit illa, quibus licet Hungari ante plurima secula uti potuerunt; uti hoc justa de causa suspicari licet, hodie tamen illorum penitus obliti sunt, et non nisi apud Finnos, vel Lappones horum vestigia supersunt. Talia videntur esse vocabula sequentia: Omaga. *Pusso.* Pån. *Canis.* Sadna. *Veritas.* Teudnar *Servus.* Tim. *Hora.* Tuona. Mors. Auda. Awu. *Virtus.* Aita. *Templum.* Esmärke. *Exemplum* Kottjos. *Famulus.* Mano. *Luna.* Mod. *Animu.* Or. *Tintinabulum.* Pilke. *Jocus* Hungari ideas has peregrinis ut plurimum vocabulis exprimunt, ut: Ora, Virtus, Templom, Tréfa etc.

Illi enim occupatá Pannoniá, commercium habere coeperunt cum hominibus linguá ſlavicá, valachicâ, germanicâ, latina, italicá, graecá et gallicâ loquentibus, hinc non mirum, ſi plurimas ex his linguis voces ſibi appropriantes vocabulorum Gentis ſuae antiquorum obliti ſunt.

Secundo dantur in lingua finnica vocabula plurima, quae Finni a Svecis vicinis per longam ſeculorum ſeriem pedetentim didicerunt, atque tantopere ſibi propria reddiderunt, ut illa hodie loco vocum finnicarum habeant. Has ego voces in linguá meá patriá, veris, et antiquis vocibus hungaricis expreſſas reperio, quas ſi Finnus libros hungaricos legens examinaret, dubito, utrum in illis veſtigia veteris ſuae linguae maternae animadverteret; quemadmodum Hungarus, vice verſa, voces ſuperius memoratas, ſed ex lingua ſua iam deperditas, apud Finnos tamen hodiedum ſuperſtites, pro vocibus hungaricis agnoſcere nequiret.

Operae pretium erit adjungere ea, quae Doctiſſimus Dobrowsky ſparſim animadvertit in opere ſuo intitulato: Literariſche Nachrichten von einer auf Veranlaſſung der Böhmiſchen gelehrten Geſellſchaft der Wiſſenſchaften im Jahre 1792 unternommenen Reiſe nach Schweden und Ruſsland, von J. Dobrowsky, nebſt einer Vergleichung der Ruſſiſchen und Böhmiſchen Sprache, nach dem Petersburger Vergleichungs-Wörterbuche aller Sprachen. Prag, 1796.

Pag. 90. Herr Profeſſor *Porthan* (in der Hauptſtadt Finnland, in Åbo) iſt ſeit einigen Jahren mit der Bearbeitung eines vollſtändigen Finniſchen Wörterbuchs, wovon ich ſchon viele fertige Heften auf der Bibliothek geſehen habe, rühmlich beſchäftiget. Da er in dieſer Abſicht auch Reiſen in das Innere des Landes zu machen pflegt, ſo iſt nicht zu zweifeln, daſs er ſeine Vorgänger weit übertreffen werde.

Pag.

Pag. 93. Die Augen der Finnen liegen etwas tiefer. Ihr Haar ist gröstentheils roth. Auch einige andere Sprachverwandte der Finnen: als die Permäcken (Permier), Siränen, Wotjaken, die obischen Ostjaken, haben fast durchgängig rothe Haare, und bläuliche Augen. Die alten Russen, die nicht slawisch reden, sind wahrscheinlich vom Finnischen Völkerstamme. Daher ihr Nahme *Ruß*, *Rußland*, von dem Worte *rusy* (hung. *róska*) roth von Haaren.

Pag. 94. Dieser Umstand ist desto merkwürdiger, da andere Sprachverwandte der Finnen, als die Lappländer, Tscheremissen, Morduinen, Wogulen, schwarze Haare und schwarzbraune Augen haben. Zu den schwarzhaarigen Stamme gehörten wohl auch die Ungern, daher denn ihre Sprache mit der Wogulischen näher verwandt ist.

Pag. 95. Da ich (Dobrowsky) nebst Lappländischen und Finnischen Sprachlehren und Wörterbüchern, auch eine zu Petersburg 1775 Wotische, und durch die Güte des H. D. und Kollegienraths *Pallas*, eine geschriebene Permische Grammatik zum excerpiren erhalten habe, die ich in dieser Absicht verglich, so kann ich mit der Zeit über die nähere oder entferntere Verwandschaft dieser Sprachen mit der Ungarischen etwas Bestimmteres sagen. Vielleicht bin ich im Stande, zu den neuen Beweisen der Verwandschaft der Ungarn mit den Lappländischen, von *J. Hager* in Wien 1793 einst Einiges hinzusetzen.

AFFINITAS
LINGVAE HVNGARICAE
CVM
ESTHONICA
GRAMMATICE DEMONSTRATA.

FASCICVLVS SECVNDVS.

Postquam ea quae in fasciculo primo de lingua Lapponum et Finnorum observavi, finivissem, atque judicio viri clarissimi *A. L. Schlözer*, Magnae Britanniae Regis Aulae Consiliarii subiecissem, non petito solum meo lubens detulit, dum manuscriptum meum attente perlegit, conatusque meos faventer approbavit, verum aliquot libros etiam propria ex bibliothecâ evolvendos offerre, meque humanissime inviare et animare dignatus est, ut ex iis naturam septem linguarum familiae *Fennicae* scilicet: Esthonicae, Votjacicae, Tschuvaschicae, Tscheremissicae, Permicae, Sirjenicae, et Morduinicae, investigare, et critico examini subjicere vellem. Quam grata mihi benigna haec favoris significatio fuerit, quivis facile videt.

Libri autem illi erant sequentes: Biblia Esthonica, Grammatica Esthònica, Halae 1732 edita, alia Lipsiae 1780 edita, auctore *A. V Hupel*, Grammaticae tres, seu Dissertationes ad Grammaticam linguae Tschuvaschicae, Votjacicae, et Tscheremissicae pertinentes, Petropoli 1775, sub hoc titulo russico editae: *Szotsinénija, prinadle'saschtsija, k' Grammatikije, Tschuvaschßkágo, Votßkágo, Tscheremißkágo, Jaziika.* Sammlung Russischer Geschichte, Petersburg 1758, cujus Tomo 3. a pag. 382 usque 410 plurima vocabula nationum *Fennicarum:* Votjak, Tsuvasch, Tscheremis, Perm, Sirjen, Morduan, congesta reperi.

His

His adjutus adminiculis, opus aggrediens, ſecundum elaboravi Obſervationum mearum Faſciculum.

De lingua Eſthonica fuſe ſatis notata reperi, quibus adjutus naturam linguae intimius penetrare poſſem, at in Grammaticis memoratarum trium linguarum, vix aliud praeter Vocabularia et Paradigmata Nominum Pronominum et Verborum obtinui, unde factum eſt, ut ex his, praeter ſeriem Vocabulorum excerptorum, et Paradigmatum, vix leves aliquas obſervatiunculas notare potuerunt. Nihilominus tamen ſunt ea, ſimul ſumta memorabilia ſatis, et ad affinitatem harum linguarum cum meâ maternâ clare demonſtrandam ſufficiunt.

De Diminutivis.

Multa Eſthonum Diminutiva terminantur in *ke* ſicuti Hungarorum. Interea Hungari Vocalem *e* ob genium linguae ſaepe in *a* mutare debent.

Eſthonice.	*Hungarice.*	*Latine.*
Kullake.	Szivke. Szivetske.	Corculum.
Sõlmeke.	Götske.	Nodulus.
Silmike.	Szemetske.	Ocellus.
Poioke.	Fioka. Fiutska.	Filiolus.
Jeſuke.	Jé'ſuſka.	Jeſulus.
Tuike. Tulloke.	Tüzetske.	Igniculus.
Unnuke.	Madárka.	Avicula.
Illoke.	Szépetske. Illőke.	Pulchellus.
Lehmike.	Tehénke.	Vaccella.
Mehhike.	Emberke.	Homuncio.
Naeſoke.	Aſzſzonyka. Nőtske.	Faemella.
Nattuke.	Kitſinyke.	Párvulus.
Jalloke.	Lábatska. Gyalogka. 'Gyalogotska.	Pedunculus.

Hoc

Hoc ultimum Diminutivum derivatur a voce *Jalg.* Pes. *Láb:* At quivis videt vocem hungaricam *Gyalog*, Pedestris (idest: qui pedester ambulat), ex eadem voce esthonica *Jalg*, *Jalloke* originem sumsisse, dicitur enim apud Hungaros ***gyalog katona*** miles pedestris, *gyalog hinto*, lectica pedestris id est: portatilis, etc.

Notari merentur hic voculae illae, quibus Esthones se invicem in svavi confabulatione compellant. E. Kulla. H. Aranyom. Meum aurum! E. Kulla herra, H. Aranyos uram. Mein goldener Herr! E. Kulla kuppo. H. Virágom! Rosám! Mi floscule! E. Zirko. H. Galambom, Madárkám Mea avicula! E. Sukker. H. Édesem! Dulcissima mea! E. Sukker mundokenne. H. Edes szajkóm. Mein Zucher Mündchen. E. Selo. H. Lelkem. Animula mea. E. Kallis. H. Drágám. Chara mea!

De Declinatione.

Exhibeo hic Paradigma esthonicum, quod hungarico in pluribus simile esse Lector illico observabit. Exemplum erit vox esthonica *Jummal*, Deus, cui assimilabo hungaricum *Hal*, Piscis; eo quod terminatione interse conveniunt.

Singulariter.

N.	Jummal.	Hal.	Piscis.
G.	Jummala.	Halé.	Piscis.
D.	Jummalale. - al.	Halnak.	Pisci.
A.	Jummalat.	Halat.	Piscem.
V.	Jummal.	Hal.	Piscis.
A.	Jummalast.	Halastol.	Simul cum pisce.
	Jummalt.	Haltol.	A pisce.

Plura-

Pluraliter.

N.	Jummalad.	Halak.	Pisces.
G.	Jummalatte.	Halaké.	Piscium.
D.	Jummalattele. -attel.		
	Jummalaſſe. - ail.	Halaknak.	Piſcibus.
A.	Jummalaid. - id.	Halakat.	Piſces.
		Halaknál.	Apud piſces.
V.	Jummalad.	Halak.	Piſces.
A.	Jummalatteſt.	Halaktol.	A piſcibus.
	Jummalattelt.	Halakbol.	Ex piſcibus.
	Jummalaiſt.	Halakrol.	De piſcibus.
	Jummalailt.	Halakkal.	Cum piſcibus.
	Jummaliſt.	Halakbann.	In piſcibus.
	Jummalit.	Halakért.	Pro piſcibus.

Evidens eſt, varias Ablativi modificationes non aliud eſſe, quam Praepoſitionum (vel ſi malueris; *Suffixorum praepoſitionalium* conjunctionem cum ipſo Nominativo.

Exempla Nominum, quorum Paradigma Hungarico evidenter ſimile eſſe reperi, in fine vocabularii Eſthonici notavi.

Obſervandum praeterea, quod in Grammatica Eſthonum, de *Genere* Nominum nulla unquam mentio ſit. Praeterea, Adjectiva Subſtantivis juncta per omnes Caſus et Numeros invariata manent, quae omnia linguae hungaricae aeque ſunt propria. Vt: E. Kaksteiſtkummend Apoſtolit. Hung. *Tizenkét Apoſtol.* Non vero: *Apoſtolok* Duodecim Apoſtolus; *non:* Apoſtoli. *Eſthonice.* Kuld Sörmus. Hung. *Arany Gyürü.* Genitivo; E. Kuld Sörmuſſe. H. *Arany gyürüé;* non: *Aranyé gyürüé.* Aurei annuli. E. Kaks aaſtat wanna. H. *Két eſztendös vén* Duo annum ſenex; non: Duos annos ſenex. E. Mul on wiis wenda. H. Nekem van öt batyám. Mihi eſt quinque frater; non: fratres.

Qui

Qui Genitivum et Accuſativum ſingularem formare in lingua eſthonica apprime didicit, is bene declinat. Hoc obtinet in lingua hungarica quoque, ubi formatio Genitivi, praecipue autem Accuſativi omnem declinandi difficultatem reſolvit.

De Comparatione.

Comparativus in Dorpatica Dialecto *) formatur, addendo Poſitivi Genitivo literas mb; ut *Suur*, magnus. *Suremb*, major. Si huic praeponatur particula, *Kige* formabitur ſuperlativus, ut: *Kige ſuremb* maximus.

E.	Auſa.	Auſamb.	*Kige* Auſamb.
H.	Betſülletes.	Betſülleteſebb.	*Leg* Betſülleteſebb.
	Honeſtus.	Honeſtior.	Honeſtiſſimus.
E.	Kalli.	Kallimb.	Kige Kallimb.
H.	Drága.	Drágább.	*Leg* Drágább.
	Pretioſus.	Precioſior.	Precioſiſſimus.
E.	Kõrge.	Kõrgemb.	*Kige* Kõrgemb.
H.	Magas.	Magaſſabb.	*Leg* Magaſſabb.
	Altus.	Altior.	Altiſſimus.
E.	Wàbha.	Wàbhemb.	*Kige* Wàbhemb.
H.	Kitſin.	Kiſſeb.	*Leg* Kiſſebb.
	Parvus.	Minor.	Minimus.

Dialectus Revalici Vocula *Keige*, vel Dorpatici, *Kige* cum hungarica ſibi correſpondente *leg* unicuique Critico, primo ſtatim obtutu apprime convenire videtur. Sumta eſt haec vocula ex voce hungarica *elég* ſatis, quod convenit cum Latinorum *magis*, *maxime*, *valde*. Idoneus, *magis* idoneus, *maxime* idoneus, *valde* idoneus, *ſatis* idoneus, *elég alkalmatoſabb*, vel *leg alkalmatoſabb*.

*) Notandum, dari in linguâ eſthonica Dialectus varias, quarum notatu digniores ſunt: Dialectus Revalica, Dorpatica (*Das Dörptſche*) Pernauica, Allazkiwwica, Oberpahlica, Pölſwica, (*Das Pölſwiſche*). Intelliget lector, cur in ſequentibus interdum harum Dialectorum mentio facta ſit.

De Numeralibus.

Numeralia in his duabus linguis aeque magna ex parte inter ſe conveniunt.

	Eſthonice.	*Hungarice.*
1.	Uks.	Egy. Egyik.
	Eſſimenne.	Elſö. *Primns.*
2.	Kaks.	Kettö.
3.	Kolm.	Három.
4.	Nelli.	Négy.
5.	Viis.	öt.
6.	Kuus.	Hat.
7.	Seits.	Hét.
8.	Kahhekſa.	Nyoltz.
9.	ühhekſa.	Kilentz.
10.	Kümme.	Tiz.
100.	Sadda.	Száz.
1000.	Tuhhat.	Ezer.

De Pronominibus.

Si quis Pronomina ſequentia debita attentione interſe conferre voluerit, quidnam inter illa commune animadverti poſſit, oppido patebit.

Eſthonice.	*Hungarice.*	*Latine.*
Mis. Mes.	Mi. Melly. Ki.	Quid. Quod. Qui.
Kes Ke?	Ki? Mellyik?	Quis. Quisnam.
Kegi. Keäke.	Kiki. Valaki.	Quidnam. Quicunque.
Minna. Ma.	En.	Ego.
Sinna. Sa.	Te.	Tu.
Temma. Ta.	ö.	Ille.
Meie. Mi (Pölfwice).	Mi (Mijénk).	Nos (Noſter).
Teie. Ti (Pölfwice).	Ti (Teiéd. Tejéd. Tiéd) Tijétek.	Vos (Tuus). Veſter.
Need. Nemmad.	ö (Emez).	Illi (Iſte).
Iſſe.	Maga.	Ipſemet.

Eſthonice.

Esthonice.	*Hungarice.*	*Latine.*
Se.	Az. Amaz.	Is. Iste.
Sesinnane.	Ez (önnön ez).	Hic. Hicce.
Sesamma.	Ama'. Amaz.	Iste.
Omma.	Magam(Magomma).	Egomet.

E. Minna armastan omma lapse.
H. Én szeretem magam gyermekemet.
Ego amo meum proprium puerum.

De Verbis.

Subsequens Observatio majorem omnibus antecedentibus meretur attentionem. Hungari formare solent Verba sua Transitiva ex Verbo Neutro, addendo illi literam t, cum conveniente vocali, ut: Vág, Vága*t*, secat, secandum curat, Fen, Fene*t*, Acuit, Acuendum curat, Szoll, Szolli*t*, Loquitur, Loqui facit. Idem prorsus observare licet in formatione Verborum Transitivorum in Lingua esthonica, videamus exempla. Verbum *Sullatamä* esthönicum significat *Linquefacere*, Hung. *Olvasztani*, at majoris similitudinis gratia aliud Verbum Hungaricum huic substituam: *Fullasztani*, suffocare.

	Esth. Neutr.	*Hung. Ntr.*	*Esth. Transitiv.*	*Hung. Transitiv.*
1.	Sullam.	Fulladok.	Sullat-an.	Fullaszt-om.
	Sullad.	Fullad-ß.	Sullat-ad.	Fullaszt-od.
	Sullab.	Fullad.	Sullat-ab.	Fullaszt Fullasztja
	Sullama.	Fulladni.	Sullat-ama.	Fullaszt-ani.
2.	Löppab.	Szün.	Löppat-ab.	Szüntet.
	Löppma.	Szünni.	Löppet-ama.	Szüntet-ni.
3.	Immeb.	Szop.	Immet-ab.	Szoptat.
	Immema.	Szopni.	Immet-ama.	Szoptat-ni.
4.	Pölleb.	Ég.	Pöllet-ab.	Éget.
	pöllema.	Égni.	Pöllet-ama.	Éget-ni.
5.	Langeb.	És.	Langet-ab.	Ejt.
	Langema.	Esni.	Langet-ama.	Ejt-eni.
6.	Wässib.	Fárad.	Wässit-ab.	Fáraszt.
	Wässima.	Fáradni.	Wässit-ama.	Fáraszt-ani.

 Signi-

Significatio horum eſt.

1.	Liquefio.	Liquefacio.
	Lignefis.	Liquefacis.
	Liquefit.	Liquefacit.
	Liquefieri.	Liquefacere.
2.	Deſiſtit.	Deſiſtere facit.
	Deſiſtere.	Deſiſtere facere.
3.	Sugit.	Sugere facit.
	Sugere.	Sugere facere.
4.	Ardet.	Ardere facit (Urit).
	Ardere.	Ardere facere (Urere).
5.	Cadit.	Cadere facit (Elabi ſinit).
	Cadere.	Cadere facere (Elabi ſinere. *Fallen laſſen*).
6.	Defagitatur.	Defatigat alium.
	Defatigari.	Defatigare alium.

Modus formandi Verba Paſſiva, in utraque lingua valde ſimilis, aeque commoda ad aſſertum meum roborandum ſuppeditat exempla. Regula etenim ſubſequens ex horum exemplorum contemplatione ſponte deduci poteſt. Formantur Verba Paſſiva ex Activis, addita Literâ *t.*

	Activa.	*Paſſiva.*
E.	Armaſtama.	Armas - te - tama.
H.	Szeretni.	Szeret - tet - ni.
	Amare.	Amari.
E.	Sokkuma.	Sokko - ta - ma.
H.	Tapodni.	Tapod - tat - ni.
	Conculcare.	Conculcari.
E.	Laſkma.	Las - ta - ma.
H.	Furni.	Fur - at - ni.
	Perforare.	Perforari.
E.	Jaggama.	Jae - ta - ma.
H.	Szaggatni.	Szaggat - tat - ni.
	Lacerare.	Lacerari.
E.	Wötma.	Woe - ta - ma.
H.	Venni.	Vé - tet - ni.
	Accipere.	Accipi.
E.	Pölgma.	Pölle - ta - ma.
H.	Utálni.	Utál - tat - ni.
	Deſpicere.	Deſpici.

	Activa.	*Passiva.*
E.	Andma.	Anne-ta-ma.
H.	Adni.	Adat-tat-ni.
	Dare.	Dari.
E.	Teggèma.	Tet-ta-ma.
H.	Tenni.	Té-tet-ni.
	Ponere.	Poni.
E.	Ajama.	Aje-ta-ma.
H.	üzni.	üz-et-ni.
	Persequi.	Persequutum fieri.

In Paradigmate Verborum Esthonicorum multo evidentior observari potest similitudo, quam in ullo unquam linguarum *Fennicae* originis Paradigmate.

Primo. Secunda Persona Singularis Numeri in plurimis Temporibus, assumit literam *d.* E. *Lööd.* H. Lövöd. Feris. E. *Leiad.* H. Leled. Invenis. E. *Teed.* H. Teszed. Ponis.

Secundo. Secunda Persona Pluralis in plurimis Temporibus assumit literam *t.* E. *Löte.* H. Lőtök. Feritis. E. *Leiate.* H. Lelitek. Invenitis.

Tertio. Verbum quodlibet duos habet Infinitivos: Determinatum, et Indeterminatum.

Det.	E. Minnema.	*Ind.*	Minna.
	H. Mennem.		Menni.
	Ire mihi.		Ire.
	E. Ledma.		Leida.
	H. Lelnem.		Lelni.
	Invenire mihi.		Invenire.
	E. Ollema.		Olla.
	H. Lennem.		Esse.

Uno saltem exemplo oportet Lectoribus aliquam Infinitivi Determinati ideam dare. Lelnem Kell. Ich muss finden. Invenire debeo: Lelni. Kell. Man muss finden. *Inveniri debet*, vel: *Invenire aliquis debet.* Mennem Kell. Ich muss gehen. *Ire debeo.* Menni Kell. Man muss gehen. *Ire debet aliquis.*

Quarto. Ex Infinitivis fiunt Subſtantiva, more Hungarorum, et quidem aſſumendo Terminationes in utraque lingua ſimiles, apud Eſthones: *uſ*, *minne*, apud Hungaros: *ás*, *és*, *mény*, *miny*, ut: E. Kartma, Kartus. H. Tartani, Tartás (Félelem), Metuere, Metus. E. Santma, Santus. H. Koldulni, Koldulás. Mendicare; Mendicatio. E Saisma, Saiſus. H. A'llani, A'llás. Stare, Statio. E. Moiſtma, Moiſtmus, Moiſtminne. H. Érteni, Értés. *Értemin*, *Értemény*, Értelem. Percipere, Perceptio, Intellectus. E. Maiſtma, Maius. H. Nyalni, Nyalás Guſtare, vel: Lingere, Linctus. E. Mälletama, Mälletus. H. Emliteni, Emlités. Recordari, *widerkauen*. Recordatio. E. Maenitſema, Maenitſus, Maenitſeminne. H. Inteni, Intés, Intemény. Admonere, Admonitio. E. Teggema, Teggeminne. H. Tenni, Téteminy. Ponere, Poſitio. E. Teplema, Tepleminne. H. Tépleminy, Tépemény, Tépelödés. Rixari, Rixa. *Schlägerey*. E. Kirjotama, Kirjotus. H. Irni, Iratni, Irás, Iratás. Scribere, Scriptura. E. Kema, Keminne. H. Föżni, Fözemin, Fözemény, Fözelék. Coquere, Coctio. E. Haigotama, Haigotus. H. A'ſitani, A'ſitás. Jajgatni, Jajgatás. Oſcitari, Oſcitatio. E. Armaſtama, Armaſtus. H. Szeretni, Szeretés, Szeretet. Amare, Amor. E. Allandama, Allandus. H. Alazni., Alázás, Alázotoſſág. Humiliare, Humilitas. E. Aia wiitma, Aia witus. H. Idöt veſzteni, Idö veſztés. *Zeitvertreiben*, *Zeitvertreib*. E. Hirmotama, Hirmotus. H. Rémiteni, Remités. Terrere, Terror.

Subjungam Paradigmata quorundam Verborum ſelecta, in quibus ſimilitudinem aliquam detegere potui.

Eſthonice.

Esthonice.	*Hungarice.*	*Latine.*
	Indicativi Praesens.	
Ma Lo̊o̊n.	Lövöm.	Ferio (*Trajicio*).
Sa Lo̊o̊d.	Lövöd.	Feris.
Ta Lo̊o̊b.	Lövi.	Ferit.
Meie Lo̊me.	Lövünk.	Ferimus.
Teie Lo̊te.	Lőtök. Lőtek.	Feritis.
	Imperfectum.	
Ma Lo̊in.	Lövém.	Feriebam.
Sa Lo̊id.	Lövéd.	Feriebas.
Ta Lo̊i.	Lövé.	Feriebat.
Meie Lo̊ime.	Lövénk.	Feriebamus.
Teie Lo̊ite.	*Löétek.* Lövétek.	Feriebatis.
	Imperativus.	
Lo̊'	Löjj.	Feri.
	Gerundium.	
Lůes.	Lövős.	Ferire solitus.
	Supinum.	
Lo̊nud.	Lőnöd. (*Kell*).	Ferire tibi (*oportet*).
	Participium.	
Lo̊wa.	Lőve. Lővén.	Feriens. Feriendo.
	Indicativi Praesens.	
Ma Låhhån. Lå.	Megyek.	Eo.
	Imperativus.	
Sing. Minne.	Menj.	Ito.
Plur. Mingem.	Menjetek.	Itote.
	Infinitivus.	
1. Minnema.	Mennem.	Ire mihi.
2. Minna.	Menni.	Ire.
	Participium.	
Minnew.	Menő.	Iens. Euns.
	Menővé lenni.	In euntem transmutari.
	Menőven. Menvén.	Eundo.

Esthonice.	*Hungarice.*	*Latine.*
	Gerundium.	
Minnes.	Menés.	Itio. Itus. Abitus.
	Indicativi Praesens.	
Ma Leian.	Lelem.	Invenio.
Sa Leiad.	Leled.	Invenis.
Ta Leiab.	Leli.	Invenit.
Meie Leiame.	Leljük.	Invenimus.
Teie Leiate.	Lelitek.	Invenitis.
Nemmad Leiawad.	Lelik.	Inveniunt.
	Imperativus.	
Leia ſa,	Lejj. Lelj.	Inveni.
	Infinitivus.	
1. Ledma.	Lelnem.	Invenire mihi.
2. Leida.	Lelni.	Invenire.
	Supinum.	
Lednud.	Lelned.	Invenire tibi.
	Participium.	
Leidja.	Lelö. Lelöje. *Poſſ.*	Inveniens. Inventor.
	Indicativi Praesens.	
Ma Teen.	Teſzem.	Pono.
Sa Teed.	Teſzed.	Ponis.
Ta Teeb.	Teſzi.	Ponit.
	Supinum.	
Thenud. Teinud.	Tenned.	Ponere tibi.
	Participium.	
Teggew.	Tevö. Tégy.	Ponens. Pone.
	1. *Infinitivus.*	
Teggema.	Tegyem.	Ponam.
	2. *Infinitivus.*	
Tetta.	Tette.	Poſuit.
	3. *Imperfectum.*	
Teggi.	Tegye.	Ponat.

Habent

Habent aliquid ſimile Verba ſequentia quoque. E. Tuudma. H. Tudni. Scire. *Indic. Praeſ.* E. Tunne. H. Tunnám. 2. *Infin.* E. Tutta. H. Tutta. Tudta. Scivit. E. Wötma. H. Venni. Accipere. 1. *Praeſ.* E. Wötta. H. Vötte. 1. *Imperf.* E. Wötti. H. Vötte. 3. *Imperf.* E. Wöt. H. Vött. 2. *Infin.* E. Wötta. H. Vött. E. Wima. H. Vinni. Ferre. 1. *Imperf.* E. Weije. H. Vigye. E. Joma. H. Ivom. Iſzom. Ivám. Bibo, Bibebam. 2. *Infin.* E. Juwwa. H. Iva. Iván. Ivo. Bibendo, Bibens. E. Teen, Te. H. Teſzem, Tedd. Pono, Pone. E. Nään, Nä. H. Nézek, Nézz, Né! Ne. Neſze. Aſpicio, Aſpice, En! Ecce! Accipe!

Nota. Verbum non ſemper poſtulat Pronomen Perſonale, praecipue in Reſponſione penitus abeſſe poteſt, ut: E. Kas ſa käiſid ſeäl? H. Vallyon te voltál é ott? Utrum tu fuiſtine ibi? Ob du da geweſen biſt? E. Käiſin. H. Voltam. *Germ.* Bin geweſen. Fui.

Cum Verbum Subſtantivum *Eſt* in omnibus linguis *Fennicae* originis ſingularem ſibi impreſſum nationalitatis characterem prae ſe ferat; uti hoc iam in lapponico et finnico obſervare licuit; eapropter Verbum Subſtantivum eſthonicum *olen*, ſum, non minori expendemus attentione.

Si Paradigma huius Verbi ſubtilius rimari quis velit, obſervabit, illud per omnia fere Tempora, Numeros, et Perſonas hungarico valde analogum eſſe. Quo facilius autem hoc quivis animadvertere poſſit, adjeci more mihi conſveto *Fictum* aliquod *Paradigma*, hungarico valde ſimile, et tranſitum ab eſthonico in hungaricum naturali quaſi gradatione oſtendens, in quo ſimul indigitare laboro, Verbum ſubſtantivum hungaricum *Vagyok*, olim regulariter conjugatum (inflexum) hodie tantopere immutatum eſſe, ut prorſus irregulariter conjugaretur, quod in omnibus linguis contigiſſe juſta de cauſa ſuſpicor.

Paradigma Verbi Subſtantivi *Sum.*

Eſthonicum.	*Fictum.*	*Hungaricum.*	*Latinum.*
	Indicativi	*Praeſens.*	
Minna Olen.	Volom.	Vagyok.	Sum.
Sinna Oled.	Volod.	Vagy.	Es.
Temma On.	Volon. Von.	Van.	Eſt.
Meie Olleme.	Volunk.	Vagyunk.	Sumus.
Teie Ollete.	Voltok.	Vagytok.	Eſtis.
Nemmad On. Ommad.	Volnak.	Vagynak.	Sunt.
	Imperfectum.		
Minna Ollim.	Volám.	Valék.	Eram.
Sinna Ollid.	Volád.	Valál.	Eras.
Temma Olli.	Volá.	Vala.	Erat.
Meie Ollime.	Volánk.	Valánk.	Eramus.
Teie Ollite.	Volátok.	Valátok.	Eratis.
Nemmad Ollid.	Volának.	Valának.	Erant.
	Imperativus.		
Olle.	Vollej.	Légy.	Eſto.
Olgo.	Vollejjen.	Legyen.	Sit.
Olgem meie.	Vollejjünk.	Legyünk.	Simus.
Olge teie.	Vollejjetek.	Legyetek.	Sitis.
Olgo nemmad.	Vollejjenek.	Legyenek.	Sint.
	Infinitivus.		
1mus Ollema.	Vollennem.	Lennem.	Eſſe mihi.
2dus Olla.	Vollenni.	Lenni.	Eſſe.
	Gerundium.		
Oles.	Valós.	Valós. Valoſágos.	Exiſtens.
Olemas.	Valomas.	Vagyonos.	Exiſtentiam
Olemaſt.	Valomaſt.	*Látomáſt. Ováſt.*	habens.
	Supinum.		
Olnud.	Volnod.	Lenned.	Eſſe tibi.
	Participium.		
Ollew.	Volov.	Való.	Ens.

No-

Notandum: *Látomáſt*, *Ováſt*, non niſi ad analogiam Gerundii eſthonici *Olemaſt* oculis ſiſtendam protuli. Duae enim hae voces nihil commune cum Verbo Subſtantivo *ſum* habent, ſignificatio enim earum haec eſt, *Szem látomáſt* ſzegényedik bátyám. Mein Bruder wird von Tag zu Tag *augenſcheinlich* (handgreiflich) ärmer. A' keskeny pallón *ováſt* kell menni. Auf einem engen Stege darf man nur *behutſam* gehen.

De Suffixis.

Duo nunc accedunt momenta, peculiari attentione digna, quae ad ſimilitudinem harum linguarum ſtabiliendam, mirum quantum conferunt, Adverbia nimirum, et Praepoſitiones. (ſeu *Suffixa-praepoſitionalia*). Utraeque hae Orationis Partes tam luculentum ſtrictae affinitatis hungaricae prae ſe ferunt ſignum, quod de eo dubium aliquod nemini, niſi ſolis ſanae Critices ignaris ſuboriri poſſet. Etenim Suffixa praepoſitionalia ſubſtantivis finaliter adjungere, linguae hungaricae proprius et peculiaris character eſt, cujus exempla hic plurima, et ad evidentiam ſufficientia adducere facillimum erit.

Exhibeo primo Suffixa ipſa, ſolitaria, eorumque ſignificationes, in utraque linguâ, quibus tandem ipſamet Subſtantiva Suffixis hiſce copulata ſubjungam.

Obſervatio. Nullum Suffixorum pronominalium in hac lingua veſtigium animadverti, id eſt: non obſervavi Nomina Poſſeſſiva: *Atyâm*, *Atyád*, *Attya*. Meus pater, Tuus pater, Illius pater. Nec Grammatici eorum mentionem faciunt, nec in Novo Teſtamento tale quid detegere potui, quod tamen in

omni-

omnibus aliis linguis fennicae originis frequentissime reperi. Hujus rei rationem ex eo intelligere videor, quod Esthones plurimis permixti Germanis, eorum: *Mein*, *Dein*, *Sein*, tam familiare sibi reddiderunt, ut aviti Suffixorum suorum usus, decursu plurium Seculorum prorsus obliti fuerint. Similia *Germanizationis* exempla in mea propria lingua non pauca reperi, quamvis Hungari paucioribus, quam Esthones Germanis permixti vivere observentur.

Suffixa solitaria.

Esthonica.	*Hungarica.*	*Latina.*
ga. ka.	val. vel. is.	cum, quoque.
ni, li	ig.	usque, ad.
t, ta	lan, talan, len, telen.	in, *privativum.*
s.	ban, val, nn.	intra, in, cum, per, super.
sse, des	ba, ban, felé, nn.	in, versus, super.
ks.	hez, é?	ad, utrum?
us.	ban, nál, ul, ül.	in, apud, tanquam.
st. at.	val.	cum.

Substantiva Suffixis copulata.

Kåega.	Kézzel.	Manu (cum manu).
Moögaga.	Kardal.	Gladio (cum gladio).
Aastani.	Esztendeig.	Usque ad annum.
Surmani.	Holtig.	Usque ad mortem.
Kässota.	Törvénytelen.	Illegalis.
Töas.	Házban.	In domo.
Kirrikus.	Templomban.	In templo.
Taewasse.	Ég felé.	Versus coelum.
Többesse.	Gondban.	In curâ.
Lemes.	Lével.	Cum jusculo.
Taignas.	Tésztával.	Cum massa (*Mit dem Teige*).
Temmaga.	ö-is.	Ille quoque.
Naesega.	Feleségem-is.	Uxor mea quoque.
Petrusga.	Péteris.	Petrus quoque.

Esthonica.

Esthonica.	*Hungarica.*	*Latina.*
Silmili.	Szemig.	Usque ad oculum.
Põlweli.	Térdig.	Usque ad genua.
Mehhita.	Férjetlen.	Inmaritata.
Lapsita.	Magtalan.	Inprolis.
Lambus.	Juhaknál.	Apud oves.
Körbes.	Pusztában.	In dersferto.
Laudas.	Asztalnál.	Ad mensam. Apud mensam.
Selgas-	Hátánn.	Per dorsum.
Lautas.	Istálloban.	In stabulo.
Uskus.	Hitben.	In fide.
Aedas.	Kertben.	In horto.
Rikis.	Országban.	In regno.
Kirjatähtes.	Irásban.	In scriptura.
Kõides.	Kötelen.	Fer funem.
	Kötélben.	In fune.
Udes.	Ujjban.	In novo.
Ude.	Ujjba.	
Körtsas.	Kortsomában.	In popinâ.
Pattuks.	Vétekhez.	Ad delictum.
	Vétekül.	Tanquam delictum. Loco delicti.
Lambuks.	Juhakhoz.	Ad Oves.
Lapsiks.	Gyermekekhez.	Ad pueros.
Minnaks?	Én é?	Ego ne? Utrum ego?
Anmuks?	Rég é?	Diu ne? An diu?
Jallust.	Lábaftol. Lábával.	Cum pede.
Walgisridis.	Fejer ruhákkal.	Cum vestimentis albis.

De Adverbiis.

Uti Praepositiones, ita et Adverbia debitam merentur attentionem, utpote quae tres illas gradationes: 1. *In loco*, 2. *Ad locum*, 3. *De loco*, semper ope unius ejusdemque vocis trifariam modificatae, aut inflexae, exprimere queunt, modo, apud Hungaros valde familiari, et usitato, quas ideas Latini raro unâ, sed saepe duabus tribusve exprimere coguntur Particulis. Respondetur autem his Adverbiis ad quaestiones: Ubi? Quorsum? Unde?

In loco. Ubi?	*Ad locum.* Quorſum?	*De loco.* Unde?
E. Wåljas.	Wålja.	Wåljaſt.
Küljes.		Küljeſt.
Küllis.	Külge.	Külliſt.
Külges.		Külgeſt.
H. Kivüll.	Kivülre.	Kivülröl.
Ertra. Extus.	Verſus exteriora.	Ab externa parte.
E. Pool.	Pole.	Poolt.
H. Oldalt.	Oldalra.	Oldalrol.
Lateraliter.	Ad latus.	De latere.
E. Seål.	Senna.	Seålt.
H Ott.	Oda.	Onnat.
Ibi.	Illuc.	Inde.
E. Emal.	Emale.	Emalt.
H. Meſzſze.	Meſzſzire.	Meſzſzünnen.
Procul.	In diſtans.	Eminus.
E. Kallal.	Kallale.	Kallalt.
H. Félen.	Félre.	Félröl.
Lateraliter.	Verſus alterum latus.	Ex uno latere.
E. Koddo.	Koio.	Kotto.
H. Hon.	Haza.	Hazul.
Domi.	Domum.	Domô.
E. Ko-us.	Kokko.	Ko-uſt.
Ühhes.	Ühte.	Ühheſt.
H. Együtt.	Együvé.	Együnen.
Simul. Una.	In unum.	Ex uno loco.
E. Kus?	Kuhho?	Kuſt?
H. Hol?	Hova?	Honnan?
Ubi?	Quorſum?	Unde?
E. Liggidal.	Liggidale.	Liggidelt.
H. Oldalul. Közel.	Oldalra. Közelre.	Oldalt. Közelröl.
Prope.	Ad parvam diſtantiam.	Cominus.
E. Maas.	Mahha.	Maaſt.
H. Alatt.	Alá.	Alolrol.
Infra. Subtus.	Verſus inferiora.	Ab inferiori.
E. Maial.	Maiale.	Maialt.
H. Måſutt.	Máſuva.	Máſunnan.
Alibi.	Aliorſum.	Aliunde. Alio ex loco.
E. Sees.	Siſſe.	Seeſt.
H. Belöll. Benn.	Bé.	Belölröl. Belöll.
Intus.	Intra.	Ab interiori.

In

In loco. Ubi?	*Ad locum.* Quorſum?	*De loco.* Unde?
E. Siinpool.	Sennapole.	Siitpoolt.
H. Itt.	Ide.	Innen.
Hic.	Huc.	Hinc.
E. Tagga.	Tahha.	Taggant.
H. Hátul.	Hátra.	Hátulról.
Pone.	Retrorſum.	A tergo.
E. Üllewel.	Ülles.	Üllewelt.
H. Fenn.	Fel.	Fejülröl.
Supra.	Surſum,	Ex alto.
E. Wahhel.	Wahhele.	Wahhelt.
H. Közt.	Közzé. Közbe.	Közbül.
Inter.	Ad interiora.	Ab interiori. E medio.

Syntaxis.

Non deſunt Obſervationes Syntaxin quoque concernentes, ex quibus aſſerti noſtri veritas ulterius roboratur.

Obſervatio 1.

Adjectivum Eſthonicum non convenit cum ſuo Subſtantivo genere Numero et Caſu, ſed invariatum manet in conſtructione, uti apud Hungaros; ut: E. Kakſteiſtkümmend Apoſtolit. *Hung.* Tizenkét Apoſtolt, *non autem:* Apoſtolokat. Duodecim Apoſtolum; *non:* Apoſtolos. E. Kolm aaſtat. H. Három eſztendöt. *Tres annum.*

Obſervatio 2.

Subſtantiva per Appoſitionem ſibi juncta Regulam Adjectivorum obſervant, ideſt: non declinantur; ut: E. *in Nominativo:* Nahk aſti. H. Bör 'ſák. Saccus pellicius. *In Genitivo:* E. Nahk-aſtja. H. Bör 'ſáké. *Sacci pellicii.* E. Nom. Kuld-ſörmus. H. Arany gyürü. Aurum annulus; *id eſt:* Aureus annulus.

lus. *In Genitivo:* E. Kuld-Sörmuſse. H. Arany gyürüé. Aureus annuli; *non autem:* Aurei annuli.

Obſervatio 3.

Comparativi Hungarorum conſtruuntur cum Subſtantivis, quibus Suffixum praepoſitionale: *val vel* copulatum eſt. Idem obſervo apud Eſthones: ex. gr. E. Mo peigmees on Kaks aaſt*at* nore*m* minnuſt. H. Az én matkám (van) két eſztendö*vel* ifja*bb* nállamnál. Mea ſponſa eſt duobus annis junior me.

Obſervatio 4.

Servio. Szolgálok, regit apud Hungaros Accuſativum quoque; ut: H. Szolgálok urat. Servio Dominum. *Idem obtinet apud Eſthones:* Ma tenin iſſandat.

Obſervatio 5.

Ideam Verbi *habeo* duabus vocibus: *mihi eſt* exprimunt Eſthones, uti Hungari; ut: E. Mul on wiis wenda. H. Nekem van öt bátyám. Mihi eſt quinque frater (habeo quinque fratres). E. Kel ep olle lapſi. H. Kinek nem valának gyermekei. Cui non erant liberi (*qui non habebat liberos*). E. Eks mul olle lubba? Hung. Vallyon nekem nem ſzabad é? Utrum mihi non eſt licitum? E. Mul on ſe wiis. H. Nekem van ezen ſzokáſom. Ego habeo hanc conſvetudinem. E. Mul on janno. H. Nekem van (*innom*) ſzomjuſágom. Ego habeo ſitim. E. Kel kõrwad on. H. Kinek füle van. Qui aurim habet. E. Mul on meel minna. H. Nekem van akaratom menni. Habeo intentionem eundi.

Obſer-

Obſervatio 6.

Hanc Phraſin: *Poſſibile eſt mihi.* *Ego poſſum*, tam Eſthones, quam Hungari hoc modo reddunt: *Mihi poteſt eſſe.* Notari autem debet, quod duo Verba: *poteſt eſſe* uno Verbo exprimi ſolent; ut: E. Mul *tåib.* H. Nekem *lehet.* Mihi *poteſt eſſe.* v. Ego poſſum facere. E. Kui Iſſandal tåib, H. Ha az Urnak lehet. Si Domino poſſibile eſt. Wenn es dem Herrn möglich iſt. E. Mul ep tåe ſulle ennam anda. H. Nekem nem lehet neked többet adnom. Ego non poſſum tibi plus dare.

Obſervatio 7.

Verbum *Aegroto* adſciſcit ſibi Subſtantivum Suffixo praepoſitionali copulatum; ut: E. Haige jalluſt. H. Betegeskedik a' lábával. Aegrotat cum pede, i. e. Laborat pedibus.

Obſervatio 8.

Poſtpoſitiones in unam vocem coaleſcunt cum Subſtantivis, quod apud Hungaros omnium frequentiſſimum eſt. Hae ſunt Praepoſitiones illae, quas Suffixa praepoſitionalia nominare ſoleo; ut: E. Kåege. H. Kezzel. Cum manu. E. Kirrikus. Templomban. In templo. E. Aaſtani. Eſztendeig. Usque ad annum. Exempla his ſimilia in capite de Suffixis plurima videri poſſunt.

Obſervatio 9.

Imperſonalium vices ſubit: Eſthonum tertia Perſona Paſſivi, et Hungarorum tertia Perſona Activi, ut: E. Minnakſe (v. Mintas. *Dorpatice*). H. Mennek.

nek. Itur. Man gehet. E. Tunnukſe (v. Tunnus Dorp). H Tudják Scitur. Man erkennt. E. Tulti. H. Lehet. Poſſunt Poſſibile eſt. Man kann E. Mind armaltakſe. H. Minket ſzeretnek Amamur, v. Nos amant alii. Man liebt uns. E. Innimenne willotab. H. Némely fázik. Frigetur. Es friert einen ſo.

Obſervatio 10.

Verba compoſita in Conſtructione decomponuntur; ſeu reſolvuntur, et membrum compoſitionis primum, a Verbo avulſum in ultimum locum rejicitur; ut: E. Ärratappama. H. Elütni Agyonütni. Todſchlagen Percutere Occidere. E. Minna ei *tappa* tedda *ärra*. H. En nem *ütöm* ötet *agyon*. Én nem *ütöm* ötet *el*. Ich *ſchlage* ihn nicht *tod*.

Proverbia, et Aenigmata Eſthonica.

Lectori attento varia in his Proverbiis et Aenigmatibus ſeſe offerunt notanda. *Primo.* Voces nonnullae, cum vocibus hungaricis ejusdem ſignificationis, ſono etiam conveniunt *Secundo*. Magna hic obſervatur concinnitas, quam Hungarus de verbo ad verbum eo prorſus ordine exprimere valet *Tertio.* Saepe occurrit Ellipſis Verbi Subſtantivi *eſt*, quae Hungaris familiariſſima eſt, et quae efficit, quod Hungarus integram Orationem ſine ullo Verbo concinnare poſſit. *Quarto.* Adſunt hic nonnulli Rithmi (Cadentiae. *Reime* in Verſibus Leoninis uſitati, quos non ſolum Poetae Hungarorum jam ab antiquo adoptaverunt, utpote linguae ſuae valde naturales; ſed etiam vulgus in jocis, et canciunculis duce quaſi natura, quotidie oſtentat. Pueri autem ſcholaſtici, integras horas rhytmizando per jocum tranſigere ſolent. *Quinto.* Aenigmata haec, et his ſimi-

ſimilia, Hungaris aeque familiaria ſunt, ita, ut puellae juvenesque in conventiculis filatorum integras noctes talibus nugis traducere ſoleant.

Proverbia.

E. Kelle jalg latſutab, ſelle ſu, watſutab.
H. Kinek lába dolgozik, a'nak ſzája jollakik. Qui pedibus laborem perficit, illius os ſaturatur.
E. Kes walletab, ſe warraſtabka.
H. Hol hazugſág ott orozás (lopás, tolvajſág). Ubi mendacium, ibi furtum.
E. Kes wannematte ſanna ei tahha kuulda peab, waſſika nahka kuulma.
H. A'ki a' vén 'ſanának nem tud engedelmeſkedni, kéntelen bornyu börnek engedni.
A' ki az öregek ſzavát nem fogadja, megkorbátſolják.
Qui monitis ſenum non optemperat, is pelli vitulinae parebit.
E. Koer on ſõbber ſenni kui pead ſillitad.
H. A' Kutya barátod ádig, mig fejét ſimitad.
Canis tibi tamdiu amicus eſt donec caput illi demulces.
E. Kui wannem eel, nenda laps järrel.
H. Miként a' vén énekel, ákent gyermek kelepel.
A bove majore diſcit arare minor.
E. Libbe Keel, herrikſe meel.
H. Méz a' nyelvinn, méreg á mellyében (ſzivében).
Mel in ore, fraus in corde (venenum in corde).
E. Mehhe kont makſab rahha.
H. Férjfi tſont kerül pénzbe.
Os virile conſtat pecunia (charô venditur).
Fromme Männer ſind rar.
E. Mehhe ruſſikas on magguſam kui mee luſſikas.

H. A' ferjfiu ökle édefebb, mint a' mézes kalán.
Verbera mariti funt melle dulciora.
E. Miis noordus kokkopanneb, fe wannadus leiab.
H. Mit ifjantan kereſſz, azt vénhedve leied (meg leled).
Quod in juventute quaeris, eo in fenectute frueris.
E. Miis fudda tâis on, feſt ſu kobrotab.
H. Mivel ſzived teli van, azzal ſzád megtſordul.
Ex plenitudine cordis loquitur os.
E. Kahher pea, koera môtte.
H. Kondor fejü, kutya ſzokáſu.
Criſpus crine, canis conſvetudine.
E. Kaks kowwa kiwivi te mitte hâid jahhud.
H. Két kova kövek nem örölnek hiv liſztet.
H. Két kemény malomkö nem öröl jo liſztet.
Lapides molares duri non pinſunt bonam farinam.

Aenigmata Eſthonica.

E. Kirbo ſurus hârja raſkus.
H. Balha nagyſágu borju nehézſégü. *Szikra.*
Magnitudine pulicis, gravitate (pondere) vituli, vel bovis gaudet. *Scintilla.*
E. Hark al, hârgi peâl paun, pauna peâl riſt, riſti. peâl nup.
H. Villa alol, villán fejül ſák, 'ſákon fejül kereſzt, kereſzten fejül gomb,
E. —nuppo peâl mets, metſas ellajad
H. —gombon fejül erdö, az erdöben állatok. *Ember.*
Infimo loco ſtat furcella (Gabel) ſuper hac ſaccus, ſuper ſacco crux, ſuper cruce nodulus, ſuper nodulo ſilva, in ſilva ſunt animalia. *Homo.*
E. Hingelinne al, hingeto wahhel, hingelinne peâl.
H. Lelkes alol, lelketlen közbül, lelkes fejül. *Lovagos.*

Anima-

Animatus est infra, inanimatus in medio, animatus ſuperne. *Eques.*

E. Iſſe keleto, iſſe meleto, iſſe ilmana rakendaja.

H. Maga nyelvetlen, maga eſzetlen, maga világnak foldozoja. *Varro tö.*

Ipſemet elinguis, ipſemet irrationalis, ipſemet tamen eſt totius mundi reparator (reſarcinator). *Acus ſartorum.*

E. Kirbul lähhäb, luikis tullebb.

H. Balhául megyenel, hattyu-ul térmeg. *Káposzta.*

Proficiſcitur in forma pulicis, revertitur in forma oloris. *Crambe*, v. *Braſſica.*

E. Lip lippipeäl, lap lappi peäl, ilma nöälata piſtmata.

H. Záſzlo záſzlon fejül, lapi lapin fejül, tö nélkül varva. *Káposzta-fö.*

Vexillum ſuper vexillo, lappa ſuper lappa, attamen ſine acu ſarcinatum eſt. *Capitulum Crambes.*

Non pauca reperi Novi Teſtamenti loca, in quibus voces hungaricae primo intuitu facile cognoſci poterant. Ex numeroſis quaedam afferre ſufficiat, ne Lectorem prolixa horum enumeratione fatigemus.

Locorum Novi Teſtamenti collatione multo facilius vocabulorum in ambabus linguis ſimilitudo oculis ſiſti poteſt; quam ſola Lexicorum evolutione, uti hoc jam in lingua finnica quoque notavimus. Lexica enim voces ut plurimum in Themate Lectori proponunt; at in textu Novi Teſtamenti illae in variis Caſibus, Numeris, Modis, Temporibus et Perſonis inflectuntur, quae multifaria modificatio voces Eſthonicas hungaricis multo evidentius propius admovere ſolet, uti hoc quaedam exempla confirmant. Math. C. 23. v. 24. E. Nelate. *Hung.* Nyelitek; deglutitis. Luc. 10. 24. E. Kulete. H. Hallatok; auditis. Joh. 18. 23. E. Lööd. H. Lövöd; trajicis, feris etc.

Evangelium Mathei.

	Esthonice.	*Hungarice.*	*Latine.*
	Uus Testament.	*Uj* Testamentom.	Novum Testamentum.
2. 8.	ja kui' *teie* tedda *leiate.*	és mikor *ti* azt *lelitek* (meglelitek)	et quando vos illum invenietis.
5. 14.	*Teie ollete* maillma *walgus.*	*Ti valátok* világnak *világossága.*	vos eratis mundi lumen.
5. 38.	*Silm Silma wasto.*	*Szemet szemért.*	oculum pro oculo.
6. 3.	ei pea finno pahhem *kässki* mitte *teädma.* *mis* fino parram *kässi teeb.*	nem kell, a'te bal *kezednek.* tellyességgel *tudni,* *a'mit* a'te jobb *kezed teszen.*	ne sciat prorsus, manus tua sinistra. quod tua dextra facit.
6. 23.	*pahha silm.*	*puha szem* (gonosz, elfajult szem).	oculus malus.
13. 13.	*nähes* ei *nä.*-ja *kuuldes* ei *kule.*	*Nézvén* nem *néz,* és *hallván* nem *hall.*	Videndo non videt, et audiendo non audit.
22. 24.	*kel* ep *olle* lapsi.	*a'kinek* nem *vala* gyermeke.	Cui non erat puer (Qui non habebat puerum) *Hungarismus.*
22. 32.	ellawatte Jummal.	*elevenek.* Istene élöknek Istene.	Vivorum Deus.
23. 24.	agga kamelid sissa *nelate.*	de a' tevét le *nyelitek.*	sed Camelum deglutitis.
23. 35.	wagga abeli *werrest.* Sakaria *werrest sadik.*	igaz Ábel *vérétöl.* Zakharias *vére a'dig* (véré-ig).	a sanguine Abelis usque ad sanguinem Zachariae.

Esthonice.

	Eſthonice.	*Hungarice.*	*Latine.*
24. 2.	Seie ei jäeta mitte	Itt nem marad tel-lyeſſéggel	Hic non manebit prorſus,
	kiwwi kiwwi peäle.	*Köve köven fejülle.*	lapis ſuper lapidem.
		egy kö a' más kö-venn.	
24. 20.	ei juhta *talwel.*	ne eſſék *télvel* (tél-ben)	ne contingat in hye-me.
		(tavaſzſzal, öſzſzel)	
25. 21.	minne omma iſſanda.	menj a'te Urad	ingredere in Domini tui
	rõmo ſiſſe.	*örömé*-be.	gaudium.
27. 25.	Temma *werri* olgo	Annak *vére* ſzál-jon	Ejus ſanguis deſcen-dat
	meie peäle,	*mi fejüllünk* (mi-reänk)	ad nos (ſuper nos)
	ja *meie* laste *peäle.*	és a' *mi* fiainkon *fejül.*	et ſuper filios no-ſtros.

Evangelium Lucae.

Cap. VIII.

8.	*Kel* kõrwad on kuulda,	*Kinek* füle *van* hal-lani	Qui aures habet ad audiendum, is
	ſe kuulgo.	az hallja.	audiat
10. 24.	paljo prohwe-tid on tahnud	ſok profétak akar-ták	multi prophetae vo-luerunt
	nähha, mis teie näte,	*nézni, a' mit ti néztek,*	videre, quod vos videtis,
	ja ei olle ſedda mitte *näinud,*	és ök éppen nem *nézték,*	et illi prorſus non viderunt,
	ja *kuulda, mis teie kulete,*	és *hallani, a' mit ti hallatok,*	et audire; quod vos auditis,
	ja ei olle ſedda mitte *kuulnud.*	és ök éppen nem *hallottak.*	et illi prorſus non audiverunt.
10. 30.	Üks innimene läks Jeruſale-meſt *alla,* Je-riko *pole,*	Egy ember, mene Jeruſálembe *alá,* Jeriko *felé,*	Quidam homo ibat Hieroſolimam, verſus Jericho.

	Eſthonice.	*Hungarice.*	*Latine.*
15. 11.	Ühhel innimeſſele *olli kaks poega.*	Egy embernek *vala két fiokája* (fija).	Quidam homo habebat duos filios (Cuidam homini erat duo filius. *Hungarismus*).
24. 30.	*wottis* temma leiba, önniſtas, ja *murdis.*	*vette* ö a'kenyeret, hálálkodék, és *mur'ſálá* (megtöré).	accepit ille panem, gratias egit, et fregit,
	ja *andis neille.*	és *adá* nekiek.	et dedit illis.

Evangelium Johannis.

2. 6.	*kiwwiſt weeriiſta.*	*kö veder* (*kövi* veder).	urna lapidea (vas lapideum).
4. 7.	*Anna* mulle *jua.*	*Annál* nekem *iva.* Adnál nekem ivásra (innom).	da mihi ad bibendum.
6. 33.	ja *annab* ma-ilmale *ello.*	És *ada* a' világnak *életet.*	et dedit mundo vitam.
6. 48.	Minna ollen ſe *ello* leib.	En vagyok az *élö kenyér.*	Ego ſum panis vivus
6. 63.	Waim on, *kes ellawaks teeb.*	Lélek az, *ki elevenné teſzen.*	Spiritus eſt qui vivificat.
7. 38.	*Ellawa wee.*	*Eleven viz.* Élet *vize.*	Viva aqua. Aqua vitae.
7. 44.	Agga ükſki ei piſtnud.	De ſenki nem vetette.	Sed nemo injecit manum ſuper eo.
	Käſſi temma külge.	*kezit* ö rája.	*vim illi non intulit.*
8. 7.	kes temma *peäle kiwwi wiſkab.*	azki ö *ra követ veſſen.*	qui ſuper eum lapidem injiciat.
8. 17.	*kirjotud.*	iratott. *Iratod.*	Scriptum eſt. Curas tu ſcribere.
8. 39.	ſiis *teekſite teie,* ka Abraami *teud.*	akkor *tennették ti,* mint Abrahám *tett.* Ugy tſelekednétek mint Abrahám, tſelekedett.	tunc faceretis vos, quemadmodum Abrahamus fecit.

Eſthonice.

	Eßhonice.	*Hungarice.*	*Latine.*
10. 1.	Se on *warras* ja rõwel.	az van *oroz* és gyilkos.	ille est fur et homicida.
10. 12.	Minna ollen se *hea* karjane.	En vagyok a' *hiv* pasztor.	Ego sum pastor fidus.
10. 22.	ja *talwe olli.*	És *tél vala.*	et hyems erat.
10. 25.	need *teud, mis* minna *teen*	azon *tettek mellyeket* én *teszek.*	illa facta quae ego facio.
	omma Issa *nimmel.*	az én Atyámnak *nevébenn.*	in nomine mei patris.
12. 6.	waid et ta *warras olli.*	hanem hogy ö *oroz vala.*	nisi quod ille fur erat.
13. 9.	ei mitte ůkspâinis minno *jalgo,*	nem tsak mosod az én *gyalogomat* (lábamat)	non solum meum pedem lavas;
	waid ka *kåssi* ja *pead.*	hanem még *kezemet* és *feemet* (fejemetis).	sed etiam manum, caputque.
13. 27.	Mis sa *teed.*	A' mit te *teszed* (tészsz).	Quod tu facis
	Sedda *te* ussinaste.	azt *tedd* sietve.	id fac cito.
		de a' világ (*van*) *örömes.*	
16. 20.	agga ma-ilm *on rõmus.*	de a' Világ örvend.	Sed mundus est laetus.
16. 22.	ja teie südda peab *rõmus ollema.*	és a'ti szüveteknek kell örömes*nek lenni.*	et cor vestrum debet esse laetum
		Vidámnak lenni.	
17. 13.	et minno *rõõm* neil woiks olla *tǟeiste* nende sees.	hogy az én örömöm, legyen *teiesitve* ö bennek.	quod meum gaudium sit completum in illis.
18. 13.	*üllem*-preester.	*Elö* pap. Fö pap. Elöl járo.	Summus sacerdos.
18. 23.	*mis* sa lõõd?	*miért lövöd?* miért ütöd?	cur feris?
19. 34.	tulli *werri* ja *wessi* wålja.	foja *vér* és *viz* ki	effiuebat sanguis et aqua.

Acta Apostolorum.

1. 19.	*werre-pôld.*	*Vér föld.*	terra sanguinis.
18. 6.	*Teie werri* olgo *teia pea peäle.*	*Ti véretek* legyen *ti fejeteken fejül.*	Vester sanguinis sit super vestro capite.

Oratione dominica.

Esthonice. Issa meie! kes sa olled taewas;
Hungarice. ö sünk minékünk! ki te vagy égben;
Latine. Pater noster! qui tu es in coelo;

pühhitsetud sago sinno nimmi; tulgo meile
szenteltetve legyen a'te neved; térjen mihozzánk,
sanctificatum sit tuum nomen; veniat ad nos.

Sinno riik; Sinnö tahhamine sündko kui taewas,
a'te országod; a'te akaratod legyen ugy égben,
tuum regnum; tua voluntas fiat, ita in coelo,

nenda ka ma peäl; meie iggapäwest leibea
mind *is* a'mezön feel (fejül), a'mi mindennapi kenyerünket
sicut etiam super terrâ; nostrum quotidianum pannem

anna meile tännapääw; ja anna meile andeks
annád nekünk ennapon; és annád néküink botsánaját
da nobis hodie; et da nobis remissionem

meie wöllad, kui meie andeks anname
a'mi vétkünknek, mikint mi botsánatot annánk
nostrorum peccatorum, sicut nos remissionem damus

omma wölglastele;
önnön vétöinknek;
nostris debitoribus,

nink ärra sata meid mitte kiusatusse sisse;
és ne vigy minket sem kisirtéss-be.
et ne ducas nos allatenus in tentationem.

Waid peästa meid ärrasest kurjast.
vagy szabadits minket el a'gonosztol.
sed - *libera* nos *ab* - a malo.

Sest sinno perrelt on se riik, ning se wäggi,
Mert hozzád tartozoul van az ország, és az hatalom,
Quia ad te pertinendo existit regnum, et potentia,

ning se au (auwustus), iggawest. Amen.
és a' ditsöség, örökkétig. Amen.
et gloria semper. Amen.

Ad-

Adjiciam coronidis loco Vocabularium Eſthonicum, quod ſeriem vocabulorum longam ſatis exhibet, ad aſſertum meum roborandum.

Eſthonice.	*Hungarice.*	*Latine.*
Aaſta.	*Aſta*. Eſztendö.	Annus.
Abras.	Aprós. Elmor'ſált.	Friatum (Morſch).
Aeg.	*Igö*. Idö.	Tempus.
Mul-on aeg.	Nekem van idöm.	Ego habeo tempus.
Äkke.	Eke. Borona.	Okka.
Ärra. Ärrä.	El. Elé.	Ab. Dis. Re. De. Per. Ex.
Ärra andma.	El adni.	Divendere.
- - andja.	- - ado.	Venalis.
- - ehmatama.	- - éhmejedni. felémejedni.	Expaveſcere.
- - häetama.	- - hajtani-rontani,	Deſtruere.
- - heitlik.	- - hajtani valo.	Abjectu dignum. *Verwerflich.*
- - hirmotama.	- - rémiteni.	Deterrere.
- - höörma.	- - körmölni.	Unguibus excoriare.
- - kaddnma.	- - kábulni.	Vertigine corripi.
- - kargama.	- - nyargalni.	Aufugere.
- - koolma.	- - halni.	Mori.
- - korima.	- - karimázni.	Emarginare. Decorticare.
- - kuinud.	- - konnyadt.	Emarcidus.
	- - fonnyadt.	
- - lagguma.	- - lágyulni.	Concidere. Collabi.
- - minnema.	- - menni.	Abire.
- - närvama.	- - hervadni.	Marceſcere.
- - neelma.	- - nyelni.	Deglutire.
- - ollema.	- - lenni.	Abſentare. Carere.
- - rängatama.	- - rángatni.	Deſtruere. Lacerare.
- - taggenema.		Recuſare. *Sich entziehen.*
	- - tagadni.	Abnegare.
- - unnetema.	- - unni.	Oliviſci. Taedio affici.
- - wäraja.	- - verö.	Victor. Verberator.
- - wäſſima.	- - veſzni.	Fatigari. Perire.
- - wahhetama.	- - váltani.	Permutare. Cambire.
- - wallitſema.	- - vállaſztani.	Eligere.
- - wanduma.	- - mondáni.	
	Ellene mondani.	Anatematizare. Execrari.

Eſthonice.

Esthonicæ.	*Hungaricæ.*	*Latinæ.*
- - wima.	vinni. Auferre.	Hortus.
Aida.	Aito.	Janua.
Aid*nik*.	Kertéſz.	Hortulanus.
	Komor*nik*.	Camerarius.
Al.	Al. Alol.	Sub.
Alla.	Alá.	Deorſum.
Alla-heitma.	Alá haitani.	Subjicere.
Alla-minnema.	Alá menni.	Deſcendere.
Allan.	Alatt.	Subtus.
Allandama.	Alatſonitni.	Humiliare.
Allandaminne.	Alatſonitás.	Humiliatio.
Allan*dik*.	Alázatos. - Neven*dék*.	Humilis.
Allandus.	Alázatoſſág.	Humilitas.
Alla neelma.	Alá nyelni.	Deglutire.
Allanema.	Alatſonulni.	Humiliari. Imminui.
Allapole.	Aláfelé.	Deorſum.
Altpiddi.. Allaſt.	Alolfelöl.	Ex inferiori.
Allati.	Állandoul.	Semper. Conſtanter.
Allomanne. ‘Allotſe.	Alatt valo. Legalſo.	Quod infimo loco eſt.
Allus.	Al. Alja.	Fundamentum.
Alw. Alwalt.	Alávalo.	Vilis. Humilis. *Infer.*
Allamale.	Alább valo.	Inferior.
Allew.	Falu.	Suburbium. Pagus.
Amme.	Ümeg. Ing.	Induſium. *Das Hemde.*
Andma.	Adni.	Dare.
Kät andma.	Kezet adni.	Manum dare. Deſponſare.
And.	Adás. Adomány. Ajándék.	Donum.
Arro.	Árok.	Brachium amnis.
Ehhitama.	Épiteni.	Aedificare.
Eel.	Elé.	Antrorſum.
Eelt.	Elött.	Coram.
Ellajas.	Elö. Eleven.	Vivus.
Ellema. Ello.	Élelem. Élet.	Vita.
Ellamine.	Élet modja. élelem.	Vitae ratio.
Ellaw.	Elev. Eleven.	Vivus.
Ellawalt.	Elevenenn.	Vivide.

Esthonice.	*Hnugarice.*	*Latine.*
Heidan.Heitma.	Haitam.	Jacio. *Indic. Praes.*
Harrakas.	Szarka.	Pica.
Haggo.	Ág.	Ramus. Virga.
Pä hajo lu.	Fö hajo tsontja. Koponya.	Cranium.
Homme.Hoome.	Hónap.	Cras.
Hoidja.	Hajdu.	Custos.
Wangi hoidja.	Tömlötz hajdu.	*Stockmeister.*
Hone.	Hon. Hony. Ház.	Domus. Habitatio.
Honet teggema.	Honnyot tenni. Epitni.	Aedificare domum.
Hone ehhitaja.	Hony építöje.	Architectus.
Higgi.		Sudor.
	Hig.	Fluidus Tennis.
Hurjutama.	Huritani. Kurjongatni a'. farkasokat.	Lupos clamore. exagitare.
Hellitama.	Haitani.	Oscillare. *Schaukeln. Wiegen.*
Jäa.	Jég.	Glacies.
Jalg.	Gyalog. Láb.	Pes Pedestris.
Jalg. Jallalt. Jallast.	Gyalog.	*Schritt vor Schritt.* Pedester. *Adv.*
Jalgo jallutama.	Gyalogolni.	Spaciari.
Jalgne. Jalguga. Jalgulinne. Jallune.	Gyalog. Gyaloglo. Gyalogos. Lábas.	Pedatus. Pedestris.
Jalgsi. Jalksi. Jallal.	Gyalog.	Pedester. *Adv.*
Jalla wäggi. Jalgsi rahwas.	Gyalog katonaság, sereg, nép.	Pedestris militia.
Jalla minnema.	Gyalog meni.	Pedibns ire.
Jalla vessi.	Gyalog viz. Láb viz.	*Fußbad.*
Jalla tallad.	Láb talp.	*Die Fußsohlen.*
Jalla zomb.		*Die Fußstapfe.*
	Czomb.	Femur.
Janus. Jani.	János. Jani. Janko.	Johannes.
Ihhatus.	Ohajtás.	Desiderium.
Ihhaldama.	Ohajtani.	Desiderare.
Ik. Ikka. Ikke. Ikkes.	*ökké.* öröké.	In aeternum.

Esthonice.	*Hungarice.*	*Latine.*
Ikki. Ikke.	Iga.	Jugum.
Illa.	Nyála-Nyál.	Saliva.
Illo. Illus.Illos.		Pulchritudo.
	Illö. Illendö.	Decens. Decorum.
Illoke.	Illöke.	Pulchellus.
Illota.	Illetlen.	Inconveniens.
Illuſtama.	Illetni. Illegetni.	Comere.
Immal.		Ingratum, dulce.
	Imelgö. émelygö.	Nauſeoſum.
Iſſa.	őſe. ös.	Pater.
Vanna. Iſa.	Vén öſe.	Avus.
Jürri.	Gyuri.	Georgius.
Kabbel.	Kapa.	Ligo.
Kabbima.	Kapálni.	Fodere.
Kaddi. Kaddo.	Kati. Kato.	Catharina.
Käe.	Kéz.	Manus.
Käe andmed.	Kéz adás.	Sponſio.
Käekenne.	Kezetske.	Manus parvula.
Käe mees. Käſſinik.	Kezes.	Obſes.
Kähha. Köhha.	Kehes. Köhös. Köhöges.	Tuſſis.
Käſſi. Käe.	Kéz.	Manus.
Käsna.	Koſzmo. Koſz.	Eruſta lactea infantum. *Grind auf dem Kopfe.*
Käe kirri.	Keze ir. Kéz irás.	Autographum. M. S.
Käſſi kiwwi.	Kézi köve. Kézi malom.	*Hand-Mühle.*
Käeta.	Kezetlen.	Manus carens.
Kätte andma.	Kezet adni.	Spondere. Porrigere manum.
Käi. Keima.	Kej. Kelni-járni.	Apage. Ire et redire. Peregrinari.
Kalla.	Hal.	Piſcis.
Kallake.	Halatska.	Piſciculus.
Kannepid.	Kender.	Cannabis.
Kapſta. Kapuſt.	Kapoſzta.	Crambe. *Kohl.*
Kard (Gladius).	Kard.	Lamina.
Karik.	Karika. Targontza.	Carrus. *Karren.* Rotula.
Kartſas.		Scala.

Eſthonice.

Esthonice.	*Hungarice.*	*Latine.*
	Kortsoja.	Planum inclinatum, quo dolia in cellaria demittuntur.
Karjuma.	Kurjongatni.	Clamare.
Katke. Katkema.	Ketté. Ketté szakadni.	Bifariam. In duas partes lacerari.
Kattal. Kattel. Katlas. Katlasse.	Katlan (Fornax quod recipit Aheneum).	Aheneum. *Kessel.*
Kawwal.		Dolosus. Ingeniosus.
	Kevél.	Superbus. Elatus.
Karje pu.	Kérges fa.	Lignus facilis fissionis. Lignum corticatum.
Keel.	Nyelv.	Lingua.
Keleto.	Nyelvetlen.	Elinguis.
Tölp keel.	Selp nyelv.	Blaesus. *Unvernehmliche Sprache.*
Keerleima. Kerrima. Keerma.	Karimazhi. Gombolyitni. Kerülni.	Girare. Convolvere. *Drehen. Verdrehen.*
Keerme. Keri	Kerék Karika. Pereszlen.	Rotula fusi. *Das Rad an dem Spindel.*
Keer-pu. Kerri pu.	Kerek fa. Karika. Gombalyég. Gombolyito.	*Ein Holz, das sich drehet.*
Kehwa. Kehwaste.	Kevés. Kevéssel biro.	Paucum. Pauca habens. Pauper Vilis. Abjectus.
Kele-pesja.	Kelepelö.	Loquax. Garrulus. *Zungendrescher.*
Kelloke.	Kelepe.	Crepitaculum.
Kenna.	Kényes.	Comtus. Delicatulus.
Kergemine.		Levior.
Kergistama. Kergitama.		Leviorem reddere. Fugâ aliquem persequi.
	Kergetni.	Pellere.
Kerjama.	Kérni. Kérjem. *Opt.*	Rogare. Mendicare.
Keritama. Kerotama.	Keritni. Keringeni.	Circumgirare. Circumire.
	Keringetni. Kerülni.	
Kerule minnema.	Kerülve menni. Körülle menni.	Circum ambulare. *Sich verdrehen.*

Eſthonice.	*Hungarice.*	*Latine.*
Kes?	Ki?	Quis?
Keſk-ö.	Közép éj. Ejfél.	Media nox.
Keutma. Keüt-	Kötni.	*Binden.* Ligare.
ma. Köitma.	Kötö.	Funis. Ligamentum.
Keüts. Köldik.		Loripes. *Krumfuß.*
Kiber jalg.	Görbe gyalog.	
	Görbe láb. Girbe-	
Kiitma. Kitlema.	gurba.	Jactare. *Praklen. Loben.*
	Kiátni. Kiáltani.	Clamare.
Kikkas. Kuk.	Kakas.	Gallus gallinaceus.
Merre kokas.	Tengeri kokas.	Geyer.
	Kánya.	
Kipama.	Kapalni.	*Mit dem Fuße kratzen, oder ſcharren.*
Kirdes. Kirme- tes.	Kermedzés.	Glacies tenuiſſima.
Kirja tundia.	*Irjatudo.* Irás tudo.	Scriba.
Kirjotama.	Irni.	Scribere.
	Irjatok.	Scribite.
	Iratom.	Curo ſcribere.
Kirri.	Irás. *Ir.*	Scriptura. *Scribit.*
Kits.	Ketske.	Caper. Capra.
Kitſi. Kitſikus.	Kitſin. Kitſin helly.	Parvus. Anguſtia. Avarus.
Kiuſama. Kiu- ſatama.	Kiſirteni.	Tentare.
Kiwel meel.	Kevély mely.	*Widriger Sinn.*
	Kevély ſziv.	Superbus.
Kiwwine.	Kövi.	Lapideus.
Kiwwi.	Köve. *Poſſ.* Kö.	Lapis.
Kiwwi külla.	Kövi falu.	*Die Stadt Reval.*
Köggiſtama. Köhhima.	Köhögni. Köhin- teni.	Tuſſitare.
Körts.	Kortsma.	Popina. Diverſorium.
Körtsmik.	Kortſomaros.	Caupo. *Der Wirth.*
	Ad formam: *Ko- mornik Pohár- nok. Titoknok.*	Camerarius. Pocillator. Secretarius.
Aidnik.	Kertéſz.	Hortulanus.
Körw.	Fül.	Auris.
Körwa laps.	Kurva gyermek. Fattyu.	*Huren-Kind. Baſtard.*
Kolima.	*Holni.* Halni.	Mori.

Eſthonice.

Esthonice.	*Hungarice.*	*Latine.*
Kollettama.	*Hollettá* - Halottá lenni. Haloványulni.	Impalescere. *Gelb werden.*
Kolmas - kord.	Hármas - kor. Három - szor.	Ter.
Kül.		Pistillum mortarii.
	Köjü. Külyü.	Mortarium.
Kont.	Csont.	Os. Ossis.
Kopputama.	Koppantani.	Pulsare. *Anklopfen.*
Korima.	Karimázni. Hajalni. Hántani. Hámozni.	Emarginare. Decorticare.
Korp.		Biscoctum. *Zwieback.*
	Korpa.	Furfur. *Kleye.*
Kowwa.		Durus.
Kowwas. Köwwas.	Kova. Kovats.	Silex. Cos. *Wetzstein.*
Kul. Wihma kul.	Karuj.	Nisus. *Habicht. Sperber.*
Kulla.	Kalán.	Cochlear.
Kurk.	*Turk. Tork.* Torka. Torok.	Guttur.
Kutsikas. *Gen.* Kutsika.	Kutyátska.	Caniculus.
Küljest.	Kül. Kivül.	*An der Seite.* Ad latus.
Küllest.	Kivülröl.	*Von der Seite.* De latere.
Künarpä.	*Künöke.* Könyök.	Cubitus. *Ellenbogen.*
Kütma.	Fütni.	*Anheitzen.* Calefacere.
Kütsema.	Sütni.	*Braten.* Torrere.
Labbidas. Lapjo.	Lapát. Lapátos.	*Schaufel.* Pala.
Ladik.		*Die Lade.*
Laiw (*Schiff*).	Ladik.	*Die Kahne.* Linter.
	Láda.	Arca *Koffer. Verschlag.*
Lakja mees.	Lako ember. Jollako. Elödi. Létsapo. Eszem iszom.	*Schmarotzer.* Parasytus.
Lakma.	Lakni. Jollakni.	*Schmarotzen.* Helluari.
Lakkoma.	Lakodalmazni.	Comessari.
Lap.	Lap. Lapu. Lapáj. Lapos. Folt.	*Der Lappen. Ein Fleck.*

Esthonice.	*Hungarice.*	*Latine.*
Lebbe.	Lépö. Léptsö. Küszöb.	*Tührschwelle.* Limen.
Leeb. Lenud.	Lehet. Meglehet.	Fieri potest. *Es mag seyn.*
Leem.	Lév. Levem.	Jusculum. *Suppe.*
Lehhitama.	Lehelni. Lebegtetni.	*Sanft wehen.* Leni aurâ perflare.
Leht.	Levél.	Folium. Pagina.
Leig.	Lágy. Lágy meleg.	Tepidum. *Lau. Weich.*
Leug.	Leng. Lengedezö-szél. Lengeteg.	Lenis aura. Zephyrus.
Lüdrik.	Lidértz. Lüdértz (Noctambulo).	*Gottespferdchen* (Avis).
Lög.	Elig. Elég.	Satis.
Löngus. Longus.	Lézengö.	*Tagedieb.* Otiosus.
	Czellöngö.	
Ma. *Abl.* Maast.	Mezö. Föld.	Terra.
Ma mees.	Mezömies. Földmives.	Agricola. *Einwohner.*
Maks.	Máj.	Jecur.
Massa jalg kanna.	Mászo gyalog tyuk.	*Kriechhuhn.*
	Máfzo lábu tyuk.	
Meel.	Sziv. Indulat. Akarat. Okosság. Elme. Mely.	*Gemüth. Sinn. Vernunft. Verstand. Gedächtniß. Vorsatz. Wille.* Pectus.
Temma mee sai pahhaks	Annak mellye (szive) vala puha (gonosz)	*Er war zornig.*
Kiwel meel.	Kevél mely (sziv).	*Widriger Sinn.*
Se tulleb mo mele.	Az jöt mellyembe (elmémbe).	Venit mihi in mentem.
Mees. Mehes.	Férjfi (*Mies Mives*).	Vir (*Operarius. Laboriosus*).
Mehhele minnema.	Férhez menni.	Nubere.
Mäggi.	Hegy.	Mons.
Messi.	Méz.	Mel.
Metsa-met.	Erdei méz.	Mel sylvestre.
Melega.		*Mit Fleiß.*

Eſthonice.	*Hungarice.*	*Latine.*
Neggema heal melega.	Nezni hiv meleggel.	*Gern ſehen.*
Mes? Miaki?	Mi? *Dat.* Minek?	Quid?
Mis.	Mi? Ki?	Quis?
Minnema.	Menni.	Ire.
Minni. Minnia. Minnija.	Meny.	Nurus.
Motta.	Motſar.	*Schlam.*
Möirgama. Moirama.	Morgani.	*Brüllen.* Murmurare.
Murk.	Méreg.	Venenum.
Murgi rohhi.	Mérges-fü.	Herba venenata.
Munna.	Mony. Monya. Tyuk mony. Tojás.	Ovum.
Murrelik.	Morog. Morgo. Szomorgo.	*Bekümmert.* Moeſtus.
Möſkma.	Mosni.	Lavare.
Näggema.	Nézni.	Videre.
Näugma.	Nyávoghi.	Mautzen. Felis more clamare.
Naine.	Nö: Né.	Foemina.
Naiſetta.	Nötelen.	Caelebs. *Unbeweibt.*
Naitma.	Nöſzni.	Ducere uxorem. *Sich beweiben.*
Neelma.	Nyelni.	Deglutire.
Neelan.	Nyelem.	Deglutio.
Nelja.	Négy.	Quatuor.
Neljandik.	Negyedik. Negyed.	Quadrans.
Neljandelt.	Negyedelt.	
	Negyedſzer.	Quarto.
Neljas.	Négyes.	
	Negyedik.	Quartus.
Neljat-korda.	Negyed-kor (Mikor)?	
	Negyed-ſzer.	Quarta vice.
Neljawörra.	Négy féle.	Quadruplex.
Niitma.		Metere.
	Nyitni.	Aperire.
Nimmi.	Név.	Nomen.
Nimme-andma.	Nevet adni.	Nomen dare.
Nool.	Nyil.	Sagitta.

Esthonice.	*Hungarice.*	*Latine.*
Noor.		Juvenis.
	Nyár.	Aeftas.
Nugris.	Ugrós.	*Hurtig.* Agilis.
Nülgema.	Nyulni. Elnyulni.	
	Nyuzni.	*Schinden.* Excoriare.
ö. öſe.	Éj.	Nox.
ö. Wö.	öv. öve.	Cingulum.
öhtus. öhto.	öſtve. Eſt. Eſtve.	Veſpera.
öige. öiges.	Igaz.	Juſtus.
öigus.	Igazſág.	Juſtitia.
Oiſtuma.	Olvaſztani.	Liquefacere. *Aufthauen.*
Oks.	Ág.	Ramus.
Okſendama.	Okádni.	Vomere.
Oppetus.	Oktatás.	Doctrina. Inſtitutio.
Paggan.	Pogány.	Ethnicus.
Pahha.	Puha. Roſz. Gonoſz.	Malus.
Paha meel.	Puha mely. Gonoſz ſziv.	*Unwille. Verdruß.* Malus animus.
Pap.	Pap.	Concionator.
Palloke.	Falatka.	Bolus.
Paſſandama.	Foſſándani. Fosni.	Purgare. Diarrhaeam habere.
Pea. Pä.	Feje. Fö.	Caput.
Kowwa pea.	Kova fejü.	Memoria debilis.
Pea mees.	Fö ember.	*Ein Haupt der Familie.*
Pea oppetus.	Fö oktatás.	*Haupt Lehre.*
Peäl.	Fejel. Fejül.	Supra. *In loco.*
Peäle.	Fejülle.	Super. *Ad locum.*
Peäle kirri.	Fejül irás.	Inſcriptio.
Pergel.	Pergelni.	Urere.
Peält.	Fejülröl.	Deſuper. *De loco.*
Pöld.	Föld.	*Feld.* Campus.
Pöllaſtus.	Föllöſtök.	Ientaculum.
Pörm.	Por.	Pulvis.
Poega.	Fioka. Fiu.	Pullus. Filius.
Pool.	Fél.	Dimidius.
Koio pole.	Haza felé.	Verſus domum.
Peet.	Peti.	Petrus.
Peljus.	Félös. Félelem.	Metus.
Pihho.	Pihe.	Floccus. Pulvis.
Pilw.	*Felvö.* Felhö.	Nubes.
Pilwes.	Felhös.	Nubilus.

Esthonice.	*Hungarice.*	*Latine.*
Püs.	Puſka.	Sclopetum. *Flinte.*
Pu.	Fa.	Lignum. Arbor.
Puſſatama.	Poſzſzantani.	*Einen heimlichen Furz laſſen.*
Pus.	Poſz.	*Ein Schleicher. Heimlicher Furz.*
Puuſtus.	Puſztás.	*Ungebautes Feld.*
Purruks teggema.	Porrá tenni.	*Zermalmen.* Conterere. Deſtruere.
Raag.	Ág. Ág-bog.	Ramuli.
Rängo. Ränk.	Rengeteg.	Magnus. Immanis.
Hone ränk.	Rengeteg épület.	Ingens aedificium.
Ränk mets.	Rengeteg erdö.	Horrenda ſylva.
Röggiſema.	Hörögni.	*Röcheln.*
Röhhina.	Röhögni.	*Grunzen, wie die Schweine.*
Rööm.	öröm.	Gaudium.
Römo andja.	öröm adoja.	*Fröhlichmacher.*
Römus.	örömes.	*Fröhlich.* Hillaris.
Rie.	Rua. Ruha.	Veſtis.
Riſt.	Keriſzt. Kereſzt.	Crux.
Riſti-emma.	Kereſzt Anya.	Mater baptismalis.
Saan.	Szán.	Traha.
Sadda.	Száz.	Centum.
Sadda wera.	Száz féle.	Centuplex.
Sääſk.		*Mücke.* Muſka.
	Sáſka.	*Heuſchrecke.* Locuſta.
Såre marri.	Szár ikrája.	Surae.
Sagge.	Sok.	Multum.
Samel.	Samel.	Samuel.
Sanna.	'Saná. '*Sanolni.*	Vox.
Sap.	Epe.	Fel.
Sant.		*Schlecht. Arm. Gering.* Vilis.
	Santa.	Claudus.
Sarw.	Szarv. Száru.	Cornu.
Seep.	Szappany.	Sapo.
Seer.	Szár.	*Schienbein.* Tibia.
Seir.	Sajt.	Caſeus.
Sep.	Seprö.	Faeces.
Sild.	Hild. Hid.	Pons.
Silm.	Szem.	Oculus.
Silmike.	Szemöke. Szemetske.	Ocellus.

Esthonice.	*Hungarice.*	*Latine.*
Pillo Silm.	Pillogato szem.	*Blinzauge.*
Silma wessi.	Szem vize. Könyvhullatás.	Lacrimae.
Silma pilkeminne.	Szempillantas.	Momentum. Nictus oculi.
Silmast silmaga.	Szemtöl szembe.	De facie ad faciem.
So.	Sár.	Lutum.
Söa. Südda.	Sziv. Szived. *Poss.*	Cor. *Cor tuum.*
Suits.	*Süst.* Füst.	Fumus.
Sült.	Sült.	Coctum. Salitum. Tostum.
Täht.	Tett. Tette van. Tétele van.	*Kennzeichen. Merkmal.*
Täi. Täit.	Tetü. Tetüt. *Acc.*	Pediculus. *Laus.*
Täies. Täieste. Täüs.	Tejes. Tellyes.	Plenus.
Täius.	Tejesség.	Plenitudo.
Täütma. Täitma.	Tötni.	Replere.
Tänne pääw.	Enaponn.	Hodie.
Täwwelik.	Teli.	Plene. Plenarie.
Taiwas.		Coelum.
	Tavasz.	Ver, in quo ridens Coeli facies omnes creaturas reficit.
Talgus.		*Ein Schmauß für Arbeiter.* Convivium operariorum.
	Dolgos.	*Ein Arbeiter.* Operarius.
Tal.	Talp.	Planta cothurnorum. ? *Schuhsohle?*
Talwe. Talli.	Tél. Téli.	Hyems.
Tanni.	Dani.	*Daniel.*
Taplema.	Tapni. Tsapni Tépni.	Conculcare. Contrectare.
Tapma.	Tapodni. Toppantani. Dobni.	*Schlagen. Zanken.*
Taplemine.	Tsapás. Verekedés.	Rixa.
Taplus.	Tsapdosás. Tapodás.	
Taplik.	Tsapo. Verekedö.	Rixator.
Tappelus.	Tépelödés. Verekedés.	Pugna. *Die Schlacht.*
Tappetud.	Tapotott. Tépetett. ölt.	Occisus.

Esthonice.	*Hungarice.*	*Latine.*
Tatrikut. Tatra.	Tatárka.	*Buchweitzen.* Polygonum Fagopyrum.
Teadma.	Tudni.	Scire.
Teadmatta.	Tudatlan.	Indoctus. Insclus.
Teggema.	Tegyem. *Optativ.*	Faciam. Laborem.
Koa teggija.	kovát tegyen. Kötevö.Kö rako. Kö mives.	Murarius. Architectus. *Baumeister.*
Telk. Tölg.	Tengej.	Axis.
Temanti kiwwi	Gyémánt kövl.	Adamas.
Tiig.	Tök.	Cucurbita.
Tis.	Tsits.	Mamma.
Tissi andma.	Tsitset adni.	Lactare.
Tiwwe. Tü.		*Das breite Ende eines jeden Dinges.*
Tüwwi.	Tö. Tü. Töve.	Radix. Pars inferior et latior. Truncus.
Tolwan.		*Ein dnmmer läppischer Mensch.*
	Tolvaj.	Fur.
Torkama.	Türkölni. Törni.	*Stoßen.* Terere. Confligere.
Tohhedus.	Tészta. Kovász.	Massa. Fermentum. *Sauerteig.*
Tulli.	Tüz.	Ignis.
Tulloke.	Tüzetske.	Igniculus.
Tundma.	Tudni.	
Tuttama.	Tuttam. *Perf.*	Scire.
Minno tutwast.	Nekem *tudvást.*	
	Nekem tudtomra.	Meo scitu. Meâ opinione.
Tutwa. Tuttaw.	Tudva valo.	*Bekannt. Bewust.* Notum.
	Tuttam.	Cognitum.
Tuul.	Szél.	Ventus.
Többi.		Morbus. Aegritudo.
Wee többi.	Viz korság.	Hydrops.
Tölp.	Törpe.	Brevis.
Tsirk. Tsirgo.		Avis.
	Tsirke.	Pullus gallinaceus.
Tsukma.	Tsukni. Szurni.	*Stechen.*
Ugama.	Egni.	Candescere. *Glühen.*
Ulge.		Manatus. *Seehund.*
	Ürge.	Glis. Gliris.

Esthonice.	*Hungarice.*	*Latine.*
Unnine.		Somnolentus. *Schläfrig.*
	Unni. Megunni.	Tedere. Tedio affici.
Undius. Undlik.	Unalmas. Álmos.	Tediofus. Somnolentus. Obliviofus.
Unnetamine.	Unalom. Feledékenyfég.	Oblivio.
Uffitab.		*Aufftiften.*
	Ufzitani.	*Anhetzen.* Incitare.
Uus.	Uj.	Novus.
Uus uduke.	Ujjadon uj. Ujdonat uj.	*Funkelnagelneu.*
Ülem.	Elfö.	Primus.
Wabbat.	Szabad.	Liberum. Licitum.
Wabbat mees.	Szabad mies.	Freyer *Arbeiter.*
Wabbat naene.	Szabad néne.	Freyes *Weib.*
Wabbadus.	Szabadfág.	Libertas.
Wagga.	*Vagaz.* Igaz.	Verus. Pius.
Wahha.	Vihafz. Viafz.	Cera.
Wäi. *Gen.* Wäie.	Vö. Veje.	Gener.
Wälkima.	Villámlani. Villogni.	Fulgurare.
Wälk.	Világ. Villamlás.	*Blitz.* Fulgur.
Wärraja.	Verö. Veröje ellenfégeinek.	Victor. *Sieger.*
Wärräja.	Verötze.	Porta. Janua.
Wäffima.		Fatigari.
	Vefzni.	Perire.
Wäits. Weits.	Bitfok.	Culter.
Waew. Waiw. Waia. Waja.	*Vaja.* Baja. Baj. Nyavaja.	Morbus. Opera. Aerumna. Inquietudo. *Plage. Mühe. Mangel.*
Waewaja.	Nyavajito. Nyomorito.	*Peiniger.* Cruciator.
Waewaline.	Bajos. Nyavajás.	*Mühselig.*
Waifus. Waefus.	Baj. Nyavaja.	*Elend.* Morbus.
Waiwal.	Bajjal. Nyavajával.	Difficulter. Laboriofe. Periculofe.
Waia.	Vagy. Hanem.	Aut. Sed.
Wak. *Gen.* Waka.	Véka.	Metreta. Menfura. *Maas.*
Walgus. Walg.	Világ.	Lux. Lumen.
Ku walge.	Hold világa.	Lux lunae.
Walguftus.	Vilagofitás.	Illuminatio.

Esthonice.

Esthonice.	*Hungarice.*	*Latine.*
Wallus.	*Fallos. Fálós.* Fájos.	Dolens.
Wallutama.	Fájlaltatni.	Dolere.
Wallitama.	Vállafztani.	Eligere.
Wallitfetud.	Vállafztott.	Electus.
Wanna.	Vén.	Senex.
Wanna. Sanna.	Vén 'fana.	Senex jurgofus. Praecipue de vetulis dicitur.
Wanna naene.	Vén néne.	Senex. Vetula. Obftetrix.
Wannus. Wannadus.	Vénfég. Vénhedés.	Senectus.
Wannakas.	Vénhedö. Nehezkes.	Senio affectus. *Aeltlich.*
Warblane.	Veréb.	Paffer. *Sperling.*
Warras. Warga.	Oroz. Or.	Fur.
	Farkas.	Lupux. Rapax.
Wargus.		Furtum. Rapina.
Warjo.	*Varjék.* Arjék.	Umbra.
Warritfema.	Várni. Lesni.	Infidiari.
Wafk. *Gen.* Waffe.		Cuprum. Metallum.
	Vas. *Gen.* Vafé.	Ferrum.
Werrew wafk.	Veres vas (Réz).	Orichalcum.
Werrew.	Veres.	Ruber.
Walge werrew.	Világos veres.	*Blaßroth.*
Werrew kriit.	Veres kréta.	*Rötelstein.*
Werri. G Werre. A. Werd.	Vér. G. Vére. A. Vért.	Sanguis.
Werrine higgi.	Vérinek higja. Veriték. Verejték.	*Blutschweiß.*
Werremas jäma.	Vereffé lenni. El pirulni.	Erubefcere. *Erröthen.*
Weddama.	Vezetni.	*Ziehen. Schleppen.*
Werdima.	Forditni. Fordulni.	*Sich rollen.*
Wirroma.	Forogni.	*Wirbeln. Drehen.* Girari.
Wee. Weffi.	Viz. Vizi.	Aqua. Aquatilis.
Wet heitma.	Vizet hajtani. Vizelleni.	*Waffer laffen.* Mingere.
Wo. Wee-wo.	Foo viz. Fojo viz.	Flumen.
Woama.	Fojni.	Fluere.
Silma weffi.	Szem vize.	Lacrymae.
Weffi lokfub.	Viz locfog.	*Das Waffer schlüpert.*

Esthonice.	*Hungarice.*	*Latine.*
Wiet.	öt.	Quinque.
Wiet korda.	öt-kor. ötször.	Quinta vice. Quinquies.
Wiggel. *Gen.* Wigla.	Villa.	Furca. *Gabel.*
Wiig.	Fige.	Ficus.
Wigi pu.	Fige fa.	Ficus arbor.
Wilguma. Wälkima.	Villogni. Világolni.	Radiare. *Schimmern.*
Wilgub mo silma ees.	Világol az én szemem elött.	*Es schimmert mir vor den Augen.*
Wima. Wi. Weije. Wija.	Vinni. Vigy. Vigye.	*Bringen. Führen.* Ferre. Portare.
Wing.	Fing.	*Dunst vom Ofen. Schmauch. Das Klatschen. Farz.*
Winguma.	Vinnyogni.	*Winseln.* Vagire. Ejulare.
Wingumine.	Vinnyogás.	*Das Winseln.* Vagitus.
Wirg. *Gen.* Wirgo.	Virgontz.	*Munter. Fleißig. Hurtig.* Alacris.
Wirgoma.	Viradni (Virgontzulni). Felébredni.	Evigilare.
Wirkus.	Virgontzság.	*Emsigkeit.* Diligentia.
Wirwe.	Virgontzul. Frissen.	Alacriter.
Wirts.		*Mistlacke. Unreines Wasser.*
	Virits. Uj, forratlan ser.	*Ungegohrnes Bier.*
	Nyir virits.	Succus ex vulnerata betula vere stillans.
Wisakas.	Szokás.	*Gebräuchlich.* Consvetum.
Wisas.	Viszszás. Ravasz.	Astutus. Fraudulentus.
Wissa pea.	Viszszás fejü.	*Stumpfer Kopf.*
Wissa pu.	Viszszás fa.	*Zehes Holz.*
Wississema.	Visitni.	*Zischen. Pfeifen.*
Wits. Wääs.	Veszszö.	*Ruthe. Stöckchen.* Virga.
Wit.	Pit. Pits. Pitsa.	Vulva mammalium.
Wiwitaja.		*Ein Zauderer.*
	Vitato. Vitatója. *Poss.*	Qui assertum aliquod ad nauseam usque urget.
Witma. Wiwitama.		Tardare.
	Vitatni.	Urgere.
Wiwitus.		Impedimentum.

Esthonice.

Esthonice.	*Hungarice.*	*Latine.*
	Vitatás.	Ursio.
Woito.		*In die Wette. Um die Wette.*
	Vojto játék.	Wojto *Spiel.*
Wotka.	Vatka.	*Ungeklarter Branntwein.*
Wö.	öv.	Cingulum,
Wöetama.	övetzeni.	Cingere.
Wöije. Woie.		*Die Schmiere.* Unguentum. *Schmalz.*
	Vaj.	Butyrum.
Wöidma.Woid-	Vajazni.	Ungere. Illinire.
Waik.		*Harz.* Resina.
Körwa waik.		*Ohrenschmalz.* Cerumen aurium.
Waikotama.	Vajazni. Mázolni.	*Harzen.* Resinâ inungere.
Wötma.	Venni (*Vöttem.* Perf.).	*Nehmen.* Accipere.
Zahhatama.	*Zakatolni.*	*Die Hunde hetzen.* Incitare. *Strepere.*
Zippotama.	Czeppenteni.	*Besprengen.* Stillare.
Zörik.	Kerek.	Rotundus.
Zöritama.	Keriteni.	Circulum describere.
Zöör.	Kör.	Circulus.

Exempla Paradigmatum, in quibus voces hungaricae cum esthonicis, tam sono quam modo declinandi, et significatione evidenter conveniunt. Voces hunc in finem selegi sequentes: Wask, *Ferrum;* Werri, *Sanguis;* Meel, *Animus* (*Mel. Mely. Mej* hungaricum significat *Pectus;* quod est *Cordis*, seu *Animositatis* receptaculum); Leem, *Jusculum;* Taewas, *Coelum* (*Tavaß* hungaricum significat *Ver*, dum *coelum* facie nova totam naturam exhilarat), Akken, *Fenestra* (*Akna* hungaricum, significat *Fenestra*, seu *Orificium*, *Puteum* salisfodinae), Römus, *Hillaris;* Källi, *Manus;* Keel, *Lingua;* Warras, *Fur;* Wiggel, *Furca stercoraria* (*Mistgabel*); Woi, *Butyrum;* Kard, *Brachtea*, *Lamina* (*Kard* hungaricum *Gladium* significat, quod revera ex oblonga

Lamina

Lamina conſtat), Mees, *Vir* (*Mies* hungaricum ſignificat *Operarium*, *Földmives* ſign. *Agricolam*, *Kömives* ſign. *Murarium*, *Rézmives*, *Cupri-Fabrum*); Ma, *Terra* (*Mezö*, hung. *Campus*), Päiw, *Dies*, (Peiva, hungaricum ſign. *Palea*); Suur, *Magnus*; Wars, *Caulis*.

Eſthonice.	*Hungarice.*
N. Waſk.	Vas.
G. Waſſe.	Vaſé.
D. Waſſele.	Vasnak.
Waſſel.	
A. Waſkat.	Vaſat.
Waſat.	
Ab. Waſſaſt.	Vaſaſtol.
Waſſalt.	Vaſtol.
N. Werri.	Vér.
G. Werre.	Véré.
D. Werrele.	Vérnek.
A. Werd.	Vért.
Ab. Werriſt.	Véreſtöl.
Werreſt.	
Werrelt.	
N. Meel.	Mely.
G. Mele.	Melyé.
D. Melele.	Melynek.
Melel.	
A. Meelt.	Melyet.
Ab. Meleſt.	Melyeſtöl.
Melelt.	Melytöl.
N. Leem.	Lév. *Levem. Poſſ.*
G. Leme.	— Levemé.
D. Lemele.	— Levemnek.
Lemel.	
A. Leent.	— Levemet.
Ab. Lemeleſt.	— Leveſtöl.
Lemelt.	
N. Taewas.	Tavaſz.
G. Taewa.	Tavaſzé.
D. Taewale.	Tavaſznak.
Taewal.	
A. Taewaſt.	Tavaſzt.

Eſthonice.

Esthonice.	*Hungarice.*
Ab. Taewalaſt.	Tavaſztol.
N. Akken.	Akna.
G. Akna.	Aknáé.
D. Aknale.	Aknának.
A. Aknat.	Aknát.
Ab. Aknaſt.	Aknáſtol.
	Aknátol.
N. Römus.	örömes.
G. Röömſa.	öröme∫é.
D. Römſa.	örümesnek.
A. Römuſt.	örömeſt.
Ab. Römſa.	örömeſtöl.
N. Käſſi.	Kéz. Kézi.
G. Käe.	Kézé.
D. Käelé.	Kéznek.
Käſſiile.	
A. Kät.	Kezet.
Ab. Käeſt.	Kezeſtöl.
	Kéztöl.
N. Keel.	Nyelv.
G. Kele.	Nyelvé.
D. Kelele.	Nyelvnek.
A. Keeld.	Nyelvet.
Ab. Keleſt.	Nyelveſtöl.
	Nyelvtöl.
N. Warras.	Oroz. or.
G. Warga.	Oré.
D. Wargale.	Ornak.
A. Warraſt.	Ort.
Ab. Wargaſt.	Ortol.
N. Wiggel.	Villa.
G. Wigla.	Villáé.
D. Wiglale.	Villának.
A. Wigla.	Villát.
Ab. Wiglaſt.	Villáſtol.
	Villátol.
N. Woi.	Vaj.
G. Woi.	Vajé.
D. Woile.	Vajnak.
A. Woid.	Vajat.
Woit.	Vajt.
Ab. Woiſt.	Vajaſtol.
	Vajtol.

Esthonice.	*Hungarice.*
N. Kard.	Kard.
G. Karra.	Kardé.
D. Karrale.	Kardnak.
A. Kardot.	Kàrdot.
Ab. Karraſt.	Kardtol.
Kardaſt.	Kardoſtol.
N. Mees.	Mies. Mives (*Operarius*).
G. Mehhe.	Mieſé.
Mihhe.	
D. Mihelle.	Miesnek.
A. Meeſt.	Mieſt.
Ab. Mihheſt.	Mieſtöl.
N. Ma.	*Mezö.*
G. Maahe.	Mezöé.
D. Maale.	Mezönek.
A. Maad.	Mezöt.
Ab. *Maaſa.*	Mezötöl.
Maaſt.	
N. Päiw.	Peiva (*Palea*).
G. Päiwä.	Peiváé.
D. Päiwäle.	Peivának.
A. Päiwä.	Peivát.
Ab. Päiwäſt.	Peiváſtol.
	Peivátol.
N. Suur.	Ur. Hur (*Dominus. Chorda*).
G. Sure.	Ure. Huré.
D. Surele.	Urnak. Hurnak.
A. Suurt.	Urat. Hurt.
Ab. Sureſt.	Uraſtol. Huroſtol.
	Urtol. Hurtol.
N. Wars.	Var (*Cruſta*, quae vulnus obduci ſolet).
G. Warre.	Varé.
D. Warrele.	Varnak.
A. Wart.	Vart.
A. Warraſt.	Varaſtol.
	Vartol.

OBSER-

OBSERVATIONES

CIRCA SEPTEM LINGUAS FENNICAE ORIGINIS

UTI SUNT:

LINGUA VOGULIGA, VOTJAKICA, TSCHUVASCHICA, TSCEREMISSICA, PERMICA, SIRJENICA, MORDUANICA.

HIS ADNEXA SUNT VOCABULARIA, LINGUAS HAS ILLUSTRANTIA.

Sequuntur nunc obſervationes, quae circa ſeptem linguas fennicae originis factae ſunt.

Adminicula quibus hunc in finem uſus ſum, erant *Primo:* tres Grammaticae ſuperius memoratae, ex quibus tam obſervationes grammaticas, quam Vocabula colligere licuit, quae ad linguam Votjakicam, Tſchuwaſchicam et Tſcheremiſſicam pertinent. *Secundo:* Deſcriptio Tatariae, quam Vitſen ſub titulo: *Noord en Ooſt Tartarye*, edidit Amſtelodami 1705 in Fol. Tom. II. Hinc deprompta ſunt vocabula quaedam morduanica, pag. 624. Tom. II. adducta. *Tertio:* Collectiones hiſtoriae ruſſicae ſub titulo: *Sammlung Ruſſiſcher Geſchichte.* Petersburg, 1758. in cujus pag. 383 usque 410. Tom. 3 inveniuntur vocabula ad linguam permicam, ſirjenicam et morduanicam pertinentia. *Quarto:* Vocabularium Petropolitanum manuſcriptum, continens 336 vocabula, 34 gentium maxima ex parte Sibiricarum, quod Celebris Profeſſor Petropolitanus FISCHER in uſum *Inſtituti Hiſtorici Gottingenſis* dono miſit, mihi vero Cl. Prof. et Reg. Angl. Conſ. J. C. GATTERER benigne concredere dignatus eſt. Continet vocabularium hocce, vocabula Calmycorum, Bucharorum, Tatarorum ad fluv. Oby, et Tſchulim degentium, Tatarorum Tſchatzenſium, Oſtiakorum, Tomenſium,

 Sirae-

Siraenorum Archangelopoli, ad Vitſchiogdam, Vuimum et Siſelam fluvios degentium, Oſtiakorum Jeniſeae accolarum, Tunguſorum, ad Tunguſcam fluvium habitantium, Aſſanorum, in deſertis Uſſoliae, et Onae fluv. degentium. Graecorum, Finnorum, Wotjakorum, Tſcheremiſſorum, Tſchuwaſchorum, Tatarorum Caſanenſium, Morduanorum, Samojedarum, Meſeniorum, Gruſorum, Hungarorum, Ruſſorum, Tatarorum, Tobolenſium, Wogulorum, Polonorum, Swedorum, Permiorum, Oſtiakorum ad fluv. Irtiſch, Manſhurorum, Sinarum, Samojedarum, Jugrenſium, Mongolorum, Tunguſorum, in Provincia Selengenſi, et Nertſchenſi habitantium, Tangutorum, Tatarorum Kutznezenſium, et ad fluv. Tom, Tſchumyſch, Condom, et Mraſa habitantium, Teleutorum, ſeu Telengutorum, Chalmykorum, his vicinorum, et conſanguineorum, Tatarorum Katſchenſium, et aliorum, in Prov. Krasnojarienſi, Ariorum, ſive (ut Ruſſi appellant) Arinzorum, Kottorum, et Kaibalorum, in Prov. Jeniſeenſi, Kamaſchorum, ad fontes Kami, et Manae fluv. Buraetorum (Ruſſice Brattorum) in Prov. Irkutenſi, et ad Udam, Biruſſam, Occam, Ijam et alios fluv. habitantium.

Pauca admodum reperiri poterant in libris enumeratis, quae lectorem ad naturam harum linguarum intimius inveſtigendam introduxiſſent. Erant ea maxima ex parte Declinationum, Nominum, Pronominum, atque nonnullarum Conjugationum Paradigmata. De modo conſtructionis, de ſingularibus harum linguarum proprietatibus fere nulla indicia inveniri poterant. Non ergo mirabitur lector quod notata hujus generis pauciora multo, quam in lingua lapponica, finnica, et eſthonica adferre licuit hic inveniat.

De

De Numeralibus.

Numeralia quatuor nationum notari merentur, cum plurima eorum cum Numeralibus Hungarorum evidentiſſime coincidant.

	Hungarorum.	*Votjakorum.*	*Tſcheremiſſorum.*	*Vogulorum.*	*Permiorum.*
1	Egyik. *Alterutir.*	Odik.	Iktet.	Aku.	ötik.
2	Két. Két. Kettö.	Kik.	Koktot.	Kiteg.	Kiik.
3	Három. Hárma.	Káin.	Kumut.	Kurom.	Kuüm.
4	Nigy. Négy.	Nil.	Nilit.	Nille.	Njol.
5	öt.	Vity.	Vizit.	At.	Vit.
6	Hat.	Kuaty.	Kudut.	Kot.	Kuat
7	Hét.	Szizim.	Szimit.	Sat.	Siſim.
8	Nyoltz.	Kiamiſz.	Kandáſe.	Nöllou.	Kökjammas.
9	Kilentz.	Ukmiſz.	Indéſe.	Ontollou.	Ukmuss.
10	Tiz.	Dáſz.	Lu.	Lou (*Low.* Monoſyl.	Dass.
11	Tiz egyik. Tizenegy.	Daſzodik.	Luatikte.	Akukuiplou. *Egy 's tiz* Hung.	
12		Daſzkik.	Luatkoktot.	Kitkuiplou. *Kettö 's tiz* Hung.	
13		Daſzkvln.	Luatkumut.	Kuromkuiplou. *Három 's tiz* Hung.	
14		Daſznil.	Luatnilit.		
15		Daſzvity.	Luatvizit.		
16	Tizhat. Tizenhat.	Daſzkvaty.	Luatkudut.		
17		Daſzſzizim.	Luatſimit.		
18		Daſzkiamiſz.	Luatkandáſe.		
19		Daſzukmiſz.	Luatindéſe.		
20	Huſz.	Kiz.	Kolo.	Kus.	
21	Huſzegyik. Huſzonegy.	Kizodik.		Kuſaku. *Huſzegy*. Hung.	
22	Huſzkit.	Kizkik.			

	Hungarorum.	*Vptjakorum.*	*Tſcheremiſſorum.*	*Vogulorum.*	*Permiorum.*
30	Harmintz.	Kuamin.	Kumlo.	Wúät.	
40	Nigyven. Negyven.	Nildon.	Nille.	Nélmen.	
50	ötven.	Vitton.	Vitle.	átpen.	
60	Hatvan.	Kuatton.	Kutlo.	Kotpen.	
70	Hetven.	Szizimdon.	Simlu.	Satlou.	
80	Nyoltzvan.	Kiamuſzton.	Kandáſlu.	Nölſchät.	
90	Kilentzven.	Ukmiſzton.	Indéſlu.	óntolſchät.	
100	Száz.	Sziu.	Sjudo.	Schät. 101. Schät-akü.	
200	Kitſzáz.	Kikſziu.	Koksjudo.	Kitſchät.	
300		Kuinſziu.	Kvmsjudo.		
400	Nigyſzáz.		Nilsjudo.		
500	ötſzáz.		Vitzsjudo.		
600			Kuksjudo.		
700			Simsjudo.		
800			Kandassjudo.		
900			Indéssjudo.		
1000	Ezerſzer Millies.	Sziurſz.	Tu'ſém.	Schótr. *Myrias.* 100,000.	Lou Schotr. Schät-Schotr.
	— Ezer. Mille.				
1000,000			Tjumem.	Schotr-Schotr.	

De Poſſeſſivis Tſcheremiſſorum.

Pauca quae inveniri poterant Poſſeſſivorum exempla enumerabo, quae ſimilitudinem cum Poſſeſſivis hungaricis evidentem produnt, cum in prima Perſona Singulari litteram finalem *m*, in ſecunda Perſona literam finnalem *t* et *d*, in prima Plurali penultimam *n* tanquam characteriſticam conſtanter requirant.

Tſcheremiſſice.	*Hungarice.*	*Latine.*
Atj*ám*.	Aty*ám*.	Pater meus.
Atj*át*.	Aty*ád*.	— tuus.
Atja'ſe.	Attya.	— ſuus.
Atjane.	Aty*ánk*.	— noſter.

Tſchere-

Tſcheremiſſice.	*Hungarice.*	*Latine.*
Atjada.	Atyátok.	— veſter.
Atja'ſt.	Attyok.	— illorum.
Abám.	Anyám.	Mater mea.
Abát.	Anyád.	— tua.
Aba'ſe.	Annya.	— ſua.
Abána.	Anyánk.	— noſtra.
Abáda.	Anyátok.	— veſtra.
Aba'ſt.	Annyok.	— illorum.
Kidém.	Kezem.	Manus mea.
Kidet.	Kezed.	— tua.
Kid'ſe.	Keze.	— ſua.
Kitna.	Kezünk.	— noſtra.
Kitda.	Kezetek.	— veſtra.
Kiti'ſt.	Kezek.	— illorum.
Ujudém.	Vizem.	Aqua mea.
Ujudet.	Vized.	— tua.
Ujut'ſo.	Vize.	— ſua.
Ujutna.	Vizünk.	— noſtra.
Ujutda.	Vizetek.	— veſtra.
Ujudju'ſt.	Vizek.	— illorum.
Kjujém.	Kövem.	Lapis meus.
Kjujet.	Köved.	— tuus.
Kjuj'ſo.	Köve.	— ſuus.
Kjuna.	Kövünk.	— noſter.
Kjuda.	Követek.	— veſter.
Kju'ſt.	Körök.	— illorum.
Juṃém.	Iſtenem.	Deus meus.
Jumét.	Iſtened.	— tuus.
Jumu'ſo.	Iſtene.	— ſuus.
Jumuna.	Iſtenünk.	— noſter.
Jumuda.	Iſtenetek.	— veſter.
Jumu'ſt.	Iſtenek.	— illorum.

De Verbis.

Circa Verba notatu digna reperi ſequentia: *Primo:* Praeſentis Indicativi 1. Perſ. exit apud Tſcheremiſſos in literam *m*.

Tſcheremiſſice.	*Hungarice.*	*Latine.*
Lebedám.	Béfedem.	Tego.
Soraktám.	Siratom.	Doploro.
Judem.	Vetem.	Semino.
Tjurlatem.	Simitom.	Demulceo.
Tunuktem.	Tanitom.	Doceo.
Tunemam.	Tanulam.	Diſco.
Uſtem.	Szollitom. Uſzitom.	Voco.
Ilem.	Elem.	Vivo.
Sjudjurem.	Sodorom.	Neo. Contorqueo.
Umalem.	Aluſzom. Álmolom.	Obdormio.
Kutſedalam.	Viaskodom.	Pugno.
Juraltem.	Szeretem.	Amo.
Koſtam.	Koslatam.	Ambulo.
Kütſem.	Kérem.	Rogo.
Szájlem.	Szépitém.	Como.
Süilem.	Lehellem.	Spiro.
Kirem.	Verem.	Ferio.
Tſialtem.	Tſinittom.	Orno.
Umalem.	Lefekſzem.	Cumbo.
Kujeſtam.	Sütöm.	Pinſo.
Oſemám.	Fejérülök.	Albeſco. *Neutr.*
Oſem*dem*.	Fejéri*tem*.	Dealbo. *Tranſitiv.*
Julem.	Gyujtom. *Gyulom.*	Uro.
Amirgem.	Rutulok.	Turpeſco. *Neutr.*
Amir*tem*.	Ruti*tom*.	Deturpo. *Tranſitiv.*
Optem.	Ugatom.	Latro.
Tzamanem.	Szánom.	Condoleo.
Juktem.	Ujjugatom.	Cano.
Nunem.	Nyalom.	Lambo.
Szerem.	Irom.	Scribo.

Tſchere-

Tſcheremiſſice.	Hungarice.	Latine.
Kitſalám.	Kérem. *Kitſalom.*	Peto. *Doloſe efflagito.*
Néljam.	*Nyalom* Rágtſálom.	Manduco. *Lambo.*
U'ſalem.	*U'ſikálom.* Adom.	Vendo.
Judám.	Kérdem.	Interrogo.

Obſ. Animadvertit lector, duo Verba Tranſitiva Oſem*dem*, Amir*tem*, more Hungaris conſveto, formari, ſcilicet aſſumendo literam *t*, *d*, uti in: Fejér*it*, Rut*it*.

Secundo. Futurum ſimile eſt Indicativo Praeſenti, apud Votjakos, et non aliud, niſi interdum Adverbium: *mox*, *cras*, *deinde*, illi adjungi ſolet, ut apud Hungaros: *Majd olvaſok.* Mox lego; id eſt: *Legam.*

Tertio. Quemadmodum apud Hungaros ſic etiam apud Votjakos, Permios et Cirjanos, Infinitivi Verborum terminantur in *ni*.

1. *Apud Votjacos.*

Votjakice.	Hungarice.	Latine.
Szüni.	Enni. Szivni.	Edere.
Juni.	Inni.	Bibere.
Kirjani.	Kurjongatni.	Canere.
Izini.	Alunni.	Dormire.
Vidini.	Feküinni.	Cumbere.
Vaſztini.	Foſztani.	Spoliare.
Ga'ſani.	Szeretni.	Amare.
Nullini.	Viſelni.	Gerere.
Vandini.	Vagdalni.	Secare.
Kezeni.	Vetni.	Seminare.
Gironi. Gyirni.	Szántani. Gyurni.	Arare.
Piſztini.	Főzni. Kéſziteni.	Coquere.
Nyuitni.	Nyujtani.	Prolongare.
Karini.	Kereſkedni. Kérni.	Mercari.
Szjupani.	Tſokolni. Szopni.	Oſculari.
Uini.	Jöni.	Venire.
Ulini.	Élni.	Vivere.
Minini.	Menni.	Ire.
Nyulini.	Nyalni.	Lambere.
Kilini.	Ülni. Feküinni.	Jacere.
Kulini.	Halni.	Mori.

Votjakice.	*Hungarice.*	*Latine.*
Kuziatini.	Hofzfzitani.	Producere.
Gurjefztini.	Gerjefzteni.	Excitare.
Uarani.	Várni.	Servire.
Viini.	Vijni. ölni.	Occidere.
Jugitni.	Égetni. Világitni.	Illuftrare.
Meratni.	Méretni.	Menfurare.
Todini.	Tudni.	Scire.

2. *Apud Permicos.*

Szjuini.	Enni.	Edere.
Juni.	Inni.	Bibere.
Szolni.	*Szolni.* énekelni.	Canere.
Usni.	Alunni.	Dormire.
U'falni.	Szántani.	Arare.
Munni.	Menni.	Ire.

3. *Apud Cirjanos, v. Sirjenos.*

Szjuini.	Enni.	Edere.
Juni.	Inni.	Bibere.
Szuvni.	énekelni. Szolni.	Canere.
Noitni.	ütni.	Ferire.
Uzni.	Alunni.	Dormire.
Vodni.	Feküinni.	Jacere.
Vofztni.	Fofztani.	Spoliare.
Ljubitni.	Szeretni.	Amare.
Vundavni.	Vagdalni.	Secare.
Girni.	Szátani. *Gyurni.*	Arare. *Depfere.*
D'febni.	Dugni. 'Sebelni.	Recondere.
Kiftni.	Tölteni.	Replere.
Puni.	Föni. Fözni.	Coquere.

Paradigma Verbi Subftantivi Votjakici *Vány.* Eft et Tfcheremiffici: *Ulo.*

Indic. Praef.

	Votjacice.	*Hung.*	*Tfcherem.*	*Latine.*
S.	Mon vány.	én vagyok.	Ulám.	Sum.
	Ton vány.	Te vagy.	Ulát.	Es.
	Szo vány.	ö van.	Ulo (*Valo*).	Eft.

P.

	Votjakice.	*Hungarice.*	*Tſcheremiſſice.*	*Latine.*
P.	Mi vány.	Mi vagyunk.	Ulna (*volna*)	Sumus.
	Ti vány.	Ti vagytok.	Ulda.	Eſtis.
	Szojoſz-vány.	ők vagynak.	Ulut (*Volt*).	Sunt.
	Imperf.			
S.	Mon vál.	Én valék.		Eram.
	Toń vál.	Te valál.		Eras.
	Szo val.	ő vala.		Erat.
P.	Mi vál.	Mi valánk.		Eramus.
	Ti vál.	Ti valátok.		Eratis.
	Szojoſz-vál.	ők valának.		Erant.
S.	*Praet. Perf.*			
	Mon vui.	Én voltam.	Ilem.	Fui.
	Ton vuid.	Te voltál.	Iletz.	Fuiſti.
	Szo vuiz.	ő volt.	Ile.	Fuit.
P.	Mi vuimi.	Mi voltunk.	Ilná. (*volna*).	Fuimus.
	Ti vuidi.	Ti voltatok.	Ildá.	Fuiſtis.
	Szojoſz-vuizi.	ők voltanak.	Ilébe.	Fuerunt.
	Futur.			
S.	Mon vuo.	Én leſzek.	Lijám.	Ero.
	Ton vuod.	Te léſzſz.	Liját.	Eris.
	Szo vuoſz.	ő leſzen.	Lijés.	Erit.
P.	Mi vuom.	Mi leſzünk.	Lina (lenni).	Erimus.
	Ti vuodi.	Ti leſztek.	Lida.	Eritis.
	Szojoſz-vuozi.	ők leſznek.	Lit (*Lett*).	Erunt.
	Imperat.			
S.	ton vu.	légy te.	Li.	Eſto.
P.	ti vue.	legyetek ti.	Ul'ſo.	Sitis.
	Infinitiv.			
	vuuni.	Lennem.	Liját.	
	vujni.	Lenned.	Li'ſás.	Eſſe.
	vuini.	Lennie.		

Prius horum Paradigmatum, utpote Votjakicum, in pluribus apprime convenit cum hungarico, at ſecundum, Tſcheremiſſicum, paulo longius ab

 anti-

antiqua sua origine deflexit, in iis tamen partibus, quae notavi, cum vocibus hungaricis: *valo*, *volna*, *volt*, *lett*, *lenni* coincidit.

Conjugatio negativa Votjakorum peculiare aliquid habet, in quo nulla, quantum scio linguarum europearum illi comparari potest, at cum hungarica: in eo etiam puncto convenit. Videamus Paradigmata utriusque linguae.

Ind. Praes. *Votjakice.*	*Hung.*	*Latine.*
S. Mon ugvéráſzki.	Én ſemmondom.	Nec ego dico.
Ton udvéráſzki.	Te ſemmondod.	Nec tu dicis.
Szo ugvéra.	ö ſemmondja.	Nec ille dicit.
P. Mi umvéráſzke.	Mi ſemmondjuk.	Nec nos dicimus.
Ti udvéráſzke.	Ti ſemmondjátok.	Nec vos dicitis.
Szojoſz ugvéralo.	ök ſemmondják.	Nec illi dicunt.
Imperfectum.		
S. Mon eivéra.	Én ſemmondám.	Nec ego dicebam.
Ton edvéra.	Te ſemmondád.	Nec tu dicebas.
Szo ezvéra.	ö ſemmondá.	Mec ille dicebat.
P. Mi emvérale.	Mi ſemmondók.	Nec nos dicebamus.
Ti edvérale.	Ti ſemmondátok.	Nec vos dicebatis.
Szojoſz ezvérale.	ök ſemmondák.	Nec illi dicebant.
Infinit.		
veraniukul.	Mondaniſem-kell.	Nec dicere debeo.

Verbum Subſtantivum negativum Hungarorum evidens hunc in finem exemplum praebet.

Én nem vagyok.	Ego non ſum.
Te nem vagy.	Tu non es.
ö *nints*.	Ille non eſt.
Mi nem vagyunk.	Nos non ſumus.
Ti nem vagytok.	Vos non eſtis.
ök *nintſenek*.	Illi non ſunt.
Én ſemvagyok.	Nec ego ſum.
Te ſem vagy.	Nec tu es.
ö *ſints*.	Nec ille eſt.
Mi ſem vagyunk.	Nec nos ſumus.
Ti ſem vagytok.	Nec vos eſtis.
ök *ſintſenek*.	Nec illi ſunt.

De

De Praepofitionibus.

Maximam demum quoad Praepofitiones Votjakorum animadverto analogiam. Quemadmodum enim hi, fic etiam Hungari Suffixa pronominalia Praepofitionibus adjungunt, atque eas per tres Perfonas in utroque Numero inflectunt.

Votjakice.	*Hung.*	*Latine.*
Dinjám.	Bennem.	In me (*in loco*).
Dinjád.	- ned.	- te.
Diné.	- ne.	- fe.
Dinu.	- nünk.	- nobis.
Dink.	- netek.	- vobis.
Dinko.	- nek.	- fe.
Dorám.	Hozzám.	Ad me.
Dorád.	- zád.	- te.
Dorin.	- zája.	- fe.
Bordám.	Belém.	In me (*ad locum*).
Bordád.	- ed.	- te.
Bordin.	- éje.	- fe.
Urtzám.	Mellém.	Penes me.
Urtzád.	- éd.	- - te.
Urtzin.	- éje.	- - fe.
Pennám.	Miattam.	Propter me.
Pennád.	- ad.	- - te.
Penná.	- a.	- - fe.
Szerám.	Érettem.	Pro me.
Szerád.	- ed.	- te.
Szeré.	- e.	- fe.
Jenim.	Véllem.	Cum me (*mecum*).
Jenid.	- ed.	- te. te.
Jeniz.	- e.	- fe. fe.
Azjám.	Elöttem.	Coram me.
Azjád.	- ed.	- - te.
Azin.	- e.	- - fe.
Pirtim.	Általam.	Per me.
Pirtid.	- ad.	- te.
Pirtiz.	- a.	- fe.
Vilám.	Rajtam.	Supra me.
Vilád.	- ad.	- - te.

Votja-

Votjakice.	*Hungarice.*	*Latine.*
Vilin.	— a.	— — fe.
Ulám.	Alám.	Sub me.
Ulád.	Alád.	— te.
Ule.	Alá.	— fe.
Putskám.	Közzém.	Inter me (*ad locum*).
Putskád.	Közzéd.	— — te.
Putski.	Közzé.	— — fe.
Viltim.	Felettem.	Supra me.
Viltid.	— — d.	— — te.
Vilfi.	— — e.	— — fe.
Kufzpin.	Köztem.	Inter me (*in loco*).

Obfervet velim lector in utraque lingua Primam Perfonam terminari in *m* fecundam in *d* quas Terminationes accipiunt hae Praepofitiones Poffeffivae (feu *Suffixatae*) a Pronomine Poffeffivo hungarico Enyi*m*, meus; Tié*d*, Tuus.

Cum de ordine Conftructionis nulla fere mentio in Grammaticis tribus citatis facta fit, hinc circa Syntaxin vix quidquam notare licuit; hoc unum nihilominus adjiciendum cenfui, quod Adjectiva cum Subftantivis conftructa per omnes Cafus et Numeros invariata manent. En exemplum Tfcheremiffsicum.

Singul.	*Clara nubes.*
N. Jandár pily.	Világos felleg.
N. Jandár pilin.	Világos fellegé.
D. Jandár pilylan.	Világos fellegnek.
A. Jandár pilim.	Világos felleget.
V. Jandár pilem.	Világos felleg.
A. Jandár pilydene.	Világos fellegtől.
Plural.	
N. Jandár pilyfamitz.	Világos fellegek.
G. Jandár pilyfamitzin	Világos fellegeké.
D. Jandár pilyfamitzlan.	Világos fellegeknek.
A. Jandár pilyfamitzim.	Világos fellegeket.
V. Jandár pilyfamitzem.	Világos fellegek.
A. Jandár pilyfamitzdene.	Világos fellegektől.

Voca-

Vocabularia ſeptem linguarum, excepta Latina et Hungarica.

Circa haecce Vocabularia notet velim lector. *Primo*: Singulis linguis propriam me adſignaviſſe columnam, quoita primo obtutu unusquisque dignoſcere poſſit, ad quamnam vocabula pertineant linguam. In columna ſexta tres linguae notatae ſunt: Permica, Sirjenica et Morduanica, quarum literas initiales P. S. M. vocibus, quae ad hanc vel illam linguam pertinent, praepoſui. In columna quarta vocabula *Votjakica curſivis*, Tſchuvaſchica rotundis impreſſa ſunt literis.

Secundo: Adjecta eſſe vocabulis quibusdam latinis alia, etiam vocabula, vicinam ſignificationem habentia. Ratio uno alteroque exemplo evidens erit. Vocabulo *Gladius*. Hung. *Kard* immediate adjectum eſt aliud *Culter*. H. *Kés*, ideo, quod in lingua Tſchuvaſchica *Gladius* ſignificat *Kjeſs*, quod cum hungarico *Kés* apprime convenit; non autem cum *Kard*. Porro: Fluvius, *Enger* Mare, *Tenger*, veſpertilio, *Vidreu*, Lutra, vidra etc. Ex his cognoſcet quivis, cur vocabula quadam affinia notari debuerint.

Magnam inprimis *Vogulica* vocabula merentur attentionem. *Primo:* quia haec ſono hungarico omnium proxime accedunt. *Secundo:* quia illa etiam, quae a vocabulis Hungaricis ſignificatione differunt; ſono maximopere conveniunt. Non parva mihi ideo ſuborta eſt ſuſpicio, hos olim Hungaris multo viciniores habitaviſſe, quam ullam memoratarum nationum.

Latine.

Latine.	*Hungarice.*	*Vogulice.*
Angelus.	Angyal. Iltenembere.	
Deus.	Isten.	
Auris.	Fül. File. Filed.	Päll.
Aurum.	Arany. Aranyi.	
Argentum.	Ezüst.	Alna (*Oln. Olom. On.* Stannum).
Aqua.	Viz.	Uti. Vti.
Avena.	Zab. *Zavi.*	Sul.
Aquosus.	Vizes.	
Animatus.	Lelkes. *Lelkesem.*	
Aloe.	Belin.	
Adverbia.		
– Quomodo?	Miként?	
– Ita.	Ugy.	
– Quantum?	Mennyi?	
– Paucum.	Kitsiny.	
– Minus.	Kitsinyebb. Putzi.	
– Quantum-tantum	A'mennyi. Annyi.	
– Quemadmodum: ita.	Mikent, a'ként.	
– Ibi.	Ottan.	
– Alibi.	Másutt (azon).	
– Supra.	Felül (felin).	
– Infra.	Alol (allyán).	
– Pone.	Mełette.	
– Qua? illac.	Mellyre? Arra.	
– Quando?	Mikor?	
– Quousque.	Kihez? Kihoz? Meddig?	
– Unde? Aquo.	Kitöl? Honnan?	
– Bifariam.	Kétként.	
– Raro.	Gyér. Gyéren. Ritkán.	
– Tunc.	Akkor.	
Abreviatio.	Kiske. Kitsinke.	
Ala.	Toll. Szárny. Szárnyat. *Accusat.*	Taul.
Animal.	Elö.	
Annulus.	Gyürü. *Tülü.*	Tulie.
Alveus pistorum depsorius.	Tekenö.	

Votjakice. Tschuvaschkice.	*Tsceremissice.*	*Permice. Sirjenice. Morduanice.*
Imainber.		
Inmar.		
Pelj. Pelt.	Pilis.	P. Pélles. S. Peel.
Zarni.		Pjel. M. Pilä.
Azvesz.		Piled.
		P. Jöfis. Jezys.
Vu.	Vsut. Wiid.	P. Wa. S. Wa. M.
(Grufice. Tschuavi.)		Wied. Ved.
Vueß.		
Lulga'sam.		
Bulan.		
Kizi?		
Ozi.		
Minda.		
Itzi.		
Poktzi.		
Taminda. Sominda.		
Mirden, ozi.		
Otin.		
Azin.		
Vilin.		
Ulin.		
Matin.		
Kittzi? Ottzi.		
Ku?		
Kittzioz?		
Kitiß.		
Kikkuin.		
Sér.		
Szoku.		
Kiszke.		
Szonat.		
Vilikh.		
Sfüru.		
Tagana.		

Latine.

Latine.	*Hungarice.*	*Vogulice.*
Alatus.	Szárnyas.	
Non alatus.	Szárnyatlan.	
Audax. Cordatus.	Szives.	
Adſveſco.	Szokom.	
Ad.	Réá.	
Anguis.	Kigyo.	
Anſer. Anas.	Lud.	Lunt.
Apis.	Méh.	
Aratrum.	Eke.	
Ambulo. Divagor.	Koslatom. - tok.	
Arx.	Vár.	
Agnus.	Bárány (Kos - ſiu).	Huis-oſch. Pu-oſch. (*Fiu - kos*).
Aries.	Kos. Bárány. Berbéts.	Kum-oſch. (*Bak-kos*).
Aſpicio.	Nézem.	
Amo.	Széretem.	
- Laetatus ſum.	örültem.	
Aeſtas amoena.	Kies. Nyár.	
Arbor.	Fa.	
Arcus.	Ij. *Acc.* Ijjat.	Jäut.
Arena.	Seppedék. Homokos motſár.	Schoppacht.
Altus.	Magas. Mélly. *Méllyen Adv.*	
Arare.	Szántani. *Gyurni.* Depſere.	
Butyrum.	Vaj.	Woj.
Barba.	Szakál (*Fon* pubes).	Tuſs-pun (Bajuſz-fon).
Bibo. Bibere.	Iſzom. Inni.	
Brevis.	Kutak.	Ain.
Balneum (*Badſtube*)	Bánya (Feredö).	
Boare.	Bögni.	
Bos. Bos urus (*Auer - Ochs*).	ökör. *Jávor* bika. *Jaur.*	
- - Caballus.	örü. Kos. *Herés.* Monyas	Aur.
- - Caballa.	Tſiko. Nös-aur. Nöſtén-jávor.	Kär.
- - Mannus.	örü-jávor. Bak-javor. Bika.	Ni-aur.
- - Taurus.	Tehen. Bornyas-jávor.	Kärs-aur.

Votjakice. *Tſchuvaſchice.*	*Tſcheremiſſice.*	*Permice. Sirjenice. Morduanice.*
Szonatli.		
Svivtſe.		
Szikadjeb. Szikjetab		
Riá.		
	Kiske.	
	Ludo. Luda.	
	Miuſk.	
	Aga.	
	Koſtam.	
Kar.		P. S. Kar.
	Schorok. Paran.	P. Bála. M. Barán.
		P. Parán.
	Juraltem.	M. Neitän. Negtjän.
(Pja. *Samojedice*). Pu.	Pu.	M. Kiaſe. S. Pu.
Myllon.	Grusinice. Magali.	
Gyirni. Gironi.		S. Girni.
Vej. Wuy.		M. Way. P. Wi. S. Wui.
Szagál. Szokhál.		M. Sakál. Sakan.
Iſzjadep. Iſäs. Juni.	Jüaſch. Kjutjuk.	P. Juni. S. Juna. Juni.
		M. Banja.
		P. Bördni.
Vükor.		

Latine.	*Hungarice.*	*Vogulice.*
- - Vacca.	Tehén. Bornyas-jávor.	Posnas-aur.
- - Vitulus.	Javor-fi. Bika fiu. Borju.	Saur-pu.
Candela.	Gyértya. *Györtya.*	
Calidus.	Meleg. Melegitett.	Maltep.
Canis.	Eb. *Acc.* Ebet. *Ebt.*	Ampt.
Caput.	Fö. Fej.	Pank (*Finn.* Pä).
Cor.	Sziv. Szivem.	Schim.
Campus.	Mezö.	Oſſa-ma (Hoſzſzu mezö).
Caulis.	Koro.	
Cerevifia.	Ser.	Sſára.
Caper.	Ketske.	
Cornu.	Szaru.	
Catulus.	Kutya-fi.	
Circulus doliorum.	Abronts.	
Cannabis.	Kender.	
Coena (Serum prandium.	Kéſö ebéd.	
Cepa.	Hagyma. *Chakma.*	
Caro.	Hus.	
Cerafetum.	Tſereſznyés.	
Cera.	Viaſz.	
Circulus vitreus in feneſtris.	Karika. az üveg ablakban.	
Cauda.		
Cochlear.	Kalán.	
Cribrum.	Szita.	
Collum.	Szaka (Velum palati.)	
Cos.	Köſzörü.	
Cereus.	Viaſzſzi.	
Cricetus (*Hamſter.* Germ.)	Hörtſök.	
Culex (*Mücke. Schnacke.*)	Szunyog.	
Camelus.	Teve.	
Culter.	Kés. Kéſe.	Kätſchi.
Condoleo.	Szánom.	
Cano.	Ujjugatom. Éneklem.	
Crepida. Calceus rusticorum rudis Ocreae.	Botskor. Tſizma. (Gruſice *Tſchekma*).	Boſchmak. Polkas.

Votjakice. Tschuvaschice.	*Tscheremissice.*	*Permice. Sirjenice. Morduanice.*
Sförtah. Susörtah.		
Szjulem.	Wuj. Sjum.	M. Sidi. Sej.
Kuro (*Stramen.*) Szira. *Szur.* Surah.	*Sar.*	P. Sur. M. Sura.
	Keze. Kasáh.	
Kadtsaka. Kása.		
Ketz. Ketsch.	Sur.	
Sjur.		
Kutzjapi.		
Egéss (totus integer)		
Kandár.		
Kaszki abat.		
	(Grusice. Chachwi).	
Ás.		
Tsiaiviszi.		
Ivisz. Vusz.		
Karandik.		
Ká'sik.	(Valachice *Pula* Mentula).	M. Pula.
Vitala.		
Szoga.		
Khira.		
Iviszli.		
	Tirtsik.	
	Singa.	
Tüä. - *Dul.* -	Tjüje. Tüé.	
	Kinzin. Kilse.	
	Tzamanem.	
Kirjani (H. Kurjongatni.	Juktem.	P. Szolni (Hung. *Loqui.* c. Szuvni.
Baschmák. *Baschmák.*	Baschmák.	M. Baschmák.

Latine.	*Hungarice.*	*Vogulice.*
Cuniculus. Sciurus.	Ürge.	
Columba.	Galamb.	
Colchicum autumnale.	Kökörtsén.	
Cochlea.	Tsiga.	
Confligere. Pugnare.	Türkölni.	
Cunnus.	(*Penis.* Mony).	Nonn.
Coquere.	Föni. Fözni. Kisziteni.	
Caro.	Hus.	
Digitus.	Uj. Ujja. Ullyai.	Tulie.
Dolium.	Bodonka. Hordo.	Botschka.
Dormio.	Alus zom. Ájulok.	Kujam.
Dormire.	Feküuni.	Kuin.
Deus.	Isten. *Teremtö. Creator.*	Torom.
Angelus. Deihomo.	Angyal. Istenember.	
Divitiae.	Buja. Bujaság.	
Dives.	Buja.	
Diabolus.	Vetkes. ördög.	Uitkas.
Doceo.	Tanitom.	
Disco.	Tanulom.	
Dorsum.	Hát.	
Curvus.	Görbe.	
Domus.	Ház.	
Egomet.	önnön. Ennen.	
Ebrius.	Részeg.	
Equus.	Lo. Lu.	Lu.
Excitare.	Gerjeszteni.	
Excubitor. Vigil.	örállo.	
Eo.	Menyem. Menyek.	
Ephippii pars (Frenum, *Zaum*).	Hermetz sziju.	
Ego, tu, ille, nos, vos, illi.	Én, te, ö, mi, ti, ök.	
Esuriens.	Étlen (*cibus.* Étel).	Tétal.
Edere.	Enni.	
Felis.	Matska.	Matschich. Mätschik.
Foenum.	Gyom. Burján. Széna.	Pôm (Gyomlálni *Hungarice*).
Folium.	Lap. Lapu. *Laput.*	Lupt.
Fons.	Kut. Forrás.	Ut-jasch.
Flavus.	Sári. Sárga.	Sśára.
Forfex.		Kapt.

Votjakice. *Tſchuvaſchice.*	*Tſcheremiſſice.*	*Permice. Sirjenice. Morduanice.*
	Ur.	P. Ur. M. Urn.
Kögertſch.	Gogartſchin.	P. Gulu. S. Gulu. M. Gulka.
		M. Sukal.
		M. Turikht.
Pißtini.		S. Puni.
Aſch.		
(*Oſtiakice,* Dhlui).		
	Mula (*Hung.* Mulni. *Evaneſcere.*	
Torator. *Inmar.*		P. S. Ien.
Imainber.		
Buj.		
Bujan.	Poján.	
	Tunuktem.	
	Tunemam.	
		S. Görb.
		P. Haarez.
Monen.		
Juſzre.	Rüſten.	M. Iriden.
Gurjeßteni.		
	Oroló.	
	Mijem.	
	Sermetz.	
		S. Me, te, ſiá, mi, ti, ſié.
Sziini (*Szaivni.* Hung. ſugere).		S. P. Szjuini.
		M. Lopa.

Latine.	*Hungarice.*	*Vogulice.*
Fibula. *Leist.*	Kapots. *Kapta.*	
Frigidus.	Hives. Hideg.	
Fragum.	Eperj.	Bori (*Ebori.*)
Ferrum. Chalybs.	Vas. Atzél.	
Fraudator.	Tſalo.	
Filius.	Fiu. *ötſe* Gyerke.	Pu.
Filia.	Léány. *Néne.*	
Falx meſſoria.	Sarlo.	
Fabula.	Szofia - beſzed.	
Faba, v. *Piſum Germanicum.*	Német borſo.	
Fermentum panis.	Kováſz.	
Farina.	Liſzt.	
Fermento.	Poshadok.	
Fluvius.	Fojó.	Ja.
— Mare.	Tenger.	
Femorale Hungarorum. *Unterhoſen.*	Gatya.	
Feneſtra.	Ablak.	
Orificium, apertura ſalisfodinae.	Akna.	
Frater major.	Bátyám.	Jögm-pu (öreg-fiu).
— minor.	ötſém.	
Fulgur.	Villámlás.	
Fumus.	Füſt. Fuſtöm. *Poſſ.*	Poſchem.
Ferire.	ütni.	
Grando.	Jégeſö.	
Gladius.	Kard.	
-- Cultur.	Kés.	
Gratioſus.	Uri.	
Gener.	Vö. Veje.	
Germanus.	Német.	
Gallus.	Kakas. *Him - tyuk.*	Chui-tauach.
Gallina.	Tſibe. Tyuk *Nö*-tyuk. Nöſtén-tyuk.	Tauach.
Genae.		Pjaut.
Myax.	Bajuſz.	
Homo.	Ember.	Kum.
Humidus. Lotskos.	*Tötls. Töltés.* öntözés. Humectatio.	Tites.
Humilis.	Törpe. Alatſon.	Tälku.

Votjakice. *Tſchuvaſchice.*	*Tſcheremiſſice.*	*Permice. Sirjenice.* *Morduanice.*
Siwe.	(*Gruſice*, Ziwi).	
(Schélle. *Aſélle.* *Atzél* (Tung.) Ivil. *Eke. Pi.* *Nil.*	Erge.	M. Sala. S. Pi.
Szjorla. *Szjurlo.* Szoja. Nimits porzi.		
Kváſz.		
	Loſchaſch.	
Virjapoſzladap.		
	Enger.	
		S. Gatſch.
	Okna.	
Bitſché.		
		P. Udſchit.
	Wolgontſch.	
		S. Noitni.
Je. Kjeſz.		P. Kert.
Iri.		
	Venge. Né metſch.	
(*Samojed.* Choimtókoch). (*Samojed.* Neu-tokoch).	Zibe.	
	Notſchka.	M. Nátſchka.
	Ulüſch.	

Latine.	*Hungarice.*	*Vogulice.*
Hyems.	Tél. Tele (*Poss.*)	
Hydromel (*Grusice.* Arake, Arak, vero signif. Mschiari).	Méser.	
Hordeum.	Árpa.	
Hyrundo.	Fetske.	
Hospitium. Mansio.	Szálás.	
Humerus.	Vál.	
Hinnulus. Pullus equinis. Mannulus.	Tsiko.	
Heri.	Tegnap.	
Hypocaustum.	Szoba. üreg. Udu.	
Hebdomas.	Hét.	Sat.
Ignis.	Tüz.	Taut.
Jusculum.	Leves. Szörböles.	
Illac.	Arra.	
Inferius.	Ajja. Alja. Alol.	
Inde.	Onnan.	
Jejunium.	Böjt.	
In eo. In illo.	Benne.	
Ire.	Menni. Jöni.	Jomman (*Nyomulni*).
Intestinum.	Bél.	Sagk.
Anus.	Segg.	
Janua.	Ajto.	Äau.
Jacere.	Fekünni. *ülni.*	
Illustrare.	Világitni. *égetni.*	
Lacrumo.	Siratom.	
Loqui.	Szollni. Szoll*attam.* *Praet.*	Lattam.
Lectus.	Agy (Samojed. Szalnia. Szállás.	
Lingua.	Nyelv.	Nielm. Name.
Lignum.	Fa.	
Lens lendis.	Serke.	
Lima.	Reszelö.	
Cultellus.	Bitsok.	
Longus.	Hosz. Hoszszu.	
Lac coagulatum.	Tarha (*sostéj*).	
Lupulus humulus.	Komlo.	

Votjakice. *Tschuvaschkice.*	*Tscheremissice.*	*Permice. Sirjenice.* *Morduanice.*
Khily. *Tolalte.*	Tele.	M. Tele.
Mußur. Musur.		S. Mu-sur.
Orba. Orbáh.		
Tshjasz.		
	Szola.	
	Vatse.	
Tschumi. Ticháh.		
	Tengétscha.	
		M. Kuda.
Til. Tüll.	Tul.	M. Tol. P. Toe.
Surbja.		
Lárja.		
Ajja. Ajalda.		
Ondan.		
	Piutjo.	
	Dene.	
Minini.		P. Munni.
Kilini.		
Jugitni.		
Jradub.	Schoroktam.	
Kil. Küll.	Name. Jilma.	P. Kyl. M. Kjel. Kel.
Pu.	Pu.	P. Pu. S. Pu. P. Peea.
Sirga. *Szerer.*	Sorgendtze.	
Bißski.		
Kuß.	Ku'so.	M. Oczu.
Torach.		
Khumla.	Umla.	

 Latine.

Latine.	*Hungarice.*	*Vogulice.*
Lupus.	Farkas.	
Luteus. Flavus.	Sárga. Sárig. Sári. Sár.	
Lentus. Segnis.	(Tellengö, vagus).	
Lapis.	Kö. Kü.	Is.
Lambo. Maſtico. *Lambere.*	Nyalom. *Nyalni.*	
Lepus.	Nyul.	
Lucius piſcis.	Tſuka.	
Lucidus.	Világos.	
Mediocriter bonus.	Jotska.	
Mors.	Halál.	
Mater.	Anya.	Ank.
Manus.	Kéz. Kezed.	Kât.
Menſura.	Mérték.	
Médiocris, in ordine.	Középſzerü.	
- - ordo.	Sor.	
Meus, tuus.	Enyim, tiéd.	
— noſter, veſter.	mijenk, tiétek.	
Muſica.	Vidám. Vidámſág.	
Mens.	Éſz.	
Mortarium.	Kölyü.	
Matutinus.	Reggeli.	
Matruelis. *Muhme.*		
– Soror minor.	Hug.	
Manipulus.	Kéve.	
Mel.	Méz.	
Mare.	Tenger.	
Morior. *Mori.*	Halok. *Halni.*	
Multum.	Sok.	
— Plus.	Több. *Sokabb.*	
— Permultum.	Felette ſok.	
Meleagris. *Kalekuter.*	Pujka.	
Martes.	Neſt.	Nioſcha.
Media nox.	Éjfél. Éjjet-fele.	
Mentum.	Ál. Álla.	
Mortuus.	Holt. Halando. *Hallongo.*	Köllong.

Votjakice. Tschuvaschice.	*Tscheremissice.*	*Permice. Sirjenice. Morduanice.*
Kaskar.		M. Virgas.
Szara.		
Cholengi.		
Tſchol.	Kiu. Kii.	M. Kjaw. Kiel. Kiäw.
Nyulini.	Nunem. Neljam.	
		M. Numola.
Sſjugah. *Tſchuki.*	Sſüga.	
	Volgoda.	M. Wálda.
		M. Jodka.
Kulon.		
Annja. Anái. *Mummi. Annai.*	Aba.	M. Awai. P.S.Mam.
Ki.	Kit.	M. Ked.
Mértét.		
Sor.		
Minám, tinád. - millyám, tillyád.		
Vil. Villyamin.		
Uſz.	Us.	
Tilye.		
Irgi. *Iregi.*		
	Kugu.	
	Kilta.	
	Min. Miu.	M. Med.
Tinnis.	Tengez. Tengis.	
Kulem. Kulini.	Kolem. Kolen.	P. Kulema. S. Kulem. Kuli. M. Kulòff.
	Suku.	
	Sukurak.	
	Sukukaga.	
		M. Kùrka.
	Jütpel.	M. Pjeke-wi (Fél-éj).
		M. Ula.
	Kolen.	M. Kuloſs (*Halo's*). *Latine.*

Latine.	*Hungarice.*	*Vojulice.*
Mus.	Egér. Egir. Ilrge.	Lankyr,
Merсari.	Kereſkedni. Kérni.	
Menſurare.	Mérni. Méretni.	
Naſus.	Orr.	Niol.
Nubes.	Felhö.	Pul.
Nox.	Éj	Ji.
Notus.	Esmerös. Tudós, tudott.	
Nocturnus.	Éi Ejji. Éjjeli.	
Nos.	Mi.	
Niger.	Fekete.	
Carbo.	Szén.	
Nurus.	Meny.	
Nepos.	Unoka.	
-- Frater minor.	Etſém.	
Neo. Contorqueo.	Sodorom.	
Nomen tuum.	A' te neved. Tiéd neved.	
Ocreae.	Botskor.	Poſkas.
Ovis.	Iuh. Kos. *Nökos.* Nöſtény kos.	Oſch. Neoſch.
Obſcurus.	Sütét.	
Ovum.	Mony. Tikmony. Monya.	Mong.
Obdormio.	Álmolom. Álmodom.	
Oculus.	Szem. Szeme.	Scham.
Ova piſcium. *Roggen, Caviar.*	Ikra. Márna.	Márna (*Ova ſturionis.*
Oppidum. *Pagus.*	Hoſzſzfalu (Város).	*Kurtafalu.*
Oſculari.	Tſokolni. Nyalni-ſzopni.	
Occidere.	ölni. Vijni.	
Pruina.	Zuzmaraz.	
Pulchritudo.	Szépſég.	
Pater.	Atya (*öreg*).	Jäg.
Penna.	Tolln.	
Penis.	Koko. Monya.	Weſchi (*Ren* veſe *Hung.*)
Pyrites.	Tüz kövi. Tüz köve.	
Pediculus.	Tetü.	
Pullus gallinaceus.	Tſibe, Tſirke. Czibe.	
Parus (German. *Meiſe*).	Tzinege.	

Votjakice. Tſchuvaſchice.	*Tſcheremiſſice.*	*Permice. Sirjenice. Morduanice.*
Irgon.	Vürgen.	S. Irgan. Pe. Urgan.
Karini.		
Meratni.		
Nürr.	Njor. Ner.	P. Nür.
Pilem.	Pil. Pullun.	M. Pjel.
Ui. Uin.	Jüt.	P. Oi. S. Woi. M. Wei.
Todmo.		
Uin.		
Min. *Mi.*	Me.	S. Mi. M. Min. P. Mia.
Széd.	Schimä(*Sima.* Glaber).	
Kiny.		
Atſám.		
	Sjudjurem.	
		P. Tead namid.
Tütüm.	Jüt.	
	Muno. Muná. Umalem.	M. Monáh.
Sſin.		P. Sſin. M. Sſielmä. Kſelmed.
		M, Ikra.
Szjupani.		M. Ozuvele. *Jomluvele.*
Viini.		
Zor.		
Szeber.		
Attja. Ati. *Atai. Tili.*) *Ai.*	Atja.	P. Ai. S. Bátja, ai. M. Tetei.
Gago. Gogo.	(Pbir. *Faß.* Paſzbi. *Pitſa.* Cunnus. *Sam.*	M. Mona. Mun.
Tilkevi.	Tjulkiu.	
Tei.	Ti.	
Tſigi. *Tzipi.*	Tzibe. Tzibenege. } Zibe.	

Latine.

Latine.	*Hungarice.*	*Vogulice.*
Porta.	Kapu. Kapuka.	
Palus. Lacus.	To.	Tut. Tu.
Parvus.	Kitſin. Pitzin. Putzi. Kis.	Hvis (*Monoſyll*).
Pondus. Onus.	Teher.	
Pilum.	Ször. Fon (*Pubes*).	Pun.
Pes.	Láb. Gyalog (*Pedeſtris*.	Ljäle.
Prolongare. Producere.	Nyujtani.	Hoſzſzitani.
Piſum.	Borſo.	
Prandium.	Ebéd.	
Potus.	Ital. Iſzik. (bibit).	
Phiala. Poculum. *Pocale*.	Kantſó.	
Peſſulum(*Schloß*).	Zár. Záro.	
Piſcis.	Hal. Hala.	Kul.
Piloſus.	Szöſzös.	
Pridem.	Tavaly. Minap.	
Pomum. Pomus.	Alma. Alma fa.	
Panis.	Kinyér.	
Petitio.	Kérés.	
— Defraudatio.	Kitſalás.	
Peto. Efflagito.	Kérem.	
Puer.Puella.Infans.	Fiutſka.	Huiſchar. Huiſka.
Familia *das Geſ*.	Tſeléd.	
Pectus.	Mely. Mej.	Mágla (Máj. Hung. Hepar).
Pellicium.	Suba.	
Pileus. Mitra.	Sapka.	
Pagus. Vicus.	Falu.	Paul.
Pedale.	Labito.	
Pater noſter.	Miatyánk.	
Quis?	Kitſoda? Ki?	
Quid?	Mi?	
Qualis?	Minö?	
Quid? (Accuſ. et Dativ.	Minöt. Mit? Minek?	
Recondere.	'Sebelni. Dugni.	
Radix (*Stipula*).	Tarlo.Tar.Tar-buza).	Tar.
Rana.	Béka,	
Ramus.	Ág.	

Votjakice. Tschuvaschice.	*Tscheremissice.*	*Permice. Sirjenice. Morduanice.*
Kapka. *Kapka.*	Kapka.	
Ti. Tü. To.		P. Tü. S. Tu.
Ptsiksi.Ksin.*Pitzi.* *Poktzi.*	(*Buchar.* Kitschik).	S. Itschet. M. Wschinä.
Ivir.		
Szjusz. (Cannabis. *Hung.* Szösz).		
Nyultni. Kuziatini.		
Purzja.	Pursza.	
Abat.		
Iszkje.		
Kliantsa.		
Szora.	Szura.	
Pola.	Kol. Chala.	M. Kâl. Kala.
Sjuszli.		
Aval.		
Olmáh. *Ulme.*	Olma. Olmáh.	
	Kinde.	
	Kitsalás.	
	Kitsalam.	
		S. Tséljad.
		M. Mjeste.
		M. Schuba.
		S. Schapka. P. M.
		M. Wala. Velo.
		S. P. Labytsch.
		P. Mian aje.
Ketse? Kin?	Kjo?	
Mar?	Mo?	
Minya?		
Minya?		
	D'sebni.	
	Ebek.	
	Vostor.	

Latine.

Latine.	*Hungarice.*	*Vogolice.*
— Flagellum.	Oſtor.	
Rangifer. *Rennthier.*	Lapponiai. Szarvas.	
— Armentum.	Tſorda.	
Ridere.	Katzagni. Moſojgani.	Máintam (*Montam. Mondottam*).
— Plorare.	Sirni.	
Ruber.	Vereſſ (*Vir.* Sanguis).	Ur (*Veres*).
Silva.	Erdö. *Verdö.*	Vor.
Sclopus. Tormentum.	Puſka (Hoſzu puſka).	
Sepes. Murus.	Eſztena. Iſztina.	*Ovilium ſepimentum*
Soror major.	Néne. Nénéd.	
Soror minor.	Hug.	
Supercilium.	Szemöldök.	
Sanguis.	Vér. Vir.	
Scirpus.	Sás.	
Stramen.	Szalma (*Szalam*, alam).	
— Caulis.	Koro.	
Sagitta.	Nyil.	Niel. Njel.
Stratum. Ordo.	Rit. Rét. Rétenként.	
Seniculus.	Vénetske.	
Scriptor.	Irogato.	
Scriptura. Epiſtola.	Irás. Levél.	
Scamnum.	Pad.	Pal.
Sus. Porcus.	Diſzno. Diſzna. *Poſſ.*	
Scala.	Lajtorja.	
- Pertica. Vectis.	Pozna. Rud.	
Sella equina.	Nyereg.	
Scriptitius.	Irni valo.	
Sanus.	Egeſzſéges.	
— Cor.	Sziv.	
Spiſſus.	Sürü.	
Scribo.	Irom. Iródóm.	(Gruſice *Zera.* Ira).
Strideo.	Tſikorgatok.	
Saltem.	Tſak.	
Servus.	Szolga.	
— Vertagus.	Agár.	
Soror.	Nene.	
— Atavus.	üke.	
Stannum.	On. Olom.	
Secale.	Ro's.	Orſch.
Sic.	Ugy.	
Serus.	Kéſö.	

Votjakice. Tſchuvaſchice.	*Tſcheremiſſice.*	*Permice. Sirjenice. Morduanice.*
	Schorda.	
		P. Seralni. M. Sirit. S. Wir.
		M. Oczupuſka. M. Oſtena.
Apaj.	Aka.	P. Neneda.
Szuzer.	Kugu.Sju'ſar(Muhme).	
Szindor.		
Vir.	Vjur.	
Sás.		
Olam. *Kuro.*		
Nel. Niel.		P. Njöl. S.Njow.
Rity.		M. Nall.
Vatzin.		
Sziragán.		
Sziru.		
Sziſzna.	Sisnáh.	
Poſzma.		
Inyar. Szirni. Sziv.		
Szura.		M. Sſörma.
Sziradap. Sirás.		
Tſigardadap.		
Antſakh.		
	Njugar.	
	Aka.	
	Vulno. Vulna.	Róſüſs(Ezüſt *Argent*).
Iraſch.	Ur'ſa. Urſchá.	M. Roſs.
	Tuga. Kaſz.	

Latine.	*Hungarice.*	*Vogulice.*
Sedes. Seſſio.	ülés. ülö-ſzék.	
Securis.	Bárd.	
Sciurus (*Cuniculus*)	ürge.	
Stare.	Álni. *álla.*	Malotlam(*állottam*)
Sero. Tardè.	Kéſön.	
Sturio. *Stör.*	Söröge.	Schubpi (*Tſuka*).
Sedeo.	ülöm.	Unlam (*Unlak.* Te averſor.
Silere.	Halgatni.	Sütal (*Suttogni.* Muſſitare).
Sitiens.	Szomju.	Aijuch (*Igyuk* Bibamus.
Spoliare.	Foſztani. Foſztni.	
Secare.	Vagdalni.	
Servire. *Expectare.*	Szolgálni. *Várni.*	
Scire.	Tudni.	
Tibialia.	Botskor. Bakkants.	Boſchmak.
Terra.	Föld. Mezö (*Campus*).	Ma.
Tentorium.	Sator.	
Tempus.	Idö.	
Tu.	Te.	
Teſtis.	Tanu. Tanuk. *Plur.*	
Trans.	Tul.	
Traha. *Schlitte.*	Szán.	Schun. Luſchun.
Taurus.	Bika.	
Triticum.	Buza.	Putei.
— Stipula.	Tallo. Tarlo.	
Telum.	Nyil.	
Tempus adeſt.	Ideje.	
Urbs.	Vár.	
Urſus.	Medve.	
— Felis.	Matska.	
Uro.	Gyulom. Gyuitom.	
Umbilicus.	Küdök. Köldök. (*Koko.* Penis).	
Ventus.	Szél, Szil. Szellö.	
Vivus.	Elö. *Elló.* Parturiens.	Lilling.
Vos.	Ti.	

Votjakice. *Tſchuvaſchice.*	*Tſcheremiſſice.*	*Permice. Sirjenice.* *Morduanice.*
Sak.		S. Ulas. P. Dſhjak.
Borda.		
	Ur.	P. Ur. M. Uru.
Sülla (Stat).		P. Juwalni.
Kaſs.	Kaſs.	P. Sulal.
		M. Seurüg.
Tedio tui afficior).		
		M. Sinem.
Vaſstini.		S. Voſztni.
Vandini.		S. Vundavni.
Uarani.		
Todini.		
Sir (*Tumulus* Hungar.)	(Miza. *Gruſice*).	P. Mu.
		M. Sater.
Vigid. *Dir.*		
	Tin. Tanik. Tuſetz.	
Sſonáh.		P. Chan. M. Buka.
Tollo.		
		M. Nal. M. Adaide.
Kár.(Samoj. Már).	Maſzka. Maſkjä.	
Gogi.	Julem. Killimde.	
Tel. Tillo. Szivlis. Szil. Sil. *Lulo. Uleb.* *Ti.*	Töl. Ilikſe. Te.	P. Tyl. Töl. S. Tol. P. Lolja. S. Ola.

Latine.	*Hungarice.*	*Vogulice.*
Vefper. Hefperus. Nocturnus.	Szürkület. Kéfö-eftve. Iti.	
Vis.	Erö.	
Veritas.	Igazfág.	
— Elegantia.	Tfin.	
— Comtus.	Tfinos.	
Vox. Sonus.	Szózat. Szo.	
Vacca.	ünö. Tehén.	
Vitulus.	Borju. Bornyu.	
Veftis rufticorum fupérior.	Szokmány.	
Vagor. Obambulo.	Szaladok.	
Vagitus.	Sirás.	
Venditio.	U'fikálás.	
Vetula.	Kofa.	
Vendo. Emo.	U'fikálom. Alkufzom.	
Vivo. *Vivere.*	Élem. Élek. *élni.*	
Equo vehor.	Loval menek.	Lul-ménnen.
Vehi.		
- Ire ambulare.	Menni.	Ménnen (*Vehor.* Ménnem).
- Per terram ire, ambulare.	*Födön menni.*	
Viridis.	Zöld.	
Flavus.	Sárga.	
Voluntas tua (Samojedice.	*Tiéd akaratod. Todi aguarao*).	
Ventrofus.	Hafas.	
Vallis.	Lejtö. Völgy.	
Vefpertilio.	Pup-egér. Denevér. Pup. Pupa-levél.	Wyup.
Lutra.	Vidra.	
Venter.	Has.	Köchra.
Umbilicus.	Köldök.	
Video.	Vélem. ügyelem.	Woilem.
Venire.	Jöni.	

Votjakice. *Tſchuvaſchice.*	*Tſcheremiſſice.*	*Permice. Sirjenice.* *Morduanice.*
Szjurla. Kaſs. Sjurgi Kaſs.		
Irik.		
Tſin.		
Száza. Szaſzi.	Somakh.	
Inya. Ine.		
Pru. Puru.		M. Párna.
Szukman.		M. Suman.
Szoladap.		
	Sorokmás.	
	U'ſalmás.	
	Kuba.	
	U'ſalem.	
Ulini.	Ilem.	
		P. Munni. S. Mun. Muni.
Minnyne.		P. Mennl.
		S. Podan munni.
Sſara.	Uſcharga. Kanduſcharga.	Muna.
Aſli.		
		M. Lej.
		M. Vidreu.
	Nézem.	M. Neitän. Negtiän.
Uini.		

Dum investigatione harum septem linguarum occuparer, numerosa offendi in vocabulariis 34 gentium vocabula Samojedica, et Ostiakica; quorum nonnulla evidentius multo cum Hungaricis conveniunt, quam ea quae in catalogo jam enumeratorum praemissa sunt, hinc illa quoque notasse non erat supervacaneum.

Notandum, Verba harum linguarum terminari in prima Singulari Praesentis Indicati, more Hungarorum, in *m*, ut *sto*, nüngam; *vehor*, tudscham, menem, *rideo*, piskuám, *eo* mamendlam, *sto*, malotlam, *sedeo*, máomeslam, *dormio*, mawoitlham, *vehor*, uweldshajachsam, *jaceo* otham, *video* maúlhem, *non video* entulhem, *non dormio*, entolham, *rideo*, manathlam, *lacrumo*, matüllam.

Samojedae, quorum hic mentio fit, sunt *Mesenii* et *Jugrenses*. *Ostiaki* autem, quorum hic vocabula enumerantur, sunt *Tomenses*, atque fluviorum *Jenisei* et *Irtisch* accolae.

Ordo quo vocabula seinvicem excipiunt: hic est: 1. *Hungarice*, literis rotundis, 2. *Latine cursivis*, 3. *Samojedice rotundis*, 4. *Ostiakice cursivis*.

Isten, *Deus*, *Ejs*.
Sapka, *mitra*, sapka.
Föveny, *arena*, poaning.
Tapasz, *argilla*, tap, *tap*.
Fa, *arbor*, pa, pja, *pob*, *unet-pfa*.
To, *lacus*, tô, tu, *tju*, *tu*, *tau*.
Ur, *dominus*, erru, jerru, jerv, *urt*.
Nem, *non*, num.
Veres, *ruber*, *würta*.
Nedves, *humidus*, *nywung*.
Elö, eleven, *vivus*, gile, gule, *lhilen*, ileng.
Halando, halj-meg, *mortuus*, *morere*, kalmer, *kollom*.
Ihatnám, *sitio*, *sitiens*, jauthlam.
Ettem, *comedi*, *satur*, jutem.
Ehetném, éhezem, *esurio*, ehesöm, *ihelem*, *edere*.
Állok, *sto*, állottam, *steti*, *malotlam*, *sto*.

Néno.

Néne, *soror major*, nena, papalnenau, nene.
Léány, *filia*, nenu, nenja, *nene*, *nanja*.
Vö vej, veje, *vir*, *gener*, wajzoko.
Vaj, *butyrum*, voj.
Ro's, *secale*, orſch.
Buza, triticum, putej.
Lap, lapot. lapát, *foltum*, *pala*, lupt, *lübet*.
Ser, *cerevisia*, ſsára, *ſur*.
Hus, *caro*, *wodſche*, *kitſch*.
Inni, *bibere* (ijándom, *bibam*, *bibero*), jandſha, idalaju, *jandsha*.
Suttogni, *mussitare*.
Halgatni, *silere*, ſütal.
Menni, *vehi*, *ire*, mennen, *vehon*, mennem.
Loval menni, *equo vehi*, lul mennen.
Jönöm, jöni, *venire*, jomman.
Allok, *sto* (állottam, *steti*), malotlam.
Menni, *ire*, jadarga, *manlu*, mamendlam.
Bodorogni, nyargalni, *errare*, curſitare.
Tegnap, *heri*, tej.
Holnap, hulnap, *cras culaengatlh*.
Dél, *meridies*, *tſel-tjon-dſhogon*.
Ej, *nox*, ji.
Eſte, *vesper*, iti, *jtn*, *sero*.
Hét, *hebdomas*, ſati.
Eg, meny, *coelum*, numna.
Föld, mezö, *terra*, ma, mogh.
Erdö, *sylva*, ârjuch.
Vár, *urbs*, már, vár, váro.
Ut, *via*, *wotta*, *chod*.
Falu, *vicus*, paul.
Tüz, *ignis*, taut, *tut*.
Felleg, felhö, *nubes*, *piilem*.
Gyom, burján. *gramen*, *Foenum*, Unkraut, *pum*.
Kö, *lapis*, Kéu.
Olom, on, *stannum*, ulhn, *uln*.
Vas, *ferrum*, woache, jeſe, *kose woach*.
Kemény-vas, atzél, *chalybs*, intlwuach, jeze.
Apa, *pater*, *obo*.
Fiu, *filius*, pu, *piiwo*.
Nö, feleſég, *uxor*, nö, nén.
Fö, fej, feje, *caput*, wuj.
Szem, *oculus*, ſcham, ſaiwa, *Sſem*, *sai*.

 Fül,

Fül, *auris*, päll, *palh.*
Száj, *os*, mjal.
Nyál, *saliva.*
Nyelv, *lingua*, nielm, name, *nalhem*, *name.*
Áll, *mentum*, nau, *nau.*
Nyak, *collum.*
Kéz, *manus*, kat, *ket.*
Uj, uly, *digitus*, ulia, ulya.
Mej, mely, *pectus*, mágla, meghilh.
Sziv, *cor*, schim, szeu, sej.
Mony, fasz, *penis*, mun, *mun.*
Pitsa, *cunnus*, paszk.
Láb, gyalog, *pes*, jalg, ljäle.
Bocskor, *ocreae*, poskas.
Pad, *scamnum*, pal.
Ajto, *janua*, äau.
Kés, *culter*, kätschi, *ketsch.*
Kanál, *cochleare*, nála.
Ij, iv, *arcus* (*Accus.* ijjat); jäut, *chujtsch.*
Nyil, *sagitta*, njel, *nodhl.*
Szán, *traha*, schun. chan.
Hajo, *navis*, ano.
Tints, pászma, madzag, kötél, *funis*, tynze.
Lu, lo, *equus*, lu, *lhau.*
Matska, *felis*, mätschich, *mütschek.*
Kos, juh, *ovis*, *aries*, *osch.*
Teve, *camelus*, *tüja.*
Eb, *Acc.* ebet. *canis*, *canem*, *amp.*
Egér, *mus*, *ilhenkar.*
Hiuz, *martes scythica*, *niuzosz.*
Nyul, *lepus*, neiko, nenko, *njo.*
Tsiko, *mannulus*, neotsiko, neotzko junoko.
Tyuk, tik. nö-tyuk, nöstén-tyuk, *gallina*, neu-tokoch, *tauach.*
Lud, *anser*, lunt, *lhunt.*
Mony, tik mony, *ovum*, monp.
Márna, *murena.*
Ikra, *ova sturionis*, márna, *maren.*
Hal, *piscis*, chalja, chala, hal, kola. kul, *chala*, *kolle*, *kul.*
Kokas, him tyuk, *gallus*, choim-tokoch, *chui-tauach.*

Numera-

Numeralia Oſtiacorum et Hungarorum.

1.	eſet.	egy, egyet.
2.	katn.	kettö.
3.	chulom.	három.
4.	nilha.	nigy, négy.
5.	uwat.	öt.
6.	chôt.	hot, hat.
7.	ſábat.	hét.
8.	nilha.	nyoltz.
9.	artján.	kilentz.
10.	jong.	tiz.
11.	igut-jong.	egy'stiz.
12.	katchutjong.	kettö'stiz.
13.	chutom-chutjong.	három'stiz.
20.	chus.	huſz.
21.	chus-egid.	huſzonegy.
22.	chus-katn.	huſzonkettö.
30.	chulom-jang.	*három tiz*, harmintz.
40.	nilli jang.	*négy-tiz*. negyven.
50.	uwät jang.	*öt tiz*, ötven.
60.	chotiang.	hatvan.
70.	ſabatiang.	hetven.
80.	nilſot.	nyoltzvan.
90.	ovſot.	kilentzven.
100.	ſot.	ſzáz.
101.	ſot-egid.	ſzáz-egy.
200.	kat-ſot.	két-ſzáz.
1000.	türres.	ezer.
2000.	kat-türres.	kétezer.
10,000.	jong-türres.	tiz ezer.
100,000.	ſot-türres.	ſzázezer.

Cum hic de linguis Fennicae originis agatur, et cum ſuperius de celebri Vocabulario Profeſſoris Petropolit. FISCHER jam mentio facta ſit; videamus quidnam de utrisque Cl. Prof. et A. Reg. Conſ. J. C. GATTERER judicet.

J. C. GATTERERS Einleitung in die ſynchroniſtiſche Univerſalhiſtorie. Götting. 1771. pag. 117.

Finniſche Sprache, nebſt der Ungriſchen, und Finniſches Völker-Syſtem.

Zu den Finnischen Völkerschaften, die ich für die Ueberbleibsel der alten Scythen halte, und die alle zusammen nur eine Hauptsprache, obwohl in verschiedenen Mundarten sprechen, gehören: 1) die *Finnen* selbst, im eigentlichen, sowohl Schwedischen, als Russischen Finnland, die sich selbst *Suoma-lainen* nennen, von den Russen aber *Tschuskonetz* oder *Tschuchna* genannt werden. 2) Die *Lappen* in den nördlichsten Gegenden von Norwegen, Schweden und Ruszland, die von den Russen *Lopari* genannt werden, so wie die Schwedischen Lappen sich selbst *Sabme* und *Almag* nennen. 3) Die *Ishoren*, in Ingermannland, von der Ishora, oder dem Inger-Flusse so genannt. 4) die *Esthen* in Esthland, die in den Russischen Jahrbüchern *Tschud*, und bey den Finnen *Viro-lainen* heissen. 5) Die *Liven*, bey Salis im Rigaischen Kreise, und in Curland am Angrischen Strande. 6) Die *Woten* oder *Wotjaken*, an dem Flusse Wjatka im Kasanischen und im Orenburgischen, die sich selbst *Ud* oder *Mordi* nennen, und bey den Tataren *Ar* heissen, und eine weniger gemischte Mundart, die der Tscheremissen, und noch mehr der Permischen am nächsten kommt, reden. 7) Die *Tscheremissen*, oder wie sie sich selbst nennen, *Mari*, auf der linken Seite der Wolga, im Kasanischen und im Orenburgischen, deren Sprache stark mit der Tatarischen vermischt ist. 8) Die *Mordwinen*, auf Russisch *Mordwa*, von sich selbst *Mokscha* genannt, im Orenburgischen, deren Sprache von der vorigen Völker ihrer sehr weit abgeht, wie denn auch ein besonderer Stamm von ihnen, der sich *Erzja* nennt, und eine etwas verschiedene Mundart hat. 9) Die *Permier*, in den Isländischen *Sagen Biarmier*; und 10) die *Syrjanen*, die beyde an den Flüssen Witschegda und Wim wohnen, sich selbst *Romi* nennen, und eine reine

Finnische

Finnische Mundart reden. 11) Die *Wogulen*, bey den Permiern *Vagol*, und in den Russischen Jahrbüchern *Wugolitschen* und *Ugritschen* genannt, das erste Volk in Sibirien, theils in dem Jugrischen Gebürge; theils längst demselben, zu beyden Seiten auf dem platten Lande, deren Sprache mit der Ungrischen und eigentlichen Finnischen, am nächsten aber mit den Rondischen Ostjaken ihrer überein kommt. 12) Die *Rondischen Ostjaken*, oder wie sie sich selbst nennen, *Chondi-chui*, das ist: Leute von *Konda*, am Nieder-Irtysch und Nieder-Ob, bey Surgut, Tobolsk und Beresov, deren Sprache mit der Permischen und Wogulischen am nächsten verwandt ist. 13) Die *Ungarn*, die sich selbst *Madsharen* (Magyar) nennen, und eine Finnische Mundart reden; s. Hrn. Hofr. Schlözers Probe Russischer Annalen, S. 101 ff. Die Verwandschaft des Ungrischen mit dem Lappischen insonderheit hat erst neuerlich Herr P. *Sajnovits* dargethan, so wie Herr von Kollar behauptet, dass die Ungrische Sprache in der grammatischen Einrichtung mit der Türkischen sehr überein komme, aber in Ansehung der Wörter von ihr sehr verschieden sey.

Pag. 139. Zur Kenntniss dieser Classe von Sprachen, in so weit sie zu historischer Rangirung der Völker nach der Sprachverwandschaft nöthig ist, dient ganz unvergleichlich das zur Zeit noch ungedruckte Wörterbuch des Herrn Professor Fischers zu Petersburg in Folio, welches er in der eigentlichen Uhrschrift dem historischen Institut vor einigen Jahren geschenkt hat. Man findet darin alle charakteristische Wörter von 40 Sprachen, deren je 10 columnenweise neben einander gestellt sind. Ausser der Lateinischen, Griechischen, Russischen, Polnischen und Schwedischen Sprache, enthält dieses Harmonische Wörterbuch, welches das einzige

seiner

Art in der Welt ist, die charakteristischen Wörter von den Sprachen: aller *Finnischen* Völker, die *Ungarn* mit eingeschlossen etc.

Pag. 141. Wer Fischern, den Verfasser der Sibirischen Geschichte kennt, wird hierin von ihm keine Compilation, aus andern Nachrichten dergleichen es ohnedem über die meisten dieser Sprachen gar nicht gibt, sondern etwas Authentisches, und aus den Quellen selbst Geschöpftes erwarten. Von den Sprachen der Völker in dem äussersten nördlichsten Asien hat er nichts; man kann sie aber aus *Kraschenninikovs* Beschreibung des Landes Kamtschatka, worin Nachrichten von diesen Sprachen, und reiche Wortregister mitgetheilt werden, kennen lernen.

Appendix I.

Continens.

Vocabularium Tataricum.

Magnum sat longo tempore commercium Hungaros inter et Tataros intercessisse omnibus notum est. Quanta hic vocabulorum mixtura inter duas gentes oriri debuerit, sana ratio docet. Affinitatem duarum linguarum ex hac mixtura deducere plurimi jam studuerunt, in quo tamen consequentias latius justo extendendo, has nationes non solum vicinas olim, sed affines, ne dicam easdem prorsus fuisse asseruerunt. Videamus igitur quidnam veri nobis, ex sola Vocabularii contemplatione, quibusve ex argumentis elicere liceat.

Hunc in finem praemittam vocabula tatarica hungaricis similia, quae ex dissitis et diversis provinciis

vinciis tataricis per multos itineratores collecta mihi innotuerunt.

Primum quo utebar auxilium erat itinerarium celebre intitulatum: *Nicolaes Witsen Noord und Oost Tartary*. Amsterdam. 1705. T. II. In vasta hac et rarissima, plurium itineratorum collectione reperi sequentia.

1. Pag. 68. Tom. I. vocabula ex lingua *Daurica* vel *Dahurica*. Hi *Dahuri* habitant ad fluvium Amur, non procul a Nertschink versus orientem.

2. Pag. 297. vocabula *Calmukica*.

3. Tom. II. pag. 578. vocabula *tatarica*, ex Crimia, seu Tauria.

4. Pag. 677. vocabula, quae *Tatari Jakuti* usurpant.

Secundus itinerator erat Strahlenberg cujus *Nord und östliche Theil von Europa*. Stockholm 1730. magnum satis vocabularium Calmuko Mungalicum exhibet, quod vocabula continet 32 tataricarum nationum specie diversarum (ut Auct. asserit) in pag. 137.

Tertia itineratorum collectio occurrit mihi in Tom. 3. Historiae Russicae intitulatae: *Müllers Sammlung Russischer Geschichte*. Petersburg. 1758. Hujus pag. 382. usque 410. continet variarum linguarum vocabularia, quibus intercalata sunt vocabula etiam tatarica.

Quartum adminiculum erat, vocabularium manuscriptum, superius fuse descriptum Petropolitanum in quo vocabula Tribuum tataricarum plurimarum, et inter se valde differentium, numerosa investigavi. Quid ex his omnibus congerere potuerim, sequentes docebunt paginae.

Latine.

Latine.	*Hungarice.*	*Tatarice.*
Aurum.	Arany.	Alltinn.
Aerumna.	Baj.	Bala.
Anser. Anas.	Lud. Kátsa.	Galon. Kas. Lonta. Lunt. Koscha. Gass.
Columba.	Galamb.	
Avis.	Madár (*Kátsa.* Anas).	Kosch.
Audax.	Bátor. Vitéz.	Bátir.
Arcus.	Jjj. Kéz-iv.	Hii.
Aries.	Kos.	Khoin. Kods. Kotschkar. Kotzkar. Oktscha.
Abi. Discede.	Fuss.	Boss.
Aegrotus.	Beteg.	Yebetzi.
Argentum.	Ezüst.	Kumis. Jamis. Kümüsch.
Argentum vivum.	- - Kénesö.	
Altus.	Magas. Böv (*Laxus*).	Byik.
Anguis.	Kigyo.	Kjerpe.
Curvus.	Görbe.	
Agnus.	Bárány. Kos.	Bäran. Kosy. Koousu. Koosy.
Ambulare. Ire.	Járni. Iramodni.	Irrene. (Wezi.
Aqua. Flumen.	Viz.	Wed. Wessi. Wüt.
Arena.	Homok.	Khum. Kum. Kumák.
Auris.	Fül.	Pel.
Aestas.	Nyár.	Namuhr.
Aqua.	Viz.	Wa. Usun.
Bibo.	Iszom. Iszon.	
Adulator.	Csapodár. Csapzi.	Chopki.
Aper.	Diszno. Vad diszno.	Durisson.
Amygdala.		Nodrogon.
-- Nomen herbarum venenatarum.	Nadragulya. Nadragun.	
Barba.	Szakál.	Sagal. Tzakal. Zakal. Sakal.
Bos. Taurus.	ökör. Bika.	Oeker. Uker. Buchai. Buka. Buga.
Brachia. Manus.	öl. ölöm. ölem. *Kar.*	Ilin. *Gara.*
Bubalus.	Bival.	Arslon.
Leo.	Oroszlán.	

Latine.	*Hungarice.*	*Tatarice.*
Bibo. Bibere. Bibit.	Iſzom. Inni. Iſzſza. Iſzod.	Oſſon. Isjaſſe. Itſchedm.
Butyrum.	Vaj.	Mai. Wui. May.
Caeſtus. Framea.	Buzogány.	Boelegan.
Crepida. Calceus ruſticorum rudis.	Bocsſkor. Kaptza. Bakkants.	Baſchmák. Katz. Kepſch.
Coeruleus.	Kék.	Kuk. Kokö. (*Kökény. Kökörtſény.*
Cothurnus. Crepida. — Sandalia. *Ein Abſatz vom Pantoffel.*	Sarok.	Tzarok.
Corium bulgaricum.	Bagaria.	Bulgarie.
Culter.	Bitſk. Bitſok.	Pſiſk.
Caper. Aries.	Kecſke. Kos.	Kaſáh. ötſchki. ütſchki. ötzkii.
Cibus.	Itek. Étek.	Ideku.
Ceſpes.	Pá'ſint.	Ebeſin.
Coelum.	Ég.	Tengri.
Mare.	Tenger.	
Camelus.	Teve.	Temian. Tiue. Theme. Tegö. Tjuja.
Cereviſia.	Ser.	Schara. Schar. Sirrah. Syra. Sſirja. Şur.
Caligae.	Salavári.	Schalbuuri.
Cornu.	Szaru.	Suro.
Cunae.	Böcſö. Böltſö.	Beſciek.
Canis.	Kutya.	Kudſa. Gida.
Caro.	Hus.	Khuſch.
Corium. Corduanum.	Szatyán.	Satican.
Chalibs.	Atzél.	Chatin.
Cor.	Sziv. Szüvetske.	Siirüki.
Contritum triticum (*Grütze*).		Tutarga.
Panicum.	Tatárka.	
Cano.	Dudolok. Dalolok.	Dohla. Dodolchu. Dunlachu.
Cantus.	Dall.	
Clamo. *Dudelſack.*	*Duda.*	Duhda.
Candelabrum (*Candela*	*Gyértya*).	Gerki.
Culter curvus hortulani.	Koſzor. Katzor.	Kuſzur.
Cannabis.	Kender.	Kindſchur.
Capillus.		üſün.
Canus. Cane. *Adverb.*	őſzön. őſzülve.	

Latine.	*Hungarice.*	*Tatarice.*
Clavis.	Kults.	Kulp. Atſckutſch. Atzkutz. Kludſch.
Cochlear.	Kalán.	Solang. Chalbagan.
Culter.	Bitſak. Kés.	Bitſak. Bizak.
Cuprum.	Dſeſſ.	Réz.
Currere.	Szaladni.	Solodi.
Currus.	Tergenye. Tereh. Szekér.	Trrgén.
Deus.	Iſten.	Tengeri.
Mare.	-- Tenger.	
Da mihi.	Ide atztze.	Nada atza. Oda atze.
Dominus.	Ur. Uram.	Oeran.
Dies.		üdür.
Tempus.	üdö.	
Dolium.	Kupa (cupa).	Kup.
Dolor.	Sajnállás.	Sijàn.
Dolorificus.	*Saján.* Sajnos.	
Doleo.	Sajnállom.	
Digitus.	Uj.	Luj.
Dormio.	Aluſzom. Nyugſzom. Alatom.	Juchlaimin. Alaten.
Exiguum.	Kitſike.	Bitſchikan.
Eſurio.	Ehezem. Ehetném.	Elezmoe.
Equus cum dorſo perfrictionem vulnerato.	Jártas lo. Feltört hátu lo.	Jartá moerin.
Exſecrari. Calumniari.	Káromolni.	Karanai.
Ebrius.	Réſzeg.	Is ärek. Esrlik.
Examino. Inquiro.		Aſok.
-- Fodio.	Aſok.	
Equus.	Lo. Lu.	Lo. Lu.
Edo.	Eſzem. Eſzed.	Aſchidm.
Femoralia.	Gadja. Gagya. Gatya	ümüdün. Gädſch.
Indusium.	Ing. ümeg.	
Fructus.	Gyümölts.	Dzſismis.
Flavus.	Sárga. Sárig. Sári.	Schárga. Schara. Sſára. Sari. Sarik.
Frigus.	Hideg.	Idig.
Felis.	Matſka.	Matzi. Mátſch. Miſchik. Mii. Mitſchuk.
Funis.	Kötö. Kötél.	Kotow.

Latine.

Latine.	*Hungarice.*	*Tatarice.*
Fistula. *Canto.*	Duda. *Dudolok. Dudálok.*	Duduk.
Foramen.	Lik.	Telik.
Fui.	Voltam.	Vardum.
Ferrum.	Vas.	Kóſe.
Frenum.	Kantár. Zabola.	Chaſár.
Frater.	öcſe.	Acha.
Frigidus.	Hives.	Suwok.
Fraus.		Cſorba.
— *Eine Scharte.*	Cſorba.	
Famelice. *Adv.*	Ehen.	Oelen.
Fur.	Or. Tolvaj. Lopo.	Oro. Ura. Bur.
Fovea pro conſervando frumento.	Anbâr.	Hambár (Buza verem).
Gallus gallinaceus.	Tik. Kakas. Fö-tyuk.	Taká. Tank. Eré-taká (*örü tik. Bak tyuk*). Kookun. Petuk.
Gallina.	Tyuk. Tik.	Thäouk. Taka. Tank. Eme-taka. (*Eme-tik. Nöſtén tyuk*). Zibi-tauk (Tſübe-tyuk).
Grando.	Mendörgés (*Toni-tru*).	Mendür.
Granarium.	Kas.	Cacha.
Gulo. *Vielfraß.*		Dſoge.
— *Eine Dohle.*	Tſoka.	
Globus.	Tſomo.	Sumu.
Grus.	Daru.	Togoru.
Gygas.		Uendür.
— Spectrum.	Tündér.	
Glacies.	Jég.	Jenk.
Genae.	Al. Alla-ôrtza.	Galchá.
Gramen.	Burján. Fü.	öljon. *Uljân.*
Humilis.	Alatſon.	Alaſcha.
Hordeum.	Arpa.	Arba. Arpa. Arbai.
Hyems.	Tél.	Telli.
Hordei maltum.	Arpa káſa.	Arabai.
-- *Gerſtengrütze.*		
Inteſtinum.	Bél.	Kegideſuin.
— Chorda.	Hegedü hur. Bél hur.	(Ex animalium inteſtinis confecta).

Latine.

Latine.	*Hungarice.*	*Tatarice.*
Jaculum.	Hajito. Hajito dárda.	Jeta.
Ignis. Calor.	Tüz.	Tule. Tül. Tjün.
Jasminum.	Jásmin.	Dſijan.
— — Urtica.	- - Tſiján.	
Ibi. Illuc.		Nale.
- Apud.	Nál.	
- Apud illum.	Nálla.	
Janua.	Ajto. Ajtotska.	Athol. úrtka. üüdün.
Infans. Puella.		Köökön.
— Catulus.	Köjök. Köjököm. *Poſſ.*	
Loqui.	Szollani. Szollás. Szolja.	Suileſcháſſe. Sſulja
Levis.	Könnyü.	Kunna.
Lignum.	Fa.	Pu. Fua.
Lingua.	Nyelv. Nielv.	Kelen. Kielen. Til. Kelle. Kele.
Labium.	Ajak.	Oeroer. Ourur.
— Naſus.	Or.	
Linteum. Lineum.	Gyolts.	Kentſchir.
— Cannabis.	Kender.	
Lancea. Haſta.	- - 'Sida.	Zyda. Schida.
Lynx.	Hiuz.	Schuliſun.
Lupus.		Tzouna. Tzono.
- Terribilis. Deformis.	Tſunya.	Tſuracha. Tſchugáh. Zuracha.
Lucius. Piſcis.	Tſuka.	
Lucidus.	Jeg. Ég (*Glacies. Coelum*).	Jegan.
Lorica.	Pantzél.	Koujak.
— Pugnus.	Kujak. ököl.	
Lapis.	Kö. Köve.	Ku. Kiw.
Leo.	Oroſzlàn.	Arſzlán.
Latrare.	Ugatni (Kutya. Canis).	Kudſa.
Lupulus humulus.	Komlo.	Kumelach.
Lepus.	Nyul.	Tulai. Toolai. Njo.
Lupus.	Farkas.	Born.
Vitulus.	Bornyu.	
Lac.	Téj. *Tejet. Acc.*	Sjüt.

Latine.

Latine.	*Hungarice.*	*Tatarice.*
Mannulus.	Tſiko.	Murin - tſchikan. Unagan (unoka. *Nepos*).
Milvius.	Katſagán. *ülü.*	Kartſchugap. *Ilga.*
Mater.	Anya. Anyám.	Auna. Annám.
Mulier. Foemina.	Aſzſzony.	Eme.
- - Porca.	- - Eme-diſzno.	
Meridies.	Dél. Déli idö.	Udé. üdü.
- - Tempus.	Idö. üdö.	
Miſer.	Szegin. Szégény.	Taigin.
Mare.	Tenger.	Denghis. Tengri. Tengis.
Mitra. Hungarica.	Kalpag.	Kalpak.
Macellum.		Kaſſab.
— — Dilaniare.	Kaſzabolni. Méſzárolni.	
Morbus.	Marás.	Maras.
Morſus.	Nagy. öreg. *öleg.*	Ulu.
Magnus.	O'ſonna.	Uſchina.
Merenda.	Tſuda.	Tſchuda.
Manus	Kar (Brachium).	Gar.
Maruſius fluvius Tranſilvaniae.	Maros. Marus. (Frigus interſiſſimum).	Marus (Slavonice).
Manus.	Kéz. Keze.	Kezi. Keſſi. Ked.
Mara maros comitatus. *Hung.* Mare mortuum. *Lat.*	Mára maros.	Mare maruſa.
Mentum.	A'll.	Jak. (*Collum.* Nyak).
Mater familias.	Gazdaſzſzony.	Gergén.
— — Pagi nomen in Tranſilvania.	Görgény.	
Myſtax. *Schnauzbart.*	Bajuſz. Ajakanſzakál.	Mijuk. Urukin ſagal.
Moloſſus.	Kopo.	Kjopek.
Mors.	Halál.	Khalol.
Mortuus.	Halo. *Haljon.*	Ulju.
Nox.	Ej. Ejjel.	Soey. Tjel.
Niſus (*Avis*).	Katſagán. Karuj.	Cartugan.
Nares.	Or. orom.	Murun.
Nomino.	Nevezem.	Nevra.

Latine.	*Hungarice.*	*Tatarice.*
Niger.	*Beke*, eſt nomen, Familiarum hungaricarum proprie ſignificat. *Fekete.*	Beke.
Negare.	Tagadni.	Dodadghi.
Opera.	Rabota.	Robitta.
Ovis.	Juh. Kos. *Eme-kos.*	Koy. Emekhoin.
Olla in qua coffe coqui ſolet.	Ibrik.	Ibrik.
Oculus.	Szem.	Sem. Sdi. Sohin.
Os (Labium).	Száj. (Ajak).	Ojack.
Ova piſcium. Caviar. *Fiſchroggen.*	Ikra.	Ikra.
Onus. Sarcina.	Tergenye. Tereh.	Tergeny.
Ovum.	Mony. Tik mony.	Muno. Monn.
Piſum. *Erbſen.*	Borſo.	Burtzak.
Pecus. *Rindvieh.*		Bolun.
— Irrationalis.	Bolond.	
Pulvinar.		Alun.
— Dormire.	Alunni.	
Parvus. Anguſtus.	Keſkeny. Kitſin.	Kiſkennä. Kitzi.
Penna.	Tol. Tollu.	Tulla. Tuj.
Piſcis.	Hal.	Khal. Khul.
Pileus. Mitra.	Sapka.	Schapka. Schapki.
Pulvis.	Por.	Purk.
Pagus. Vicus.	Falu.	Aul.
Parvus. Vilis. Exiguus.	Tſekély. Kitſin.	Tſche-ekén. Kitſchi. Kitſchik. Kitſchuk.
Pomum.	Alma.	Aliman. Alma. Alema. Almáh. Almán.
Pater. Paternus.	Atya. Atyai. Atyám.	Atei. Atta. Abu, Attám.
Pollex.	*Ivejkei.* Hüvejk.	Irrekei.
Penis.	Mony.	Manol.
Planities.	Gödör (Vallis. Fovea).	Ködö.
Philomela.	Fölemile. *Bulemile.*	Bulbul.
Porta.	Kapu.	Kapou. Kapi.

Latine.

Latine.	*Hungarice.*	*Tataricе.*
Puteus.	Kút. *Plur.* Kútak.	Kuduk. Guduk. Chuduk. Kutuk.
Profundus.	Mély.	Mel.
Paludoſa loca. Lacus.	Sár. Motſár. *árok.*	Saz. *Ara.* Motſchagi. Tuu.
Pica.	Szarka.	Schibe.
Pullus gallinacius.	Cſibe. Cſirke.	Zibi.
Pater. Avus.	öſöm.	Oeſſum.
Poena. Mulcta.		Adſab.
Poena adficere.	Agyabugyálni.	
Pallium.	Köpenyeg.	Choebnech.
Pignus.	Zálog.	Dzalo.
Princeps.	Bán.	Uwan. Wan.
Querere.	Kirni. Kérni.	Kihr.
Quercus.	Tſere-fa.	Tſchara-fu.
Rogo te.	Kérlek.	Kajerlá.
Ren.	Veſe.	Bere.
— Inteſtinum.	— Bél.	
Surge.	Fuſſ. Eredj. Keljfel.	Boſſ.
Sol.	Nap.	Narán
- Aeſtas.	Nyár.	
Soror.	-- Ettſe. Nénnye.	Egecy. Nannja.
Sella equina. *Sattel.*	*Emeltſö. Emeltyü.* Nyereg.	Emeltſi. Emel (a'mely a'lovagלót emeli).
Sturio. *Steer.*	Sügér.	Tſogar.
Sica.	Handſár.	Changiár.
Siccus.	Száraz.	Kuru.
Septem.	Hét. Hetit. *Acc.*	Jetti.
Simia.	Majom.	Maimoen.
Sturiolus.	Söröge. Sügérhal.	Sürük-balik.
Sedeo.	Ulök. *ültem.*	Olturaman.
Stella.	Tſillag.	Zula.
Sudarium. *Schnupftuch.*		Artzul.
— — In facie.	Artzul (Adverb.)	
Sartago. *Eine Molte.*	Tepſi.	Tepchi.
Sella.	Szék.	Sſeká.
Sus.	Diſzno.	Dongns.
Secale.	Ro's.	Arſch. Oros. Roſch.
Securis. Aſcia.	Balta.	Baltáh. Balta. Palta. Baltho.

Latine.	*Hungarice.*	*Tatarice.*
Sanguis.	Vér. Vir.	Wer. Wir.
Sero. *Adverb.* Vefpera.	Kefön.	Ketfch. Kytfch.
Taurus.	Bika.	Boecha. Buchai.
Tigris.		Bars.
Taxus.	Borz.	
Terra.		Mu.
Campus.	Mező.	
Traha.	Szán.	Tfchana.
Tenebrae.	Borongo. Sötét.	Burunkuy.
Tuba.	Furuja.	Burie.
Thrafo. Jactator.		Chodala.
— Admirator.	Cfodállo.	
Terebra.	Furu.	Urun.
Triticum.	Buza.	Buda. Budai. Buutai. Mudai.
Umbilicus.	Köldök.	Kindük. Kündük. Küüfü.
Urna.	Veder. Vedre.	Wedre.
Uxor.		Eme.
	Eme - difzno.	Porca.
Veni huc.	Jere ide.	Nari iret. Nari ine.
Veni.	- - Jere.	Ire. Jel.
Variegatus. equus.	Alak lo. Tarka lo. (Az *Alak*, tarka barka).	Alak moerin.
Vefper.		Buru.
Vefperafcit.	Borul.	
Vis.	Erő.	Irik.
Ventus.	Szél. Szélke.	Salkin. Sal. Jel. Sére.
Vacca.	ünő. Eme.	Une. Eme.
Vitulus.	Borju.	Biroy.
Verbum.	Ige.	Uge.
Verficolor. Mixtus.	Elegyes. *Tarka-barka.*	Alagia.
Vafculum. coffeanum.	Findfia.	Filgian.
Validus. Fortis.	*Gyavos. Javos.* Joforma.	Giawous.
Viator.	Vándor.	Chandus.
Vita.	Ilet. Élet.	Ile.
Vehor.	Járok. Járom. Jarnom.	Jurimin.

Latine.

Latine.	*Hungarice.*	*Tatarice.*
Vehi.	Nyargalni. Járkálni.	Jorgaly.
Equo-vehi.	Lovan nyargalni.	Jalan jurgaly.
Ire.	Gyalog *jalog* nyargalni.	Jejo jurgaly.
Ver.	Tavafz.	Towi.
Vermis.	Féreg.	Perk.
Vigil.	Őrállo.	Oral. Uroul.
Vir.		Eré. Er.
— Aries.	Őrü. Kos.	
— Apis mas.	Here.	
Veftis.		Kuptzufu.
Veftis lacera. Lacinia.	Kaptza.	
Vivus.	Elö (*Türö* Patiens.	Tyry.
Zingiber.		Chalon.
-- Urtica.	Cfalán.	

Ex horum vocabulorum collatione patet linguam tataricam ab hungarica effentialiter differre, licet vocabula tatarica cum hungaricis convenientia hic magno fatis numero enumerata fint, et quidem fequentes ob rationes:

Primo. Pronomina harum linguarum nullam inter fe habent fimilitudinem, praecipue Perfonalia, quod in Lapponum, Finnorum et Efthonum lingua notabiliter contrario modo obfervare licuit. Jam vero Pronomina ad claffem vocum charakterifticarum pertinere, omnibus Philofophis, linguarum ftudiofis notum eft.

Secundo. Licet voces tataricae inter Hungaros hodiedum ufitatae reperiantur numerofae, at produnt hae illico fonum aliquem peregrinum, flexionemque hungaricam violenter quafi intentatam admittunt. Contra vero memoratae jam fuperius linguae fennicae, multo magis analogas linguae hungaricae voces fuppeditant, quae fimul modo etiam Hungaris familiari inflecti, declinari, comparari, et conjugari poffunt.

 Tertio.

Tertio. Nec Nomina Poſſeſſiva (quibus Suffixa pronominalia adhaerent) tam evidentem in hac lingua ſimilitudinem prae ſe ferunt, uti in allatis obſervatum eſt.

Non ergo aliud numeroſa in linguam hungaricam aſſumta vocabula tatarica demonſtrare videntur, niſi gentem noſtram longo ſatis tempore in eorum vicinitate vixiſſe, atque per continuum cum iis commercium inevitabili neceſſitate voces ab iis tataricas mutuaſſe, aut illis noſtras hungaricas communicaviſſe. At idem obtinet de multis Slavicae originis populis, uti ſunt: Ruſſi, Slavi, Slaviani, Slavonii, Serbi, Poloni, Bohemi, Moravi (quorum exempla numeroſa in ſequentibus adferam), imo et ipſi Valachi, Germanique, a quibus plura vocabula mutuata, hodie civitate hungarica donavimus. Quis tamen ideo has nationes, una ex ſtirpe ortas cum hungarica aſſeveraret?

Non contentus ſola hac vocabulorum tataricorum contemplatione, in auxilium vocavi linguam turcicam, probe ſciens eam non aliud eſſe, quam tataricae Dialectum. Uſus ſum hunc in finem Grammatica Turcica Romae 1780. italico idiomate edita, ex qua Paradigma prolixum Conjugationis depromere, lectorumque judicio ſubmittere conſultum duxi. Conjugatio haec omnem meretur attentionem, cum plurima in ea reperiantur, talia, quae in Conjugationibus Hungarorum deſunt.

Significationes Temporum non alia exprimere potui lingua, quam italica, in latinam enim transferre, ſine ſignificationis detorſione mihi ſaltem poſſibile non videbatur, quod in translatione hungarica quoque non ſine violentia quadam adhibita effici potuit.

Modus

Modus Indicativus.

1. *Praesens indefinitum.*

S. Sevérim, ſevérſim. ſevér. Pl. Sevériz, ſevérſin-iz, ſevérler.
Io amo Szeretek.

2. *Praesens continuum, vel determinatum.*

S. Sevéjorum, ſevéjorſun, ſevéjor. Pl. Sevéjoruz, ſevéjorſun-uz, ſevéjorlar.
Io ſto amando, ſzeretetbe foglalatoſkodom, ſzerelmeskedem.

3. *Praeſens duplicatum.*

S. Sevmis olúrum, - olúrſum - olúr.
P. Sevmis olúruz - olúrſun-uz, - olúrlar.
Io vengo ad amare.
Szeretülök (Szeretni kezdek. Fejérülök).

4. *Praeteritum imperfectum indefinitum.*
Sevérdim. Io amavo. Szereték.

5. *Praeterit. imperf. continuum, v. determinatum.*
Sevéjordym. Io ſtavo amando. Szerelmeſkedém.

6. *Praet. imperfectum relativum.*
Sever imiſim. Che io amaſſi.
Be ſzeretném! Bártſak ſzeretném!
Ugyan ſzeretném!

7. *Praet. imp. relat. cont. v. determinatum.*
Sevéjor ymyſym. Che Io ſtaſſi amando.
Be ſzérelmeſkedném. Bártſak ſzerelmeſkedném.

8. *Praet. perf. determinatum.*
Sevdim. Io amai, ed ho amato. Szerettem.

9. *Praet. perf. relativum, v. indefinitum.*
Sevmiſim. O mi pare che io ábbia amato.
Ugy tettzik hogy ſzerettem volt.

10. *Praet. perf. duplicatum.*
Sevmis oldúm. Io veni, e ſon venuto ad amare.
Szeretni jöttem.

11. *Praet. plusquamperf. determinatum.*
Sevdi idim. Io avevo amato. Szerettem vala.

12. *Praet. pl. perf. remotum.*
Sevmis idim. Io gia avevo amato.
Már ſzerettem vala.

13. *Praet. pl. perf. relativum.*
Sevmis imiſim. Che io aveſſi amato.
Bartſak (Be) ſzerettem volna.

14. *Futurum ſimplex, ſicut Praeſens.*
Severim. Io amo.
Majd, holnap, valaha ſzeretek.

15. *Fut. duplex., ſicut Praeſ.*
Sevmis olurum. Io verro ad amare.
Majd ſzeretni megyek.

16. *Futurum mixtum.*
Sevegeg oldúm.
Io fui e ſono ſtato per amare.
Szeretni voltam.

17. *Fut. mixt. relativum.*
Sevegeg olmuſum.
Che io ſia e foſſi ſtato per amare.
Bár tſak ſzeretni mentem volna!
Hogy ſzeretni mentem volna.
Be ſzeretö lettem volna!

Modus Imperativus.

Sev. Ama tu. Szereſſ.

Modus Optativus.

19. *Praeſens, et Praet. imperfectum.*

Bolajki ſevéidim. Idio voleſse che io amaſſi.
Vajha (Bár) ſzeretnék.

20. *Praet. perfectum.*
Bolajki ſevmis olam.
Idio vollia che io abbia amato.
Bártſak (vajha) ſzerettem volna.

21.

21. *Praet. plusq. perfectum.*
Bolájki ſevmis oláidim.
Idio vollia-che io aveſſi amato.
Bártſak (vajha) ſzerettem volna.

22. *Futurum.*
Bolajki ſevém. Idio vollia che io ami.
Hogy ſzereſſek.

Modus ſubjunctivus ſimplex.

23. *Praeſens indefinitum.*
Sevérſem. Se io amo. Ha ſzeretek.

24. *Praeſ. contin. v. determinatum.*
Sevéjorſam. Se io ſto amando.
Ha ſzerelmeskedem.

25. *Praet. imperf. indefinitum.*
Sevérſeidim. Quando io amavo.
Mikor ſzerették.

26. *Praet. imp. cont. v. determinatum.*
Sevéjorſaidym. Quando io ſtavo amando.
Mikor ſzerelmeſkedém.

27. *Praeterit. Imperf. relativum.*
Sevérſe imiſim. Che quando io amavo.
Vajha mikor én ſzereték.

28. *Paaet. imp. relat. cont. v. determinatum.*
Sevejorſa imyſym.
Che quando io ſtavo amando.
Vajha mikor én ſzerelmeſkedém.

29. *Prima vox praeterit. imperfecti.*
Sevſem. Se io amaſſi. Ha ſzerettem volna.

30. *Secunda vox praet. imp. et pl. qu. perfecti.*
Sevérdim.
Io amerei, ed avrei amato. *Sicut praet. imp. Indic.*
Szeretnék. Szerettem volna.

31. *Praet. perf. determinatum.*
Sevdi iſem. Se, o quando io amai, ed ho amato.
Ha (a' mikor) ſzereték, v. ſzerettem.

32. *Praet. perf. relat. v. indefinitum.*
Sevmis isem.
Che quando io ho amato. Che io abbia amato.
Se io auro amato.
Mikor szerettem. Hogy szerettem légyen.
Ha szerettem leszek.

33. *Praet. pl. qu. perf. determinatum.*
Sevdi ise idim. Quando io avevo. amato.
Ha szerettem vala.

34. *Praet pl. qu. perf. remotum.*
Sevmis ise idim.
Tempo fa quando io avevo amato.
Rég az ideje hogy szerettem vala.

35. *Praet. pl. qu. perf. indefinitum.*
Sevmis olsam. Se mai io avessi amato.
Ha valaha szerettem volna.

36. *Prima vox pr. pl. qu. perfecti.*
Sevsé idim. Se io avessi amato.
Ha szerettem volna.

37. *Prima vox pr. pl. perf. remoti.*
Sevmis olsaidym. Se io per l'avanti avessi amato.
Ha elöre szerettem volna.

38. *Secunda vox pr. pl. qu. perf. remoti.*
Sevmis olordum.
Se io avrei gia amato, o sarei venuto da amare.
Ha már szerettem volna, v. szeretni jöttem volna.

39. *Futurum.*
Sevérsem. Se, o quando io amero. *Sicut Praes.*
Ha, v. mikor szereténdek.

Modus subjunctivus.

Qui obligationem et necessitatem exprimit.

40. *Praesens et Futurum.*
Sevegeg isem. Se io ho da amare.
Ha valami szeretni valóm van.

41. *Praet. imperf. determinatum.*
Sevegeg iseidim.
Se, o quando io avevo da amare.
Ha, v. mikor szeretni valóm vala.

42.

42. *Praet. Imperf. relativum.*
Sevegeg imiſiſem.
Che quando io havevo da amare.
Hogy mikor ſzeretni valóm vala.

43. *Prima vox praet. imperfecti.*
Sevegég olſám. Se io aveſſi da amare.
Ha ſzeretni valóm lenne.

44. *Praet. perf, determinatum.*
Sevegeg oldumyſa.
Se, o quando io ſono ſtato per amare.
Ha, v. mikor ſzeretni voltam.

45. *Praet. perf. relativum.*
Sevegeg olmuſyſam.
Che quando io ſono ſtato per amare.
Hogy mikor ſzeretni voltam.

46. *Prima vox praet. pl. qu. perfecti.*
Sevegég olſáidym.
Se io foſſi ſtato per amare.
Ha ſzeretni lettem volna.

47. *Futurum.*
Sevegég olurſám.
Se, o quando io avro da amare.
Ha, v. mikor leſzſz ſzeretni valóm.

Modus Infinitivus.

48. *Praeſ. et Praet. Imperf.*
Sevmék. Amare. Szeretni.

49. *Declinatio hujus ſimplex.*
Sevmék. *Gen.* ſevmégin etc. (*Italice deeſt*).
Szeretni, *Gen.* Szeretnijé, D. Szeretninek. - A. nit. etc.

50. *Decl. hujus Poſſeſſiva.* 1. *Perſonae.*
Sevmem-in. Sevmemé. Sevmem-i-den.
Szeretnem. G. Szeretnemé-nek-et etc.

51. — — 2. *Perſonae.*
Sevmen-in-é-i-den.
Szeretned-é-nek etc.

52. — — 3. *Perſonae.*
Sevmeſi-nin-né-ni-nden.
Szeretnie-jé-nek. t.

53. *Praet. perf. et pl. qu. perfectum.*
Sevdik. Aver amato.
Szeretettnek lenni.

Declinatio hujus simpl. ut prius.
Declinatio hujus Possessiva.

Sevdigim. Szeretettemnek lenni. 1. *Personae.*
Sevdigin. Szeretettednek lenni. 2. *Personae.*
Sevdigi. Szeretettinek lenni. 3. *Personae.*

Nominat. Genit. Dat. Accus. etc.

54. *Futurum simplex.*
Sevegék. Dovere amare. Szeretni kelleni.

Declinatio hujus Possessiva.
Sevegégim. Szeretnem kelleni. 1. *Person.*
Sevegégin. Szeretned kelleni. 2. *Person.*
Sevegegi. Szeretnie kelleni. 3. *Person.*
Nominat. Genltiv. Dat. Accus. etc.

55. *Futurum mixtum.*
Sevegég olmák. Aver dovuto amare.
Szeretni kénteleniiltnek lenni.

Decl. hujus Possessiv.
Sevegég oldughum.
Sevegég oldughun.
Sevegég oldughu.
Szeretni kénteleniiltnek lennem. 1. *Person.*
— — lenned. 2. *Person.*
— — lennie. 3. *Person.*

Nominat. Genit. Dat. Accus. etc.

56. *Gerundium.*
Sevér iken. Mentre io amo, e amavo. A'midőn szerétek vala.
Sevéjor iken - - tu ami e amavi - - szeretsz vala.
Sevémis iken - - elli etc. - - szeret vala.
Sevegég iken.
Sevmeli iken.
Sevdigim var iken.
Sevdigin var iken.
Sevdigim var imis iken.
Sevdigin var imis iken.
Sevip. Amando, at avendo amato. Szeretve, szeretve léve.
Severék. Amando, col amare. Szeretve, szeretéssel.

Sevinge.

Sevingé. Finche lo ami A'mig szerettem.
Seveldén beri. Da che io ami. A'mioltától fogva szerettem.
Seveli.

57. *Supinum.*
Seve seve. Amando piu volte. Szeretvén szeretve.

58. *Participii praes. et imperfectum.*
Sevér. Chi ama. Szerető.

59. *Part. praes. praet. imp. perf. plusqu. perf.*
S. Sevén-nin. Il quale ama. A'ki szeret. A kik szeretnek.
P. Sevénlér-in.

60 *Partic. praeterit. perfectum.*
Sevmis, Chi ha amato. A'ki szeretett.

61. *Part. praes. pr. imp. perf. pl. q. p. Passiv. possessive.*
Sevdigim. Az én szerettem-d-ttje etc.

vel: Az' én szeretettem é-nek, met etc.
A te szeretetted. Az ö etc.
A'mi. - A'ti. - Azök szeretettjek.
per omnes Casus et Numeros declinando.
vel: Az én töllem szerettetet é-nek-ttet etc.

62. *Partic. Futurum.*
Sevegék, chi ha da amare.
A'kinek szeretni-valója van.

63. *Partic. Futur. Passivum possessive.*
Sevegégim. Az én szerettetendőm. é-nek-et.
A'te-Azö A'mi-Ati-
Az ök szerettetendöjök-é-nek-et.
vel: Az én töllem szerettetendö etc.
per omnes Casus et Num. declinando.

Adferam varias Verbi *Sevmek* significationes quas omnes hungarice reddere conabor, at in quibus Verbum hungaricum *Szeretek* hunc in finem non sufficit, et translationem quandam violentam patitur, ibi alia verba usu magis recepta in auxilium vocabo.

1. Sevmek.

1.	Sevmek.	Szeret - - ni.
2.	Sevdürmek.	Serettet. - -
3.	Sevdürilmek.	Szeretőül - -.
4.	Sevdürdürmek.	Szerettettet. - -
5.	Sevifchmek.	Szeretkez. - -
6.	Sevifchilmek.	Szeretkeződ. - -
7.	Sevifchdürmek.	Szeretkeztet. - -
8.	Sevilmek.	Szeretőd. - -
9.	Sevildürmek.	Szerettetőd.
10.	Sevmemek.	Nem-fzeret. - -
11.	Sevilmemek.	Nem-fzeretőd. - -
12.	Sevhemek.	Nem-fzerethet. - -
13.	Sevilehmemek.	Nem-fzeretődhet.
14.	Sevdürmemek.	Nem-fzerettet.
15.	Sevdürehmemek.	Nem-fzerettethet. - -
16.	Sevinmek.	Szeretked. - -
17.	Sevinmemek.	Nem-fzeretked. - -
18.	Sevinememek.	Nem-fzeretkedhet. - -
19.	Sevindürmek.	Szeretkedtet. - -
20.	Sevinifchmek.	Szeretkeződ.
21.	Sevinifchdürmek.	Szeretődtet. - -
22.	Sevinifchdürmemek.	Nem-fzeretődtet. - -
23.	Sevinifchdürehmemek.	Nem fzeretődtethet. - -
24.	Sevehmemek.	Nem-fzerethet. - -
25.		Szeretget. - -
26.		Szeretdegel. - -
27.		Szeretint. - -
28.		Szerettetget. - -

Ex attenta hujus Paradigmatis confideratione, et ex ferie 28 fignificationum, feu Formarum Verbi *Severim*, patet evidenter *Primo.* Quod magnus Modorum, Temporumque numerus linguae turcicae longe fuperat Modos, et Tempora Verborum hungaricorum, cum plurima horum duabus, aut tribus exprimere debuerim vocibus. *Secundo* Infinitivus, Praeteritum, Futurum, et Gerundia turcica declinantur, per omnes Cafus et Numeros, tam in ftatu fimplici, quam in poffeffivo (feu conftructo) quod in lingua hungarica nullatenus fieri poteft. *Tertio*, fignificationes quatuor fub numeris: 25, 26, 27, 28,

Amare. *Tanulni.* Difcere
Amare facere. *Tanultatni.* Difcere facere.
Fieri amare. *Keferülni. Sérülni. Bolondulni.*
Facere ut alter faciat amare. *Nézettetni.*
Mutuo fe amare. *Szövetkezni. Birokozni. öfzvefogatkozni.*
Mutuo amari. *Tfokolódni. Tafzigálodni. Hálálkodni.*
Facere amare mutuo. *Férkeztetni.*
Amari. *Verődni. Tünődni. Aggódni. Törődni.*
Facere amari. *Büntetődni.*
Non-amare. *Szeretétlenkedni. Alkalmatlankodni.*
Non-amari. *Szeretetlenülni.*
Non-poffe amare. *Szerethetetlenkedni.* Álhatatlankodni.
Non-poffe amari. *Szeretődhetetlenülni.*
Non-facere amare. *Szerettetősködtelenkedni.*
Non-poffe facere amare. *Szerettetőfködhetetlenkedni.*
Amare feipfum. Complacere fibi. *Ditfekedni, Kérkedni.*
Non-amare feipfum. *Kérkedetlenkedni.*
Non-poffe amare feipfum. *Kérkedhetetlenkedni.*
Facere ut qui fe amat. *Gyönyörködtetni.*
Simul gaudere cum aliis. *Szövetkezödni. Mérekeződni.*
Facere fe amari. *Kedveltetni.*
Non facere fe amari. *Untatni.*
Non-poffe facere fe amari. *Untathatni.*
Non-poffe amare. *Szerethetetlenkedni.*
Identidem amare. *Tfalogatni.*
Paulatim amare. *Esdegel az efö.*
Vix-aliquantulum-amare. *Legyinteni. Nyalintani.*
Facere ut alter identidem amet.

notatae apud Hungaros ufitatiffimae, in Turcico defiderantur. *Quarto.* Conjugationes Negativas apud Turcas una voce exprimi folitas, fub numeris: 10, 11, 12, 13, 14, 15, 17, 18, 22, 23, 24. Hungari duabus vocibus transferunt. Quoad Syntaxin hujus linguae, judicium doctiffimi Kollar jam fuperius memoravi.

Ex tanta igitur Paradigmatum diverfitate deduci merito poteft, linguam turciam, confequenter etiam alias tataricae Dialectus, cum hungarica non nifi in generalibus convenire proprietatibus, quae cum omnibus fere orientis linguis communes funt, ex. gr. in Suffixis, Poſtpoſitionibus, ſignificationibus quibusdam verbalibus etc. At ſimilitudo linguarum *Fennicae* originis, jam demonſtrata pluribus multo ſeſe exerit characteribus, iisque eſſentialibus, in anteceſſum longe lateque enumeratis.

Appendix II.

Vocabulorum linguam Hungaricam illuſtrantium, excerptorum ex opere praeſtantiſſimo iuſſu Potentiſſimae Imperatricis Catharinae II. publicato, cui titulus Roſſicus (Roſſicis enim totum eſt impreſſum literis).

Szravnitelnyije Szlovari vſsjekh jazikov i narjetſii, ſzobrannije deznitzeju vſsevi ſsotſaiſei oſsobi. Otdjelenije pervoje, ſsoder'ſaſtſeje v'ſsebje, jevropeiſskije i aziatſskije jaziki. Tſaſsty Pervaja, v' Szanktpeterb. 1786. Tſaſsty Vtoraja. 1789.

Titulus autem ejus Latinus hic eſt.

Vocabularia linguarum totius orbis comparativa Auguſtiſſimae cura collecta. Sectionis Primae linguas Europae et Aſiae complexae Pars Prior, Anno 1786. Petropoli, typis Joannis Caroli Schnoor. Pars ſecunda, Anno 1789.

Cujus incomparabilis operis, non injucundum fore puto, ſi aliquam meis Popularibus dedero notitiam, cum, tam ob raritatem paucorum in manibus verſetur, tam ob characterum Roſſicorum inſolentiam exterorum pauciſſimis legi poſſit.

Pars

Pars prior vocabularii continet vocabula 130; Pars secunda 143, in summa ambae continent vocabula 273.

Ordo, quem Editores observaverunt, atque in Praefatione Libri, tam Latina, quam Rossica clare proposuerunt, ex uno vocabulo *Deus*, quod primi articuli loco stat, patebit. Hunc articulum lectoribus meis integrum proponere non abs re judicavi; Primo, quia ex eo totius vocabularii dispositio illico innotescet. Secundo, quia 200 illae linguae, in quas vocabula haec translata sunt, systemate geographico ordinatae, 200 numeris signatae, non aliter, nisi ex hoc catalogo investigari possunt.

Continet vocabularium illud vocabula bene multa, quorum hic numerum satis amplum excerpere visum est, quoniam 1) earum plurima cum vocabulis Hungaricis accurate conveniunt. 2) Alia numerosa, ideas illi vicinas denotant. 3) Nonnulla similitudinem paulo remotiorem manifeste produnt.

Vocabula autem a me excerpta hoc ordine digeram.

Primo loco ponam vocem hungaricam cum sua significatione latina, cui numerum vocabularii, articulos 273 ordine distinguentem, immediate subjungam; ex quo ordo articulorum, seu vocabulorum 273 innotescet.

Secundo. Adjiciam nonnullis horum articulorum, saepe uni plura vocabula hungarica, quae in Vocabulario Petropolitano prorsus desiderantur. Ratio hujus est, quod istiusmodi vocabula ideas valde vicinas cum voce primaria exprimunt. Exemplo res clarescet. Sub numero vocabularii Petropolitani 190 legitur articulus *Miles*, Hung. *Katona*, at huic aliae praeterea voces hungaricae sex subjunctae sunt, eo quod hae omnes sociam cum voce *Miles* ideam notant, quarum in vocabulo Petropolitano omnium

 aperta

invenire potui veſtigia. Hujusmodi vocum comtemplatione cuivis apparebit, voces has Hungaris familiares apud decem diverſas nationes ideam *Militis* exprimere.

Dum igitur Lector hanc aut illam vocem in excerpto meo vocabulario noſſe deſiderat, ad quamnam pertineat linguam, is numerum voci praefixum, e catalogo hocce excutiet, atque nomen nationis, in cujus lingua vox quaeſita in uſu eſt, inveniet. Ex. gr. ſi quis ſub Articulo 190 *Miles*, inveſtigare vult, ad quamnam linguam pertineat vocabulum *Bátor?* numerus illi praefixus 105 in catalogo, nationem ſub nomine *Trukmannorum* indigitabit. Eodem modo inveniet vocabulum *Vitétz*, ſub numero 3 in lingua *Slavonica Militem* ſidnificare. Ex duobus his exemplis clare intelliget lector, quomodo vocabulum quodlibet hic adnotatum ad propriam ſibi nationem reduci poſſit.

Primo igitur loco rationem reddam, cur ſub quibusdam articulis vocabula hungarica duo, aut plura adferre oportuerit.

Secundo breviter notabo, in quanam mundi parte quaevis in catalogo memoratarum 200 nationum habitet, ut vel illi, qui primis quaſi labiis Geographiam deguſtaverunt, patriam harum gentium ſine ullo negotio ediſcere queant.

Quod ad primum adtinet, plura interdum vocabula hungarica nonnullis articulis ſubjungxi, quod eorum ſignificationem his valde accedere animadverti. Unde clare educi poteſt Hungaros olim vicinos his Nationibus vixiſſe, atque vocabula haec ab iis mutuaviſſe, aut, vice verſa, propria illis communicaviſſe.

Iſtiusmodi vocabula ad tres praecipue fontes referri poſſe videntur. Nonnula enim eorum ſunt antiqua *Hungaricae* ſeu *Fennicae* originis. Haec vere hungarice ſonant, et hungaricum flexionis modum admit-

admittunt. Alia ſunt *Tatarica*, quae per longum cum iis contubernium Hungari receperunt, haec ob uſum diuturnum videntur quidem hungarice ſonare; ſed flexionem hungaricam averſantur. Tertium genus eſt *Slavicae* originis, qualium vocum numerus eſt immenſus. Vocabula hujus generis attento Lectori ſeſe facile produnt quanam ſint origine ſata. Horum plurima oeconomiam et artes concernentia, ad calcem hujus operis exhibebo.

Sub Numero 107 eſt Vox *Ripa*. Hung. *Part.* Hic duas voces notavi: 1. *Berek.* Lucus, in ripa enim fluviorum *Lucus* ſunt frequentiſſimi. 2. *Bereg Vármegye.* Comitatus *Beregienſis* in Hungaria. Obſervavi enim plurima nomina Comitatuum, Urbium, Oppidorum, Pagorum, Vicorum, Praediorum, et Fluviorum in Hungaria et Tranſilvania vocabulis apud has nationes aſiaticas uſitatis nuncupari. Huc pertinent ſequentia. *Máramaros.* *Comitatus Maramaroſienſis*, quod nomen apud Aſiaticos Ruſſos, aliasque nationes. *Mare mortuum. Mare glaciale.* (Mare *Maruſa*) notare ferunt. Fluvius Tranſilvaniae maximus *Maros*, *Marus*, aeque ex hoc fonte originem traxit, nam vox Ruſſica *Maroz*, frigus ſignificat. Oppidum Tranſilvaniae in montanis *Zalatna*, in cujus vicinitatibus tantus auri theſaurus in abditis terrae viſceribus latet, merito traxit nomen ſuum ex voce *Zoloto*, Aurum. Pagus Tranſilvaniae *Kara* ſignificat apud Tataros *Niger.* Sub numero 209 in Linguis 89—106. 135. 136. 137. Oppidum et Fluvius *Kraſsna*, ſignificat apud eosdem *Ruber*, ſub Numero 210. Pagus *Dorog* in Hungaria *viam publicam*, civitas autem populoſa *Debretzen*, *Bonas nundinas*, v. *Bonum diem*, ſignificat. *Kerepes* notat: *Nave praeditum*, *Kerep* enim apud Vogules *navim* ſignificat. *Szolnok*, Salinus, Ruſſice: *Szolnik*. *Balaton*, lacus Hungariae 12 milliaria longus, ſignificat

 Uliginem,

Uliginem, *Paludem*, Russice: Bolotom. Sequentes vero Transilvaniae pagi omnes sunt Slavicae originis. *Beretzk*. Pratum, Arvum, *die Heyde*. Russice *Vereshk*. *Zágon*, *die Hürde*, caula, *Bogáts*. *Bogát*. *Reich*, *ergiebig*. *Palatka*, significat: *Palatiolum*, *Tabernam*, *Palatki* autem *Tentorium*. *Szilishse*, Magnum robur, *Szelishse*, Pagus. *Peretsen*, Numerus. *'Suk*. Insectum, aut Scarabeus. *Letom*, russice *Ljetom*, Per aestatem, *Tsan*, *die Kuse*, *Trog*, Alveus, Aquarium. *Poján*, russice *Poljâna*. Extirpatitium, v. Locus, in medio silvarum, ab arboribus purgatus, Pratum. *Rétse*. russice *Rets*, vox, verbum. *Szilágy*, russice *Szilátr*, Homo violentus. *Nashod*, russice *Nashjed*, Insidiae. *Besenyö*, *Ausgelassen*. *Toplitza*, Russ. *Teplitza*, Balneum.

At his omnibus majorem meretur attentionem comitatus Transilvaniae Hunyadiensis, in quo fluvii oppida, et pagi multi, nomen Slavicum obtinuerunt. Capitale ejus oppidum *Deva*, russice, *Djeva*, significat *Virginem*. Fluentum praeterlabens *Tserna*, significat *Nigrum*. Oppidulum vicinum, *Dobra*, Bonus. Ipsum magnum Flumen, quod in medio comitatus devolvitur; *Maros*, jam superius notavi *Frigus* significare. Turris vetustissima in Castello *Hunyad*, ab omnibus vocatur: *Nevoljnitza*, quae vox *captivam* significat, unde autem hoc nomen accepisset, nisi olim haec carceris vicem subierit? Pagus proximus *Branyitska*, significat *Defensorium*, aut *Fortalitium*, quod nomen quantopere respondeat rei, norunt loci accolae, est enim hic pagus in valle angusta ad ripam *Marusii*, praeruptam, eminentibus scopulis munitam situs, ex quo hostium irruptio in Transilvaniam impediri posset. Pagi autem ejus nonnulli significationes habent sequentes: *Le'snek*, russice *Ljeshnik*, *der Gehägebereiter*, *der Holzwärter*. *Erdöpásztor*, *Beregszo*, russice *Bereg*, Ripa. *Lo'sád*, russice

russice *Losád*, Equus. *Lapušnik*. Arctium lappa. *Keserü Lapu*. *Osztro*. Acutus, et Insula. *Bartsa*, russice *Partsa*. Textura, *Purpurkleid*, *Zeug*. *Pestyan*, (Russice *Pesztsánka*. Arenaceum, Sabulosum. *Ribitze*, vel *Ribitza*, Pisciculus. *Ruda*, Metallum. Quam convenienter; est enim pagus hic celebri aurifodina dives, in possessione Familiae *Ribitzei*, quae *pisces* in suis insignibus gestat. *Tsertés*, Campus, *ein Plan*.

Pauca haec in antecessum meminisse sufficiat, Numerosa hujus originis vocabula in fine operis, loco coronidis subjungam.

Secunda propositi mei pars erat notare, in quanam mundi parte 200 nationes in vocabulario nominatae habitent. Hunc in finem *Articulum primum Deus*, *Isten*, ex vocabulario, per singulas 200 linguas eundo describam; omniumque harum nationum patriam indigitabo.

Bog.	Rossice. Rossi (A' Muszkák, Oroszok, *die Russen*) habitant in Imperio Russico, praecipue circa Petropolin, Moskoviam, et Kiew.
1. Bog.	Slavianice. Slavianica lingua est ea, qua utuntur in Ecclesiis Graeci Ritus, Slavonii, Serbi et Rossi. Est vera lingua mortua.
2. Bug.	Slavice. Slavi (A' Totok, *die Slobaken*, *Slawaken*) inhabitant comitatus Hungaricos, Moraviae, et Poloniae vicinos.
3. Boog.	Slavonice. Slavonii (A' Horvátok, *die Slavonier*, *die Kroaten*) habitant inter Dalmatiam et Syrmium.
4. Bu.	Bohemice. Bohemi (A' Tsehek, *die Böhmen*) in Bohemia.
5. Bog.	Serbice. Serbi, seu Servi (A' Rátzok, *die Serwier*) in Syrmio, in comitatu Batsiensi, Budae, S. Andreae, et Szegedini.

6. Bog. Vendice. Vendi (*die Wenden*) in Marchia Wendorum (*im Wendischen Mark*), in Carinthia, Styria, Istria et Lusatia.

7. Bog. Sorabice. Sorabi sunt praedecessores Serborum. in Lusatia olim viventium, ut asserit Reverendus Archimandrita Raits habitans in Monasterio Kovil, trans danubium e regione Karlovitz.

8. Buszatz. Polabice. Polabi (*die Polowzer*) in Masovia?

9. Bog. Kaschubice. Kaschubi in Pomerania, circa urbem Colberg, in Ducatu Kamin.

10. Bog. Polonice. Poloni (A' Lengyelek, *die Pohlen*) in Polonia.

11. Big. Malarossice. Malarossi (*die Malarossier*) circa Kiew.

12. Sztod. Susdalice. Susdali in Susdalia, in Provincia (seu Gubernio) Moskoviensi.

13. Diu. Jo. Celtice. Celtae sunt posteri veterum Britannorum in inferiori Britannia, et Valesia (*in Nieder-Bretagne und Wales*) qui linguam *Le bas-breton* nominatam loquuntur. Lingua hac usi sunt antiquitus verosimiliter priores incolae insularum Britannicarum, perinde ac Galliae Celticae populi, postea in Gallia penitus extincta, nunc adhuc in Hibernia et Scotia boreali viget.

14. Duŏ. Doŏ. Britannice. Britanni. Cimbro-Britanni, habuerunt olim linguam Galliae Belgicae communem, quae totam oram (a promontorio Chersonesi Cimbricae, usque ad Caletum) maris cimbrici utrinque occupavisse videtur. Nunc peculiaris est Principatui Valliae, et inde in Britanniam minorem Galliae per fugitivos Britannos translata.

15. Duv.

15. Duv. Jon. Jaine. Jainkoa. Jónkoa.	Bafconice. Bafconi, v. Vafconi (*die Basken oder Biskayer*) habitant cis- et trans- Pyrenaeos montes. Fuit haec olim Galliae, Aquitaniae feu Gafconiae lingua, ubi adhuc hodie fub nomine *Le basque;* et in Navarra, Guipuzova, Alava, Bifcaya in ufu eft.
16. Ija.	Irlandice. Irlandi in Irlandia.
17. Dia.	Erfo-Scotice. Erfo-Scoti (*die Oberschottländer oder die Erſen*) funt pofteri veterum Caledoniorum, Deucaledoniorum, Pictonum et Scotorum, habitantque in Scotia fuperiori, in infulis Hebridum et Irlandia.
18. Dia.	Vallice. Valli in Provincia Angliae Vallia.
19. Deu.	Cornvallice. Cornvalli in Prov. Ang. Cornvallis. Dialectus praecedent.
20. Theofz.	Hellenice. Quam linguam Graecam veteres loquebantur Hellenes.
21. Theofz.	Neo-Graeci (A' Görögök, *die Griechen*) in Graecia, et variis infulis Archipelagi.
22. Deufz.	Latine. Latinorum lingua eft ea, qua utitur mundus literatus a quibusdam feculis (Déák nyelv, *die lateinifche Sprache*).
23. Dio.	Italice. Itali in Italia (Olófzok, *die Italiener*).
24. Ddio.	Neapolitanice. Neapolitani Neapoli.
25. Diofz.	Hifpanice. Hifpani (A' Spanyolok, *die Spanier*) in Hifpania.
26. Deofz.	Portugallice. Portugalli in Portugallia.
27. Deu. Dekfz. Died. Dior.	Romane, et Vetero-Gallice.
28. Diö.	Novo-Gallice. Galli (A' Frantziák, *die Franzofen*) in Gallia.
29. Di.	Valefice. Valefii inter Helvetiam et Italiam, in Valefia *Wallifserland.*
30. Gat. Gudzf. Gudfzf.	Gothice. Gothi habitarunt olim in Germania, Italia, Svecia et Dania.

31. God.	Anglo-Saxonice. Anglo-Saxones habitarunt olim in Anglia (*die Angel-Sachſen*).
32. God.	Anglice. Angli (Az Angluſok, *die Engländer und Nieder-Schottländer*) in Anglia et Scotia inferiori.
33. Got. Kot.	Teutonice. Teutones, ſeu Veteres Germani.
34. God.	Inferiores Germani (*die Nieder-Teutſchen*) in Brandenburgia, Pomerania, Saxonia inferiori, Friſia, Hollandia et Belgio.
35. Gott.	Germanice. Germani ſupdriores (*die Hoch-Teutſchen*) in Saxonia ſuperiori. Franconia, Bavaria, Svevia et Helvetia (Németek, Svábok, Bavaruſok, Száſzok).
36. Gitt. *Gett.*	Cymbrice. Cymbri habitarunt olim in Jutia, Ducatu, Sleſvicenſi, Dania.
37. Gud.	Dacice. Daci habitarunt in Dacia veteri.
38. Gud.	Islandice. Islandi in Islandia.
39. Gud.	Svecice. Sveci (*die Schweden*. A' Sveküſok) in Svecia. His proxima Dialectus eſt lingua Danica, alia, Norvegica, tertia Islandica.
40. Godt.	Hollandice. Hollandi (Az Hollánduſok, (*die Holländer*) in Belgio Foederato.
41. God.	Friſice. Friſii in Friſia.
42. Diövaſz.	Lithuanice. Lithuani in Lithuania.
43. Döſz.	Lettice. Letti (*die Letten*) in Curlandia, Lettlandia, Lithuania, olim et in Pruſſia.
44. Diövaſz.	Crivingo-Livonice. Crivingo-Livones *die* (*Kuhrländer*) in ſinu Curonico, in Circulo Rigenſi.
45. Perendi.	Albanice. Albani in Dalmatia, et quibusdam inſulis Archipelagi.
46. Dumnezeu.	Valachice. Valachi (Az Oláhok, *die Wallachen*) in Moldavia, Valachia, Ruſſia, Hungaria, Tranſilvania, Servia, Bulgaria.

47. Iſten.

47. Iſten.	Hungarice. Hungari (A' Magyarok, *die Magyaren, die Ungarn*) in Hungaria Tranſilvania pauci in Moldavia, Ruſſia. Roſſi vocant Hungaros *Vengrin*, quae denominatio quantas ſubierit mutationes, patet ex his: Ugri, Ugori, Ungari, Hungari, Ungri, Vengri. Hinc: Ugoria, Jugoria, Ungaria, Hungaria, quae omnia apud ſcriptores varios reperiuntur.
48. Betſaſz.	Avarice. Avares ſunt Populus Caucaſi, cui Avar-Chan imperat. Usque ad numerum 53 ſunt Populi Caucaſi.
49. Betſaſz.	Kubeſchanice. Kubeſchani inter Dageſtan, et Leſchiſtan.
50. Bedſét.	Lesgice. Lesgii *Generis Antzug* in Lesgiſtan ad orientales partes Caucaſi.
51. Bedſet.	L. Lesgii *Generis D'ſar*.
52. Bed'ſét.	L. Lesgii *Generis Kuiſúg*, in Leſchiſtan.
53. Bedſet.	L. Lesgii *Generis Dido*.
54. Jomala.	Finnice. Finni ſeu Tſchokhonii, Tſchudi (*die Finnen, Finnländer*, A Finnok) in Finnia Svecica, et Ruſſica.
55. Jommal.	Eſthonice. Eſthi, Eſthonii (*die Eſthen*. Az Eſthonok) in Eſthlandia.
56. Jomala.	Carelice. Carelii Finnis proximi et lingua, affines, in Carelia.
57. Jomal.	Olonice. Olonii in Civitate Olonek, ad oſtium fluvii Olonek, in Sibiria.
58. Jobmel. Jubmel. Ibmel.	Lapponice. Lappones (A' Lapponok, *die Lappländer*) Finnis lingua proximi in Lapponia.
59. Ien.	Cirjanice. Cirjani Sirjeni, in Provincia (vulgo Gubernio) Imperii Ruſſici Caſan cis montes Ural ad Fluvios Wytſchegda et Wim (*die Syrianen*).

60. Ien-

60. Ien-lőn.	Permice. Permi (*die Permier, Permäken*) ibidem.
61. Paasz.	Morduinice. Morduini in Provincia Orenburgica.
62. Skai. Skipaasz.	Mokschanice. Mokschani in Provincia Orenburgica, et Ni'segorod. Morduini nominant seipsos Mokschanos.
63. Jomu.	Tscheremissice in Provincia Orenb. et Casan.
64. Tóra.	Tschuvaschice. Tschuvaschii in Prov. Orenburg et Casan.
65. Inmar.	Votjakice. Votjakii ibidem.
66. Tarom. Szaireng-Tarom.	Vogulice. Voguli *pone Flumen Tschussovoi* in Sibiriae montibus Jugur nominatis.
67. Tarm.	V. Voguli in *Verchoturensi circulo*.
68. Tórom.	V. Voguli *circa Fl. Tscherdima*.
69. Toróm.	V. Voguli *circa Berezovam*, ad fluvium Ob non procul a sinu Obiensi.
70. Toróm.	Ostjakice. Ostjaki *circa Berezovam*.
71. Torm. Naht. Nakht.	O. Ostjaki *circa Civit. Narim*, ad influxum fluvii Ket in fluv. Ob.
72. Torom.	O. Ostjaki *pone Flumen Juranje*.
73. Torom.	O. Ostjaki *Lumpokoliensis familiae*, ad fl. Ob, infra Civit. Narim.
74. Torom. Torm.	O. Ostjaki *Generis Vassjuganici*, ad fluv. Vassjuga, prope Narim, ad fluv. Ob.
75. Nom.	O. Ostjaki, *pone flumen Tazje*.
76. Khutyja. Kuda.	Khudovant. Khadiv. Persice. Persi in Persia.
77. Khudi. Kula.	Curdice, Curdi in Curdistan.
78. Khudai.	Avganice. Avgani, aut Patani, in montibus Kandahar, Abgasii, Awschassi in Kuban, ad Mare Nigrum.
79. Tzau-Khutsav.	Osetice. Oseti in Regno Gorski ad septentrionem Caucasi.
80. Khutzau. Khtzau.	Dugorice. Dugori. In Caucaso?
81. Jehova. Elóa.	Hebraice. Hebraei (*die Hebr.* Régi'Sidók) sunt antiqui Palestinae populi.

82. Ail.

82. All. El. Judaice. Judei (A' 'Sidók, *die Juden*) habitant per totum fere mundum.
83. Jéláa. Elohu. Chaldaice. Chaldaeorum lingua eſt vetus lingua Chaldaica.
84. El. Syriace. Syri in Syria.
85. Alláa. Arabice. Arabes in Arabia.
86. Alla. Maltice. Maltenſes in Inſula Malta.
87. Alá. Aſſyriace. Aſſyrii in Aſſyria.
88. Tangri. Turcice. Turcae in Turcia Europea, in Natolia, Romania, Aegypto, Palaeſtina, Archipelago (Törökök, *die Türken*).
89. Tjangri. Tatarice. Tatari hi habitant *circa Caſan* (A. Tátárok, *die Tataren*).
90. Khudai. T. Tatari *circa Meſteriatzki* in Ufa (*in der Ufaiſchen Stadthalterſchaft*).
91. Khodai. Tengri. T. Tatari *e Familia Batſchkir*, in Prov. Orenburgica.
92. Tjangri. T. Tatari *circa Speluncam Nogaienſem.*
93. Allá. T. Tatari *e Genere Kazag in Caucaſo.*
94. Tjangri. Khudái. T. Tatari *in Tobolſkenſi Circulo.*
95. Khudai. T. Tatari *e Genere Tſatz.*
96. Khudai. T. Tatari *prope Tſchulim*, fluv. qui non procul a Narim in fluv. Ob infunditur.
97. Khudai. T. Tatari *pone flumen Jeniſei.*
98. Khodái. T. Tatari *circa Kutznetzk*, ad fluv. Tom.
99. Kutái. T. Tatari *ad Barab*, prope Tobolſk, inter fluv. Irtyſz et Ob.
100. Khutái. Cangatice. Cangati ad fluv. Tom.
101. Kutái. Teleutice. Teleuti ad fluv. Tom, in Provincia Kolyvanica, Teleugica ſeu Varugica *Büttneri* eſt dialectus Malabaricae linguae. Linguae ſequentes ad numerum 119 ſunt linguae Accolarum Caucaſi.
102. Khudai. Khudo. Bucharice. Buchari in Bucharia.
103. Allaá. Chivice. Chivi aut Chorasmii ad oram ſeptentrionalem maris Aral.
104. Tengri. Kirgiſice. Kirgiſii in Sibiria, in Prov. Orenb. circa mare Aral, ad orientem, et ad fluv. Kuban.

105. Allá.	Trukmannice. Trukmanni, seu Trukmentzii, ad utramque ripam maris Caspii.
106. Tangara.	Jakutice. Jakuti ad utramque ripam fluv. Lena usque ad mare Glaciale, et in Jakutia ad urbem Jakutsk.
107. Afztuatz. Aszuatz, Ön.	Armenice. Armeni in Armenia (Az örmények, *die Armenier*).
108. Gmerti.	Karpalinice. Karpalini circa mare Aral.
109. Horomti.	Imiretice. Imireti inter mare Caspium et Nigrum in Imiretia.
110. Gerbet.	Swanetice. Swaneti (*die Georgier in Swanet*) in Mingrelia.
111. Tkhá. Tha.	Circassico Kabardinice ad Caucasum in Kuban, et in majori et minori Kabarda.
112. Antsá.	Altekezico-Abassinice ad Caucasum in Abasia?
113. Antsá.	Kuschazibiko-Abassinice.
114. Djali.	Tschetschengice.
115. Djala.	Inguschice.
116. Dále.	Tuschetice. Tuschet ad Septentrionem Georgiae ad Caucasum.
117. Szaal. Bszaal.	Kaziko-Kumicice. Hi habitant in Dagestan ad mare Caspium.
118. Tzo. Tzov.	Andice.
119. Tzalla.	Akuschinice.
120. Tjaúi. Num.	Samojedice. Samojedi in Pustoserico eirculo.
121. Num. Khai. Num-Khai.	S. Samojedi in Obdoriensi circulo.
122. Nub.	S. Samojedi in circulo Jura.
123. Ngá.	S. Samojedi in Mangaseico circulo, ubi fluv. Juruchansk in Jeniseam influit.
124. Ngá.	S. Samojedi in Turuchanensi circulo, ubi fluv. Turuchan et Tunguska inferior in Jeniseam influit.
125. Ngoa. Ngo-koiurnu.	S. Samojedo-Tavgini.
126. Nom.	S. Samojedi in Circulo Tom, non procul ab ortu fluv. Jenisei ad fluv. Tom, in civitate Tomsk.

127. Num.

127. Num. Nub. S. Samojedi in circulo Narim.
128. Nom. S. Samojedi e Genere Ketje, ad fluv. Ketje, qui ad civitatem Narim in Ob infunditur.
129. Nub. Nöb. S. Samojedi e Genere Tim, ad fluv. Tim, qui infra civitatem Narim in fluv. Ob infunditur.
130. Nob. Teere. Caraſſinice. Caraſſini hab. in Tobolſk ad Jeniſei.
131. Num. Taiginice. Taigini his vicini?
132. Num. Kamaſchinice. Kamaſchini in Provincia Permiae, ad fluvium Kama.
133. Khudai. Koibalice. Koibali, in Provincia Kolyvaniae, ad Jeniſei et Kom.
134. Burkán. Motorice. Motori his vicini?
135. Burkhán. Mongolice. Mongoli in Mongolia. Eſt haec dialectus Indoſtanicae linguae.
136. Burkhán. Bracice. Braci in Provincia Irkutzk et Mongolia.
137. Búrkhan. Kalmukice. Kalmuki ad originem fluv. Irtyſz.
138. Burkan. Tunguſice. Tunguſi in Principatu Nertſchinſk, ad fluv. Ingoda, qui influit in fluvium Amur.
139. Búga. T. Tunguſi in Circulo Jeniſei.
140. Sevöki. T. Tunguſi in circulo Mangaſei ad Jeniſeam.
141. Biga. T. Tunguſico-Barguzini ad littus orientale maris Baikal.
142. Búga. Burkhan. T. Tunguſi in ſuperiori Angar, ubi Angara fluvius infunditur in Tunguskam ſuperiorem, et haec in Jeniſeam.
143. Saváki. T. Tunguſi circa Jakutzk ad fluv. Lena.
144. Tſéuki, T. Tunguſi circa Ochotzk, ad littora maris Ochotenſis e regione Kamtſchatkae.
145. Széuki. Amar. Lamutice. Lamuti in Sibiria ad littora maris Ochotenſis.
146. Bugá. Tſchapogirice. Tſchapogiri orientalem ripam fluv. Jeniſea inter fluv. Tunguſka ſuperiorem, et inferiorem.

147. Koil.

147. Koll. Jukagirice. Jukagiri ripas inferioris Indigirka, ad mare glaciale usque.

148. Esz. Arice. Ariorum stirpes quinque sequen- habitant ad Jeniseam.

149. Es. Kotorice.

150. ösz. ös. Assanice.

151. Esz. Inbacice. Supra Turuchansk.

152. Ets. Lumpocolice. Inter Jeniseam et Obj infra civit. Narim.

153. Angan. Coraecice. Coraeci, Coriaki in sinu Penshinensi.

154. Angang. C. Pone flumen Kolyma.

155. Kunkinjakhu. C. Pone flumen Tigil.

156. Kuitkhunguts. Caraginice. Caragini in insula Caraga, versus orientem in vicinia peninsulae Kamtschatka.

157. Anen. Tschuktschice. Tschuktschi seuCzukczi, in extremo Asiae promontorio Americae vicino, ad mare Anadir, et ad Fretum Cook Haec lingua fere pro dialecto Coraecicae venit.

158. Kutkha. Camtschatice ad fluv. Tigil (*die Kamtschadalen oder Itälmen*).

159. Kutkhai. C. — — in medio Peninsulae, ad flum. Boltschaja.

160. Kut. C. — — versus meridiem, ad fluv. Kamtschatka.

161. Fodogé. Japonice. Japones in Japonia.

162. Kana-Kamui. Kurulice. Kuruli in insulis Curuliéis et Lopatka.

163. Abká. Manshurice. Manshuri, qui nunc Sinae imperant, ad extremum orientem in vicinia Mongol habitant.

164. Tyen. Tjan. Cutaice. Cutai. Sinenses (Chinenses) in Sina.

165. Tsio. Tsioó. Tangutice. Tanguti ad occidentemSinae.

166. Devél. Cingarice. Cingari, vel Zingari (*die Zigeuner.* A' Tzigányok) oriuntur ex indostania, est enim Zingarica, dialectus Indostanicae ut demonstravit Grellmann in tractatu de Zingaris. Habit. in Europa, Asia, Africa.

167. Szi-

167. Sziram'si.	Multanico-Indice. M-Indi ad fluv. Indum. Est dialectus Indostanicae.
168. Tsedoé. Diota. öszkumesa.	Indostano-Bengalice, in Bengala.
169. Nkoda.	Indostano-Decanice, in Decan.
170. Djatun.	Vetero-Persice, in Persia antiqua.
171. Kurtar.	Peelvice. Peelvi vel Pehlevi veteris Persicae dialectus.
172. Diota.	Samschrutanice. Est haec antiqua Brachmanorum Indostaniae dialectus Schanscrit dicta, lingua mortua, quam nulla gens amplius loquitur in libris indorum antiquis servata.
173.	Balabandice. Balabandi vel Maratti in India anteriori.
174. Devijn.	Singalice. Singali in Insula Zeilan.
175. Pontykhaa.	Coreice. Corei in Peninsula Corea.
176.	Canarice. Canarica est Malabaricae dialectus.
177. Tamburan.	Malabarice. Malabarica lingua viget in littore Malabarico, in meridionali parte peninsularum indicarum, et in Insula Zeilan.
178. Szaruvezuren.	Tamulice. } Sunt Malabaricae dialectus.
179. Szarvezru.	Varugdsice. }
180. Parmezuor.	Bomanice. }
181. Pra.	Siamice. }
182. Tyenykhu. Dukkhuabloi.	Tonkinice. }
183. Alláa.	Malaice. Malai in peninsula Malakka, in insula Sumatra, et in littore omnium insularum Asiaticarum versus meridiem et orientem vergentium, in insulis Molukcis et Philippinis.
184. Ala.	Javanice, in insula Java.
185.	Sabuanice, in insula Borneo.
186.	Pampangice. } Insulae Philippinae.
187.	Tagalanice. }
188. Alamalla.	Magindanice. }

189. Vat. Novo-Guineice. In Nova-Guinea.
190. Novo-Hollandice. In Nova-Hollandia.
191. Novo-Zelandice. In Nova-Zeland.
192. Novo-Çaledonice. In Nova-Caled.
193. Jetúo. In insula Tannje.
194. Jetúa. In insula Malicolo.
195. Jetuá. In insula Vaigoo.
196. Jetu. In insulis Societatis.
197. Jetúa. In insulis Communitatis, v. Fratern.
198. Jetua. In insula Cocosov.
199. Jetno. In insulis Marquesanis.
200. Itúa. In insula Sandvitsch.

} In insulis australibus maris Pacifici.

Ég. *Coelum.* 2.
Tenger. *Mare.*
96. Tengri.
97. 98. 101. Tengeri.
137. 138. Tjangri.

Apa. *Pater.* 3.
Apó. Apja. Apád. Apám.
Atya. Attja. Atyai.
Paterculus. Pater suus, tuus, meus. Paternus.

49. Abo.
58. Atte.
59. Bat.
Batja.
61. Tjatjai.
63. Atjai.
Atsa'si.
Atsai.
64. Atéi.
Atte.
Aszïo.
70. Azja.
71. Ad'sa.
74.
81. Ab.
82. Abi.
83. Abu.
84. Abo.
85. Abb.
Ebbje.

86. Ab.
87. Baba.
88. Bába.
89. Atai.
90. 91.
92. Ata.
93.
94. Atai.
95. Ata.
96. Atai.
Bábá.
97. Baba.
98. Atai.
100. Babám.
101. Abá.
102. Atu.
103. Ata.
104. Ata.
105. Atá.
106. Agá.
111. Jada.
113. Jaba.
116. Dada.
132. Abá.
133. Abbada.
134. Abbeda.
137. Abu.
152. Ab.
156. Papa.
157. Appa.
159. Apats.

174.

174. Appaa.
183. Bappa.
Pappa.
184. — —

Anya. *Mater.* 4.
Néne. *Soror major.*
Etſém. *Soror mea. minor.*
Frater meus. minor.

88. Aná.
Nine.
89. Aná.
Anai.
90. Anakai.
91. Anna.
Injai.
Apſzai.
92. Nene.
Ana.
93. 94.
95. Anán.
Enjai.
99. Inja.
100. Edſem.
103. Ana.
114. Nana.
115-116-
141. Ani.
145. Anjá.
146. Ani.
147. Amá.
149-150, Ama.
151. 152. Am.

Fi. Fiu. *Filius.* 5.
59. 65. Pi.
67. Pu.
68. Puu.
69. Pi.

Néne. *Soror major* 8.
Hug. *Soror minor.*
Bátja. *Frater major.*
Bátya.
Apa. Atya. *Pater.*
62. Patja.
63. Atai.
71. Ninga.
74. Anim.
91. Apai.
104. Apa.
122. Papa.
126. Nannja.
127. Njanja.
Ninga.
128. Njanja.
129.
130. Nennje.
144. Nougu.

Feleſég. *Uxor.* 10.
Néne. *Soror.*
56. Naine.
57. Naina.
47. Ningam.

Szüz.
Léány. Virgo 11.
Aſzſzony. Foemina.
48. Iaſz
50. 51. 52. Iaſzſze.

Gyermek. *Puer.* 13.
Léány. } *Puella.*
Jány. }
90. Lán.
91. Oulan. Ulan.

Fö. *Caput.* 16.
Feje. *Caput illius. Caput ſuum.*
54. Pöja. Pja.
55. Peja.
56. Pija.
57. Pja.

Or. *Naſus.* 18.
Orrom. *Naſus meus.*
Orron. *Per naſum.*

88 - 106. *Vurun.*
100. Murun.
99. 105. Vron.
90. Vuron.
93. Vurni.
94. Vurnu.
163. Oforo.
151. Oln.

Szem. *Oculus.* 20.
Szemem *Oc. meus.*
Szemed. *Oc. tuus.*
Szeme. *suus.*
54. Szilme.
Szilmja.
55. Szilm.
56. Szilmja.
Silmja.
57. Silmii.
58. Tjalme.
Cziälbme.
59. Szin.
60. Szin.
Szinesz.
61. Szjálme.
62. Szelma.
65. Szin.
66. Sam.
67. Sem.
68. Sam.
69. Sam.
Sem.
70. Szem.
71. 72. 73. 74.
75. Szai.
121. Széu.
123. Széi.
124.
125. Széme.
126. Szai.
127. - 128. - 129.
130. Szaïe.
131. Simedja.
133. Szimá.
134. Szimjá.

Szemöldök. 21.
Supercilium.
54. Szilmja kulmat.
55. Szilma kulmo.
Szilma kulmut.
56. Szilma kulmat.
60. Szimjsóm.
62. Szjalmetsir.
70. Szemgul.
73. Szemkulim.

Szemször. 22.
Cilia.
61. Szelmetúrva.
Szelmikuno.
70. Szempun (*Szem fona*).
73. Szemlorotpun.
74. Szemjoropun.
Fil.

Fül. *Auris.* 23.
File. *Auris sua.*
58. Pelje.
59. Pel.
60.
61. Pelje.
62. Peljá.
63. Piliks.
Piliso.
Plis.
65. Pel.
66. Bal.
Bjal.
67. Pal.
68. Pel.
69. Pjal.
70. Pel.
71.
72. Pil.
73. 74.

Homlok. *Frons.* 24.
139. Omkoto.
140. Onkoto.
141. Omkotso.
146.

Szaj.

Száj. *Os.* 27.
Ajak. *Labium.*
Baufz. *Myftax.*
Bavufz. *Schnurbart.*
Bajufz.
54. Szuu.
Szu.
55. Szuu.
56. Szu.
Suu.
57. Szu.
89. Avufz.
90. Avucz.
91. Avufz.
92. Avucz.
94. Auufz.
95. Aúfz.
96. Agufz.
99. Aufz.
101. Oufz.
106. Ajakh.

Torok. *Jugulum.* 28.
Torku. *Jugulo praeditus.*
50. 51. 52. 54.
Kurku.
55. Kurk.
66. Tor.
67-72. Tur.

Fog. *Dens.* 29.
65. Pin.
68. Ping.
70. Penk.
Pek.
73. Ponk.

Nyelv. *Lingua.* 30.
Nyalom. *Lambo. Lingo.*
Nyelem. *Deglutio.*
55. Keel.
56. Kijali.
Kelli.
57. Keli.
59. Kiv.
60. Kil.
61. Kel.
62.
63. Elm.
Julma.
Zjulma.
64. Tfelgé.
65. Kil.
66. Nelma.
67. Nelm.
68. Ilm.
70. Njálim.
71. Njalem.
72 Njálem.
73. Njalem.
74. Njalem.
89-106. Tjel.
— — Tel.
Til.

Szakál. *Barba.* 31.
Borotva. *Novacula.*
Borodva.
Boroda. *Roffice.*
61. Szakala.
62. Szakal.
64. Szogál.
Szukhál.
81. Tzakán.
88 - 92. Szakal.
93. 94. Szakkal.
95. Szakul.
96. Szagal.
97 — 100. Tzagál.
101 — 105. Szakal.
135. 136. 137. Szakál.

Nyak. *Collum.* 32.
Nyakam. *Collum. meum.*
Nyakán. *Per collum fuum.*
74. Naugol.
139. Nikinma.
141. 146. Nikin.

Kéz. *Manus.* 35.
Kézi. *Manuarius.*
Keze. *Manus sua.*
Kar. *Brachium.*
54. Kkhézi.
Tféfzi.
Tzéfzi.
55. Kjafzfzi.
56. Kjazi.
Kazi.
57. Kjazi.
58. Kes.
Gïes.
59. Ke.
60. Ki.
61. Ked.
Kede.
62. Kjad.
63. Kit.
71. Ket.
74. Köt.
135. Gar.
136. Gar.
137. Gar.

Láb. *Pes.* 40.
Gyalog. *Pedestris.*
Jároka. *Ambulatorius.*
Jarkálni. *Obambulare.*
Nyargalni. *Cursitare.*
Állok. *Sto.*
54. Jarga.
Jalka.
55. Jalg.
56. Jalga.
57. Jalgu.
58. Juolge.
63. Jal.
66. 67. Lal.
88 — 105. Ajak.

Vér. *Sanguis.* 45.
54. Véri.
Eri.
55. Verri.
56. Véri.
57.
59. Vir.
61. Vjár.
62. Ver.
63. Vjur.
65. Vir.
66. Ur.
67. Ure.
68.
Sziv.

Szii. *Cor.* 46.
Szüvem. *Cor meum.*
Szüved. — *tuum.*
Szüve. — *suum.*
54. Szüe.
Szüven.
Szüdjan.
55. Szüdda.
Szida.
57. Szüven.
59. Szielem.
65. Szülem.
70. Szem.
71. 72. 73. 74.
120. Szjei.
121. Szei.
122.
123. Széje.
124. Szeó.
125. Szoa.
126. Szid.
164. Szin.

Téj. *Lac.* 47.
Tejet. *Accusativ.*
72. Tüti.
73. 74. 75.

Hallás. *Auditus.* 48.
Hallom. *Audio.*
Halló. *Auditor.*
54. Kuulló.

56.

56. Kuulit.
58. Kullem.
68. Kolim.

Szag. *Odor.* 51.
Szaglas. *Olfactus.*
168. Szungá.
169. Szungnje.
177. Szunk.

Nev. *Nomen.* 54.
Nevem. *Nomen. meum.*
54. Nemi.
55. Nimmi.
56. Nimi.
57.
59. Nem.
60. 65.
66. Nammi.
67. Nam.
69. Nema.
70. Nem.
72. Nem.
73.
74. Nimma.
76. Nam.
120. Nim.
123. Nimde.
127. Nim.
165. Nam.
169.
177. Nom.
178. Namum.

Kiáltás *Clamor.* 55.
Parantſolat. *Mandatum.*
71. Parantſukut.

Szó. *Verbum.* 58.
Szózat. *Vox.*
Szuſz. *Spiritus.*
Szuſzſzanás. *Reſpirium.*
Szollamlok. *Loqui incipio.*
88. Szoz.
89. 90. Szjoſz.
Szüljamjak.
92. Szoz.
93. Szjuz. 94.
97. 98. 101. Sjuſz.
103. Szjoſz.

Szerelem. 60.
Szeretet. *Amor.*
126. Szurant.
128. Szorat.

Dolog. *Opera.* 63.
Rabota. *Roſfice.*
4. Dilo.
Rabota.
6. D'ſelo.
7. Rabota.
10 – 11.

Erö. *Vis.* 66.
Hatalom. *Poteſtas.*
15 Errua.
51. Uru-Sziv.
63. Erek.
— Irek.
65. Teré.
Erik.
Irko.
120. Jeru.
121. Ervu.

Élet. *Vita.* 68.
Élelem. *Victus.*
Eleven. *Vivus.*
Élö. *Vivens.*
Élem. *Vivo.*
Élendö. *Victurus.*
54. Élo.
Elemja.
Eljamja.
55. Ello.
56. Elendja.
57. ölemja.
58. Elem.
59. Olom.
60.

Lélek.

Lélek. *Spiritus.* 70.
Lilek.
Lélekzet. *Halitus.*
65. Lulan.
Lul.
69. Lil.
72–73.

Halál. *Mors.* 71.
54. Kuolema.
56. Kualim.
59. Kolem.
60. Kulim.
61. Kulomo.
62. Kuloma.
65. Kulon.
66. Kalan.
67. Halál.
70. Kalol.
73. Kul.
74. Laul.
88. Ulüm.
89. Ulem.
90. Ulim.
91–105.

Gollyobis. *Globus.* 74.
Tsiga (Kerekség (*Cochlea Trochlea.*
71. Tsiganol.
128. Tiganol.

Nap. *Sol.* 75.
Nyár. *Aestas.*
Nyara. *Aestas sua.*
135. Nará.
136. Nará.
Njará.
137. Narán.

Sugár. *Radius.* 78.
Meleg. *Calor.*
Napmelegesüt. *Solis calor urit.*
Nap sugár melegit.
Solis radii calefaciunt.

64. Melge.
85. Sugag.

Szél. Szélvesz. *Ventus.* 79.
Tél. *Hyems.*
54. Tuuli.
55. Tuul.
56. Tuuli.
57.
59. Tél.
60. Til.
64. Szil.
Szjal.
65. Tél. Tyél.
Tol.
74. Til.
Tél.
89. Gil. Eíl.
90. El.
91–92.
94. Il.
Gil.
95.
96.
97. Tsél.
99. Dil.
Hil.
100. D'sil.
103. El.
104. D'sil.
105. El.
106. Tjél.

Villámlás. *Fulgur.* 84.
Virlámlás.
Viradás. *Crepusculum matutinum.*
60. Virdjalo.

Jég. *Glacies.* 86.
Tél. *Hyems.*
54. Jeö.
Jeg.
Ija.

55.

55. Jae.
Jea.
56. Gija.
57. Ge.
58. Jagna.
59. Ií.
60.
61. öi.
62. Jei.
Ei.
63. Ie.
66. Janka.
67. Jagn.
Tal.
68. Jank.
69. Jang.
70. Jenk.
Enk.
71.
72. Ionk.
73. 74.
75. Ulgo.
76. Jakh.
77.
78. Iakh.
79. Ikh.
80. Iekh.

Él.
Éj. *Nox.* 88.
Éjet. *Noctem.*
Éjtſzaka. *Noctu Nocte.*
55. Eſze.
É.
69. Éti.
74. Ei.
164. Je. ö.

Eſte. Eſtve. *Veſpera.* 90.
66. Ete.
Et.
67. Iti.
69. Edi.
70. Etno.
Jetna.
72. Itna.
73. 74.

Tavaj. *Vere, vel anno praeterito.* 29.
69. Toja.
70. Tauen.
Tovi.
121. Nará (Nyár). *Aeſtas.*
130. Nára.

öſz. *Autumnus.* 93.
70. Szüz.
54. Sziſz.

Tél. Téli. *Hyems.* 94.
Hybernus.
50. Tlin.
51.
54. Talvi.
55. Talve.
56. Talavi.
58. Talve.
69. Teli.
70. Telli.

Eſztendö. *Annus.* 95.
55. Aſzta.
Aſzt.
66. Ita.
Idö. Ideje, *Tempus.* 96.
56. Igja.
Aiga.
57. 58.
139. Tadu.

Föld. *Terra.*
Mezö. *Campus.* 97.
118. Miza.
119. Muſzſza.
Muſzſzeka.

Viz. *Aqua.* 98.
Ital. *Potus.*
Iſzom. *Bibo.*
54. Vezi.

55. Veſzſzi.
56. Vezi.
57.
59. Va.
60.
61. Vjat.
62. Ved.
63. Vjut.
Vjüt.
65. Vu.
68. Vit.
Uit.
69.
120. Itu. (Itat. *Facit bibere.*
Ittál *Bibiſti.*
121. Ija Ijándol. *Biberis.*
126. Id. Iddmeg *Ebibe.*
127. It. Ittál. *Bibiſti.*
128. 129.
135. Uſzſzu Iſzſza: *Bibit ille.*
137. Uſzſzun.

Tenger. *Mare.* 99.
Tenyéſz.
Tenyéſzik. *Augetur. Multiplicatur in numerum infinitum, veluti arena maris.*
88. Denizlér.
89. Dengiz.
91. 92.
94. Dengiſz.
Tingiſz.
98. Teniſz.
99. Tengiſz.
103. Dengeſzljar.
104. Tingiſz.
105. Dingéz.
118. Tengiſzlje.
137. Tengiſz.

Föveny. *Arena.* 102.
Homok. (*Kumok*).
88. Kum.
89. 99.

98. Kumak.
101. Kuvak.
103. Kum.
104. —
105. Kom.
106. Kumakh.
108. Kumi.
114. Gum.
117. Knm.

Por. *Pulvis.* 104.
Pelhe.
Pihe. *Flocculus.*
Monas.
Apro. *Minutum.*
Aproſág. *Minuties.*
Particulae.
54. Pölli.
56. Pellii.
Püllü.
57. Peljo.
61. Pul.
62. —
63. Porák.
75. Purk.
171. Apra. Apria.

Hegy. *Mons.* 106.
Puſzta. *Deſertum.*
Puſztája. *Deſertum ſuum*
76. Pufta.
Puftaja.

Part. *Ripa.* 107.
Littus.
Berek. *Lucus.*
Bereg Vármegye.
Comitatus Beregienſis in Hungaria.
56. Berega.
59. Bereg.
62. Berjak.

Domb. *Collis.* 108.
Halom.
56. Kholma.
60. Holm.

Levegöég.

Levegőég. *Aer.* 110.
Lélekzet. *Spiritus. Halitus.*
Lelke. *Spiritus suus.*
69. Lil.
114. Lekkie.

Pára.
Göz. *Vapor.* 111.
Lehellet. *Spiritus.*
Levegö. *Halitus.*
1. Pára.
2. 3. 4. 5. 6. 10. 11.
12. Pára.
54. Leel.
Level.
Leil.
60. Pár.

Tüz. *Ignis.* 112.
Tüzi. *Igneus.*
Tüzet. *Ignem.*
54. Túli.
55. Tulli.
56. Tulí.
57. Tuli.
58. Tol.
Tollo.
61. Tol.
62. —
63. Tul.
Tül.
65. —
66. Taut.
67. Tat.
70. Tjod.
71. Tut.
72. Turút.
73. —
74. Türöt.
75. Tü.
120. Tu.
121. 122. 123. 124.
125. Tun.
126. Tün.
127. Tí.
118. 129. 130.
131. Tui.
134. Tui.
138. Togo.
139. — 146.
163. Tua.

Melegség. *Calor.* 113.
Fervor. Aestus.
Göz. *Vapor calidus.*
89. Kizu.
90. Kuz.
91.
94. Kusz.
95.
96. Kosz.
99.
104. Kuz.
106. Kujasz.
107. Küz.

Hoszuság. 117.
Höszsza. *Longitudo.*
Hoszu.
Hozu. Longus.
Hoszun.
Hoszan. *Longe.*
Hoszulag.
89. Uzun.
90. 105.
Uzunluk.

Kö.
Kü. *Lapis.* 121.
Köve. *Lapis suus.*
Követs. *Lapillus.*
Kova. *Silex.*
Kovats. *Quarzum.*
54. Kívi.
55. Kivvi.
56. Kivi.
57.
61. Kjav.
62. Kev.

63.

62. Kev.
63. Kü.
Kjul.
66. Ku.
67. Kov.
70. Kiv.
Kéu.
71.
108. Kva.
109. Kua.
110. Kva.
158. Uáts (Kovats).
168.

Arany. *Aurum.* 122.
Ezüst. *Argentum.*
Kénesö. *Argentum vivum.*
Mercurius.
65. Izvesz.
106. Kiszil.
Kümjusz.
152. Kümüts.

Ezüst. *Argentum.* 123.
Arany. *Aurum.*
Kénesö. *Argentum vivum.*
Kinesö.
On.
Olom. *Stannum.*
Plumbum.
50. Aratz.
51. 52.
59 özisz.
60. Ezisz.
66. Alna.
67 Oln.
68 Olm.
69 Olna.
89. Kümüs.
90. Kumis.
91.
92. Gümus.
94. Kumis.
Kome's.
95. Kumis.
96. 97. 98. 99.
100. Kimis.
103. Kumus.
104. Kumesz.
105. Kjomés.
106. Kjumusz.
132. Kumis.
148. Kumis.
149.
150. Kumisz.

So. *Sal.* 124.
Tüz. *Ignis.*
88. 106. — Tuz.
Toz. Tusz
123. 148.

Tsuda. *Miraculum.* 125.
56.
57. Tsudo.
59. Tjudo.
60.
62. Tsüda.
63. Tsudja.
67. Tsjuta.

Fü. *Herba.* 127.
Burján. *Unkraut.*
Tsajon. *Urtica.*
Tsalán. —
Tzika. *Cotyledon. Corculum plantae.*
Murok. *Daucus carota.*
Virág. *Flos.*
Sás *Carex.*
Zab. *Avena.*
Gaz. *Quisquiliae. Unkraut.*
89. 90. Ulján. 94. 99.
91. Ulem.
96. Ulün.
98. Ulon. Iulon.
Iuljan.
102. Tsjamján.
105. Ulén.
140. Tzjuka.

119.

119. Mura.
146. Tſal.
154. Ulgun.
166. Vira.
Sa.
167. Szabza.
168. Goſz.
169. Gaſz.
177.

Fa. *Arbor.* 128.
54. Puu.
55. Pu.
56. Puu.
57. Pu.
59. 60. 63. 65.
75. Po.
120. Pja.
121. 124.
125. Fua.
127. 128. 129. Po.
130. Pu.

Tölgy-fa. *Quercus.* 131.
87. Tuld's.

Töke. Tönk. 132.
Tönkö. *Truncus.*
63. Tangáta.
64. Tongodá.
90 Tüngak.
91. 94. 95.
98. Tiungóts.

Level. Lapu. Lapát. *Folium.* 133.
61. Lópát.
66. Lopta.
67. —
68. Lupta.
69. Lopto.
70. Lipit.
71. Libet.
72. Livort.
73. Livat.
74. Luvat.

Gyümöts. 134.
Gyümölts. *Fructus.*
62. Gimis.
89 —
92. Jemis.

Fahaj. *Cortex.*
Kéreg. 135.
1. Kora.
57. Kor.
60. Kora.
66. Karſa.
70. Kar.
72. —
73. Karjukh.
89. Káeri.
90. Kairi.

Gyükér. *Radix.* 136.
Koro. *Caulis. Frutex.*
Tarlo. *Stipula.*
Tar-buza. *Triticum muticum.*
1. Koren.
2. — 7. 11. 12.
62. Korján.
66. Tára.
67. 68 69. Tar.
70. 71. Terre. Ter.
89. Tamir.
90. 90. Tamur.
94. 95. 96. 104. 105.
Tamir. Tamor.
99. Tamjer.

Mezö. *Campus.* 138.
Mezöre. *Ad campum.*
Föld. Terra.
Gyalog. *Per terram ambulans.*
Terreſtris.
Pedeſtris.
Gyalogot. *Accuſativ.*
Tſalán. *Urtica.*
Tarlo. *Stipula.*

Kinyér.

Kenyér. *Panis.*
31. Feld.
32. 35. 39. 40. 41.
54. Pilydo.
Peldo.
55. Pellud.
66. Peldo.
57. Pellot.
58. Jalget.
85. Mezre.
Mefaza.
86. Mizráa.
88. Tarlaler.
89. Jalán.
91. D'falan.
93. Ekiner.
111. Mefipa.
166. Felda.

Gabona. 140.
Buza. *Frumentum.*
Árpa. *Hordeum.*
93. Arpa.
97. Arba.
166. Arba.

Ro's. *Secale.* 141.
Hari's.
Harits.
Haritska. *Polygonum.*
Fagopyrum
Buchweizen.
Buza. *Triticum.*
1. Ro's.
2. 5. 6. 11.
8. Raa's.
33. Roggo.
34. Rogge.
35. Rokken.
37. Rug.
38. Rugkorn.
39. Rog.
41. Rogge.
42. Rugiöi.
43. Rudzi.
44. Rudtzi.
50. Rod's.
51. Rokhi.
51. Rotl.
55. Rukki.
56. Ruifz.
57. Ruis.
60. Ritferg.
61. Roz.
62. —
63. Ru'fa.
— R'fa.
66. Oro's.
67. Retfakh.
68. Ratfig.
Rufz.
69. Oros.
89. Aris.
90. 91. 94. 95. 96. 98.
Ari's.
99. Tfkaris.
Aris.
100. Ares.
101. Ari's.
103. Bugdai.
104. Arifz.
105. Ares.
126. Aris.
135. Burtzakh.
148. Bugdai.
149. Aris.
146. Orofil.
150. Butai.
152. Orofz.
166. Rozo.

Hal. *Pifcis.* 144.
54. Kála.
55. Kalla.
56. Kala.
57. —
58. Kuele.
61. Kal.
62. — 63. 66. Kvoll.

67. Kvol.
68 Kul.
69. Hul.
70. —
71. Kul.
73. 73.
88. 101. 103. 106. Balik.
120. Hálje.
121. Haljé.
122. Halija.
125. Kole.
126. Kolle.
127. Kuál.
128. Kual.
129. —
130. Kale.
131. Kujelle.
132. Kola.
133. Holla.
134. Galle.

ökör. *Bos.* 148.
Bika. *Taurus.*
Bik. *Rossice.*
10. Bik.
12. —
61. Buka.
62. —
64. Bigur.
Bogor.
90. Boga.
95. Bugá.
Buka.
97. 98.
99. Bagá.
100. Bugá.
101. —
103. Bogá.
130. Bukha.
132 Buga.

Tehén. *Vacca.* 149.
ökör. *Bos.*
ünö. *Juvenca.*
Borju. *Vitulus.*

89. Szigir.
90. Szier.
91. Szigir.
94. 95.
96. - Szir.
99. Szagar.
— Szagir.
103. Szogor.
104. Szier.
105 Szogor.
126. Szir.
127. 128. 129.
135. Une.
Ukir.
136. Unja.
Un.
137. Ukir.
138. Kukur.
Gokör.
141. Kukur.
142. Ukur.
177. Borjuko.

Kos. *Aries.* 150.
Bárány. *Agnus.*
Juh. *Ovis.*
Berbéts. *Vervex.*
Kotza. *Femella.*
Bárán. *Rossice.*
2. 6. 7. 10. 11.
46. Vervéts.
52. Kiju.
54. Boran.
60. Baran.
61. Baran.
62. Boran.
88 Kots.
89. Kotskár.
92. Kojun.
93. Kots.
94. Kotzkár.
95.
96. Kutsa.
98. —

99.

99. Kutzkar.
101. Katſa.
102. Kotskar.
117. Ku.
132. Kutſá.
135. 136. 137. Khutzá.
141. Kotſa.

Szarv. 151.
Szaru. *Cornu.*
54. Szarvi.
Szjarvi.
55. Szarv.
56. —
57. Czarvi.
58. Tjurve.
59. Szjur.
60. —
61. Szjuro.
62. Szjura.
65. Tſur.

Lo. Lu. *Equus.* 152.
Kantza. *Equa.*
Kabàla. *Equa.*
Kon. *Roſſice.*
1. Kon.
2. —
3. Koni.
4. Kon.
5. —
6. Koni.
7. —
10. Kon.
11. Kin.
16. Kapoll.
23. Kavallo.
24. —
25. Kavalïo.
26. Kavallo.
27. Kaval.
28. Seval.
45. Kál.
46. Kál.
62. Kon.

66. Lo.
67. Lu.
68. Ljuv.
69. Lu.
70. Lou.
— Lovu.
72. Loh.
73. Log.
74. —

Diſzno. *Porcus.* 153.
Sus.
Szuka. *Porca?*
43. Czuka.
44. Kuka.
54. Szikka.
55. Szigga.
56. Sziga.
63. Sziiſzna.
64. Sziſzná.
91. Szuſzka.
96. Cʒoczka.
94. Cſucska.
98. Cſocska.
104. Cſucska.

Kutya. *Canis.* 154.
Eb.
79. Kutz.
Kud's.
80. Kui.
167. Kutá.
168. Kutta.
169. Kutéh.
— Kuttren.
177. Kutha.

Matska. *Catus.* 155.
Cziczus.
12. Motjág.
29. Matu.
45. Mag.
67. Mjatſik.
Kan.
70. Miſak.
74. Miſzak.

77. Kitik.
78. Pifik.
89. Atamatfi.
92. Mifik. 93. —
94. Mufák.
95. Mifik.
96. —
98. Mifik.
99. Irmifak.
102. Mifuk.
104. Mifik.
110. Cziczu.
112. Czuku.
113. Czugu.
114. Cziczik.
Czicziklu.
115. Cziczki. Czifzke.
121. Kitiko.
166. Matska.

Egèr. *Mus.* 156.
66. Tengjar.
67. Tankir.
68. Tanger.
69. Tangir.
70. Lenkir.
72. Longur.
73. —
74. Iomgur.
140. Tepirkàn. Toportyàn féreg.

Tollu. *Penna.*
Toll. 158.
61. Tolga.
62. —
66. Tulla.
67. Tovl.
68. Toul.
69. Tuul.
70. Togol.
73. Tugol.
74. —
120. Tili.
Tuo.

---

121. Tu. 128.
Kakas. 159.
Kokas. *Gallus.*
Kukorékol. *Gallus cantat.*
Tfibe, Tfirke. *Pullus.*
Tik. Tyuk. *Gallina.*
6. Kokos.
10. Kogus.
13. Kok.
27. Kok.
28. 31. 32. Kok.
46. Kokos.
54. Kukoi.
55. Kikkafz.
56. Kukko.
57. Kukoi.
66. Kurék.
68. Kuarik.
70. Kofzifz kurèk.
73. Tut kurikkui.
74. Kuifzutskur.
75. Tfits kurjak.
76. Kurufz.
Kurkhan.
77. Korofz.
— Tfitfik.
78. Tfirk.
85. Tik.
— Dik.
91. Kurâfz.
92. Koroz.
93. Koruz,
94. Taukh.
Tzibi.
95. Koráfz.
96. Kuráfz.
Taukh.
97. Takák.
98. Táká.
Petik.
99. Korafz.
101. Tagák.

102. Takhu.
Dik.
103. Khurúfz.
105. Khoráfz.
106. Petuk.
137. Taká.
167. Kokar.

Mony. *Ovum.*
Tyukmony. 160.
Tojás.
54. Muna.
55. Munna.
56. Kanamuna.
63. Muno.
67. Monn.
Mom.
68. Mun.
Mou.
69. Mungl.
123. Mjána.
124. Monna.
125. Mónu.
132. Múni.

Tik. Tyuk. *Gallina.* 161.
Kakas. *Gallus.*
Tſibe. *Pullus.*
Eme tyuk. *Gallina foemina.*
1. Kokos.
3. Kokoſzk.
5. Kokoska.
6. Kokos.
63. Tſibe.
64. Tſigi.
Tsjebe.
66. Tokuh.
70. Tauk.
88. Tavuk.
89. Taúk.
90. Tauk.
91. Tzibiſz.
92. Tavuk.
94. Tauk.
Tzibi.
95. Taúk.
96. Tikhi.
— Tauk.
98. Taká.
99. Taok.
101. Tagàk.
102. Takhu.
103. Tauk.
Tavok.
104. Tauk.
105. Tavok.
135. Takïa.
136. Takja.
137. Emetaka.

Lud. *Anſer.* 162.
Kátſa. *Anas.*
13. Goid.
16. Ged.
17. Geöd.
18. Guöd.
19. Gud.
66. Łonta.
67. Lunt.
68. Lünt.
69. Lunt.
70. Lont.
72. Lunt.
73. Lont.
77. Kaſz.
78. —
79. Kaz.
87. Káza.
88. Kaſz.
89. Kaz.
90. —
91 — Kaſz.
92. 93. 94. 95.
96. Kats.
97. Kaſz.
98. 99. 100. 101.
102. Gaſz.
103. Kaz.
104. —

105. Kafz.
106. Khafz.
111. Kafz.
112. 113.
114. Kaaz.
115. Gad's.
117. Kafz.
119. —

Kátfa. *Anas.* 163.
Lud. *Anser.*
4. Kas'na.
6. Katfor.
10. Katska.
11. —
63. Ludo.

Galamb. *Columba.* 164.
Golub. *Rossice.*
1. —
2. --
3. Golubits.
4. Golub.
5. --
6. Golb.
7. Goluba.
10. Golenb.
11. Golub.
12. Golub.
13. Kolommen.
14. Koulm.
16. Kolm.
17. Kolom.
18. Kolomen.
19. Kölobmön.
22. Kolumba.
23. Kolomba.
27. Kulon.
28. Kolombje.
45. Polumb.
46. Porumb.
59. Gulii.
60. Gulu.
61. Gulka.

62. Gulub.
120. Gulii.

Eke. *Aratrum.* 165.
Arat. Aratók. *Meto.*
13. Arat.
Aradr.
14. Alatzr.
Aratzr.
25. Arado.

Borona. *Occa.* 166.
Eke. *Aratrum.*
Borona. *Rossice.*
1. Borona.
2. Brana.
3. —
4. Brani.
5. Brana.
6. Brona.
10. —
11. Borona.
12. —
138. Baraná.
166. Brona.
18. Eg.
13. Ege.
34. —
35. Eggé.
40. Eggé.
44. Ekketefz.

Határ. *Limes.* 167.
Me'sgye.
Sinor. *Chorda. Regula. Linea.*
Me'fa. *Rossice.*
3. Medja.
4. Metfa.
6. Mefza.
7. Mïö'fa.
10. Miödtza.
11. Me'fa.
12. 59.
60. Mi'fa.

61. Me'ſa.
62. Mje'ſa.
85. Szinur.
86. Szinur.
92. Szinor.
126. Me'ſa's.
166. Mi'ſa.

Kapu. *Porta.* 169.
88. Kapú.
92. Kapu.
105. Kapó.
108. Kapi.

Udvar. *Aula.* 170.
Dvor. *Rossice.*
1. Dvor.
2. 3. 4. 5. 6. 7. 9. 10. 11.
13. Dor.

Mérö. *Mensura.* 173.
Mérték.
Mjera. *Rossice.*
1. 2. 3.
4. Mira.
5. Mjera.
6. 7. 9. 10. 11. 12.
57. Mjarii.
59. Mjera.
60. Mera.
62. Mjera.

Kád. *Cadus.* 174.
Vedér. *Urna.*
Kád. *Rossice.*
2. Kádka.
4. Kád.
5. —
10. Kádz.
13. Kád.
20. Kádoſz.
22. Káduſz.
66. Kád.
81. Kád.
137. Vedré.

Balta. } 175.
Szekertze. } *Securis.*
Fejſze. }
1. Szjekira.
2. Szekera.
3. Tſekira.
4. Szekera.
5. Szjekira.
6. Szekera.
7. 9. 10. 11.
22. Szekuriſz.
88. Baltá.
89. —
90. — Balta.
91. 92. 93. 94. 95.
96. Balti.
98. Baltá.
99. Baltan.
101. Maltá.
103. Baltá.
104. Baltá.
105. 130.
132. Baltu.
148. Balto.
149. 150.

Or. } 182.
Lopó. } *Fur.*
Tolvaj. }
Vor. *Rossice.*
66. Tolmik.
68. Tulmint.
Tulmik.
69. Tolmak.
90. Vor.
91. Vur.
95. Ura.
96. Ura.
97. Ourud'ſi.
98. —
99. Uoro.
104. Oro.
106. Orjakh.

Strá'ſa.

Strá'fa. *Custos.* 184.
Sztoro's. *Rossice.*
1. Sztrá's.
2. —
3. Sztrá'snik.
4. Sztrá'sni.
5. Sztrá's.
9. Sztro's.
10. 11. 12.
57. Sztoro'fu.

Kattona. *Miles.* 190.
Bátor. *Audax.*
Vitéz. *Miles.*
Legény. *Juvenis.*
Szegôdött. *Mercenarius.*
Serény. *Celer. Agilis.*
Bajnok. *Pugil. Athleta.*
Boinik. *Rossice.*
Boin.
Voinik.
3. Vitetz.
17. Szegeder.
Szögödör.
61. Ljedna.
63. Szariny.
Szjargeny.
89. Bajatur.
92. Bátir. 94.
99. Bátirlik.
Bátar.
104. Bátir.
105. Bátor.

Iga.] *Jugum.* 106.
Járom.]
Igo. *Rossice.*
1. Igo.
2. Járm.
3. Járam.
5. Igo.
- Járem.
7. Járe.
8. —
9. Jár'smo.
10. —
11. Jármo.
54. Ikkja.
55. Ikke.
56. Ijuge.
57. Jugei.
60. Igo.

Világosság. *Lux.* 199.
54. Valkéusz.
57. Valgei.
63. Valk'sész.

Vén.] Senex. 202.
Vénhedt.]
54. Vanha.
55. Vanna.
56. Vanga.
57. Vangu.

Alatson. Also. *Humile.* 205.
Kutak. Kitsin. *Parum.*
Otso. *Vile.*
56. Alagana.
59. 60. Ulin.
61. Alkine.
62. Alkjenje.
65. Ulin.
67. Ellim.
68. Jalin.
88. Altsák.
92. —
94. Alsa.
99. Alasa.
103. Alytsak.
105. Altsák.
114. Lokhun.
115. Lakhon.
116. Lakhun.
76. Kutsuk.
77. Kuta.
118. Vuotsu.

Nagy. *Magnum.*
Elég. *Sufficiens. Satis.* 206.

 88.

88. Olu.
89. Ulu.
90. Ulkan.
91. Ulug.
92. —
94. Ullu.
95. 96.
97. Ulug.
98. Ulu.
99. Ologo.
100. Ulu.
102. Ulug.
105. Ulken.
106. Ulakhán.

Kitsin. *Parum.* 207.
Darab. *Frustum.*
Kurta. *Breve.*
48. Dahab. —
76. Kutsuk.
77. Kitsik.
79. Kiszin.
82. Koten.
89. Kitskinje.
Kitsik.
91. Küszkinja.
92. Kitsi.
93. Kitsik.
94. Kitskinja.
Kitzik.
95. Kitsuk.
96. Kitze.
Kitsu.
97. Kitsik.
98. Kitsiná.
99. Kitsek.
100. Kitsi.
101. Kutsu.
102. Kurd.
103. Kitsik.
105. Ketsik.
106. Kutsugui.
169. Kotsuk.
171. Kord.
183. Ketsik.

Fejér. *Album.* 208.
Világos. *Lucidum.*
Candidum.
Arany. *Aurum.*
50. Aratz.
51. Aratz.
54. Valgi.
— Valkija.
55. Valge.
56. Valgïe.
57. Valge.
58. Velkesz.
106. Urjun.
120. Jalana.
121. Jallina.
Jellena.
136. Tzaran.
137. —
139. Bagdarin.
140. 141. 142. 143. 146.

Fekete. *Nigrum.* 209.
Tserna. Nomen rivuli ad Oppidum *Déva* in Transilvania.
Kara. Nomen pagi in Transilvania.
1. 2. 3. 4.
5. Tserno.
6. 7. 8.
9. Tsorno.
10. Tsarno.
11. Tserno.
12. —
89. — Kará.
90. — — 106.
135. 136. 137.

Veres. *Rubrum.* 210.
Tseres. *Rubesadum.*
Corium cortice Querci maceratum.
Kraszna.

Kraſzna. *Nomen Oppidi et Rivuli in Tranſilvania.*
Szürke. *Album nigro variegatum. Germanice Schimmel.*
Kraſzno. *Roſſice.*
1. Tſermno.
2. Kraſzno.
Tſerveno.
4. — — 11.
12. Kraſzimno.
55. Verrev.
76. Zurkh.
Szürk.
79. Szirk.
Zurkh.
102. Szürük.

Zöld. *Viride.* 211.
Kék. *Coeruleum.*
Zeleno. *Roſſice.*
1. Zeleno.
2. — — 12.
43. Zals.
95. kök.
97. Kuk
98. —
100. Kék.
101. Kuk.
Kok.
106. Kjuk.
Kég.
134. Kuk.
141. Kuku.

Könnyü. *Levis.* 214.
60. Kokni.
66. Kunna.
67. Kunne.
68. Kannauk.
69. Krina.
73. Koneg.

Jol. *Bene.* 216.
Dobra. *Nomen Op. in Tranſ.*
Dobro. *Roſſice.*
1. Dobro.
2. — — 12.

Laſſan. *Lente.* 224.
66. Laſzi.
67. Latſem.
68. Laſz.
69. Latſel.

Elö. Eleven. *Vivus.* 225.
Élet. Ilet. *Vita.*
Lélek. Lilek. *Anima.*
Derék. Derik. *Vividus. Robuſtus.*
32. Aleiv.
33. Leventeg.
34. Levendikh.
35. Lebend.
36. —
37. Levende.
39. Levande.
40. Levendig.
41. Ljavenlik.
47. Eleven.
54. Eljavjá.
Ella.
55. Ellav.
Ella.
56. Eljavja.
57. Eljav.
66. Lilin.
67. Lili.
Ljelenk.
68. Lilem.
69. Lilink.
70. Lilenk,
73. Lilin.
74. Lilem.
75. Iljat.
88. Diri.
89. Terik.
90. Trik.
91. Tirik.

92. Diri.
94. Tiri.
95. Tirik.
96. Teri.
97. Tjrigk.
100. Tirik.
103. Diri.
104. Ljat.
120. Ilje.
-- Iille.
121. Ile.
125. Meléte.
126. Ileng.
127. Illek.
128. 129.

örömest. 226.
Hilariter.
öröm. *Gaudium.*
54. Rjemu.
55. Kemusz. Rööm.
Röömszasztc.
56. Ruadi.
57. Rad.
1. 2. 3. 4. 5. Rad.
61. 62. --

Enni. *Edere.* 277.
Edmeg. *Ede.*
Evé-. *Edebat.*
Kinyir.
Kinyér. *Panis.*
Kenyér.
88. Emék.
165. Jemjak.
118. Kimir.

Inni. *Bibere.* 228.
Ivam. *Bibebam.*
Iva. *Bibendo.*
Iszom. *Bibo.*
Iszok.
54. Juvva.
55. Júma.
56. Juvva.
57. --
59. Juni.
60. —
64. Iszész.
65. Juni.
67. Aszok.

Énekelni. 229.
Canere.
Szolni. *Loqui.*
'Sanolni. *Iurgari.*
59. Szuvni.
60. Szolni.
86. 'Sanna.

Aludni. 231.
Dormire.
Álom. *Somnium.*
66. Alalakh.
69. Ulim.
-- Ulma.
72. Alinte.
73. Alinta.
Aluttam. *Dormivi.*

Elvenni. *Accipere.* 233.
Fosztani. *Spoliare.*
59. Vosztni.
65. Vasztini.
Visztini.

Vágni. *Scindere.*
Vagdalni. 237.
59. Vundavni.
65. Vandini.

Vetni. *Serere.* 238.
61. Videma.
62. Vidik.
63. Vidat.
Videnja.

Szántani. *Arare.* 239.
Ugarolni.
Gyurni. *Depsere.* *Knetten.*
59. Girni.

65.

65. Gyironi.
90. Igerga.
91. Iſzerga.
94. Ikkali.

Eldugni. 240.
Occultare.
Seb. *Schubſack.*
59. D'ſebni *in den Schubſack verſtecken.*

Vagyon. *Eſt.*
Van. 243.
Valo. *Exiſtens.*
48. Bugo.
54. On.
55. 56. 57.
61. Uli.
62 —
63. Ulo.
65. Van.
Uan.
68. Oli.
69. Oli.
Olit (Volt).
70. Voli.
73. Vuloul.
74. Vulvol.
135. Vanja.
Vanna.
137. Vaine.
170. Vagy.
- Vegy.

Adj. *Da.*
Adjál. 244.
Adnál. Annál. Atztze.
54. Anna.
55. Anná.
56. Anna.
57. —
85. Eddja.
86. Ati.
135. Atza.
137. Atza. 196. Adu.

Menj. *Ito.* 246.
Kej. Kelj. } *Cede loco.*
Alj félre }
Állok. *Sto.*
Jövel. *Huc ades.*
54. Menek.
Mjane.
55. Minne.
Kei.
56. Mjane.
57. Mene.
63. Kai.
64. Kai.
65. Min.
66. Manen.
68. Min.
69. Mana.
70. Juva.
— Mina.
73. Mina.
84. Álok.
Ály.
97. Kely.
98. —
99. Kil.
101. Kely.
106. Kely.
120. Mona.

Én. *Ego.* 247.
Ez. *Hicce.*
Az. *Iſte.*
Mi. *Nos.*
Mink.
54. Minja.
55. Minna.
56. Minja.
57. —
58. Mon.
59. Mje.
60. Mee.
61. Min.
62. Mon.
63. Min.

64.

63. Min.
65. Mon.
76. Men.
77. Emen.
79. Ez.
80. Aſzſze.
82. Ani.
83. Anu.
84. Ano.
85. Ene.
Ena.
Ana.
86. Jena.
87. Ana.
88. Ven.
89. Min.
90. Min.
91. Men.
92. Men.
93. —
94. — Min.
95. Men.
96. 97. 98. 99. 100. 101. 104.
106.
107. Eſz.
120. Mau.
121. 128.

Te. *Tu.* 248.
Ti } *Vos.*
Tü }
Ti. *Roſſice.*
1. Ti.
2. - - 11.
13. Ti.
14. Te.
16. Tu.
17 —
18. Tl.
19. Ta.
20. Ti.
22.-26. Tu.
27. Tju.
Te.

28. Tü.
Toa.
29. Te.
30. Thu.
31. —
32. Tha.
33. Du.
Tu.
34-40. Du.
41. Dö.
42.-44. Tu.
45. Tyi.
46. Tu.
47. Te.
58. Todn.
59. Te.
60. Ti.
61. Ton.
62. —
63. Tin.
64. Aze.
65. Ton.
75. Te.
76. Tu.
77. —
80. Du.
102. Tu.
107. 166. 167. 168.
170. Te.
171. Tu.
173. —
176. —

ö. *Ille.* 249.
14. ö.
16. 17. 19.
76. O.
77. O.
79. Ui.
Uju.
93. O.
102. U.
169. Ųö.
170. Jue.

Mi.
Mü. } *Nos.* 251.
Mink.
Mejénk. *Noster.*
Mi. *Rossice.*
1. Mi.
2. Ti.
13. Ni.
14. —
54. Mile.
— Mi.
— Me.
55. Meïe.
56. Mïo.
57. —
58. Mije.
59. Mï.
60. Mejefz.
61. Min.
62. —
63. Me.
— Mïe.
65. Mi.
67. Men.
68. Mi.
69. Man.
70. Mung.
71. Me.
73. Min.
74. Ming.
75. Mat.
76. Ma.
77. Emma.
76. Mak.
102. Ma.
107. Mek.
120. Manje.
121. Mane.
122. Man.
128. Me.
134. Mendja.
147. Mits.
153. Muju.
157. Muri.
170. Ma.
182. Mo.

Ti. } *Vos.* 253.
Tik.
Tíjéd. } *Tuus.*
Tejéd.
Tenéked. *Tibi.*
54. Tii.
— Te.
55. Teïe.
56. Tïo.
57. Tïo.
58. Tïje.
59. Tï.
60. Tjajafz.
61. Tin.
62. —
63. Te.
Tii.
65. Ti.
75. Tonida.
107. Tuk.
134. Tendja.
135. Ta.
137. —.
153. Tuju.
166. Tume.
Tumer.
167. Tufza.
168. Tum.
169. —
173. Tambi.
176. Tumi.

Nekik.
Nekiek. *Illis.* 254.
54. Neill.
55. Neil.

Mi? *Quid?* Ki? *Quis.*
255.
Mije? *Cujus?* Kije?
Cujus.

Minek?

Minek? *Cui.* Kinék? *Cui.*
Mit? *Quid?* Kit? *Quem.*
Mitöl? *A quo?* *De quo?*
Mid van? *Quid habes?*
Mis. Mitsodás? *Qualis?*
Min ül? *Super quid sedet?*
Miaz? *Quid est hoc?*
23. Ke.
24.-29.
42. Ku.
43. Koo.
44. Ku.
47. Mi.
54. Midja.
55. Misz.
56. Midja.
57. Mida.
58. Mi.
59. Mii.
60. Moi.
61. Mjaze.
62. Mjazja.
63. Mo.
64. Min.
65. Mar.
70. Mii.
71. Kai.
73. Mukoi.
74. Mugul.
75. Kae.
81. Me.
— Mi.
82. Ma.
83. Mu.
85. Ma.
88. Ki.
109. Mugoko.
128. Kai.
167. Kagdege.
168. Ka.
169. Kijé.

Mivel? *Per quod?* 256.
Qua re?

Millen? | Milljen? | Mijen? | Minö? | Minémü? — *Qualis?*
Miolta? *Quamdiu?*
Minek? *Cui rei?*
Mi. Mitsoda? *Quid?*
54. Millja.
Minéka.
55. Mikkaga.
— Mizga.
56. Millja.
— Minkera.
57. —
58. Mai.
59. Mien.
60. Maen.
61. Mjasznje.
62. Mjesz.
63. Moden.
64. Minba.
65. Main.
Marin.
67. Maneral.
70. Miina.
Miogarot.
73. Miljonta.
Mugalinat.
74. Mugulinat.

Ki? *Quis?* Kinek? *Cui?* 257.
Kit? *Quem?*
Kivel? *Quocum?*
Kinél? *Apud quem?*
Kitöl? *A quo?*
Kiét? *Cujus suum?*
Kim van? *Quem habeo?*
Ki millyen? *Quis qualis est?*
Mi? *Quid?*
Mivel? *Qua re?*

Melik? } *Uter?*
Mellyik? }
Minö? *Qualis?*
Min fekfzik? *Super quare jacet?*
Kto. *Roffice.*
1. Kto.
2. --
3. Ki.

Kee.
4. Kdo.
Kim.
5. Ki.
Kim.
6-12. Kto.
- Kim.
23-28. Ki.
54. Kanen.
55. Kellega.
56. Kenenkera.
57. Kanenkera.
58. Maina.
59. Kodked.
60. Kinkopje.
61. Kemardá.
62. Kimártfz.
63. Kam.
Kundinja.
64. Kámba.
65. Kinen.
66. Kannit.
67. Kanjurtil.
68. Kom.
-- Komga.
73. Melikuimna.
-- Mitokanat.
74. Kutia.
79. Kai.
85. Man.
86. Min.
87. Manik.
88. Kimin.
92. Kimlan.
94. Kam.
97. Kemlja.
98. Kim-mile. Mile.
99. Kem.
Kimikan.
101. Kim-mile.
130. Kimilja.
Kembeljan.
104. Kemnen.
105. Kembeljan.
106. Kimenjan.
110. Menau.
135. Kiner.
137. Kenjér.
166. Kanéka.
167. Kavum.
169. Kifzfze.

Nem. *Non.* 259.
1. 3. 4. 5. 6. 7. 8. 9. 10. 11. 13. 14. 16. 17. 18. 19. 22. 23. 24. 25. 26. 27. 28. 29. 30. 31. 32. 33. 35. 37. 38. 39. 40. 42. 43. 44. 46. 47. 76. 77. 78. 80. 168. 169. 170.
Na. Nan. Nja.
Ne. Nee. Nei. Nem. Nema. Nein. Nen. Neing. Neije. Nehen.
Ni. Nie. Niea. Nifz. Nifzta. Njafzta. Nju.
No. Non. Nong.
Nu. Nue. Nuo.

It. *Hic.* 261.
Itten.
Ottan. *Illic.*
53. To.
54. Téze.
56. Tefzja.
57. Tefz.
58. Tafzfze.

59.

59. Tatani.
60. Tatn.
61. Teſzkán.
62. Tjeſzá.
63. Tiſta.
65. Tatin.
66. Szita.
67. Tit.
68. Tit.
69. Tid.
70. Titi.
71. Tindi.
73. Tjet.
74. Tit.
75. Tamet.
126. Tinda.
128. Tendi.
147. Tje.

Ot. Ott. Ottann. *Illic. Ibi.* 262.
Oda. *Illuc.*
Te-ide. *Tu veni huc.*
Onnan. *Inde.*
Innen. *Hinc.* Ide. *Huc.*
61. Toſzo.
62. Toſzá.
63. Tuſto.
64. Onda.
65. Otin.
66. Tuto.
67. Tat.
68. Tot.
69. Totïn.
70. Tota.
71. Tout.
73. Tottagaina.
74. Tad.
88. Onda.
89. Ondá.
90–105. Andá.
106. Onno.
107. And.
111. Ad.
Ada.
Dajak.
Dáá.
120. Tainjagi.
121. Taina.
126. Tottjada.
135. Tinde.
137. Tendje.
142. Tadu.
146. Tadu.

Alatt. *Sub. Infra.* 263.
Alá. *Sub (Ad locum).*
Alám. *Sub me.*
54. Alla.
55. --
58. Vuolo.
59. Ulin.
61. Alanzá.
62. --
65. Ul.
88. Altindé.
98. Altinda.
101. Altindá.
103. Alt.

Fenn. *Super.* 264.
Fel. *Surſum.*
Fejül. *Superne.*
Fejülle. *De ſuper illo.*
Nál. *Apud.*
54. Pjalja.
Péle.
Perla.
56. Pialja.
57. Pell.
58. Nál.
59. Vilin.
60. Nál.
65. Vilin.
67. Neulonta.

Hogy? *Quomodo?*
Millyen? *Qualis?*
Mit? *Quid?* 270.
Kit?

	Kit? *Quem?*		Né. Ime. *Ecce.* 273.
54.	Millja.		Nézd. *Vide.*
--	Mita.		Na. *Heus.*
60.	Kit.	51.	Mi.
70.	Hogy.	54.	Na.
79.	Kjugy. Kjugyi.	56.	57.
		70.	Titimo.
82.	Ki.	75.	Nendi.

Adjungam his demum Numeralia 34 Nationum, quae Numeralibus Hungarorum magna ex parte ſimilia eſſe videntur.

I.

		1.	2.	3.	4.
47.	*Hungarice.*	Egy. Egyik.	Kettö.	Három.	Hárma. Négy.
48.	*Avarice.* 1.	*Dialectus.*			
48.	*Avarice.* 2.	*Dialectus.*			
	Kumicice in Dageſtan.				
50.	*Leſgice.*				
51.	*Lesgice.*				
52.	*Lesgice.*				
54.	*Finnice.*	Ikſz.	Kakſz.	Kolme.	Nelïja.
55.	*Eſthonice.*	Ikſz.	Kakſz.	Kolm.	Nelje.
56.	*Carelice.*	Iukſzi.	Kakſi.	Kolmje.	Nellja.
57.	*Olonice.*	Iukſzi.	Kakſzi.	Kolme.	Nelli.
58.	*Lapponice.*	Akty.	Kuekty.	Kolm.	Nelyje.
59.	*Cirjanice.*	Itip.	Kik.	Kuim.	Njul.
60.	*Permice.*	Otik.	Kik.	Kvin.	Njulja.
61.	*Mordwinice.*	Vjaity.	Kafto.	Kolmo.	Nilje.
62.	*Mokſchanice.*	Veikja. Fkja.	Kafta.	Kolma.	Niljá.
63.	*Tſcheremiſſice.*	Iktety.	Koktoty.	Kumuty.	Nility.
64.	*Tſchuvaſchice.*	Prja.	Ikke.	Viſzſze.	Dvatta.
65.	*Votjakice.*	Odik.	Kik.	Kvin.	Nily.
66.	*Vogulice.*	Aku.	Kity.	Kórom.	Nila.
67.	*V. in Verkhot.*	Aku.	Kita.	Kórom.	Nila.
68.	*V. in Tſcherdima.*	Aku.	Aiva. Kita. Kati.	Urum. Kur.	Nila.
69.	*V. in Berezova.*	Aku.	Kitai.	Kurim. Khórum.	Nilyle.
70.	*Oſtjakice.*	Ity.	Kátiny.	Kholim.	Niily.
71.	*O. ad Narim.*	Ity.	Katuy.	Khúlem.	Nyjelle.
72.	*O. ad Juranje.*	Atily.	Kjalkiny.	Kolim.	Nille.
73.	*O. Lumpokolice.*	Atily.	Katkiuy.	Kolim.	Nille.
74.	*Vaſzjuganice.*	I.	Katekhény.	Kolony.	Nille.
76.	*Perſice.*				
77.	*Kurdice.*				
78.	*Avganice.*				
131.	*Taiginice.*		Kidde.		
132.	*Kamaſchinice.*		Siddja.		
133.	*Koibalice.*		D'ſidja.		
134.	*Motorice.*		Kiddja.		

Vocabularia comparativa Linguarum Slavicae originis, quae continent vocabula, magna ex parte Oeconomiam et Technologiam ſpectantia.

Perluſtrato Veteri Teſtamento, transeo ad Novum. Profecto non aliter vocabula Finnica, Lapponica, Eſthonica, Vogulica, Votjakica, Tſchuvaſchica, Tſcheremiſſica, Permica, Sirjenica et Morduanica mihi contemplanti ſeſe offerunt, ac ſi rudera

5.	6.	8.	100.	1000.
öt.	Hat.	Nyoltz.	Száz.	Ezer.
				Aſzkergu.
				Kſzkergu.
				Azerba.
				Azargo.
				Azarge.
				Azargo.
Viſzi.	Kuſzi. Kuuſz.		Zata.	
Viſz.	Kuuſz.		Szadda.	
Viizi.	Kuu'ſi.		Sada.	
Vi'ſi.	Kuzi.		Szata.	
Vity.	Koty.			Tuzany.
Vity.	Kvaity.			Tuhat.
Vity.	Kvety.		Tſóa.	
Vjatze.	Koto.		Szjada.	
Vjetjá.	Kotá.		Szjada.	
Vizity.	Kuduty.		Sjudo.	
Pilik.	Olta.		szjur.	
Vity.	Kuaty.		Szju.	
Aty.	Koty.	Nilonu.	Sjata.	
Aty.	Koty.	Nelololy.	Sod.	
Aty.	Khorje.	Nelolju.	Sjad.	
Aty.	Koty.	Njullou.	Tſat.	
Ujety.	Khoty. Kuty.	Nnuly.	Szaty.	
Ujety.	Khuty.	Nülle.	Szoty.	
Ujety.	Kuty.	Nillakh.	Szaty.	
Ujety.	Kuty.	Niglakh.	Szaty.	
Vety.	Kuty.	Niglakh.	Tſóa.	
			Szad.	Hazár.
			Szad.	Hazár.
				Szir.

et reliquiae ex Veteri Teſtamento ſuperſtites eſſent. Contra vero ea, quae ex linguis Slavicae originis depromo, nova omnia, et nuperrime adſcita eſſe clariſſime videntur. Truncata ſunt illa priora, manca, et tanquam nummiſmata ex antiquiſſimis ruderibus eruta, detrita tantopere, ut difficulter figuram primitus impreſſam criticus detegere poſſit. At poſteriora intacta quaſi nobis adſervata ſunt. Utrum Hungari propria, an memoratae nationes ſua truncaverint vocabula, deciſu facillimum non eſt, conjicere

T tamen

tamen justa de causa audeo, Hungaros sua immutavisse, interea dum illae propria intacta conservare potuerunt vocabula. Ratio est, nationum Europearum varietas, cum quibus a decem fere seculis, Hungari eandem colunt terram. Arcta harum connexio, et ininterruptum contubernium, intactam nullatenus relinquere potuit Hungarorum linguam, patet hoc evidentissime ex eo, quod Hungari non solum vocabula numerosa, sed terminationes etiam novas in linguam suam assumserunt, quae Arpadi filiis olim prorsus incognitae erant. Tales sunt: *ka*, *ke*, *nok*, *nik*, *ár*, *ér*, kalitzka, kamuka, kovátska, dugótska, kaptsotska, kövëtske, szekérke, titoknok; komornik, szálka, szilke, hurka, szipka, koltsár, kádár, 'sellér, petzér. Olim dicebat Hungarus: *kovats*, *dugats*, *kapots*, *követs* etc.

Hungaros ingentem vocabulorum numerum ex linguis Slávicis assumsisse, nullus mirabitur, qui animadvertet illas magna Terminorum Technicorum, et ideas abstractas notantium copia gaudere, his gens nostra tamdiu carere potuit, quamdiu vitam in Asia nomadicam degens, artium notitiam acquirere non cogebatur. Termini Technici: Ljesz, *Förste*, *Forst*, Gruz, Povoz, *die Tracht*, Szorok, *Frist*, Szkuka, *die Langeweile*, Sztichia, *das Element*, Pomjestsik, *der Frohnherr*, Paz, Zgib, *die Fuge*, Baika, *der Flanell*, Kvasénije, Bro'senije, *die Gahre* (*Fermentatio*), Szok, *die Gerberlohe*, Ritsag, *der Hebel* (*Vectis*), Volokita, *der Jungferknecht*, *Celadon*, *Adonis*, et plurimi his similes, quorum ideam in lingua nostra periphrastice tantum exprimere valemus; in lingua Slaviano-Serbica et Russica jam diu usitati sunt. Notare autem oportet, quod maximam partem horum vocabulorum ex linguis hisce mutuatorum constituant Substantiva res physicas, technologicas, oeconomicas (vix ullas morales) notantia, rara reperi

Adjecti-

Adjectiva, valde pauca Verba, vix unam alteramque Particulam.

At non nova ſolum Hungari a ſuis vicinis aſſumſere vocabula; verum ſua propria antiqua dedidicerunt, nova iis nomina Slavica, aut alia peregrina ſubſtituentes. Non erit hoc ſuperfluum quibusdam illuſtrare exemplis.

Antiqua.	*Nova.*
Fur. Or.	Tolvaj, Lopo, Pribék, Prédálo.
Furari. Orozni.	Tolvajkodni, Lopni, Prédálni.
Cuſtos. ör. Tſöſz.	Páſztor, Strá'ſa, Bakter, Tzirkálo, Kerülö, Vigyázo. Ront. Silbak.
Morbus. Korſág.	Nyavaja, Betegſég.
Morbidus. Kor.	Beteg, Beteges, Nyavajás, Pipogyás, Kornyadozo. Iſpotályos.
Faba. Bab.	Fuſzujka, Faſzul, Paſzul.
Pupa. Báb.	Alak, Buba.
Foemina. Nö.	Feleſég, Házastárs, Aſzſzony, Aſzſzonyſág, Uriaſzſzony, Dáma.
Domus. Hon. Hony.	Ház, Szoba, Hajlék, Palota, kaſtély, Udvarház.
Equus. Lo.	Paripa. Kabala.
Puella. Jány. Lány.	Léányaſzſzony, Fraj, Frajtzimer, Peſztunka, Mamzel.
Virgo. Szüz.	Kiſaſzſzony, Konteſz.
Senex. Ag.	Banya, öreg, Vén.
Cantus. Rege. Dal.	Ének, Nota, Dudolás, Danolás, Hármonia, Dalléra.
Sermo. 'Sana.	Beſzéd, Beſzelgetés, Terétslés, Szoſzaporitás.
Exundatio. özön.	Áradás. Kiáradás, Vizár.
Dux. Föember. Fötiſzt.	Fövezér, Föiſpány, Kapitány, Hadnagy, Biro, Tiſztarto, Elöljáro.
Lancea. Nyárs.	Lántſa, Dárda, Spáde, Szabja.
Carnifex. Bako.	Hengér, Hohér, Meſter.
Pars elegantior. Mál.	Áſzépe valaminek, Rokamál, Áſzép ſzölöhegyek, Kömál, Kukukmál, Nagymál, Ketskemál, Mézesmál.
Ovum. Mony. Koko.	Tojás, Tikmony, Tyukmony.

Non dubito fore pleroſque, quibus vocum nonnullarum Etymologia in ſequenti Vocabulario occur-

rens

rens ridicula videbitur, praesertim iis, qui hujusmodi contemplationibus adsveti non sunt. At duo solummodo exempla his criticis adlata sufficient ad eos in abdita Etymologorum penetralia introducendos. Quis crederet hungaricum *özvegy*, ex latino *vidua*, derivari posse? At hujus asserti veritas facile demonstrari potest. Quod Russi suum *Vdova* ex latino *vidua* fabricaverint, vel puer facile videt. Ex hoc fit verbum russicum: *Ovdovjety*, quod significat: *Orbari conjuge*. Si ex hoc verbo separes literas: v. o. j fit vox: *Odvety*, quod est ipsissimum *özvegy* Hungarorum, nec ulla unquam radix reperiri potest, ex qua vox haec deduci facilius possit. Alterum exemplum esto latinum *Dies*, ex quo Gallorum *Jour*, *Journal*, derivari posse primo intuitu procul dubio absurdum nonnullis videretur, at illi, qui ex nominibus varias orationis partes derivando formare norunt, rem planam esse intelligent. Ex voce *Dies* fit Adjectivum: *Diurnus*. Hujus priores syllabae *Diur* constituunt vocem *Jour*, ex derivativo hujus: *Diurnale* formatum est *Journal*. Haec, et hic similia millena viam illis monstrare possunt planam, qui nonnullas originationes primo intuitu absonas, et violenter quasi derivatas esse judicabunt, quae serio perpendentes discent mei Critici Tolerantiam Etymologicam.

Cum hic loci de variis *Magnae Matris Slavicae* dialectis, earumque cum lingua hungarica commixtione quaedam notare proposuerim, non abs re erit, erudite concinnatam de his dialectis Dissertationem Magni Viri, et immortalis memoriae scriptoris *Mathiae Belii* (quam Grammaticae *Slavico Bohemicae Pauli Doleschalii* Szakolcza Hungari, Posonii 1746 editae praemisit) inserere, cum ex paucis his paginis, largam satis dialectorum notitiam lector haurire, et simul nexum Gentis Hungarae cum populis Slavicis historice evolutum non sine magna voluptate perdiscere possit.

PRAE-

PRAEFATIO.

LECTORI BENEVOLO.

S. P. D.

MATHIAS BELIVS.

§. I.

Cùm multi ſunt, et magno ingenio, et excellenti doctrina viri, qui de humano genere, praeclare, ſtudiis ſuis merentur; tum eos, cum primis, in hoc cenſu, jure optimo retuleris, qui diverſiſſimarum Linguarum ſtudia, ita percolunt, illuſtrant atque facilitant, ut gentes ac populi, quos antea, ſola diſcordia linguae diſſociaverat, ex diſſidio illi, eo proclivius coadunari queant, redireque in mutuam, et inſitam naturae humanae, ſocialitatem. Gravis eſt S. Augustini in hanc rem ſententia: Linguarum diverſitas, hominem alienat ab homine, et propter ſolam linguarum diverſitatem, nihil prodeſt ad conſociandos homines, tanta ſimilitudo naturae: ita, ut libentius ſit homo, cum cane ſuo, quam cum homine alieno. Ita ſe rem habere, nemo temere negaverit; ſed nec cauſam ejus diſſociationis difficile eſt indagare, qui eam, vel obiter, ſed cum rarione apud ſe exiſtimaverint. Nimirum, homo, non percipit ſenſa hominis alterius, niſi id fiat ſermonis miniſterio, qui rationis, quae ad mentis naturam adtinet, optimus eſſe conſvevit interpres. Itaque, fit, ut diſſoni oris homines, non fere cenſeantur inter ſe hominum vice eſſe. Quae opinio, ſi inter gentes vicinas

vicinas invaluit, non poteſt, non ſocietatis vinculum, ſi quod iis interceſſit, contemerare, rumpere, atque in diſſidia offenſasque mutuas deſinere. Quapropter quo ſunt, inter diſſociatas nationes atque populos loco habendi, ultro citroque miſſi caduceatores; eandem prorſus merebuntur hi quoque dignationem, qui id circa Linguae ſuae ſtudia elaborant, ut non modo domi fiant illuſtria; ſed et gentium circumſtarum oculos animosque advertant ad ſui cognitionem, quae ſane molitio, uti ex ſe honeſtiſſima eſt, ita eo patet latius, quo circa linguam occupatur antiquiorem, atque uſus et utilitatis auguſtioris.

§. II. Iſtud vero eſt quod de praeſentis *Grammatices Slavico-Bohemicae*, tenui, uti videbitur, ſuo ipſorum ingenio abundantibus, molimine, confidenter adfirmare ſuſtinuerim. Linguam enim *Slavicam*, dum dico, et antiquiſſimorum populorum, iam olim fuiſſe ajo; et ita late, per innumeros fere populos diffuſam, uti in Europa, aliam nullam. Quod utrumque, alienum percenſere hic, et uberius exaggeratiusque multo eſt, quam ut poſſit, argumenro praefationis, expediri. De vetuſtate Slavonicae gentis, nihil adtinet, ſcrupuloſius elaborare: cujus tanta ſunt argumenta, ut vel numerum eorum deſignare, ne dicam exiſtimare ſingulorum pondera, difficile ſit in ea multitudine. Si *Henti*, gens Paphlagoniae, et cujus, antiquiſſimus ſcriptorum *Homerus*, meminit, Slavorum parentes ſint habendi: quod, et multi, et graves ſcriptores ſtatuunt: ne mihi, Slavi, gens erunt vetuſta, qua de re, ſuo more diſputat *Schurtzfleiſchius*, et dicam ſcribit, non vulgo tantum eruditorum; ſed *Davidi* etiam *Chytraeo*, *Henetos et Venedos* eosdem facienti. Cum tamen fateatur ipſus, Slavos veteres illos, et retruſae memoriae, *Plinio*, *Tacito*, *Ptolomaeo*, *Venedos* fuiſſe adpellatos, quos lapſu temporis, *Helmoldus*, Presbyter Boſovienſis, Winichos,

chos, seu Winulos dixerit: unde Germanicum gentis, *die Wenden und Widischen*, nomen. Sed de Venedis, Slavorum majoribus, nihil laboraverimus. Anne vero idem praeconium et Vandalis tribuemus? Nolim id, sed neque possum, sine veritatis dispendio, facere. Nam Vandalos, germanicum fuisse genus, vocabulum ipsum condocet, ut interpretentur illud, quasi *Wandler*, a perpetua cupiditate migrandi, *zu wandeln*, seu *wandern*. Ergo advertendum cum cura est, Slavos, a Riphataeis; Wandalos, ut gentem Germanam ab Ascaniis, posteris nempe Ascenazi, arcessendos esse: quidquid adseruerit, *Jo. Aventinus*, uti credulus nimis auctor, ita minus certa referens. Haec, ad excutiendam retrusam gentis Slavicae antiquitatem, meminisse oportuit. Certe enim, si iidem sint, cum Henetis, ac Venedis, sicuti sunt omnino, doctissimorum quorumvis virorum sententia gentem habebimus, cum antiquissimis quibusque, de originum vetustate, haud iniquo successu, certaturam.

§. III. Sed recolamus porro, cum *Schurtzfleischio*, Venedorum, Wandalorumque nomina, antequam de Slavis dicamus diserte. Utrumque, ait ille, usurpavit nitida aetas; ignoravit autem Slavorum; ut vero, sequior illa, et minus culta, mutavit loquendi morem; tantoque hoc fecit familiarius, quanto recentius erat: usque adeo quidem, ut nec hodie iverit in desuetudinem. Exstat vero Slavorum illud vocabulum, non modo apud *Jornandem et Helmoldum;* sed etiam apud *Gregorium* Pontificem, et *Blondum.* Crederes, ista relegendo, eximiae cujusdam obscuritatis fuisse, nominis Slavici originem, quia, minus culta aetate, primo omnium, editum. Sed non est ita. Celebria, immo gloriosa sunt ejus vocabuli exordia; sive id demum, ex aliorum sententia, a Sláwa derives; sive, uti volunt quidam, a čl'owěk, et hujus inusitato plurali, čl'owecy. Illud glo-

 riam

riam significat, notatque gentem, rerum gestarum fama celebrem: istud hominem, seu virum designat, quadratum et singulari praeditum virtute. Id vero celebre nomen, ab hoc, illove primitivo, ipsi sibi indidere, nuperi Venedi: profecto, opprobrii nihil, laudis, immo gloriae plurimum nomen illud referet, a prima statim origine. Nam, quod postea, sive ob Germanorum victorias, sive ob Graecorum scribendi licentiam, Kappa suum adspergentium, Sclavi, vel Sclavini vocitari coeperunt; id vero, apud Graecos nihil habuit convitii: apud Germanos vero, obtrectationis meretur censuram. Sed, qua quaeso aetate, eo nomine cognitos putabimus Slavos? Vocabulum nimirum Slavorum, Slavinorumque, sexto demum seculo, caepit frequentari; sed nondum ita, ut prorsus obliteraretur Venedorum: quippe, ipsi *Jornandi* usurpatum. Sequutis postea seculis, ita invaluit Slavorum nomen, ut prioris mentio rara, apud plerosque scriptores nulla; hujus adsidua esset. Summatim dixerim, Slavorum Slavinorumque nomen, puriori ignotum aevo, sequiori, eique minus culto, longe fuit usitatissimum.

§. IV. Tametsi autem, diversissimae Vandalorum et Venedorum, qui postea Slavi dicti sunt, fuerunt gentes; tamen, intercessit utrique, bellici moris, ac fortunae contagio quaedam, migrationumque aemulatio. Gentium omnium profectionem, ex Asia repetendam esse, doctorum concors fere sententia est. Hinc ergo Vandali, tamquam ex primis sedibus, prodiere. Vandalos sequuti sunt Venedi, Henetorum, in Paphlagonia propago, Slavorum postea majores. Insederant Vandali Sarmatiam eam, quae inter Tanaim, et Borysthenem porrigitur. Reliquos, vasta illa spatia, quae sunt inter Albim, et mare Balticum, illicuerunt. Pars deinde in Africam, demigravit, pars, per fretum Anianum transvecti, Americae

ricae

ricae tractus, occuparunt. Vandalis, Venedi, Venedis *Sarmatae*, et sic porro, gentes aliae, gentibus diversis, succedebant. Sed Vandalos sequi, diutina Venedis profectio visa, facile permovit gentem bellicosissimam, ut, Vandalorum ditiones, aperto Marte invadere mallent, quam eorum demigrationes operiri: maxime, quod bellis eos externis, nimium quantum viderent exinanitos. Itaque domi relictos facile exturbant: profectis domo, in alias terras, reditum negant: redituris, vim, arma, militem, opponunt. Sic vincebantur, qui vicerant hactenus, expellebantur, qui expulerant alios: ex eo puniendi, quo peccati labem adsperserant, ait *Schurtzfleischius*.

§. V. Jam ergo pedem, nomenque Venedi, Europae intulerunt, et vocabulum Slaviae Sarmatiae dederunt, regioni longe lateque diffusae. De hac laudatus *Schurtzfleischius*: Slavia Sarmatica, non anguste capienda est nimis: quippe, quod ea comprehendat, non Polonos modo; sed et Lithuanos, et vastam illam Russorum, seu Moschorum gentem. Illudque adeo indicio est, Slaviam hanc Sarmaticam, in Asiam usque porrectam fuisse. En primam Slavorum in Europa sedem! Digni Vandalis successores, qui mox, et cum domi ordinassent rempublicam, gentium ac populorum emittebant examina. Sed armata ea, et quae non modo non emittebant aculeum, ut torpere necessum haberent postea; verum, ferociora etiam fierent ex iis bellis, in quibus tirocinia ponebant. Nolo mihi laborem consciscere, qui praefationis modum supergrediatur, ut saltem nomina recenseam, nationum, quae sunt ex Venedorum, Slavorum postea, hac familia, propagatae. Fecere id, et multi, et praeclari viri; atque nuperrime omnium, Ill. *Joh. Christophorus de Jordan*. Ne tamen ἀσύμβολος hinc discedam, injiciam mentionem quorundam. Huc nimirum referendi: Abodriti, qui

 et

et Obotriti, Anthae, Bohemi, Bulgari, Carantanii, Croatae, Limigantes, Moravi, Moscovitae, seu Russi, Poloni, Runae, sive Rugii, Silesii, sua Lingua Sle-záctj, hoc est convenae, Sorabi, seu Swrblawj, Wagrii, Vilczi, forte, ob lupinum ingenium ita dicti. Alii, gentium numerum, ad LXX. exaggerant, quod uti illis non invidemus, ita nostrum non facimus: si monuerimus Lectores, bifariam, gentes, Slavicae originis, fuisse diffusas, in Boream alias, alias in meridiem occidentalem, unde, diversa simul enata Slavia est.

§. VI. Venit hic in mentem cogitare, de *Alexandri M.* privilegio illo, quod adtribuisse Slavis fertur, quodque multum vulgo, ad ostentationem momenti habet. Profecto autem, ita existimamus, nihil, totis illis tabulis inesse, quod saltem veri quidpiam simile habeat; ita, et temporum, et historiae rationes, fabulam esse coarguunt: ut proinde, vix operae pretium fecisse existimandus sit Ill. *Petrus de Révai* quando commentitium illud diploma, non dubitavit Monarchae suae Hungaricae, intertexere, ut gentem faceret eo gloriosorem. Enim vero, parum habet laudis, opprobrii contra plurimum, nationum actus, fabulosis monumentis celebrare. Solidior multo, gentis Slavicae est gloria; quam ut dubiis encomiis debeat incrustari. Plena de eorum antiquitate, bellis victoriis, variante item fortuna, atque susceptis migrationibus, sunt, apud maxime idoneos scriptores, omnia, quae, qui volet in compendio legere, laudatum Ill. *de Jordan* adeat.

§. VII. Ad Linguam Slavorum quod attinet, cujus nunc Grammaticam, publico praeconio, tibi lector erudite! commendandam duximus: gentis ea, non antiquitatem modo, sed et ingenium aemulatur: ita, et vetustate praestat, et dictionis exuberante quadam copia ac majestate. De ejus, latissime diffuso, et armis ac migrationibus propagato usu,

ex

ex vero ſentit, *Révaius* Lingua Slavica, inquit, ſeu Illirica, hodie omnium latiſſime patet, ut poſe, quae a mari Adriatico, ad Oceanum usque ſeptentrionalem, ſe extendere videatur: nam ea utuntur Iſtrii, Dalmatae, Croatae, Bosnenſes, Bohemi, Sileſii, Luſatii, Poloni, Lithuani, Pruteni, Scandinaviae incolae et Ruſſi, longe lateque imperantes. Bulgari item, et multae aliae vicinae regiones, Conſtantinopolim fere usque: adeo, ut toto orbe terrarum ſit lingua Slavica, qua plurimas gentes et nationes alloqui, mutatis tantum dialectis, ob vicinitatem aliorum populorum, aliquid peregrini habentibus, licet, ut ſi linguarum gloria, ab uſu, familiaritate et latitudine petenda eſſet, ipſa Slavonica, cum Latina, ceteris palmam eriperet. Cujus adminiculo, prope dimidia Europae pars, nonnulla etiam Aſiae, peragrari poteſt. Haec ita ſunt omnino.

§. VIII. Linguae ingenium, atque dialectus, pro diverſitate populorum, diverſa et ipſa eſt. Prolixiſſimam utilemque hic operam navavit, Illuſtris *de Jordan*, quando de Lingua Slavorum, et harum dialectis, non minus curioſe commentatus eſt, quam cum ratione. Statuit autem, quatuor Slavonismi praecipuas dialectus: Croaticam, Glagoliticam, Hungaro-Slavicam, denique Bohemicam, quibus adnumerat quatuor alias, nimirum: Ruſſicam, Polonicam, Slavicam propriam et Dalmaticam. Quid per ſingulas intelligat, vir Ill. paucis indicium faciemus. Et Croaticam quidem dialectum, parum abeſt, quin reliquarum, ſi non matrem, ſaltem quodammodo, uti puriſſimam, ita primaevam faciat: credo, ut Cſechi inde lingua, emergat, olim ſvavior cultiorque. Neque tamen aliam vocat dialectum Croaticam, quam quae in hujus metropoli, Zagrabiae, et circumſitis ei vicis atque oppidis, a cultioribus quibusvis, frequentatur. Glagoliticam porro dialectum eam mihi

vocare

vocare videtur, quae in versione, Sacri Bibliorum Codicis, Slavica, Glagolitico charactere expressa, continetur. Nam, utrum Dialectus Glagolitica, in terris Sisciorum et Charentanorum; (populi hi fuerunt seculo 9. ad Savum et Dravum, nec non in terris, celebris tunc Slavo-Moravici Regni, ad Granuam usque protensi, quorum omnium Apostolum egit S. Cyrillus,) in usu fuerit, valde dubitat. Arbitrantur contra ea S. Cyrillum primam operam implantandi Christianismi, Bulgaris, Slavis, Constantinopolitano imperio vicinis, impendisse, dein in Moraviam accitum, ibidem et in terris quoque Savi et Dravi fluminum, quas transierat, fidei semina jecisse. Quid ergo mirum, si ille fors in Dialecto peculiari Bulgarica, cujus peritiam, jam Constantinopoli sibi comparaverat, sacram scripturam, et dogmata sua, inventis ad id, novis a se literis, ediderit? Hanc dialectum, utpote, aeque pure Slavicam, populi hi, licet alio communi more loquendi uterentur, percipere et in sacris faciendis, adoptare poterant. Sed Dialectum Hungaro-Slavicam, vernaculam propemodum judicat Hungariae. quod ei lubentes largimur; cum non modo ultimo suo adventu, Slavos, per cis-danubianam Hungariam, repererint inquilinos, nostri Hungari; sed adduxerint etiam secum Russos, Slavicum genus, partim sponte in demigrationis eam societatem concedentes, partim coactos, jure obsidum; id quod in edita nuper, Anonymi historia ducum hung. passim et diserte legas. Quid? quod jam tum annis 334, 454 et 526. Slavicas, ex Hungaria demigrationes meminerit Ill. *Jordanus*. Denique dialectum Bohemico-Slavicam, tamquam cultissimam, et jure quidem optimo, praedicat. Si verum est, Csechum, ex Croatia, huc immigravisse, de quo equidem ambigo, omnino Mater ei, Croatica fuerit. Sed quam Csechi, Croatarum posteri, omnium excoluerint diligentissime, idque

que nativa quadam efficacia atque elegantia. Fuere enim Bohemi, ad invidiam usque gentium circumsitarum, Linguae suae amantes. Quod, cum S. Bibliorum Codicis frequens, ac subinde emendatior elegantiorque editio, tum innumerorum scriptorum, sacrorum ac profanorum, facta, cum cura, elucubratio, satis superque condocent. Quod quidem: excolendae linguae Bohemicae studium, nisi intervertissent, temporum, quae intercessere, conversiones, nulla non cum Europea lingua, de elegantia et majestate, ac dotum aliorum gloria, nunc posset, Bohemica, certare: maxime, quod publica negotia fere omnia, patria lingua, cum tractabantur in collegiis, tum referebantur etiam in tabulas, librosque memoriales, quos protocolla vocamus. Ad dialectus reliquas, quod adtinet, Polonicam puta, Slavicam propriam, Russicam, Dalmaticam et Caranthanicam, multa illis, cum prioribus, de quibus diximus, juxta et invicem, est cognatio: ut facili omnes negotio, ad easdem regulas Grammaticas, reduci possent, si esset eruditus aliquis, qui eam curam studiumque auderet occupare, atque tam diu prosequi, dum in vado res foret constituta, quae tamen res, philologum exspectet oportet, consumatissimum eum, et cum ceterarum Europae linguarum, apprime peritum; tum praecipuarum linguae Slavonicae dialectorum: Croaticae nimirum, Bohemo-Slavicae, Polonicae, atque Moscoviticae, longe omnium gnarissimum.

§. IX. Campum hic mihi adaperiri video, latissime porrectum, et in quem commode liceret exspatiari, si esset volupe, in laudes linguae Bohemico-Slavicae diffundi; sed, quia eam curam, oppido dignam pretio operae, cum vernae Grammatici, tum luculenti scriptores alii, ad invidiam usque exaggeraverunt: Iliada post Homerum scribere velle, possemus existimari, si in re, jam pridem in luce meridiana

diana collocata, porro elaborare conniteremur. Nam fuere omnino Bohemi, eruditi illi, et quibus cordi fuit egregii publici procuratio, cum in reliquo ſtudiorum genere, tum in lingua ſua patria, etiam atque etiam percolenda, atque id quidem, ante gentes, quae nunc cultiſſimae habentur, perpetuo indefeſſi. — Enumerat hic Belius plurimos auctores, qui in Grammaticis linguae Bohemicae conſcribendis, decurſu plurimum annorum operam navarunt, quibus expoſitis narrare pergit. — Hi interim, quorum mentionem habuimus, omnes, et plures alii, ex vetuſtioribus praecipue, qui in eadem ſudavere officina, linguam Bohemicam, Wenceslainam illam, a *S. Wenſeslao* ita nuncupatam, ibant illuſtratum, ac profecerunt ſane eousque, ut habeant, quod glorientur Bohemi, ſive de copia, ſiue de elegantia, ſive de majeſtate linguae ſuae. Enim vero, copia nominum et verborum tanta illi ineſt, ut nulli linguae, ne Graece quidem, cedere cogatur. Nam nihil tam arduum eſt (ne ipſa quidem transnaturalis ſcientia Metaphyſica) quod non intelligenter et ſignificanter efferre queamus, idiomate noſtro Bohemico, verba ſunt *Roſae* in praefatione. Addo, experiundo condoctus; nam et ipſus equidem, cum amantem me, tum peritum linguae Slavo-Bohemicae eſſe, mihimet ſum conſcius; omnium Europae linguarum decora, non aemulari modo, ſed vincere etiam, unam noſtram Bohemicam, poſſe. Neque enim, ſi quod ex vero judicare poterimus, Hiſpanicae, grauitute majeſtateque; blanditie ac facilitate, Gallicae; Anglicae, ſublimitate efficacitateque; Germanicae, ſenſus et emphaſeos ubertate; lenitate ac ſvavitate Italicae; denique Hungaricae noſtrae, imperioſa illa ſeveritate, quidquam concedit: ita abſolutarum eſt qualitatum, ſi, viri ea utantur, docti, eloquentes, et ad ſocialitatem nati efformatique.

§. X.

§. X. Cave autem existimes, lector benevole! nuper demum has perfectiones, linguae Bohemicae, conciliatas esse: a primis religionis Christianae, in gente Bohema, incunabulis, crevit linguae simul decus. Geminum praecocis, sed maturescentis subinde incrementi ejus, fontem, *Balbinus* indicat. Alter, SS. Fratrum, *Cyrilli et Methodii*, beneficum est: alter, romanorum pontificum, in gentem Bohemicam, pia quaedam propensio, de utroque, eodem loco *Balbinus:* illud unum pulcherrimum beneficii genus, quod cultum literarum, quem ad eum diem bellicosa natio contemserat, Bohemis, *Methodius* invexit, scholasque multis in locis aperuit, ac praecipue in vrbe Budetz, in qua olim academiam quandam ethnici habuerunt, christianis magistris commisit, ubi postea *Wenceslaus*, et frater *Boleslaus*, regii pueri, et cuncta Bohemiae nobilitas, liberalibus disciplinis operam dedit, tanta Slavicae gentis, ac linguae, gloria, ut antiquissimus eorum temporum scriptor, quem *Marquardus Freherus* typis vulgavit. queratur: *Methodii* philosophi, sic enim virum sanctum adpellat, opera factum, ut latinae literae, tempestate sua vilescerent, cum nimirum Methodius, et S. Cyrillus, Slavicas literas. invenissent, et pontifice romano permittente, Slavica lingua in templis uterentur, eoque sermone, divina peragerent mysteria, ac discipulis quaqua versum dimissis, cum religione, etiam linguam commendarent et propagarent. Tantum est, meliores literas, in religionis admisisse societatem! quantum ergo fuerit damnum, religionem, bonis literis orbavisse? Multis, sicuti constat eruditis, *Methodii*, administrandorum sacrorum, vernacula, haec methodus, controversiis, sed et in re aequissima, victoriis locum fecit. Certe *Carolus IV.* imperator et rex Bohemiae, id a *Clemente VI.* papa obtinuit, ut Pragae, in Basilica Slovanensi, honori *S. Hieronymi,*

nymi, in venerationem linguae Slavicae erectà; sacra peragerantur sola lingua Slavica: credo, imitatione *S. Adalberti*, qui id anno 977. Romae impetraverat, ut Pragae, ad *S. Vitum*, quotidie Slavonice caneretur. Ut taceamus, ejusdem *Caroli IV.* studia, linguam Bohemicam, ad maximam, quam posset, evehendi celebritatem, etiam in vita civili: quando, id in bulla aurea, quae hucdum, romani imperii lex est fundamentalis, sancivit; ut septemuiri, seu electores omnes ac singuli, Slavice, et loqui scirent, et scribere.

§. XI. His, tam insignibus auctoramentis, civilibus et ecclesiasticis; adducta, cum gens universim omnis, atque in hac, viri praecipue docti; tum proceres ejus. optimatesque, certatim in eam curam incubuere, ut lingua sua, domi quidem, quam cultissima sit, apud alienigenas vero ac foris, omnem mereatur existimationem, eosque ad sui cultum, sola rei dignitate, illiciat. Quod et ita evenit omnino. Ingruit tandem Hussitarum tempestas, quae, cum diu satis, ac longe lateque desaevierit; mirum dictu, adeo nihil detrivit de flore ac gloria linguae Bohemicae, ut eam simul reddiderit augustiorem, atque regionibus etiam iis populisque, si non familiarem, saltem cognitam, quos, belli haec fulmina, armis, populationibus ac rapinis, vel contemeraverunt, vel irreparabilibus damnis, vastitateque adflixerunt. Vernacula jam tum Hungariae fuit lingua Slavonica: quippe quam, inde ab adventu Hungarorum sub septem ducibus, loquebantur, reliquiae Slavorum, cis-Danubium, his provinciis colentes, quae sunt Slavicis populis, Moravis, Silesiis, Polonis atque Russis, limitaneae. At enim vero, ea tunc, cum populo, tum lingua Slavicae, facta est in Hungaria accessio, qua, ne copiosissimis quidem ac requietis coloniis, fieri potuisset, sive uberior, sive effica-

efficacior. Praeterquam enim, quod post debellatos, a *Matthia Corvino*, hussitas, innumera Bohemorum multitudo, regionis capta foecunditate, in Hungaria, civitate donata, sedes fixerit, linguam certe Slavorum indigenarum, ad eum perduxit cultum elegantiamque, ut hodie quoque, multi sint in gente Slavica, qui in sermone suo vernaculo, Bohemicae linguae, nativum illud decus, aemulentur, immo prorsus referant, exprimantque. Ne quid de Bohemiae conversionibus, quae pulso *Friderico* Palatino, sunt consequutae, commemorem: nam et tunc insignis rebus, ac linguae Slavicae, facta in Hungaria fuit accessio. Quibus rebus evenit, ut non modo eruditi in Hungaria viri; sed Magnates etiam, et ex nobilitate eorum comitatuum, in quibus lingua Slavica vernacula est, curam, linguae Slavo Bohemicae, cultumque, ad se pertinere existimaverint. In his censemus: Szunyoghios, Illésházios, Thurzones, Oszrosithios, Zayos, ceteros: atque ex equestri ordine: Szulyowszkyos, Szerdahelyos, Révaios, Iusthios, Otlikios, Beniczkyos, Plathios, Podthurnyaios, reliquos. E doctis in primis emicuerunt: Hrabeczii, Hodikii, Kalinkii, Masznicziі, Michalidesii, Krmanii Iacobaeii. Cum hos omnes, tum singulos, summa industria aemulaturus, in partem ejusdem, et curae, et laudis, suo quodam, eoque honestissimo, instinctu, venit *Cl. Paulus Doleschall*, Szakolcensis Slavo-Bohemus, vir oppido doctus, et cum aliarum linguarum gnarus, tum Slavo-Bohemicae cum primis longe peritissimus. *Hactenus Belius.*

Ordo quo vocabula quatuor linguarum seinvicem excipiunt, hic est. Primo loco stant vocabula Russica, ordine alphabetico aliquantulum neglecto digesta, ne repetita, et tediosa nimis scriptitatione errores plurimi irreperent. Haec excipiunt vocabula Germanica, quibus, majoris lucis gratia, saepe Gallica aut Latina adjeci, ubi priora obſcura videri poterant. Nonnulla in defectu Germanici, latine, vel gallice tantum expreſſi. Agmen claudunt Hungarica, his interdum ſynonima adjungo vocabula, quibus ſignificationem vocis allatae (praeſertim rarius uſitatae) Hungaris dilucidare ſtudeo.

Quod voces evidenter ex lingua germanica, latina aut gallica aſſumtas (*hungarizatas*) etiam interdum adtulerim, ex hoc fundamento factum eſt, quod hujusmodi voces propius accedunt ad formationem ruſſicam, quam ad latinam, vel germanicam, unde veroſimile eſt, voces tales primo Ruſſos ab exteris, Hungaros vero demum a Ruſſis aut alio quovis fonte Slavico accepiſſe. Tales ſunt ex. gr. Inber, *der Ingver*. Gyömbér. Skola, *die Schule*. Iskola. Keglja, *der Kegel*. Kugli. Apteka, *die Apotheke*. Patika. Kmin, *der Kümmel*. Kömin. Kömény. Major, *Meyerhof*, Major. Mindal, *Amygdala*, Mondola. Marena, *Murena*, Márna. Tantzovaty, *Tanzen*, Tántzolni. Fleitotska, *das Flötchen*. Flotátska. Karmazin, *Kramoiſin*, Karma'ſin. Kutija, *Schachtel*, Iſkutuja. Voces ad hanc claſſem pertinentes ſtellula * notavi.

Vocabularium Ruſſico-Germanico Hungaricum.

Ambár, *ein Speicher*. Hambár. *Turcice*. Embar.

Antal. *das Antal*. Átalag.

* Apteka. *die Apotheke*. Patika.

Abá, *weiſſes grobes Tuch*. Aba poſzto.

Abad'ſia, *ein Schneider, der allein aus Aba-Tuch arbeitet*. Aba-Szabo. *Ad normam*. Tſizmad'ſia. *Tſchismenmacher*.

Arnyevi *Tegmen, operculum, umbracůlum currus*. Ernyö. Árnyék.

Arkán, *die Schlinge, ein Pferd zu fangen*. Urok. Urkot. Urkom. Urkán.

Arſin,

Arſin, *die Arſchine, ein ruſſiſches Maas.* Sin. Sing.
Arſinnii. *Eine Arſchine lang.* Singnyi.
Bavaretz, *der Bayer.* Babarus. Bagarus.
Bojazn. *Trepidatio.* Bojázás.
Bojaziſzja. *Trepidare.* Bojázni. Kere'sgélni. Kajtatni.
Bui. *Amens. Narr.* Bao. Baho. Bajokás. Bolond.
Bába. Babka. *Vetulæ. Obſtetrix.* Bába.
Bjegletz. *Verloffen. Fugitivus.* Béjeglett. Bélyegzett. Kobori. Gonoſztévő.
Brud. *Schmutz.* Rut.
Barkhat. *Sammet.* Bárſony.
Bezdjelnik. *Nebulo.* Beſtelen.
Bagor, *der Aufziehe-Hacken.*
Inſectum. Bogár. *Dumus, ein Buſch.* Bokor.
Brát, *der Bruder.* Barát. *Frater. Monachus.*
Blokha, *die Floh.* Bolha.
Bob, *die Faſeolen-Bohnen.* Bab. Fuſzujka. Faſzulka.
Bobotſek, *das Böhnchen.* Babotska.
Botſar, *der Faßbinder.* Bodnár.
Botſard. Nomen pagi, in Tranſilvania.
Buzina, *der Hollunder.* Bozza. Borza. Bodza.
Barka, *das Flußſchiff.* Bárka.
Baran. *Gen.* Báránvi, *der Hammel.* Bárány, *das Lamm.*
Borozda, *die Furche.* Borozda. Barázda.
Borona, *die Egge.* Borona.
Boronoi, *eggen.* Boronálni.
Oboronjaty. *Defendere.* Elboronálni a'dolgat. Mentegetni.
* Burav, *der Bohrer.* Fúro.
Blintſaty. *Placenta.* Palatſinta.
Bjenetſek, *der Borwiſch.* Penete.
Bik, *Acc.* Bika, *der Ochs, Stier.* Bika.
Buivol, *der Auerochs.* Bival.
Buk, *der Buche.* Bik. Bük-fa.
Basmak, *die Schuhe.* Bakkants. Botskor.
Uzkii basmak, *ein enger Schuh.* *Szük* bakkants.
Etot basmak otſen *uzok, dieſe Schuhe ſind ſehr eng.* Ez a'bakkants igen *Szük.*
Bereg, *der Ufer.*
— — *Lucus, der Hayn, Wald.* Bereg.
Burka, *Gen. Plur.* Burok, *ein Filtzmantel.* Burok. Buriték. Boriték. Burokba ſzületett gyermek. *Infans ſimul cum-ſecundinis (cum involucro) natus.*

Bazár, *der Markt.* Váſár.
Bolván, *ein Götzenbild.* Bálvány.
Bjeda, *das Elend.*
— — *Selig, Bjedog.* Bódog. Bóldog.
Bodroſzty, *der Muth. Bátroſst.* Bátrit. Bátorſág.
Banja, *das Bad.* Bánya, Feredö.
Borodobrei, *der Barbier,* Borotválo. Borbély.
Britva. Britvu, *das Barbiermeſſer.* Borotva. Beretva.
* Bokal, *der Becher.* Pokale. Bokály.
Bjelena. *Hyoſciamus niger.* Belind.
Bereſzta. *Birkenrinde.*
— — *Bürſte.* Boroſta. Etſet.
Buraja, *braun.* Barna.
Bitſok. *das Bullenkalb.* Bikátſka. Bika-borju.
Bolotom, *der Moraſt.*
— — *Blatten-See. 12 Meilen lange See in Ungarn.* Balaton-tava.
Beztſeſztije, *die Injurie, Schändung. Ignominia.* Betſtelenités.
Brodjaga, *der Landſtreicher. Aventuriere.* Bódorgo.
Boltun, *das Klappermaul. Le babillard. Jaſeur. Nugator. Garrulus.* Bolond. Fetſegö. Lotſogo. Habari. *Valachicae* Bolund.
Bjerity, *Aufborgen.* Bérelni. Bérbe adni. Béres. Haz-bér.
Bolſei, *groſs.*
Weis. Sapiens. Bölts. Böltſei. *Nom. Plur. Poſſ.*
Boi, *das Gefecht.* Baj. Baj-vivás.
Boin. Boinik. Voinnik, *der Soldat.* Bajnok. Katona. Vitéz. 'Soldos.
Babuk. *Terreſtris lepus.*
— — *Upupa.* Babuk.
Baju. *Faſcino, ich zaubere.* Büvölök-bájolok. Bü-bájos. Boſzorkány.
Buldirjan, *ein Gras.* Burján.
Butor. *Les Meubles.* Butor. Háziеſzköz.
Bjeſz. *Diabolus.* Veſz. Veſztö. Veſzedelemnek fia. ördög. Boſzorkány.
Bjeſzni. Bjeſzen, *ein Beſeſſener.* Veſztett. Akit meg-veſztettek, megboſzorkányoztak. ördöngös.
Bjeſzenſztvo. *Teufeley.* Veſztés. Boſzorkanyozás.
Bjeſzjeda, *die Rede.* Beſzéd.
Beſzjedka. *Dim.* Beſzédetske.
Beſzovanije, *das Reden.* Beſzéllés.

Beſzov-

Beszovnik, *der Redner*. Beszéllö. Beszédes.
Beszjuju, *ich rede*. Beszéllék.
Tzjep, *der Dreschflegel*. Tsép-hadaro.
Tzep. *L'egrigeoir*. Tsep. Tséplö.
Tzekh, *die Gülde*. Tzéh. Tzéhos.
Tzerkalo, *der Spiegel*. Tzirkálo, *der Wächter*.
Tzekhol, *die Halfter*. Tok.
Tzjep, *die Kette*. Tsipö. Lántz.
Tzjepotska, *das Kettchen*. Tsipötske, Tsiptetö, Tsippentyü. A' lántz szemek meg tsipik egymást, és az egész lántz mind tsippentyükböl áll.
Tzjel, *die Absicht*. Tzél.
Tzjelity. *Zielen*. Tzélozni.
Tzjelovaty. *Küssen*. *Tsalováty*. Tsálni. Tsokolni. Hizelkedni.
Tzjevka, *Weber Spuhl*. *Panus*. Tsévke. Tsévetske. Tsö.
* Tzedulka. *Zettel Scheda*. Tzédula.
Tzedulotska. *Zettulo*. *Schedula*. Tzédulátska.
Tziptzi. *Forceps*. *Feuerzange*. Tsipö. Tsippentyü. Fogo.
Djuim. *Pollex*. Uj. Ujjom. Ujjaim.
Den. *Dies*.
Polden. *Meridies*. Dél. Fél-nap. Nap-fele.
Djelo, *der Proceß*, *der Gerichtshandel*, *das Geschäft*, *der Handel*, *Zank*, *Streit*, *das Ding*, *die Handlung*, *das Gewerb*, *der Händel*. Dolog, ügy, Baj, Per, ügyelés.
Desevo. / Nedorogo. } *Wohlfeil*. { *Osovo*. ótso. / Nem-darága.
Ditsati. *Arrogans*. Ditsekedö.
* Djak. *Studens*. *Diaconus*. Diák. Déák.
Duratzki. *Morosus*. *Iracundus*. Durtzás, Durmonyos. Komor. Haragos. Bomfordi.
D'sid. *Jaculum*. 'Sida. Dárda.
Dosztatok, *der Ueberfluß*.
Doszta, *überflüssig*. *Copiose*. Dosztig. Dusztig. Bövön. Nyakig, Megelégedésig.
Dinja, *die Melone*. Dinnye.
Dvor, *der Hoff*. Udvor. Udvar.
Dvorjanin, *der Junker*. Udvari. Ursi.
Dvorjan. *Edel*. Udvari. Nemes.
Dvornik, *der Hausknecht*. Udvarnok. Béres.
Doszka, *das Brett*. Doszka. Deszka.
Doštsetska, *das Brettlein*, *die Latte*. *Tigillum*. Deszkátska.
Degot, *Birkentheer*. Degett. Dohott, Kulimáz.

Doro'snik, *der Grundhobel.* Doroſzlo. Daraſzlo. Kapa. *Ligo.*
Drob. *Granum, ein Kern; der Hagel zum Schieſſen.* Darab. Apro dirib-darab. Dara. Serét.
Krupinka, *das Kürnchen.* Korpátska. Morſátska. Mor'ſa. Szemétske. Egyſzem. Szikra. Szikrátska. Egy Tſep. Tſeppetske. Egy parányi. Kitſiny. Pitziny. Kevés. Egy maknyi (Egy máknyi). *Vide:* Szjemena. Szjemetsko.
Dragotzjenni kamény, *das Juwel.* Drága Kemény. Drága kö.
Dragotzjennaja. *das Kleinod.* Drágaſág. Kints.
Dorogi. *Koſtbar.* Darága. Drága. Dragi.
Dorogovazna. *Charitas.* Darágaſág.
Duga, *die Lade.* Dugo helly. Láda.
Dobro. *Gut.* Jo.
Dobrodjetel. *Tugend.* Jo-*tétel.* Jotſelekedet.
Dub, *die Eiche.*
— Tſernyi dub, *die ſchwarze Eiche.* Tſer. Tſere-fa.
Druga. Dru'ſka, *der Freund.* Druſza.
Dudka, *die Pfeife.* Duda. Sip. Furuja.
Duga. *Aſſer, vel aſſeres, ex quibus dolia conſtruuntur.* Donga.
Dolota, *der Meiſſel.* Gyalu. Véſö.
Egulja, *der Aal.* Angolna.
* Fleitotska, *das Flötchen.* Flotátska. Sipótska.
Filin, *die gehörnete Eule.* Files bagoj.
Fura, *der Fuhrmann.* Fuvár. Fuváros. *Szekeres.*
Futa, *der Fuß, als Maas.*
— — *Laufer,* Futo, *laufen.* Futni.
Golova, *das Haupt.*
— — *der Kropf.* Golyva. *Struma.*
Golovats, *ein Menſch mit einem großen Kopfe.* Golyvás.
Gorjatska, *das Fieber.* Kor. Korſág. Korjadozo. Kornyadozo. *Kränklich, kränkelnd.*
Gulјáty. *irren, herumirren.* Gulyázni. Legelni. Tévelgegni, mint a' gulyabeli marhák. Guljak. *Vagabundus.*
Goreſzty, *der Kummer.* Kereſzt. Kereſzt-viſelés. Nyomoruſág. Inſég. Gu'slódás. Szenvedés.
Gorni, *der Bergbeamte.* Gornik. Erdöpáſztor. Határjáro. 'Sitár.
Gliſzta. *Lumbricus.* Giliſzta. Geleſzta.
Gorb. Gurba. *Buckel.* Görb. Görbeſég. Pup.
Gorbatyii. Gerbavi. *Buckelig.* Görbe hátu. Pupos.
Gnoi, *der Eiter.* Gnets. Genetſég.

Gno-

Gnoitſzja. Zagnoitſzja, *eitern*. Genetſégeſedni.
Gnoi. Govno. *Miſt*. *Fimus*. Ganéj. Gonej.
Grjaz, *der Gaſſenkoth*. Gaz. Szemét. Ganéj. Hulladék.
Grjaznii, *dreckig*. *Crotté*. *Salé*. Garàznás. Motſkolódo. Gazolkodo.
Gra'sdánin, *der Bürger*. Gazda. Várofigazda. —
Gra'sdanſzkaja dol'snoſzty, *die bürgerliche Pflicht*. Gazdai-dolog. Köteleſſég.
Goſzudárſzkii. *Herrſchaftlich*. Gazdai.
Goſztinnik. *Paterfamilias*. *Wirth*. Gazda. Gozda.
Gu's, *die Kummetriemen*. Gu's. Pating. Kötél.
Gu'sba, *die Schlinge*. Gu's. Járom-gu's.
Grebenka, *die Hechel*.
Greben, *ein Kamm*. Gereben.
Greblo. Gereblja, *das Kratzen*. Gerebelés, Kartzolás.
Grabli. *Raſtrum*. Gereblye.
Golub, *die Taube*. Galamb.
Guſzák, *der Gänſerich*. Gunár.
— *Rutsni* Guſz, *die zahme Gans*. *Rutza*. Rétze, *die Ente*.
* Glét, *die Glätte*. Glét. Máz.
Gorſok, *der Hafen*. *Tiegel*. *Lebes*. *Catinus*. *Olla*. Korſo. Fazek. Szilke. Röſtölö.
Por'ſolo. Ráto. Bögre. Tſupor. Tſanak.
Godovalyi bárán. *Hammellamm*. Bárány gödölye.
Gretſikha, *das Heidekorn*. Haritska.
Gaſżnik. *Le haut de chauſſes*. Gatya.
Gatſi. *Femorale*. *Unterhoſen*. Gatya.
Gora. Gorja. *Mons*.
Gornitza. *Stube*, *Atrium*. Fel-ház. Fel-gorja. Filegorja.
Guba. *Labium*. Gubats. *Labeo*, *der groſſe Lefzen hat*.
Guba. Gubka, *der Schwamm*. Gomba.
Giubba. Italicum ſignificat Hungarorum *Guba*. Gauſape, *ein grober zottiger wollichter Baurenkittel*. *Kamiſol*.
— — *Knopper*. *Gallae*. *Quercinae*. Gubats.
Galka. *Graculus*. Szalyko.
Glubina. Putfina. Iſztotsnik. } *Gurges*. *Illuvies*. { Göbü. Padmoj. örvény. Potſoja. Totſą.
Gorlitza. *Turtur*. Görlitze. Gerlitze.
Gorets, *die Herbe*. *Amaritudo*.
Spasmus, *der Krampf*. Görts.
Gai. *Dumetum*. *Bocage*. Gaj. Ag-bog. Gaz. Tſere. Berek. Erdötske.

Gaiduk. *Haiduk. Satelles.* Hajdu.
Gat, *eine Wehre. Moles.* Gát.
Gatſu. *Impedio, ich wehre.* Gátolom.
Gvozd. *Ferrum. Vosd.* Vas.
Gliba, *Sumpf, Koth.* Galibába vitte. Sárba, nyomoruſágba, bajba vitte.
Gontſar. *Figulus, Töpfer.* Kantſós. Kantſár.
Gun.] *Veſtis.* Gunya. Ruha. Köntös. öltözet.
Gunja.]
Gorod, *die Stadt.*
— — *Infundibulum in mola. Mühlkaſten.* Garad.
Grubaja lo's, *eine grobe Lüge.* Goromba hazugſág, *lotsogás.*
Gagaty. *Schnattern.* Gágogni.
Grozd. Grezn. *Racemus.* Gerezd.
* Huſzar, *der Huſar. Le houſſar. Huſſart.* Huſzár.
Iſzkuſz. *Verſuch. Tentatio.* Kiſztetés.
Iſzkuſzitel. *Tentator. Verſucher.* Iſzkitélö. Kiſztetö. Kiſértö.
Izba, *Stube.* Szoba.
Ivan. *Johannes.* Ivàn. Szent Ivàn.
Jadtza. *Schlemmer. Gurges. Nepotator. Decoctor.* Jádtzo. Pazérlo. Tekozlo.
Irkha. *Semiſch Leder.* Irha.
Iſzkri. Iſzkra, *ein Funken.* Szikra.
Ikra, *der Fiſchroggen. Fiſchleich.* Ikra. *Fiſchbrut.*
Iſzkorka; *das Fünkchen.* Szikrát-ka.
Javor. *Le planc. Le plantane.* Jávor-fa. Juharfa.
Jarem. Jarmo, *das Joch.* Járom.
Jantar. *Bernſtein.* Gyantár. Gyanta.
Ivi, *die Weide. Vüz.* Fűz-fa.
Jatsmennaja kaſa, *die Gerſtengrütze.* Árpa káſa.
* Inber, *der Ingver.* Gyömbér.
* In'ſener. *L'ingenieur.* In'ſinér. *In'ſellér.*
Ikra, *die Waden.* Lábikra.
Ikriu nog. *Waden.* Ikrájá a' lábnak.
Jaglitza.] Iglitze tövis. *Eringium.*
Iglitza.] *Nehnadel*
Igo. *Jugum.* Iga. Járom.
Is'je? *Quis?*
— — *Aliquis incertus* Izé.
Jabednik. *Zungendreſcher. Rabula. Legulejus.* Ebegö, Karitſálo. Fetſegö.
Jáſzl. *Krippe. Praeſepium..* Jáſzol.
Kad. Kadka. Kaduſka, *der Bottich.* Kàd. Kàdatska.

Ka-

Kamenſtſik, *der Maurer.* Kömives.
Kameny, *der Stein.* Kemény. Hart (Kő-*mény. Kőnémű*, ad normam: Téte-*mény*).
* Kamin. *Caminum.* Kémény.
Kamka, *der Damaſt.* Kamuka.
Kanal. *Fiſtula. Canalis.*
— — *Cochleare.* Kanál. Kalán.
Lakhan. *Waſchbecken.* Kanál?
Kanat. *Ankertau. Seil.* Kanót. Kötél. Sparga. A'kanot (Kanotz) ágyu elſütö füſtölgö kötél.
* Kanifol. *Pix colophonia.* Kanaforia.
Kapati. *Stillare.* Cſeppenti. Cſeppenteni.
Kapkan, *das Fuchseiſen.* Kaptán.
* Kaplun, *der Kapaun. Le chapon.* Kappan.
Kaplja. Kap. *Gutta.* Cſepje. Cſep.
* Kaptzun, *der Kappzaum.* Kaputzàn.
Karáſz. *Piſcis. Genus.* Káráſz.
Karaul. Sztoro's. Paſztir, *die Wache.* Stra'ſa. Páſztor. ör. Vigyázo. Bakter. Tzirkálo. Tſöſz. Kerülö.
— — *der Sperber.* Karuly, melly jol vigyáz a' maga prédáira.
Kareta, *der Wagen.* Karika. Kerék, *das Rad.*
Karman, *die Taſche:*
Karmantſik, *eine Muffe, ein Stutzchen.* Karmantyu.
Káſa, *die Grütze, der Gries, Griesbrey.* Káſa.
Khvaſztun, *der Eiſenfreſſer. Thraſo, miles glorioſus.*
Kator'snoi, *der Galeerenſclav.*
— — *der Soldat.* Katona.
Kaznatſeï, *der Ausgeber. Le menager.* Kaznár. Koltſár.
* Kéglja, *der Kegel.* Kugli.
Kervela, *der Kälberkropf.* Tervela. *Turbolya.*
Ketſug. *Stör.* Ketſege.
Khan'ſa. *Hypocrita.*
— — *Schielend. Luſcus.* Kantſal. Hipokrita ſzemekkel nézö.
Khapkaty. *Erſchnappen.* Kapni. Lopni. Kapkodni.
Kholop, *der Knecht.* Tök kolop. Mak kolop.
Khitretz. *Lauer. Veterator. Captator. Inſidiator.*
— — *Cavea.* Ketretz. Keleptze.
Kklopáty. *Klatſchen.* Kalapalni. Tapſolni.
Khloptſatája *bumaga, die Baumwolle.* Pamut. Gyapott.
Khmjelju, *der Hopfen.* Komlo. Komlója.
Khokhotanije, *das Ueberlautlachen.* Hahotálás.
Kholm, *der Hügel.* Halom. (*Holm*, Svedis, Danis, Inſula. *Sziget*).

U 5 Kholſzt.

Kholſzt. *Syndon. Linteum. Leinwand. Golt.* Váſzon. Gyolts.
Khozjain, *der Herr.*
Khozjan. Khozja, *der Wirth, der Grundherr. Gozda.* Gazda.
Ki? *Quis?* Ki?
Kin'ſal. *Pugio.* Hand'ſár.
Kipjatkom. *Ausbrühen.* Koppaſztani.
Kiſzel. *Pulmamentum. Muſz. Brey. Compot.,* Kiſzel.
Kiſzlii. *Herb.* Keſerü.
Kivanije golovoju, *das Kopfnicken.* Kivánſág. *Kivánoja.* Intés. Fövel valo intés. Réá hagyás, mellyel *Kivánſágunkat* kijelentjük. Fö-tſoválás.
Klin, *der Keil, der Fimmel.*
- — *der Riegel.* Klints. Kilints.
Kljap, *der Bängel.* Kolomp. ütö. Verö. Kalapáts.
Kljats. *Zauberer.* Kalátſolo, ki az el lopott dolgot jo Kaláts-pénzért *Kikalátſolja.* Kivará'ſolja.
Kljeplju. *Crepitaculum.* Kelepelö.
Kljetka, *das Gebauer', Vogelhaus.* Klitka. Kalitzka.
Kljetka. *Schlag, womit man Vögel fängt.* Keleptze.
Kljuts, *der Schlüſſel.* Kults.
Kljutſar. *Claviger.* Kultſár.
Zaklutſenije. *Abſchluß.* Bekoltſolás. Berekeſztés.
* Kmin, *der Kümmel. Cuminum.* Kömin. Kömény.
Kniga, *das Buch.* King. Köng. *Könyv.*
Kin'ſetska, *das Handbüchlein.* Könyvetske.
Knigopetſately. *Buchdrucker.* Könyvpetſételö. Könyvnyomtato.
Kobilitza. *die Stutte.* Kantza.
Kobza. *Inſtrumentum muſicum.* Koboz.
Kokos. *Gallus gallinaceus.* Kokas.
Kokuſka. *Gallus parvus.* Kokaſka.
Kol. Kolje. *Palus. Sudus, ein Pfahl, Zaunſtecken.* Karó.
Kolbaſza, *die Wurſt* Kolbáſz.
Koldun, *der Hexenmeiſter.* Koldus, *der Bettler.*
Kolduju, *ich zaubere.* Koldujjak. Koldulok. *Mendico.*
Koliba, *die Hütte.* Kaliba.
Kolibel. *Cunae. Belcſö.* Böltſö.
Koloda, *die Fidel, der Block der Geſangenen.* Kaloda.
Kolodnik, *der Areſtant.* Kalodázott. Békóba vetett. Rab. Fogoly.
Kolopity. Kolopaju. *Klopfen.* Kolopálni. Kolompozni.
Koloſz, *die Kornähre.* Kaláſz. Buza-fö.
Kolotuſka, *der Klöpfel, die Klopfkeule.* Kolomp. Kolompotska.

Kolpak. *Blasenhut.* Kalpag-ja a' Lombiknak, vagy Sisakja.
Kolpaka, *die Klappmütze.* Kalap. Kalapag. Kalpag.
Koljaszka. Koljesza. Kolésza, *die Kalesche, das Fuhrwerk. Essedum.* Kolésza. Kotsi.
Kondir. *Kessel.* Kondér.
Konetz, *das Ende.*
— — *Mark-knochen.* Kontz. *Tsont-vég.*
Kontsik, *das Endchen.* Kontzotska.
* Konopely. *Canabis.* Kender.
Kontar. *Stratera. Libra.* Kontár. Font-mérö.
Kopáty. *Graben.* Kapálni. Kopátsolni. Kaparni.
Kopalstsik, *der Gräber.* Kapállo. Kapás.
Koper. Krop. *Dille. Anethum.* Kapor.
Kopity. *Erschaben.* Kopik. Koptatni. Koppasztani.
Kopije, *der Spieß.* Kopja.
Koptsa. *Fibula, der Haft.* Kapots.
Zakaptsivanije. öszve-kaptsolás. *Conjunctio.*
Kor. *Morbilli.* Kor. Korság. *Morbus.*
Kora. *Cortex.* Kéreg. Fahaj.
Koren. *Radix.*
— — *Caulis herbae siccae. Koro.*
Kormilo. *Ruder.* Kormánylo. Kormány. Kormányozo.
Kortsa. *Kru'ska, der Krug.* Korso.
Kortsmar. } *der Schenker.* Kortsomáros.
Kortsmik. }
Kortsma. Khartsevnja, *das Schenkhaus.* Kortsoma.
Korzinku. *ein Blumenkranz.* Koszoru.
Korzinotska, *der Handkorb.* Kosárotska.
Kosa. Kos, *der Bienenkorb.* Kas. Kosár.
Koska, *die Katze.* Matska.
Koselek, *der Beutel.* Kosár, *ein Korb.*
Kosuta, *die Rehe.* Suta-öz.
Kosza, *die Flechte von Haaren.* Kosz.
Kosza, *die Sense.* Kasza.
Kószar. Koszats, *der Meher, Graser.* Kaszás.
Koszity szjeno. *Gras mehen.* Szénát kaszálni.
Koszar, *ein Hackmesser.* Koszor. Katzor.
Koszt, *das Bein.*
— — *eine Stange.* Koszt.
Koszter, *der Haufen.* Kazal.
Kosztka. *Würfel.* Kotzka.
Kotel. Kotla. Kotlom. *der Kessel.* Katlan, mellybe az *üstöt* hellyheztetik.

Kotsnja. Kotsannaja kapnfzta, *der Hauptkohl.* Kotsányos-Tor'ſás-Fős káposzta.
Krajam. Krajami. Krai, *der Rand.* Karima. Karéj. Karéjja.
Kreſzt, *das Kreuz.* Kereſzt.
Kreſztetz, *ein Kreuzgen.* Kereſztetske.
Kreſztitel. *Täufer.* Kereſztelö.
Kreſztity. *Gevatter ſtehen.* Kereſztelni. Kereſzt-apáſkodni.
Kreſtſenije. *Chriſtenthum.* Kereſztényſég.
Krik, *das Geſchrey.* Rikoltás.
Kritſáty. *Ausſchreyen.* Karitſálni.
Kritſatel. *Schreyhals.* Karitſálo. Kiáltozo.
Krivuju. *Krumm.* Girbe-gurba. Görbe.
Krug. *Circulus.* Kerek. Kerület.
Okru'ſity. *Cingere.* Kerekitni.
Kruglo. *Orbiculatim.* Kuru'slo. Kereket, kerületet tſinálo, mellynek közepiben álván mindent meg Kuru'ſolhaſſon. *Praeſtigiator,* qui circulum in pulvere deſcribens, animas conjurat.
Kruglo. *Rund.* Korong. *Diſcus horizontalis figulorum, ſuper quo vaſa fingunt, pedibus circumagendo.*
Krupa, *das Mehl, die Grütze.* Korpa. *Furfur.*
Krupnii. *Grobkörnig.* Korpás. Dara modra, daraboſon örölt.
Krupinka, *das Körnchen.* Korpátska. Mor'ſátska. Mor'ſa.
Krupina ſzoli, *ein Körnchen Salz.* Egy mor'ſa ſo. Egy korpányi ſo.
Kru'ſetska, *das Krüglein.* Korſotska.
Krjuk, *der Haken.* Horog. *Horjuk.*
Krjutſok, *der Häckel.* Horgotska.
Kubar, *der Kreiſel, der Krämer.* Kufár. Kufárné. Kofa. Koffantyu.
Kubok, *das Glas. Le gobelet.* Kupak. Kupa.
Kudrjavi. *Perücke. Kraus.* Kudor. Kondor.
Kukhnja. *die Küche.* Konyha.
Kukol. *Unkraut.* Konkol. Konkoly. Burján. *Lychnis. Flos cuculi.*
Kulak, *die Fauſt.* Kujak. ököl.
Kúm, *der Gevatter.* Koma. Komám uram.
Kuma, *die Gevatterin.* Komám aſzſzony.
Kupetz, *der Kaufmann.* Kupetz. Kereskedö.
Kuritza. *der Hahn.* Kukuritzo. *Kokas. Onomatop.*
Kurta. *kurzer Rock der Wogulen.* Kurta kaftánnya a' Voguloknak.

Kurva.

Kurva. *die Hure.* Kurva. Ringyo. Safla. Safarina. Tzafra. Tzafrinka. Lotyo. Bog.
Kuſánje, *das Eſſen, das Gericht, die Mahlzeit. Comeſtio.* Étel. Kotſonya (*kalte Speiſe*).
Kutija, *eine Schachtel.* Iſkutuja. Kutuja.
Kutſa, *der Haufen, der Klumpen.*
— — *ein Wenig.* Kitſi. Egy kitſi.
Kutſa Zolota, *ein Klumpen Gold.* Kitſin arany. Egy kis darab arany.
Kovats. Kutznetz, *der Schmidt.* Kováts.
Kuvſin. Kupa, *Waſſerkrug.* Urceus aquarius. Cupa. Kupa. Köpétze.
Kváſz. *Sauerteig.* Kováſz.
Kvaſénije, *die Gährung.* Kováſzoſodás. Kelés. Poſhadás. Költ-téſzta.
Kvaſznu. *In fermentationem duco.* Kováſzolok.
Led, *das Eis.* *Jed.* Jég.
Le'ſáiy. *Liegen.* Le'ſákoskodni. Heveréſzni.
Le'ſaſtſiii. Le'ſanka. *Faulenzer.* Le'ſák. Here. Heverö.
Lomkoi. *Bröcklich.* Lomha. Gyenge Töredékeny. Poronyu.
Lu'ſa, *die Kothgrube.* Lutſok. Potſoja. Fertö.
Lu'ſenije, *das Waſchen.* Lutskolás. Moſás.
Lazity. *S'elever.* Lázadni. Fel-lázadni. Feltámadni.
Lopta. *Pila.* Lopta.
Lakot. *Sera, ein Hengeſchloß.* Lakat.
Lány. *Cerva.*
— — *Filia.* Lány. Jány. Léány.
Lebeda, *die Aue. Pratum.* Livágya. Rét.
Legen. *Lagena.* Légely.
Leſza. *Operculum. Teſtum ſepium.* Léſza.
Lo'ſka. *Cochleare. Löffel.*
— — *Nudel, Nudelteig.* Laſka.
Laſzkov. *Mild. Lenis. Mitis.* Laſſu. Szelid.
Lakomka. *Näſcher. Liguritor.* Lakótska. Jollako. Nyalakodo. Nyalánk.
Prolakomity. *Verpraſſen. Abligurire.* Jollakni. Elvendégeſkedni.
Ladija. Lodja. Lodka. *Fahrzeug. Linter. Scapha.* Ladik.
Lep. *Vogelleim. Viſcus.* Lép.
Ljepkii. *Klebricht.* Lépes. Ragadós. Enyves.
Lovetz. *Wildſchütz.* Lövéſz. Vadáſz. Lövö.
Lapa, *die Pfote, die Klaue.* Lap. Talap. Talp. Láb.
Lapoty. *Lapotska, das Pfötchen, der Ankerarm.* Lábotska. Lapata.

Lapata. Lopatka, *die Schaufel.* Lapát. Lapátka. Lapotzka.
-- -- Plofzkaja. *Spatum.* Lapotzkájá. *Poff.*
Lapka. *Lappa, die Lappe.* Lapu. Laputska.
Len, *der Flachs.* Len.
Len tolots. *Flachs brechen.* Lent tilolni.
Lenjanoje fzjema, *der Flachsfaamen.* Len-fzem. Len-mag.
Lijalo. Leika. Liver. *Bierheber.* Liju Livu. Lopo. Szivo.
Liju. *Fundo.* Lijuzok, Lijuval fzürök.
Lebed. *Gen.* Lebedi. *Atriplex hortenfis.* Laboda.
Lug, *die Aue, die Laube, die Hägeweide, der Wald. Pafcuum.* Liget. (*Lugos* Laubos).
Lepeska, *der Kuchen. Oblat.* Laposka. Lapotya. Lepény. Kaláts.
Lapfa. *Nudeln. Turunda.* Lafka.
Lifzt, *das Blatt, das Mehl.* Lifzt.
Maroż. Moroz, *die Kälte, der Froft.* Zuzmaráz. Fagy. Dér.
Zamerzaty. *Einfrieren.* Zuzmaráfodni. Fagyni.
Zamerzanije, *der Gefrierpunkt.* Zuzmaráz.
Mely. *Vadum.*
— — *Profundus.* Mély.
Meny. *Muftela fluviatilis.* Menyhal.
* Mo's'fer. *Mörfer.* Mo'fár.
Mor'fovina.] *Lignum a tineis confumtum, et in pulverem friabilem dehifcens.* Mor'falek, Szúette fa.
Mor's.] Mor'fa.
Moguftfii. *Mächtig. Potens. Validus.* Magos. Nagy. Hatalmas.
* Mifzplija. *Mefpel.* Nafzpolya.
Meren. *Caballus. Cantherius.* Mén-lo.
Morkov. Buraki.] *Rüblein.* Murok.
Szvekla.] *Rothe Rüben.* Tzékla.
Mutovka. *Rührftecke.* Botóka. Keverö.
* Melnitza. *Mola. Mühle. Moulin.* Malom.
Milofzt. *Gratia. Gnade.* Malafzt. Kegyelem.
Mofok. *Lanugo, die Wolle an Früchten.*
-- -- *Sordes.* Motfok.
Motolla. Motovilo, *die Garnwinde, der Hafpel.* Matolla.
Motaty. *Hafpeln.* Matollálni.
Me'fa, *der Grenzftein.* Me'sgye, *das Grenzezeichen.*
Mák, *der Mohn.* Mák.
Matfikha. *Felis.* Matska.
Mjafznik, *der Fleifcher.* Méfzáros. Mejjefztö.
Mjefzto. *Schlachtbank.* Mejjefztö. Koppafzto. Nyuzo. Mefzárlo-Szék. Méfzárfzék.

Mjafzo.

Mjaſzo, *das Fleiſch.* Huş.
Máz, *die Salbe.* Máz. Ir. Kenö.
Mazanka, *das Kleibewerk.* Máz. Tſiriz. Enyv.
Kolomáz. Szekér-máz. Kulimáz. *Wagenſchmier.* *Axungia.*
Mazaty. *Salben.* Mázolni. Zamazka. *Kitt.* Zamántz.
Ma'ſuſtſi. *Unguinoſus.* Mázos.
Moly. *Bücherwurm.*
Moly, *die Kleidermotte.* Moly.
Mozg, *das Gehirn.* Mozgo. Mozog. Mozgato erö. Mozgás kutfeje. Mozdito. *Motor. Movens. Origo motus.*
Motyika, *die Grabſcheit.* Matſuka. Butyiko.
Muſzor, *der Graus. Decombres. Gravois.* Müſzer. Véſö.
Malina. *die Himbeere.* Málna.
Med, *der Honig.* Méz.
— *Süß.* Médes. *édes.*
Medvjed, *der Bär.* Medve.
Medvjed vortſit, *der Bär brummet.* A'medve ordit.
Mjed, *das Kupfer.*
Mjedni kotel, *ein kupferner Keſſel.* Medentze.
Mjednik, *der Kupferſchmidt.* Medentzés. Rézmüves.
* Major, *der Mayerhof.* Major.
Mezga. *Succus ſub cortice arborum.* Mezge.
Motſity. *Netzen.* Motskolni. Lotſolni.
Motska.] *Feicht.* Lutſok.
Motſa.] *der Harn.* Motſok. Motſár. *Schmutz. Sumpf.*
Mjerity. *Meſſen.* Mérni. Méretni. Meritni.
Izmjerenije, *die Ausmeſſung.* Mérés.
Mjerku. Mjera. *das Maas.* Mérték.
Mjerenije. *Meſſung.* Mérés.
Mjeri, *der Himpten.* Mérö. Véka. Köböl.
Mkhom. *Moos.* Moh. Mohos. Mohom. *Poſſ.*
Mindal. *Amygdala.* Mondola.
Mikhunki. *Phyſalis Alchekengi.* Mukhartza.
Marena. *Murena.* Márna.
Ma'ſarſzkije kuritzi. *Faſanen.* Magyar tyukok.
Metſta, *das Hirngeſpinſt.* Meſe. Álom hüvejezés.
Mozgovaja. *Morbus hungaricus.* Hagymázg.
Matka, *die Gebärmutter.*
-- -- *Sponſa. eine verſprochene Braut.* Mátka.
Negodjai. *Untüchtig, der Hallunke. Ineptus. Incommodus.* Negédes. Korhel.
Negodujuſta. *Unwillig. Indignab.* Negédes. Kényes. Akaratos.

Negodo-

Negodovanije. *Unwille. Indignatio.* Negédesség. Kényeskedés.
Nakazivaty. *Züchtigen. Castigare.* Nyakazni. Nyaggatni. Kinozni. Fenyitni.
Njemetz, *der Teutsche.* Német.
Njemetzkaja kapuszta, *der braune Kohl.* Német káposzta.
Nevolya, *das Joch. La servitude.* Nyavalya. Baj. Szolgálat. Nomoruság. Aerumna. Aegritudo. *Servitus.*
Nevelikii. *Klein. Gering.* Nebelgés. Aproság. Tsekélység.
Nadragi, *die Hosen.* Nadrág.
Nitsego. *Nichts.* Nints. Nintsen. A'nintsenböl semmi se lesz.
Nebilitza, *die Fabel.* Nebelgés. Hijjábanvaloság. Szofia-beszéd. Mese.
Naszmork, *der Schnupfen.* Nátha.
Ne. *Non.* Nem.
Ne. *Ne.* Ne.
Njemo. *Mutus.* Néma.
Njemko. *Dim.* Némátska.
Nebere'sni. *Negligens. Dissolutus.* Nebelegni. Nebelgö.
Nebre'senije. *Liederliches Wesen.* Nebelgés.
Nebje'sda. *Stimpler.* Nebelgö. Kantár mester ember.
Obrok. *Proventus. Exactiones publicae. Tributum. Census. Foenus. Zins. Zahlung.* Abrak. A'lovak fizetése, jutalma, bére.
Oszelka. *Schleifstein, Wetzstein.* Atzél. Kés-fenö. Atzélka.
Osziplo. *Sommersprossen.* Szeplö.
Osztav. *Residuum.*
-- -- *Divisio.* Osztáj. Osztás. Osztozás. Osztozódás.
Osztalnoje. Osztatki. *Ueberrest.* Osztalék. Osztályi maradék.
Oszelok. *Asellus.* Eszelök. Fatuus. Stupidus.
Orju. *Aro.* Szántok.
-- -- *Meto.* Aratok. *Orjatok.*
Obrazetz. *Tischtuch.* Abrosz. Kendö.
Okol. Okolitza. *Locus, qui circumiri potest.* Akol. *Caula.*
Oblok. *Fenestra.* Ablak.
Oko. *Oculus.*
Okosko. *Fenestra.*
-- -- *Prudens.* Okos. Okoskodo. (Qui oculos, vel fenestras, semper apertas habet, semper vigilat).
Ogon, *das Feuer.* Tüz.
-- -- *Brennen.* Égni (Ogon. Ogne. Égne. Égni. *Igne. Ignis.*) Omnes hae voces, ex uno fonte descendunt.
Obeztsesztity. *Entehren.* Betstelenitni.
Omertzjenije, *der Ekel. Tsomertz.* Tsömör.

Okoje.

Okolo, *ein Maass*. Ako.
Otpufztity. *Abschaffen*. Elpufztitni.
Otkaz. *Negatio. Repulsa. Verweigerung*. Átkozodás. Átok, *der Fluch*.
Otkazáty. *Absagen*. Átkozni. *Fluchen*.
Okno, *das Fenster*. Akna. Sobánya ablaka, vagy fzája.
° Oguretz, *die Gurke*. Ugorka.
Obráz. Obrazetz, *das Bild, Muster, die Form, die Art, die Ansicht*. Ábrázat. Ábrazolás.
Obrazovaty. *Abbilden*. Ábrázolni.
Otetz ° *der Vater*. Atya. ° *Gen*. Ottza.
Olovo, *das Zinn*. Olom. On.
Ofzvobodity. *Befreyen*. Szabaditni.
Obruts, *der Faßreif*. Abronts.
Ofzen, *der Herbst*. öfz. öfzön. öfzönn. *Per autumnum*.
Vefzna. *Ver*. Ta-vefzna. Tavafz. Ljeto. *Aestas*.
Zima. *Hyems*. Zivatar.
Ofzennája rabota, *die Herbstarbeit*. öfzi rabota.
Orda, *das Hirtenlager*. Tforda. Gulya. Nyáj. Göböl. Sereg.
Ogar, *der Windspiel*. Agár.
O'fina. U'fin, *das Abendbrod*. O'fonna.
° Oltár. *Altare*. Oltár.
Ofzlop, *die Säule*. Ofzlop.
Okurity. *Anräuchern*. Kormozni. Füftölni. *Korom*.
Objed, *das Mittagsessen. Gastmahl*. Ebéd.
Objedaty, *zu Mittage essen*. Ebédelni.
Otfag, *der Herd*. Góts. Gótzajja. Tüzhely. *Székellyes fzo*.
Objednja, *das Hochamt*. Ur-ebédje. Urvátsorája.
Palitza. Palotska. Páltzátska.
Palka, *der Stock*. Páltza. Bot. Dorong. Hufáng. Fuftély. Rud. Matfuka.
Paletz. *Gen*. Paltza, *der Daum*.
° Para bikov, *ein Joch Ochsen*. Pár bika. Egy pár ökör.
Parifzti. *Parweiß*. Páronként.
Porokh. *Pulver*. Por.
Porofok. *Pulver*. Porofok. *Pulverulenti. Nom. Plur*.
Pufka, *die Kanone*. Pufka, *die Flinte*.
Pufetsnii porokh. *Schießpulver*. Pufkapor.
Pufkar, *der Kanonier*. Pufkás. Pattantyus.
Putfina, *der Schlund des Wassers, der Abgrund*. Potfoja.
Pugovitza. *der Knopf*. Buga. Tfere buga. Bugátska. *Gallapfel*.
Pafzmo. *Fasciculus fili, vel lini*. Páfzma. Egy fö len.

v' Paſzmi perevjazivaty. *Fitzen. Lier échaux.* Páſzmákat kötni. Kender-föket, len-füket tſinálni.
Plóſzko. *Flaſche.* Palatzk.
Patóka. Potop. Potok, *die Feldfluth.* Patak. Hirtelenáradás. *Torrens.*
Protok, *der Bach.* Patak.
Pijavitza. *Blutigel.* Piotza.
Pjatna, *ein Fleck, Fehler. Naevus. Stigma.* Pattanás. Szeplő. Petſét. Motſok.
Szinija pjatna, *blaue Flecken.* Szederjes pattanás.
Par. Pari, *der Dampf.* Pára.
Parik. *Perüque.* Paróka.
Pily, *der Staub.* Pili. Pilhe. Pihe. Por.
Pilinka. *Pulviſculus.* Pihétſke.
Pi'sma, *eine Peonie.* Achillea nobilis. Pé'sma ro'ſa.
Povjeſztovaty. *Erzählen.* Povjeſztity. *Abkündigen.* Povedálni. Beſzélni. Terétſelni.
Propovjed, *die Predigt.* Povedálás. Predikátio. Szent beſzéd.
Preporutſáty. *Anbefehlen.* Poroatſolni.
Pjaták (Slavice *Pjatok*) *Freytag.* Péntek.
Perjam Pero, *die Feder.* Pejhe. Pihe. *Perje,* a' ſzalma ſtüz könnyü hamva.
Peſzok. *Sand.*
Schmutz. Unrath. Piſzok. Gaz. Szemét. Motſok.
Pola. Politska. *Bret, das Blatt eines Tiſches.* Pallo. Pallotska, *eine Stege.*
Polka. Politza, *ein Wandbret.* Poltz. Poltzika.
Polevai. *Anagallis arvenſis.* Polé. Polyé.
Polevaja. *Chamomilla.*
Perina, *das Federbette.* Parna. Dunyha.
Pilajuſtſije glaza. *Feurige Augen.* Pillogato - villogo ſzemek.
Podosva, *die Filzſohle, die Sohle. Solea.* Botos. Salavári. Gyapju ſtrimfli. Rővid ſtrimfli kaptza.
Poſzkony, *der Fimmel.* Potzkom. Potzok. ek. Fejſze.
Perſzten, *der Fingerring. La bague.* Pereſzlen. Karika. Gyürü.
Priſletz. *Aventurier.* Peſlető. Kos lato. Kobori.
Pá'ſit. *Veide. Pratum.* Pá'ſit. Zöld rét.
Par. Parlog. *Brach, ein verlaſſener Weingarten.* Parlag.
Pole, *die Wieſe.* Polag. Pallag. Parlag. Rét.
Petſát, *das Siegel, der Druck.* Petſét. Nyomtatás.
Petſataty. *Drucken.* Petſételni. Nyomtatni.
Pazder. *Fragmenta caulis lini, vel cannabis, poſt contritionem decidua.* Pozdorja, melly a' len, vagy Kender tiloláskor el hull.

Palas.

Palas. *Framea. Gladius.* Pallos.
Poljana. *Extirpatitium.* Pojána. Poján. Tiſztás. Irtovány.
Ponoſz. *Obtrectatio. Calumnia.* Panaſz. Rágalmazás.
Ponoſzity. *Beſchreyen. Diffamer. Medire.* Panaſzolni, Rágalmazni. Szldni.
Ponoſzitel. *Momus.* Panaſzlo. Gunyolo.
Ponoſenije, *ein Schimpf. Verweiß. Exprobratio. Increpatio.* Panaszlás. Ragalmazás. 'Simb.
Pere'ſets. *Aufbrennen.* Per'ſelni.
Protjagivaty. Raſztjagivaty. *Tendre. Etendre.* Tirer. Tágitni. Kinyujtani.
Podkop. *Mine. Suffoſſio terrae.* Padmoj.
Pup. *Umbilicus.* Pup. Tſuts. Köldök.
Palats. *Carnifex.*
Cimex. Palats-féreg. Kinzo-tſipö-féreg.
Prjaſts. *Funda. Schleider.* Parjſtſa. Parittya.
Piſzmo. *Epiſtola. Scriptura.*
— — *Rem aliquam oſcitanter, vel per minutiſſima eundo peragere.* Piſzmogni.
Piſzmenni ſztol. *Menſa ſcriptoria.* Piſzmogo aſztal. Iro aſztal.
Pets, *der Kachelofen.* Pes (*Székelyeſenn*) Kementze. Kályha.
Na petſi le'ſaſtſii, *der hinter dem Ofen faulenzt.* A' pes megett le'ſákoſkodo.
Petſenije. *Gebratenes.* Petſénye. Kementzébe-Sült.
Pod. *Fundamentum.* Pad. *Scamnum.*
Podemnii. *Pons verſatilis.* Pad. Hid. Padolás. Hidalás.
Podlog. *Subpoſitio..* Padlás.
Potolok, *der Boden.* Padolék.
Prazdnii. *Leer. Vacuus. Inanis. Futilis. Nichtig.*
Praznoſzt. *Müßiggang. Adulter. Moechus.* Parázna.
Pleva. *Palea. Spreue.* Pelva. Pelyva. Polyva.
Puſztinja. } *die Einöde. Einſiedlerey.*
Puſztoje. } Puſzta. Puſztája.
Puſztotska. } Puſztátska.
Puſztos. *Verwüſtet.* Puſztás.
Puſztjeju. *Devaſto.* Puſztitok.
Opoſztoſenije. *Verheerung. Populatio. Vaſtatio.* Puſztaſág. Puſztitás.
Proſztoi. Proſztoje. } *Unadelich. Ignobilis.* { Paraſzt.
Porod. } { Por.

Profztota. *Simplicité.* Parafztfág. Együgyüfég.
Pritvor. *Atrium. Vorhof.* Pitvar.
Pol. *Medius. Halber.* Fél.
Poltora. *Anderthalb.* Másfél krajtzár.
Poltorak. *Poltraken.* Poltura.
'Senfzki pol. *Sequior fexus. 'Sana - fél.* Afzfzony- fél. (ad normam: Ellenkező - fél).
Pelenki. *Fafcia. Windeln.* Pola - kötö.
Prja. Szpor. *Lis.* Per.
Potrokh, *die Kröfe.* Potroh. Háj. *Obefus homo.* Potrohos ember.
Posva, *das Erdreich. Terra. Solum.* Posvány.
Pauk, *eine Spinne.* Pók.
* Plafts, *der Mantel.* Paláft.
Plot, *ein Floß.* Tut. Tutaj.
Pokrov. Pokrivalo, *die Decke.* Pokrotz.
Podkova. *Hufeifen.* Potko. Patko.
Pitfina, *die Stange.* Pozna. Rud. Hufang.
Pafztir, *der Hirt.* Páfztor.
* Plamja. *Flamma.* Lomja. Langja. Lombos.
Puty, *die Reife, der Weg.* Ut. Utazás.
* Palata, *der Pallaft.* Palota.
* Pokal, *der Becher.* Bokáj.
Papusni tabak. *Blättertoback.* Papufált dohány.
Puzir, *eine Blafe in kochendem Waffer.* Buzogás. Forrás.
Voda puziritfzja, *das Waffer kocht.* Buzog a'viz.
Piro'snoje. *Gebackenes. Artolagani.* Piritott. Piroffitott. Piroffan - fütött. Rántott. Sütemény. Fánk.
Pukhovik, *das Oberbette. Tuchet. Stragula plumea.* Puha. Dunyha (*Le Duvet*).
Pofzlati. *Schicken.* Koslatni. *Herum filanquieren.*
Perjednik, *die Schürze. Succinctorium.* Pendej. Surtz. Elökötö.
Ri's. *Reis.* Riskáfa.
Rak, *der Krebs.* Rák.
Rjabtfik, *die Kornblume.* Repnik. *Agrimonia.* Reptfen.
Rjepa, *die Rübe.* Répa.
Rutfejka. Rutfejek, *das Fließchen, das Bächlein.* Lutfok. Potfoja.
Rab, *der Knecht.* Rab. Béres. Szolga. Jobbágy.
Rabfzkii. *Knechtifch.* Rabi. Rabul.
Rabina. *Status fervitutis.* Rabofkódás.
Rabota, *die Frohnarbeit, das Gefchäft.* Rabota. Urdolga.
Rabotaty. *Arbeiten.* Rabotáskodni. Dolgozni.
Rabotnik, *der Arbeiter.* Rabotáskodo. Dolgos.

Ro's.

Ro's, *das Korn.* Secale Ro's.
Ro'sjofzjemja, *ein Roggenkorn.* Ro'sfzem.
Roi. *Bienenschwarm.* Raj.
Remefzlo. *Handarbeit, das Handwerk.* Remeklés. Remek, *ein Meisterstück. Fabrica.*
Remefzlennik, *der Handwerker.* Remeklö. Mester ember, ki már remekelt.
Rjefetka, *das Gatter.* Reftély. Roftély.
Refetotska, *das Gitterchen.* Roftélyotska.
Refeto, *das grobe Sieb.* Rofta.
Rutska, *ein Eimer.* Rotska. Tfeber. Veder. Kártos. Sajtár.
Remén, *die Gurt derer, welche die Schiffe ziehen.*
Spes. Remén. Reménfég.
Rjedika. Rjedka, *der Ruben. Radisen. Raphanus minor.* Retek. Répa.
Rudokopateli, *die Hüttenknappschaft.* Ertzkopátfolok. Bányafzok.
Ruda. *Ertz.* Rudnik. *Bánya.*
Rjedka. *Rarus.* Ritka.
Rjedki greben. *Weiter Kamm.* Ritka fogu fülfü, vagy Gereben.
Rjedkaja krafzota. *Une merveille en beauté.* Ritka fzépfég.
Rofztok, *der Keim.*
— — *das Fäserchen. Filamenta.* Roft. Roftok. *Plur.* Roftika.
Otrofzli, *die Faser. Fibrae.* Roft. Szál. Tfék.
Rjepnaja kapufzta, *die Kohlrabi.* Korélabé. Répa-kápofzta.
R'fa. *Rubigo* Ro'sda.
Ru'fi. Ru's. *Roth.* Róska.
Rjabina, *die Blatternarbe.* Ripáty. Himlöhelly.
Rjaboi. *Blatternärbig.* Ripatyos. Himlöhellyes.
Rjed. *Cuprum.* Réz.
Rjez, *das Grimmen.* Rezketés.
Razmanivaju. *Concutio.* Rázom.
Rodnja. *Nativitas.*
Rodilnitza. *Puerpura.*
Rodina. *Convivium in domo parturientis datum.* Ródina. Radina. *Székelyes.* Radinába menni.
Rik. Rikanije. *Rugitus.* Rikkanta's.
Rototsik. *Osculum.* Tfók.
Spaga, *der Degen.* Spa'dé.
Stfuka, *ein Hecht.* Tfuka.
Suba, *der Pelz.* Suba.
Sapka, *eine Mütze.* Sapka.
Stfetska. Stfetina, *eine Bürste.* Etfet. Kefe.

* Salfeja. *Salvia.* 'Sa'lja. 'Sa'ja.
Sifak, *der Helm.* Sifak.
Stfepi, *der Hobelspäne.* Tfepü. Forga'ts. Hulladék.
Sljapa. *Chapeau.* Salaplo. Kalap.
Skola, *die Schule.* Ifkola.
Stfipa'ty. *Kneifen. Zwicken. Vellicare.* Tfipni. Tfipkedni.
Stfiptzi, *die Kneifzange.* Tfippentyü. Harapofogo.
Sarovari, *die Strümpfe.* Salava'ri.
Selkom, *die Seide.* Selyem.
Sarik, *das Kügelchen.*
— — *die Ferse. Calcaneum.* Sarok. Gömbelyég, mint egy golyobis.
Stfekotaty. *Kitzeln.* Tfiklandani.
Stferbina. *Scharten. Dentes cultri.* Tforba.
Sutity. *Scherzen.* Suttogni. *Susurrare.*
Sepetun. *Lispler. Blaesus.* Sejp.
Salni. *Delirus. Wahnwitzig.*
— — *Decipere.* Tfalni.
Sater. *Tentorium.* Sa'tor.
Serty. Serfzt, *die Borste, das Haar, die Wolle.* Villus. Juba. Seta Serény. Serte.
Serfztifzt. *Wollicht. Languinosus.* Sertés. Gyapjas. Szőrös.
'Sba'n, *die hölzerne Kanne.* 'Soba'n. Tfoba'n. Légej.
'Sarovnja. *Kohlpfanne. Batillus.* Serpenyö. Melegitö.
'Sivoder. *Leutschinder. Foenator.* Tfapoda'r.
'Serlo, *eine Handmühle.* örlö. Re'snyitze.
'Sir, *das Fett.* 'Sir.
'Sirnii Gufz, *eine fette Gans.* 'Siros lud. Kövér lud.
'Solub, *das Gerinne. Incile. Les auges,* 'Silib. 'Silip.
'Siletz, *der Heuerling. Un locataire.* 'Sellér. *Colonus. Inquilinus.*
'Saloba, *die Klage.* 'Simb.
'Sitnitza, *der Kornboden.*
— — *das Backhaus.* Sütöház.
— — *Backen.* Sütni.
'Sid. *Judeus.* 'Sido.
'Sena, *das Weib.* 'Sana. Ki fokat 'fanol.
Szliva, *die Pflaume.* Szilva.
Szito, *das Kornsieb. Cribrum. Incerniculum.* Szita.
Sztol, *der Tisch.* Afztal.
Sztolnik. *Truchses Dapifer.* Afztalnok.
Szlovo, *das Wort.* Szo. *Szollo. Szollva.*
Szlovetsko, *das Wörtlein. Szavatska.* Szótska.

Daty

Daty fzlovo. *Promittere.* Szot adni.
Sztoro's. Sztra'fa, *der Hüter.* Stra''fa.
* Szol, *das Salz.* So.
Szolonina, *das Böckelfleifch.* Szalonna. *Speck.*
Szalo, *das Fett.* Szalonna. Ha'j. Fagyu.
Szalnaja fvjetfka. *Unfchlit. Licht.* Fagyu gyértya.
Sztolba, *die Säule. Sztolop.* Ofzlop.
Szjeno. *Acc.* Szjena, *das Heu.* Széna.
Szjennoi fzarai, *der Heufchoppen.* Széna-fzérü-fzin. Tfür.
Szjenokofz. *das Mehen.* Szénakajfza'la's.
Szjennoi fztog. *Heufchober.* Széna-afztag. Kalangya. Bugja. Kazal.
Szjenokofzetz, *die Wiefe.* Szenakafza'llo, *der Mäher.*
Szkofzity. *Mehen.* Kafza'lni.
Szuka, *eine Hündin.* Szuka. Nöftén kutya.
Szoloma, *das Stroh.* Szalma.
Szjekira. Szikera, *die Axt.* Szekertze.
Sztina. Sztjena, *die Wand.* Ifztina. *Caula*, quae vili muro vel maceria circumdata eft.
Szvekla, *die Karotte.* Tzékla.
Szjerii. *Grau.* Szürke.
Szarai, *der Boden. Scheuer.* Szérü. Tfür.
Szaratfenfzkoje pfeno. *Oryza.* Szeretfen Köles. Rifka'fa. *Milium faracenicum.*
Szjetska, *der Häckerling.* Szatska.
Szjetfénia, *das Hacken.* Szatska'zas. Aprita's. Vagdala's.
Szjemena, *das Gefäme.* Szem. Mag. Mák fzem.
Dinnja fzjemena, *die Kerne von Melonen.* Dinnye-fzem. Dinnye-mag.
Szjemetsko, *das Körnchen.* Szemetske. Egy-fzem. Egy mor'fa.
Szablja, *der Haudegen.* Szablya.
Szelitzo, *das Hauptgut.* Sza'lla's.
Salas, *die Hütte. Loge.* Sza'llas.
Szvertfok, *die Hausgrille.* Prüttfök.
Szvirjely, *die Hirtenflöte.* Virelja. Furelja. *Furulya.*
Szkupii. Szkupofzt. *Karg.* Kupetz.
Szor. Szar, *das Kehricht. Unflath. Unrath. Sordes. Les ordures.* Szar. *Excrementum.* Ganej. Szemét. Gaz.
Szkobka. Szkoba, *die Klammer.* Szka'ba. Ifzka'ba. Ifzka'ba'tska.
Szukhoi. *Mager.* Szikkadt.
Szobefzjednik. *Gefprechlich.* Befzédes.
Szluga, *der Diener.* Szolga.
Szutity. *Dörren.* Sütni. Afzalni.

Szovjetnik, *der Rath. Conciliarius.* Szövétnek. Fau
Szumerki. *Abenddämmerung.* Szürkület.
Szoroka, *ein Elfter.* Szarka.
Szekats. *Secator. Tranfchirer.* Szaka'ts. Bontzolo.
Szurguts. *Cera figillaris. Refina.* Szurkos. Szurok.
Sziromjatnik. *Lederer. Gerber.* Szironyja'rto. Szij ja'rto.
Szereda. *Dies Mercuri.* Szereda.
Szubbota. *Saturni.* Szombat.
Sztkljanitza. *Gläschen. Kleines Gefchirr.* Kantfo.
Szirota, *der Weife. Orbus.*
— — *Ejulans. Plorans.* Sirato. Keferves. Elhagyatott.
Szpletki. Babifzpletki. *Aniles nugae.* Pletyka. Ba'ba-pletyka. Kofa'skodas. Szofza'tya'rfa'g.
Szvodity. *Wölben. Fornicare.* Vődozni. Bótozni.
Szvod, *das Gewölbe.* Bót. Boltozat.
Szvalka ljudei. *Concurfus hominum.* Falka. Sokadozás. Sereg.
Sztarfina. *Tanifzter.* Tarifznya.
Szulju. *Pungo.* Szurom.
Szulitza. *Schufter-Aal.* Szuro. A'r.
Szofzaty. *Einfaugen.* Szopni.
Szivo, *die Molke. Serum.* Savo.
Szofzjed. *Vicinus.* Szomfzéd.
Szedmigradfzkaja zemlja. *Siebenbürgen.* Hétváru orfzág.
Szkrinka. Szkrinotska. Zakrom. *Kaßten. Scrinium.* Szekrény.
Szufzak. *Kaften.* Szúfzék.
Szjen. *Schatten, die Diele.* A'rnyék.
Szjenitza. *Laube.* Szin. Erefz.
Szipovka. *Schalmay. Buccina.* Sipka. Sip. Sipotska. Szipka á török fiponn.
* Szelitra. *Salpeter.* Salétrom.
Szilno, *der Wind.* Szil. Szél.
Szpor. *Giebt viel aus.* Szaporit. Szapora. Van fzaporája. Ez á buza lifzt jol fzaporit.
Szkała, *der Fels.* Szikla. Köfzikla.
Szvobod. *Freu.* Szabad.
Szloboda, *Libertas.* Szabadfág.
Szvoboditel. *Liberator.* Szabadito.
Szuma, *die Afche.* Hamu.
Szmortfok, *der Hirfchfchwamm.* Szömörtfök. Szarvas gomba.
Szumet. *Quisquilicae.* Szemét.
Sziromjat. *Pauper. Mifer.* Szirimány. ügyefogyott.
* Szapun. *Sapo.* Szappan.

Szevr-

Szevrjuga. *Accipenser Serratus.* Söröge.
Szinju. *Coloro, ich färbe.* Szinlem.
Szin. *Filius.* Szülött. Fiu.
Szinok. *Filiolus.* Finok. Finak. Fitzko. Vetzek. Gyerkötze.
Sziplo. Szipovka. Szipka. *Infundibulum.* Szipka. Töltſér.
Szipaju. *Effundo.* Szi'pok. *Exſugo.*
Szipjety. Szipity. *Sibilare. Ziſchen.* Sipolni. Süvölteni. Sziſzegni.
Szoba. *Hypocauſtum. Stube.* Szoba.
Szolod. *Fermentum. Maltz.* Szalad. Eléſztö. Kováſz.
Szopju. *Sugo, ich ſauge.* Szopok.
Tagan. *Dreyfuß. Tripus.* Tokán. Gujás-hus-*Gulas-Fleiſch, quod in tripode coqui ſolet.*
Tikva. Tikvy, *der Kirbiß.* Tök.
Tarjelka.
Tarjel, *der Teller.* Tányér.
Telenok. Telja. Telenka, *das Kalb.* Tulok. *Tuljok.* Tino.
Tkáts, *der Weber.* Takáts.
Tonja, *der Garnzug.* Le coup de filet. Tonya. Tanya. *Habitaculum piſcium.*
Az halaknak féſzke, vaſzka, padmoja, ürege, kedves lako lakohellye.
Te'ſi. Tja'ſi, *ein Theil des Wagens.* Té'sla.
Tjeſzto, *der Teig.* Téſzta.
Teljega. Telje'ſka. Telega. *Wagen. Karre.* Taliga, Tajiga.
Tokar, *der Drechsler.* Eſztokár. Eſztergár. *Eſtergáros.*
Tmin. *Cuminum.* Kömin. Kömény.
Temnitza, *das Gefängniß.* Tömlötz.
* Tjurma. *Thurm.* Torony.
Tiſznju. *Intrudo.* Taſzitom.
Teplota. *Calor.*
-- -- *Fomes.* Taplo.
Taity. *Verhelen. Celare.* Titkolni.
* Turok. *Turka. Türk.* Török.
Trjapka. Trjapotska. *Tüchlein zum wiſchen. Linteolum.* Darabka. Darabotska.
* Temjan. *Thymian. Thymiama.* Temjén.
Toptaty. *Calcitrare. Stampfen.* Tapotni.
To'sje. *Colus. Spinnrocken.* Gu'ſaj.
Tjelo. *Corpus.* Teſt.
Tok. *Inundatio. Eluvies.* To.
Tets. *Gutta. Tſet.* Tſep.
Terka. *Reibeiſen.* Törö. Reſzelö.

 Tots-

Terety. *Tergere.* Törölni.
Topol. *Populus alba.* Topolyán-fa.
Totsnik. Isztotsnik. *Brunnenquelle.* Tótsa. Forrás.
Titki, *die Brüste.* Tsits. Tsets. Emlö.
Tromjen, *das Aufgeld.* Tromf-pénz.
Tolkovnik, *der Ausleger. Dolmetscher.* Tolmáts.
Torgovoje saudno. *Navis vectoria.*
— — *Schiebkarre.* Torgontza.
Tsiboder, *der Henkersknecht.* Tsapodár.
Tseresnja, *die Holzkirsche.* Tseresnye.
Tsainik, *die Theekanne.* Tsanak. Apro tsupor, fazék, tál, tányér.
Tsan, *die Kufe.* Tsanak. Edény. Fazék.
Tsuma, *die Pest.* Tsuma. Pestis.
Tsetvertok, *der Donnerstag.* Tsötörtök.
Tsipke. *Spitzen. Patagium denticulatum.* Tsipke.
Tseln, *der Kahn.* Tsolnak.
Tselnok, *das Kähnchen.* Tsolnok.
Tseljad, *das Hausgesindel.* Tseléd.
Tsereszlo, *die Säge, oder das Messer an dem Pfluge.* Tsorofzlya. Kis vas.
Tsalma. *Cidaris Persica. Turban.* Tsalma.
Tsaber. *Garten-Saturey.* Tsombor.
Tsugun, *das Gußeisen.* Szigon.
Tsasa. *Tasse.* Tsésze.
Tsaprák. *Schabrack. Dorsuale.* Sabrak.
Tsipaty. Obstsipaty. *Abpflücken.* Letsipni. Leszedni.
Tsisik. *Zeisig.* Tsiz.
Tsatka. *Patella, die Kniescheibe.* Térd Kaláts.
— — *die Schnalle.* Tsatt.
Tseszáty. *Kratzen.* Tseszni.
Tseszanije. *Frictio.* Tseszés.
Tsepetz. Tseptsik. Tseptsek. *Kopfzeug, die Haube.* Tsepesz. Főkötő.
Tsemeritza. *Nieswurtz. Helleborus.* Tsömöröltető. Hánytato. Zászpa.
Tsuchota. Tsukhanije, *das Niesen.* Tsuklás. *Singultus.*
Tsiszto. *Reinlich.* Tiszta. Tisztánn.
Tsisztiti. *Reinigen.* Tisztitni.
Tsisztota. *Reinlichkeit.* Tisztaság.
Otsisztsaju. *Purifico.* Tisztálom.
Otsistitel. *Reiniger.* Tisztito.
Tsakov. *Zeiger. Gnomon.*

Pileus

Pileus hungaricus. Tsáko.
Tsardak. Tserdak, *die Laube*. Tsárda. Szin. Eresz. Tsür.
Tsekan. *Spitzeisen*. *Stemmeisen*. *Malleus rostratus*. Tsákán.
Tsulok. *Strumpf*. *Tibialia*. Tzula. Gunya. Salavári.
Tsudo, *das Wunder*. Tsuda.
Tsudnije, *das Abendtheuer*. Rémitő. Tsuda.
Tsudityszja. *Bewundern*. Tsudálni.
Tsudodjetely. *Wundermacher*. Tsudatévő.
Tsudodjetelsztvo. *Miraculi productio*. Tsudatétel.
Tsin. *Ordnung*, *Rang*, *der Stand*, *das Ehrenamt*. Tsin. Tsinosság. Ékesség. Betsület. Tisztelet. Tiszt. Hivatal. Kötelesség.
Tsinnoszt. *Bescheidenheit*. Tsinosság.
Tsinovnik, *der Beamte*. Tsinosult. Tisztelt. Tiszt.
Tsini. Tsinni. *Ordentlich*. *Tugendhaft*. *Modestus*. *Homo commodis moribus*. Tsinos. Rendes. Jeles. Szelid.
Tsinno. *Modeste*. Tsinosonn.
Tsinno szebja veszty. *Optime se gerere*. Tsinosonn viselni magát.
Tsinity. Potsinity. *Bessern*. *Ausbessern*. *Reparare*. Tsinithi. Tsinositni. Jobbitni. Ujjitni.
Potsinka. *Ausflickung*. Tsinositás. Foldozás.
Bez-*tsinsztvo*. *Unzucht*. *Impudentia*. Tsintalanság. Trágárság.
Bez-*tsinni*. *Unzüchtig*. *Impudens*. Tsintalan. Trágár.
Zatsinatel. *Uhrheber*. Tsinálo. Teremtő.
Tsemadan. *Sarcina*. *Mantica*. *Bündel*. Tsomo. Motyo. Tarisznya. Turba.
Tserv. *Wurm*. Tserv-bogár. Tserebogár.
Tsernyi-dúb. *Quercus nigra*. Tserfa.
Tservlenju. *Rubefacio*. Tserezem. A bört veresen kikészitem.
Tserep. *Scherbe*. Tserép.
Tserepitza kruglaja. *Imbrex*, *ein hohler Ziegel*. Horgas Tserép.
Tserepitza gladkaja. *Tegula*, *ein glatter Ziegel*. Tégla.
Ugar. *Brach*. *Vervactum*. *Ager aratus*, *cui nihil est inseminatum*. Ugar.
Ugarity. *Arare*. Ugarolni.
Uzok. *Knapp*. *Eng*. Szük.
U'simka, *die Grimasse*. U'sikálás.
U'sin, *die Abendmahlzeit*. O'sonna.
Ugor, *der Aal*. Angor. Angolna.
Ulitza, *die Gasse*. Uttza.
Ugol. *Winkel*. *Angulus*. Szugol. Szegelet.

Ugolok.

Ugolok. *Winklein.* Szugolék.
Utok, *der Eintrag, La trame, anckue.* Ontok. A'ſzövés végett fel-vetett fonalnak az hoſzſza: *Mejjék.* A' bévetöje, vagy béveröje pedig: *Ontok.*
Zapor. *Bauchzwang.*
Platzregen. Zápor.
Zaſzpa. *Helleborus.* Záſzpa.
Zapor. Zaporka. *Fulcrum.*
Zabor, *die Abpſhälung.* Zábé. Kapu Zábé. Oſzlop. Támaſz.
Zaron. *Foſſam impleo.* Zárom. *claudo.*
Zarity. } *Vergraben.* {Zárni. Elzárni. Elfedni.
Zakopaty. } {Békapálni. Bétemetni.
Zub, *der Zahn* Záp-fog.
Zarubki. *Kerben.* Rovni. *Rub*ni. Rováſt tſinálni. *
Zjep, *die Taſche.* 'Seb.
Zalog, *das Pfand.* Zálog.
Zalo'sity. *Verpfänden.* Zálogoſitni.
Zalo'snik, *der Geißel.* Zálogba vetett. Kezes.
Zavality. *Obruere. Cumulare. Ueberſchütten:* Zavarni.
Zabavlenije. *Luſt an etwas. Delectatio.* Zabálás. Telhetetlen gyönyörködés.
Zaſzlon. Zaſzlonka. *Schirm.* Záſzlo. Záſzlotska (*die Fahne*) Védelmezö, esö-vagy ſzél-ellen.
Zeleni. *Grün.* Zöld.
Zelenaja kapuſzta. *Savojer Kohl.* Zöld kápoſzta.
Zelény. *Grüne Waaren.* Zöldelény. Zöldelékeny. Zöldſég. *Vegetabile.*
* Zjel, *das Ziel.* Tzél.
Volkhv, *der Wahrſager. Magus.* Volts. Bölts.
Tri Volkhva, *die drey Weiſen aus dem Morgenlande.* A'napkeleti három böltſek.
Vodonoſz. } *Waſſereimer.* Bodonka.
Vedro. } *Urna. Situla.* Veder. *Acc.* Vedret.
Vedernaja botska, *ein eimergroßes Faß.* Vedres bodonka.
Vorobei, *der Sperling.* Veréb. Verebei. *Plur. Poſſ.*
Vilka. Vili, *der Gabel.* Villa.
Vilotska, *das Gabelchen.* Villátska.
Valjanije, *das Walken.* Ványolás.
Valjáty. Szukna. *Tücher walken.* Poſztot ványolni.
Voſzk. *Wachs.* Viaſzk.
Vzdority. *Hadern.* Vozdorkodni. Puzdorkodni. Pezderkedni.
Vojevode, *der Richter.* Vajda.
Vidra, *die Fiſchotter.* Vidra.

Varona.

Volk. *Lupus. Volkas.* Farkas.
Vorotity. *Vertere.* Forditni.
Var. *Coctio.* Forr. Forrás, Foralás. Fövés.
Kaſavar, *das Kochen der Grütze.* Káſa forrás. Káſa fövés.
— Pivovar, *das Bierbrauen.* Serforrás. Serfözes.
Szolovar. *Salzſiederey.* Sóforrás. Söfözés.
Vetſer. *Veſpera.* Vetſernye.
Tainaja vetſerja. *Sacra coena.* Urvatſorája.
Vetſernája rabota, *die Abendarbeit.* Vetſernyei rabota.
Voſzkreſzenje. *Sontag.* Voſárnap.
* Vira. *Rythmus. Reim.* Vers.
Vdova. *Vidua.*
Obdovjety. *Orbari conjuge. Ovdvety. Odvegy.* özvegy.
Vina. *Culpa. Crimen. Vün.* Bün. Vétek.
Vaſzilke. *Baſilicum.* Biſziok.
Vorona. Voronka, *die Krähe.* Varju.
Vor. *Dieb.* Or. Orgazda. Tolvaj.
Vorovſzkoi Kljuts, *der Diebſchlüſſel.* Or-Kults. Orozkodo.
Verſa, *die Fiſchreuſe, ein Fiſchkorb.* Varſa. Veſzſzöböl font hálo.
Vodka. *Vinum aduſtum.* Vodka. Vatka.
Vkolatſivaty. *Einzwingen. Flechten.* öſzvekalátſolni. öſzve fonni.
Vazik. *Eiskeſſel. La cuvette.* Fazik. Fazék.
Vid, *das Augenmerk, Bild, Mine, das Geſicht.* Vigy. ügy. Vidék. Meſzſze-látás. Az ügyes ember a'dologra jol vigyel (*Székelyes*).
Voro'ſeja. *Venefica. Saga.* {Vuru'slo. Kuru'slo. Vará'slo. Boſzorkány.
Vra'ſu. / Voro'ſu. } *Ich zaubere.* Vará'ſolok. Büvölük-bájolok.
Voro'ſity. *Zaubern.* Vará'ſolni. Büvölni-bájolni.
Voro'ſenije. Vra'sba. Obvoro'ſenije. *Zauberey.* Vará'slás. Buvölés-bajolás.
Vnuk. Vnutſek, *der Enkel.* Unutſek. Unoka.
Veſzlo. *Remus.* Evezö.
Vivikhnenije. *Luxatio. Viknamodás.* Fitzamodás.
Vjanuty. *Marcere. Verwelken.* Vonjadni. Fonnyadni.
Vengrin. *Ungar. Ungarus.* Magyar.
Vengerſzki. *Ungriſch. Ungarice.* Magyarul. *Perperam addita eſt litera H, ab iis, qui Ungaros cum Hunnis falſo permiſcebant.*

Vocabu-

Vocabularium Slaviano-Serbico-Germanico-Hungaricum comparativum.

Alkanije. Jalkanije. *Efuritio.* Nyalánkfág. Éhfég.
Alkatel. Jalkatel. *Famelicus.* Nyalánk. Ehes.
Arfin. *Cubitus.* *Ulna.* *Sing.* Röf.
Bagrja. *Purpurfarbe.* Bagarija. Veres fzinü fzijju. Bagaria fzijju.
Beljega, *das Merkmahl.* Béljeg.
Berda tkalnája. *Weberkamm.* Takáts borda.
Berlog, *das Lager eines wilden Thiers.* Barlang.
Bitanga, *der Müffiggänger.* Bitang. Le'fák. Léhütö. Reft. Heverö. Korhel.
Britva. *Scheermeffer.* Beretva.
Bezkvafzno. *Non fermentatus.* Véfzkováfzu. Elvefzett-Kováfzu. Kováfztalan. Kováfzavefztett.
Bezjaremni. *Jugo carens.* Véfzjármu. Jármatlan. Jármavefztett.
Bereza. *Betula.* Borza. *Sambucus.*
Bitel. *Fuftigator.* Botoló.
Bit. Biti. *Verber.* Bot.
Bo'fija. *Foenum graecum.* Bo'fér. *Rubia tinctorum.*
Blazn. *Scandalum.* Paráznafág. *Adulterium.*
Brofzkv. Brofzkvina. *Perfica arbor.* Baratzk-fa.
Buben. *Tympanum.* Dob.
Diak prikazni. *Cancellarius.* Itéllö-Diák. Cancelliſta.
Doloto. *Dolabra.* Dolu. Gyalu.
Dragi. *Preciofus.* Drága.
Dunai. *Danubius.* Duna. Dunai. *Adj.*
Delba, *ein Faß.* Debal. Deberke.
Dobos, *die Trommel.* Dob.
Dobofar, *der Tambour.* Dobos.
Dobuju, *ich trommele.* Dobolok.
Duda. *Bauernpfeife.* Duda. Sip.
Egulja, *der Aal.* Angolna.
Edino'fenni. *Monogamus.* Egy'fanáju.
Gantfar. *Locus fingendi fafa figulina.* Kantfo tfinálo mühely.
Gantfarni. *Figulinus.* Kantfós. Fazakas.
Gaftfi. *Unterhofen.* Gatya.
Gaid. *Dudelfack.* Gajdolo. Dudolo. Duda.
Gorjeni, *das Brennen.* Gerjedni. Gyuladni.
Gorju, *ich brenne.* Gerjedek.
Gorjatfefzt. *Hitze. Heftigkeit.* Gerjedés.

Gudilo,

Gudilo, *die Geige*. Hegedülö. Hegedü.
Gudetz, *der Geiger*. Hegedüs.
Glagolanije. *Sermocinatio*. Galagyolás.
Glagoju. *Loquor*. Galagyolok.
Glagolni. *Loquax*. Galagyolo.
Gluchota. *Surditas*. Sükhet. Süketség.
Gnusz. *Fastidium*.
Gnuszni. *Abominabilis*. *Fedus*. Gonosz.
Gornetz. *Calefactorium*. Kementze. *Germentze*.
Goszt. *Hospes*. } Gazda.
Goszpod. Dominus. }
Grad. Ograd. *Garten*. Kert.
Grezni. Grozd. *Racemus*. Gerezd.
Gremit. *Tonat*. *Sonat*. *Resonat*. Rémit. Mendörög. Ijeszt.
Grozdetz. *Racemulus*. Gerezdetske.
Gromada. *Acervus*. Gramáda. Garmada. Rakás. Kazal.
Grjazni. *Lutulentus*. Garázna. Motskolodo. Fertelmes. Veszekedö.
Greda. *Trabs*. Gerenda.
Gu's. *Funis*. Gu's. Pating. Kötél.
Igrats, *ein Tänzer*. Ugráts. Ugrántsolo. Tántzos.
Iva. *Weide*. Vüz. Füz.
Izvarjaju, *ich koche ab*. Forázom. Forralom.
Izvjadanije, *die Verwelkung*. Vjadás. Fonjadás.
Izgaga. *Nausea*. *Cholera*. Izgága. Baj. Tsömör. Unalom. Akadály.
Irkha. *Pellis ovina depilis*. Irha.
Kalats, *eine Art Weißbrod*. Kaláts.
Kanjuk. *Milvius*. Kánya.
Kalitka, *eine kleine Pforte bey einer größern*. Kalitzka.
Kamara. *Camera*. Kamara.
Kapa. *Haube*. *Mütze*. Barát kápa.
Kazna. *Aerarium*. Kazal. Tár. Kints-tár.
Kaznár. *Thesaurarius*. Kaznár. Kintstarto. Kazalra ügyelö.
Koptsa, *die Haftel*. Kapots.
Kopito, *die Hufe eines Pferdes*.
— — *Branchia piscium*. Kopotyn, az halaknál.
Khegeda. *Geige*. Hegedü.
Khegedus, *der Geiger*. Hegedüs.
Korma. Kormilo. *Ruder*. Kormány.
Korol. } *König*. Király.
Kral. }

Kort-

Kortſag. *Topf.* Korſo. Fazék.
Kortsju. *Contraho.* Kortſojázom. Alá-'s-felhuzom.
Korts. *Krampf.* Görts.
Koſza. Koſzats, *die Senſe, der Meher.* Kaſza. Kaſzás.
Koſzm, *die Zotte, die Haarzotten. Lanugo. Hirſutia.* Koſzmo. Koſz.
Koſzmat. *Hirſutus.* Koſzos. Borzos.
Kotzka. Koſztka. *Teſſera. Würfel.* Kotzka.
Kotſan. *Kohlkopf.* Kotſán. Káposzta-fö.
Kotſije, *der Wagen.* Kotſi.
Koſaritza, *der Korb.* Koſárka.
Krai, *der Rand. Margo.* Karéj.
* Krupa. *Kraupen. Graupen.* Korpa.
Kutska, *die Bötze.* Kutyátska. Kényes Betze.
Kutſe, *die Hündinn.* Kutya. Kutyó.
Khodak. *Viator.* Kotyáſzó.
Kljepalo. *Crepitaculum.* Kelepelö.
Klin. *Cuneus.* Klintſik. *Cuneolus.* Kilints.
Kljátſa. *Equa.* Kantza.
Knot. *Ellichnium.* Kanót. Gyértya-bél.
Kovél. *Canis maſculus.* Kopo.
Kováts. *Faber ferrarius.* Kováts.
Kovér. *Tapes utrinque villoſus.* Kövér. Vaſtag. Buja váſzon. Tömött.
Koldun. / Volkhv. *Augur. Magus.* Koldus. / Bölts.
Kopaju. *Fodio.* Kapálok.
Korma. *Gubernaculum.* Kormány.
Kormlenije. *Directio.* Kormányozás.
Kotora. *Rixa.* Kotorjuſzja. *Rixor.* Kotzódom. Kötődöm.
Lebed. *Olor.* Leba. Liba. Lud (*Anſer*).
Lep. *Viſcus.* Lép.
Leplju. *Agglutino.* Lépezem. Ragaſztom. Lépeſitem.
Lialo. Nalivka. *Infundibulum.* Liju. Livu. Töltſér.
Lodka. *Navicula. Cymba.* Ladik.
Legen. *Waſchſchüſſel.* Légej. *Waſſerfäßchen.*
Lepina, *ein Kuchen.* Lepény.
Leptir, *der Schmetterling.* Lepke. Pille. Pillango.
Lobda. *Atriplex.* Laboda.
Lo's. *Lüge.* Lots-fets. Hazug.
Lopta, *der Ball.* Lopta.
Moguta. *Potentia.* Magoſſág.

Mogutnl.

Mogutni. Premogutſztvenni. *Potens. Praepotens.* Magos. Hatalmas Nagy.
Maimui, *der Affe.* Majom.
* Majur. *Mayerhoff.* Major.
Matſak. Matska, *der Kater.* Matska.
Matſitza, *die junge Katze.* Matskátska.
Meſzar, *der Fleiſchhacker.* Méſzáros.
Meſzarnitza. *Fleiſchbank.* Méſzárſzék.
Moruna. *Hauſen.* Viza.
— — *Murena.* Márna.
Muſitza, *die Fliege.* Muſlitza.
Miza. *Landgut.* Mezö, *Feld.*
Mjeritel, *der Meſſer. Ausmeſſer.* Méretö. Mérö.
Mjeritza, *die Metze.* Mertze. Mérték. Véka. Mérö. Köböl.
Nagavitz. *Caligae.* Nagrág. Nadrág.
Naſzeljaju. *Coloniam deduco. Fundo. Aedifico.* Náſzolodom. Iparkodom.
Naſzelitel. *Coloniae deductor. Conditor. Architectus.* Náſznagy. Náſzolodo.
Neblitza. *Homo vilis.* Nebelgö. Helytelenkedö.
Nebre'ſénije. *Negligentia.* Nebelgés. Henyélés.
Orats. *Agricola.* Arato. Szánto-vetö.
Oſzten. *Stimulus.* öſztön.
O'ſeg. *Rutabulum.* A'ſag.
Okolni. *Circularis.* Akol. Kerités.
Oſznova tkalnája. *Stamen. Licia.* Mellyék az oſztova'tába. *Eintrag.*
Oſznovátel. *Fundator.* Oſztovátás. Takáts. Valamit jorendbe ſzedö
Oſznovuju-kroſzna. *Intendo ſtamina jugo.* Oſztovátához kéſzitem à fonalat. Felvetem. Nyüſtbe, bordába fogom.
Oſztroga konſzkaja. *Calcar. Stimulus.*
— — *Flagellum.* Oſtor.
Obavatel. *Praeſtigiator.* Bájolo. Büvös-bájos.
Obavaju. *Incanto.* Bájolom. Boſzorkanyozom. Meg-veſztem.
Obſzilaju. Poſzilaju. *Circummitto.* Elſzllálom. Eloſzlatom. Széljel hányom.
Ob'ſora, *der Freſſer.* Obſolo. Hapſolo. Mohon faldoklo.
Obolgatel. *Calumniator.* Bolgatag. Féleſzü. Hazudozo. Rágalmazo.
Ogortſiti. *Erbittern.* Keſeritni.
Okajannik. Okajanni. *Ruchlos.* Kaján ember. Gonoſz. Iſtentelen.

Y Okov,

Okov, *die Feſſel.* Béko.
Omerzaju. *Nauſeo.* Tſömörzöm. Tſömörlöm.
Omerzenije. *Nauſea.* Tſömörzés. Tſömörlés.
Oſajavajuſzja, *ich bin enthaltſam.* Sajnálom. Kiméllem.
Oſajapije. *Enthaltſamkeit,* Sajnálás. Maga megtartoztatás.
Pava. *Pavo.* Páva.
Pazarity. *Kaufen.*
— — *Verſchwenden.* Pazérolni.
Pazár. *Jahrmarkt.* Vaſár. Pazér. Pazérlo. *Verſchwender.*
Pamuk. *Baumwolle.* Pamuk. Pamut.
Pantlika, *das Band.* Pánthika.
Paprika, *der türkiſche Pfeffer.* Páprika.
Paputſa. *Pantoffel.* Paputs.
Papuſa, *ein Bund Blättertoback.* Papuſa.
Parenijé, *das Baden.* Feredés. Párolás.
Patzov, *die Ratze.* Patz-egér.
Peſztrug. *Forelle.* Piſztrang.
Pelts. Petska, *der Ofen.* Pes. Podpeſtsnik. A'pes megett.
Pila. *Säge.* Piléſz. Firéſz Füréſz.
Pleva, *die Spreu.* Polyva. Pelyva.
Poviti, *das Kind einfaſchen.* Poválni. Polálni. Pokálni.
Pogátſa. *Fladen. Kuchen.* Pogátſa.
Pole'ſénije. ⎤
Polo'ſennaja. ⎦ *ein untergelegtes Ey.* Pala'sna.
Podonink, *das Mehlfaß* Bodon. Sajtár. Ka'rtos. Bodonka.
Podpazukha. *Stelle unter dem Arm.* Pálha.
Poduſztitel, *ein heiml. Anſtifter* Uſzito. öſztönözö. Kiſztetö.
Podiſzkatel, *ein heimlicher Nachſteller.* Iſzkitélö.
Iſzkanije, *das Beſtreben, das Suchen.* Iſzkitélés. Iparkodás.
Pokol, *der Stich.*
— — *die Hölle.* Pokol.
Pokrov. Pokrovatz. *ein Kotzen, eine wollene Decke, womit man die Pferde bedeckt.* Pokrotz.
Pola, *die halbe Seite am Kleide.*
Faſcia, *die Faſchen* Pola kötö.
Politza, *das Geſtell, wo das Geſchirr gehalten wird.* Poltz. Poltzika.
Pop. *Prieſter.* Pap.
Porta, *die ottomanniſche Pforte.* Porta.
Szelenije. ⎤
Poſzelenije. ⎦ *Pflanzſtadt. Colonia.* 'Sellérſég.
Poſzeljannik. *Colonus, ein Bauer, der das Feld bauet.* 'Sellér.

Pa-

Poſztava, *das Unterfutter.* Poſzto, *ein Tuch.*
Pokhlevka. Polivka, *die Suppe.* Poléka. Lév. Lévke. Levetske.
— — Levak. *Trichter.* Lév ſzürö. Lévu. Livu. Liu. Lijü. Töltſér.
Potſinaju. *Incipio.* Tſinálom. Hozzáfogok.
Prigorjeli. *Angebrant.* Pergelt. Kozmás.
Pritaſtſiti. *Herbey ſchleppen.* Taſzitni. Hurtzolni.
Put, *die Straße.* Ut.
Paſu. *Agricolor.* *Aro.* Áſok. Szántok.
Pélen. *Faſcia.* Póla.
Piljuk. *Milvius.* ölyv. ülü.
Povot. *Pugna.* *Verbera.* Pofozás. Verés.
Povit. *Verberatus.* Pofozott.
Podoinnik. *Mulctra.* Bodon. Bodonka. Sajtár.
Poloi. *Pulegium.* Polé.
Ponjáva. *Syndon.* Ponyva. Gyolts. Váſzon.
Poroſen. *Pulverulentus.* Poros.
Poroſu. *Pulvero.* Porozom.
Poſzosnik. *Virgulam gerens.* *Sceptriger.* Veſzſzös.
Prazdnoſzlovni *Vaniloquus.* } Parázna. Paráznaſág. Trágárſag.
Prazdnoſzta. *Otium.* }
Prazden. *Otioſus.* }
Predvkuſzitel. *Praegustator.* Koſtolo.
Preſzmikajuſzja. *Repo.* Máſzkálok.
Pretikaju. *Impedio.* *Praepedio.* Tikátſolok. Meg-tikkadok.
Pretikanije. *Offendiculum.* *Praepedimentum.* Tikkadás.
Priſzkaju. *Aſpergo.* Piritskélem. Fetskendem.
Puſkar. *Librator.* Puſkás.
Pjenjáz. *Penſa.* *Pecunia.* Pénz.
Pritvor. *Vorhalle.* Pitvar.
Provo'ſately, *der Begleiter.* Vezetel. Vezeték. Vezetö.
Provoziti. Provezti. *Vorbeyführen.* *Durchführen.* Vezetni.
Protſiſtſaju. *Ich putze aus.* Kitiſztálom.
Protſiſztiti. *Ausputzen.* Kitiſztitni.
Proſletz, *ein Durchwanderer.* } Peſletö.
Pjeſſi, *zu Fuß gehen.* }
Prud, *der Strand.* *Sandbank.* Porond.
Pra'ſenije, *das Röſten, Backen im Butter.* Per'ſelés. Pergelés. Por'ſolás. Por'ſolo. Röſtölés. Rántás.
Pukhloſt. *Geſchwulſt* Pokol-var.
Pukhov. *Pflaumfedern.* Puha. Pihe.
Pjatok. *Freytag.* Péntek.
Rab. *Knecht. Leibeigener.* *Sclav.* Rab. Szolga. Jobbágy.

Razpiliti. *Von einander sägen, pfeilen.* Ráspolozni. Refzelni.
Repa, *die Rube.* Répa.
Rifzovanije, *das Zeichnen.* Rajzolás.
Rogatka. *Schlagbaum.* Gát.
Roiti, *die Franzen.* Rojt.
Rakita, *die Weide.* Rakottya. Rekettye.
Ruda, *die Stange.* Rud.
Rikanije, *das Brüllen.* Rikkantás. Orditás.
Rjezetz. *Schnitthobel der Buchbinder.* Refzelö.
Rjad, *die Reihe.* Rend.
Rjadom, *nach der Reihe.* Rendre. Rendel.
Raztfiftfaju. *Expurgo.* Kitifztálom.
Repennik. *Pseudobunion.* Reptfen.
Rétka. *Raphanus.* Retek.
Rov. Riju. *Fodio.* Rovom. Rojja. Vájom. Áfom.
Rov. Rovik. *Fossula.* Rovás. Áfás.
Ropta. *Murmuratio.* Roppantás.
Roptátel. *Murmurator.* Roppanto.. Lármázo.
Rukovoditel. Voditel. *Manuductor.* Vezetö.
Rutska. *Urna.* Rotska.
Saika, *ein Wassergeschirr.* Sajka. Sajtár.
Sal. *Aberwitz.* Tfal. Tfalás. Tfalárdfág.
Saliti. *Muthwillig seyn. Tändeln.* Tfalni. Tfalatni.
Sator. *Tentorium. Zelt.* Sátor.
Sepelju. *Ich lispele.* Sejpeskedem.
Sipak. *Hetschepetsche. Cynosbatos.* Sipke. Tfipke gyümöltz.
Siplju. *Ich zische.* Sipolok.
Sire. Siroki. *Breit. Dicht. Spissus* Sürü. *Plur.* Sürük.
Slivovitza, *der Zwetschen-Branntwein.* Szlivovitza. Szilva pálinka.
Sor. *Reihe.* Sor.
Sut. *Kahl.*
— *Ohne Horn. Non cornutus.* Suta.
Stfekotlivi. *Kitzelicht.* Tfiklandós.
Selk. *Sericum.* Selyem.
Sapetfu. *Balbutio.* Sejpeskedem.
Sajanije. Ofajanije. *Continentia. Moderatio. Abstinentia.* Sajnálás. Kimélés. Mértékleteffég.
Ofajavajufzja. *Abstineo.* Sajnálom. Mértékleteſkedem.
Stfávfztvo. *Pigrities.*
Stfávfztvuju. *Pigror.* Tfávába ülök. Heverek.
Stfavél. *Oxalis. Lapatum.* Tfáválo fü.
Stfukot. *Strepitus.* Zakatlás.

Tfu-

Stſukotju. *Strepo.* Zakatlok.
'Saljeju, *ich bedauere* Sajnálom.
'Svali, *das Gebiß am Zaum.* Zavali. Zabola.
'Sdral. | *der Kranich.* Daru. *'Saruv.*
'Suravl. |
'Sivo. *Lebhaft.* 'Sibongo. Nyü'sgö. Serény. Fürge. Fura.
'Sir. *der Eichel.* Tſer.
'Su'ſukaju *ich ſumme* Suſogok. Suttogok.
'Sabaju. *Manduco.* Habſolok.
'Salova. 'Saloba *Querimonia.* 'Simb.
'Sarovna. *Aheneum.* 'Serpenyö.
'Senotska. *Muliercula.* Aſzſzonyotska.
'Serd. *Phalanx.* Sereg.
Szabov. Szapo'snik, *der Schneider.* Szabo.
Szamka, *das Weibchen,* Aſzſzanka.
Szani. Szanki, *der Schlitten.* Szán. Szánka.
Szapun. *Sapo.* Szappan.
Szviſztanije, *das Pfeifen.* Piſzſzentes. Süvöltès.
Szvikhnuti. Szviſznuti. *Verrenken.* Fitzamodni. Fitzamitni.
Szvod, *das Gewölbe.* Bót. Bolt.
Szvjetitel. *Leuchter. Illuminans.* Szvjetilnik. *Lampas. Lucerna.* Szövétnek.
Szedmigradſzka ſztrana. *Siebenbürgen.* Hétváru orſzág.
Sziromakh, *ein Armer.* Szirimány.
Szirota, *das Weiſenkind.* Sirato.
Szkakanije, *das Springen.* Szökés.
Szkakats. Szkakatelni, *ein Springer.* Szökö. Szökéts. Szökétſelö.
Szkvoretz, *der Staar.* Szkvoregély. Seregély.
Szlama. *Stroh.* Szalma.
Szlanina. *Speck.* Szalonna.
Szlói, *eine Schicht. Stratum.* Szeloi. Szelet. Rét.
Szmrtſak, *der Erdſchwamm.* Szömörtſök.
Szoba, *das Zimmer.* Szoba.
Szoſzu, *ich ſauge.* Szopom. Szivom.
Sztiralka, *ein Wiſchlappen.* Törölközö. Törlö.
Szudoroga, *der Krampf.* Sugorodás.
Szuknja. *Unterrock der Weiber.* Szoknya.
Szunduk. Szoſzjek. *Vas frumentarium. Der Kaſten.* Szuſzék.
Szurguts. *Siegellack.* Szurkos. Szurok.
Szu'ſa. *Trockenheit.* Aſzſzu. Aſzſzuſág.
Szuſilo, *eine Kammer zum trocknen.* Aſzalo.
Szivorotka, *der Molken.* Savo.

Szadok. *Hortulus.*
-- -- *Tilia.* Szádok-fa. Hárs-fa.
Szaratzin. *Saracenus.* Szeretfen.
Szvérfts. *Cicada.* Ptrütfök.
Szeljenije. *Villa. Habitatio.*
Szelni. Szeljannik. Prefzelen. *Villicus. Transmigratus.* 'Sellér. Lakó.
Szilok. *Laqueus.*
-- -- *Festuca. Frustulum.* Szilak. Szilakba fzakad. Porrá törik, romlik.
Szikera. *Starkes Getränk. Spirituosum. Meracum.* Sikeres. *Plasticum.*
Szkopétz. *Castratus. Eunuchus.* Kopatz. Kopár fzokott lenni az Herélt-
Szkori. *Celer. Velox.* Seriny. Serény.
Szkrinka. *Scrinium.* Szekrénke.
Szkutiváju. *Tumulo.* Kutulok. Vajok. Kapálok.
Szladki. *Mulsus.* Szalad. Élefztő. Serfeprö. Kováfz.
Szlovetsko. *Vocula.* Szavatska.
Szmetije. *Sordes.* Szemét.
Szmjesni. *Ridibundus.* }
Szmjefu. *Risum moveo.* } Mofojgok.
Szmjefufzja. *Rideo.* }
Szobáka. } *Canis.* { Kopo.
Pefz. } { Betze, *eine Bätze.*
Szobátska. *Catellus.* Kopotska.
Szobiratel dene'snikh po borov. *Coactor. Quaestor. Exsecutor.* Biro. Dulo. Portio. fzedö. Adofzedö.
Szofzjéd. *Vicinus.* Szomfzéd.
Szokha. *Aratrum.* Szekér. *Currus.*
Szotsinjaju. *Construo.* Tfinálom.
Szotsinitel. *Constructor.* Tfinálo.
Szporo *Largiter.* Szapora. Böv.
Szramni. *Pudicus.* Szemérmes.
Szramno. *Cum pudore.* Szemérmefenn.
Szram. *Szramota. Pudor.* Szemérem.
Szramni. *Vulva.* Szemérem teft.
Szreda. *Dies mercuri.* Szereda.
Szrok. *Intervallum.* Szor. Szer. Sor. Rend.
Szofzu. *Sugo.* Szopom. Szivom.
Sztávetz. *Scutella.* Tál.
Sztartfefztvuju. *Seniliter ago.* Tortyofkodom. Tfofzogok. Tojófkodom.

Szte-

Sztevlo. *Frutex. Caulis.* Tarlo.
Szrkljanaja. *Poculum*
Szrkljánitza *Poculum.vitreum.* Kantſo. *Klanitſa.*
Sztiraju. *Detergo.* Töröjje. Törölöm.
Sztopa. *Veſtigium.* Topp. Nyom.
Szrupaju *Gradior.* Topogok.
Sztrogalo. Sztrug. *Scalprum fabrile.* Eſztergárolo. Eſzterga. *Drechſelbank.*
Szudar. *Sudarium.* Tzudar. A'kinek rongyai *Keſſkenö* formálag lefityegnek.
Szopernik. *Adverſarius.*
— -- Szopornyitza. *Rotz, eine ſehr anſteckende gefährliche Krankheit bey Pferden.*
Szurma. *Fumarium. Caminum.* Szurtos. Kormos. Kémény.
Szurov. *Acer. Severus. Durus.* Szúrós. Kegyetlen. Sértegetö.
Szukhi. *Siccus. Aridus.* Szikkadt. Aſzſzu. Száraz.
Szukhota. *Tabes. Siccitas.* Szikkadtſág. Száraz-betegſég.
Szjeku. *Seco.*
Szjekats. *Secator. Tranſchierer.* Szakáts. Vagdalo. Mejjeſztö. Bontzolo. ölö.
Takar. Tokar. *Tornator.* Eſztergáros.
Taliga, *der Bauernwagen.* Taliga.
Tambura, *die Zitter.* Tombora. Timbora.
Tanir. *Teller.* Tányér.
Tartſug, *der Sack.* Tarſoj. 'Sák. Táſka.
Taſzkaju. *Ich ziehe, ſchleppe.* Taſzigálom.
Tvar, *das Geſchöpf.* Ter. Teremtmény. *Term.*
Tverd. *Feſt.*
-- -- *die Knie. Genu.* Térd.
Tvorenije, *die Schöpfung.* Teremtès.
Tvoretz. *Schöpfer.* Teremtö.
Tolkati. *Stoßen.* Tolni. Tologatni.
Tolmatſu. *Ich dolmetſche.* Tolmátſolok.
Topati. Topot, *mit dem Fuße ſtampfen.* Tapotni. Toppantani.
Toptanije. *das Treten.* Tapotás.
Topliju. *Ich heitze ein.*
Toplenije, *das Einheitzen.*
-- -- *der Zunder.* Toplo. Taplo.
Toron, *der Thurm.* Torony.
Tort. *Daemon.* Ort. örtög. ördög.
Tupo. *Stumpf.* Tompa.
Tupiti. *Stumpf machen.* Tompitni.
Tvarog. *Lac coagulatum.* Tarha. Tarho.

Teletz. *Vitulus*. Tulok.
Teletzi. Teleci. *Vitulinus*. Tuloki.
Teploje. Teplota. *Calidum*. Tapló. Taplója. Taplót (*Fomes*).
Ternije. *Spina*. Tevis. Tövis.
Tertije. *Tritura*. Törés.
Tetſa. *Fluxio*. Totſa.
Tiſz. *Taxus*. Tiſza-fa.
Tikhonko. *Tacite*. Titkonn.
Tolmáts. *Interpres*. Tolmáts.
Tomitel. *Tyrannus*. *Cruciator*.
— — *Veſpillo*. *Todtengräber*. Temető.
Tjagota. Tjagoſzta. *Gravitas*. *Onus*. Tag. *Corpus*. *Membrum, cujus eſſentia eſt ipſa gravitas*.
Tzentár. *Centenarium*. Máſa (*Maas*),
— — *Statera*. Kantár.
Tzjeluju. *Oſculor*. Tſalom. *Decipio*. *Adulor*.
Tſemeritza. *Helleborus*. Tſemert tſinálo. Hánytato.
Tſemeritsnoje vino. *Helleborites vinum*. Hánytato bor. Tſömör ellen valo.
Tſeresnja. *Ceraſum*. Tſeresnye.
Tſerven. *Ruber*. Tſeres. Veres.
Tſervlenju. *Rubefacio*. Tſerezem.
Tſeta. *Turma equitum*. *Acies inſtructa*. *Cohors*. Tſata.
Tſuv. *Criſta*. Tſova. Bokréta.
Tſulki. *Calceamenta*. Tzula. Gunya. Ringy-rongy.
Tzedula. *Zettel*. Tzédula.
Tzipela. *Schuh*. Tzippellős.
Tzrep. *Dachziegel*. Tſerép.
Tzigan. *Zigeuner*. Tzigány.
Tſabar, *eine Butte*. Tſeber.
Tſabr. *Satureja*. Tſombor.
Tſavka. Tſaika, *die Dohle*. Tſóka.
Tſanak. *Schüſſel*. Tſanak. Tál. Tányér. Tſupor.
Tſaprak. *Schabracke*. Sabrak.
Tſbanetz, *der Topf*. *Hafen*. Tſobán. Korſo. Légej.
Tſelik. *Stahl*. Atzél.
Tſerga, *die Hütte der Zigeuner*.
Kotzen, woraus dieſe Hütte beſteht. Tſerge.
Wollene Decke.
Tſetka. *Bürſte*. Etſetke.
Tſi'ſik. *Zeiſig*. Tſiz.
Tſizma. *Stiefel*. Tſizma.
Tſizmed'ſia. *Schuſter*. Tſizmazia. *Ad hanc normam formata ſunt ſequentia*:

— Sza-

— Szapund'fia. *Seifenfieder*. Szappanföző.
— Tfokhad'fia. *Tuchweber*. Pofztotfinálo.
Tfipka. *Spitzen*. Tfipke.
Tfirka. *Tauch-Ente*.
— — *junge Henne*. Tfirke.
Tfifut, *ein Jude*.
— — *ein Schurke*. Tfifut. Gazember.
Tfopor. } *die Heerde* {Tfoport.
Tforda. } {Tforda. Gulya.
Udol, *ein Thal*. Udu. Udvos. Völgyes.
Uzengija, *der Steigbiegel*. Kengijel. Kengyel.
Uzki. *Eng*. Szük.
Ufzmiriti. *Zähmen*.
— — *Notitia*. *Amicitia*. Esméret.
— — *Cognofcere*. *Cicurare*. Esmérkedni.
Ugolok. *Parvus angulus*. Szugolék.
Umét. *Quisquiliae*. Szemét.
Urok. *Vectigal*. *Tributum*.
Schlinge. *Laqueus*. Urok.
Ufzmar. *Coriarius*. Timár.
Zlotvor, *der Feind*. Lator. Gonofz. Ártalmas.
Zamet. *Auskehricht*. Szemét.
Zapal, *der Bauchfchlag bey Pferden*. Zabálás.
Zatfinaju. *Ich fange an*. Tfinálom. Kezdem.
Zatfinatal. *Urheber*. Tfinálo. Teremtö.
Zatfinjaju. *Ich mache zu*. Bétfinálom.
Zob, *der Haber*. Zab.
Zubok, *das Zänchen*.
der Schenkel der Vögel. Tzubok. Tzubák.
Zapor. Zatvor. *Peffulus*. *Claufura*. Zár.
Zatvornik. *Monachus*. *Anachoreta*.
Zárondik. Szarándok. Zárkozvaélö. Remete.
Zep *Crumena*. 'Seb.
Jabednik, *ein Zungendrefcher*. Ebegö.
Jafzli, *die Grippe*. Jáfzol.
Jao! *Weh mir!* Jaj!
Javor. *Acer*. Jávor. Juhar-fa.
Jarem. *Jugum*. Járom.
Jaremni vol. *Jugalis bos*. Járomi. Ja'rmas ökör.
Junitza. *Juvenka*. Tinotza. Tinotska.
Junofa. *Adolefcens*. Inas. Legény.
Junótka. *Puella*. Inafka. Szolgálotfka.
Valov, *der Trog*. Vállu.

Valjanije, *das Walken.* Ványolás.
Valjalnja, *die Walkemühle.* Ványolo.
Vdovetz, *der Witwer.* Odvetz. özvegy.
Veſzlo; *das Ruder.* Evezö.
Veſts, *ein Ding. Res.* Teſt (*Corpus*).
Vzor, *der Blick.* Vezér (*Dux*).
Vitez, *ein Held.* Vitèz.
Vlagaliſtſe. *Futteral. Scheide. Vagina.* Valaga. *Vagina uteri.*
Voditel. *Führer.* Vedetö. Vezetö.
Vodonoſz. *Gießkanne.* Bodon. Bodonka. Kártos. Sajtár. Kantſo.
Vratſaritza *Venefica. Saga.* Vará'slo. Boſzorkány.
Vrats, *der Arzt.* Vrus. Urus. Vará's. Vará'slo. Kuru'slo.
Vajalo. *Scalprum.* Vájo. Vájkálo. Mettzö. Véſö.
Vajanije. *Sculptura.* Vájás. Mettzés.
Vajatel. *Sculptor.* Vájo. Mettzö.
Vajaju. *Sculpo.* Vájom. Mettzem. Véſem.
Várenije. *Coctio* Párolas. Foralás.
Várju. *Coquo.* Párolom.
Razvarjaju. Forázom. Párolom.
Varjanije. *Expectatio.* Várás. Várja.
Vetſernja. *Veſpertinae praeces.* Vetſernye.
Viſzki. *Tempora, die Schläfe.* Vaſzki. Vakſzem.
Vor. *Fur* Or.
Voruju. *Furor.* Orozok.
Voro'ſeja. } *Magus. Augur.* {Vará'slo.
Volkhv. } {Bölts (*Sapiens*).
Volſevſztvo. Magia. Böltſeſég (*Sapientia*).

Vocabularium Bohemico-Latino-Hungaricum comparativum.

Antek. *Trama, der Eintrag.* Ontok.
Almuzna. *Elemoſyna.* Alami'sna.
Baereg. *Ufer.* Part.
* Baſſta. *Munimentum. Baſtion.* Báſtya.
Bauda. } *Zelt. Scena* } Buda.
Zatrenj. } } Sátor.
Bednár. *Binder.* Bodnár.
Bez. *Sambucus.* Bozza. Borza.
Birmowánj. *Confirmatio.* Bérmálás.
Biſkup. *Epiſcopus.* Püſpök.

Bol.

Bol. *Schmerz.* Baj.
Bilyna. *Hyofciamus.* Bilin. Belind.
Broſkew. Breſkew. *Perficum malum.* Barátzk.
Blag. Blago. *Felix.* Boldog (*Balog*).
Buzykan. *Clava.* Buzogány. Boty. *Pero.* Botskor.
Cecek. *Mamma.* Cſecs. Cſecſek.
Cep. *Tribulum. Dreſchflegel.* Cſép.
Chalupa. *Hütte.* Kaliba.
Chodecky odew. *Cento. Lumpen.* Czondra.
Chyba. *Error.* Hiba.
Chibiti. *Errare.* Hibitni. Hibázni.
Chlupaty. *Villoſus.* Cjapotas. Gyapottas, Gyapjas.
Cykán. *Zingarus.* Czigány.
Czech. Cſech. *Boëmus.* Cſeh.
Celed. *Familia.* Cſeléd.
Cin. *Facinus.* Cſinnya, tette van.
Cifty. *Purus.* Tiſzta.
Ctwrtek. *Dies Jovis.* Cſötörtök.
Cupryna. Cuprynka. *Haarlocke.* Cſutri-haj. Ujtök.
Chlup. *Lana.* Gyapju. Gyep. Owce chlupata. *Ovis lanuginoſa.* Glapatas. Gjapatas. Gyapjas-juh.
Deſſka. *Tabula.* Deſzka.
Debell. *Dick.* Debella. Déberke.
Dlato. *Caelum.* Gyalu.
Dofti. *Satis. Abunde.* Doſztig.
Drobiti. *Minuere.* Darabolni.
Drobvy. *Minutus.* Darab. Apro.
Dunag. *Danubius.* Duna.
Djzka. *Mulctrale.* Dé'ſka. Dé'ſa.
Dzban. *Urceus.* Tſobán.
Facalit. *Linteolum.* Patyolat. *Italice.* Facloletto. *Fátyol.*
* Fakule. *Fackel. Fax.* Fáklya.
Forman. *Fuhrmann.* Furmányos. Fuváros.
Fuhra, *die Fuhr. Vectura.* Fuvar.
Gbel. *Situla. Kübel.* Köböl.
Gehlitze. *Ononis.* Iglitze tövis.
Geſſterka. *Eidex. Lacerta.* Gyék (In compendio hiſt. nat. germanico *Cl. Blumenbach* nominatur ſpecies Lacertarum 7. Lacerta *Gecko* quae eſt Stellio vel Scaurus veterum. Haec denominatio, et hungarica *Gyék*, ex eodem fonte promanaſſe videntur).
Geltna. *Urceus muſtarius.* Geléta.
Gircha. *Aluta.* Irha.

Gir-

Girchar. *Weisgärber* Irhás.
Gollar. *Amiculum. Collare. Brustkleid.* } Gallér.
Kollar, *ein Goller. Rock ohne Aermel.* }
Hädka. *Contentio.* Had.
Hlas. *Sonus. Stimme.* Hallás (*Auditus*).
Hmozditi. *Quassare. Schütteln.* Mozditni.
Hon, *ein Joch-Feld Jugerum.* Hold-föld.
Hrube chatrne suknо. *Grobes schlechtes Tuch.* **Huruba. Pokrotz'zal fedett kaliba.**
Hrubi. *Crassus. Grob.*
Hrasstě. *Gebüsch. Frutex.* Harafzt. Elföjövés. Uj kapofzta levél.
Hrebenar *Pectinarius.* Gerebenes.
Hrib. *Boletus.* Hiribi gomba.
Hudec. *Fidicen.* Hedegüs.
Kabat. *Thorax.* Kabát.
Kachna. *Ente. Anas* Kácfa.
Kacer. *Anas mas. Enterich.* Gácfér.
Kacyr. *Ketzer. Haereticus.* Kaczér. **Kaczérul vélekedö, 's** befzéllö Eretnek.
Kád. *Cadus. Lacus.* Kád.
Kalamar *Atramentarium* Kalamáris.
Kanek. *Verres. Verschnittener Eber.* Kan.
Karabac. *Scutica. Flagellum.* Korbács.
Kanę. *Vultur, der Geyer.* Kánya.
Kawka. *Monedula.* Cfóka.
Kaukol. *Zizania.* Konkoly.
Krmiti. *Mästen.* Kövéritni.
Krmenj. *Mästung.* Kövérmény. Kövérités. Hizlalás.
Klamar. *Mendax.* Kalmár. *Quaestor. Kaufmann.*
Klás. *Spica.* Kaláfz. Buza-fö.
Klubati. *Cavare.* Kuvad a' dio, Kuvafztani. Koppafztani.
Knjha (*Russ* Kniga). *Liber.* Könjv.
Kocj *Auriga.* Kocfis.
Kolotati. *Agitare.* Kalandozni.
Kolo. *Rad.* Küllö. Küvö. Kerék.
Kolomáz. *Wagenschmier. Axungia.* Kolomáz. Kerék-máz.
Kozka. *Capella.* Keczke.
Komornjk. *Camerarius.* Komornyik.
Kamjuka. *Fornacula* Kemencze.
Klyh. *Gluten. Pappe.* Kilih. Cfiriz.
Kord. *Gladius.* Kard.
Kopaná-fûl. *Fossilis sal* (Kopanya. *Cranium fossile*).
Kopac. *Fossor. Gräber.* Kapás.

Korec.

Korec. *Modius.* $\frac{1}{8}$ *Scheffel.* Koretz.
Koff. *Cophinus.* Kas. Kofár.
Koftovati. *Guftare.* Koftolni.
Koftovany. *Guftatus.* Koftolvány. Koftolás.
Koffut. *Hircus.* Kos.
Kow. *Metall.* Köve. Kö. Értz-kö.
Kozeffnjk. *Pellio.* Zöffnik. Szöts.
Kramar. *Krämer.* Kalmár.
Krahulec. *Stoßvogel.* *Accipiter.* Karuly.
Kreycar. *Cruziger.* *Kreuzer.* Krejczár. Krajczár.
Kuba. *Langer Pelz* *Wildfchur.* Guba.
* Kuraze. *Courage.* *Audacia.* Kurá'fi. Bátorfág. Mérèfzfég.
Kukruc. *Mays.* *Türkifcher Weizen.* Kukuricza. Törökbuza. Tengeri. Málé.
Kus. *Pars.* Kis Darab.
Kus kleba, *ein Stück Brodt* Kis kenyér.
Kuzek. *Rocken.* *Colus.* Gu'faj.
Kwafyti. *Epulari.* *Verpraffen.* Keveffitni. Vefztegetni.
Kwafytel. *Schlemmer* *Nepotator.* Keveffitö. Pazérlo.
Kyfely. *Accidus.* Keferü.
Lantka. *Pupa, eine Docke* Lánka. Léányka.
Laupiti. *Plündern.* Lopatni. Lopni.
Laupez. *Raptum.* *Spolium.* Lopás. Ragadomány.
Lat. *Latte.* *Tigillum.* Létz.
Left. *Dolus.* *Hinterlift.* *Fortel.* Les.
Les. *Silva.* Les. Les-be állani. Les-be vadáfzni.
Lezác. *Nichtswürdiger Menfch.* Le'fák. Henye. Léhütö.
Lig. *Montis devexum.* Liget.
Licka. *Laqueus.* Kaliczka. Kelepcze.
Lelek. *Corvus nocturnus.*
Anima. *Geift.* *Geiftererfcheinung.* Lélek. Fejér-ember. *Terriculamentum.*
Lodicka. Lodka. } *Navicula.* { Ladikotska. Ladik.
Clunek. } { Cfolnak.
Lot. *Lat.* *Semuncia* Lot.
Medenice. *Pelvis* Medencze.
Megdlo. *Smegma.* *Seife, und alles, was faubert.* Mo'sdo. Fejéritö. Kendödzö.
Merenj. *Dimenfio* Mérés.
Mjza. *Mélligo.* *Saft des Baumes.* Mezge.
Mjle. *Meile* Mél-föld.
Mlinár. *Molitor.* Molnár.
Moteyl. *Papilio.* Mètely. Hernyo. Bogár. Féreg.

Mráz. *Froſt.* Zuzmaráz.
Mrkew. *Daucus carota.* Murok.
Mrwa. *Dünger. Miſt. Feſtuca. Stoppel.* Murva. Széna murva. Széna töredék. ſzálka.
Muſy. *Oportet, Debet. Es muſs.* Muſzi.
Mjſa. *Campus. Deſertum.* Mező.
Nádra. *Sinus, der Buſen.* Nádra. Nádrája. *Uterus, Vagina uteri.*
Nátha. *Diaria Febris.* Nátha. *Catharrus.*
Nemec. *Germanus.* Német.
Nemy. *Mutus.* Néma.
Nezbedny. *Imperitus* Nebelgő.
Noha. *Pes.*
Nohavice. Nogawice. *Caligae.* Nagrág. Nadrág.
Nyſſpule. *Miſpel.* Naſzpolya.
Objle. Obilj. *Frumentum.* Gabona.
Objlna bél. *Ador. Kraft-Mehl.* Gabona-bél. Liſzt-lang.
Objlna kaſſna. *Getreide-Kaſten.* Gabona Kas. Gabonás.
Objlna lopat. *Frucht-Schaufel.* Gabona lapát.
Objlny ſnop. *Merges.* Gabona kéve.
Obnazeny. *Nudus.* Nazitelen. Mezitelen.
Ob'ſazenj. *Textus, das Weben.* Vázen. Váſzon.
Obéd. *Prandium* Ebéd.
Obéd kneſky. *Coena domini.* Ur ebédje. Urvatſorája.
Obr. *Gigas. Rieſe.* Oriás. Obriás.
Obrok. *Pabulum. Futter.* Abrak.
Obzerny. *Edax.* Obſolo. Hapſolo.
Oblauk *Fornix.* Ablak (*Feneſtra*).
Ocel. *Chalybs.* Aczél.
Olei. *Oleum.* Olaj.
Oharka. *Mucus.* Hártya. A' Penéſz kezdete a' boronn, *Hártya.*
Okolek. *Ambitus.* Akol. Kerités.
Okow. *Eimer. Urna.* Ako.
Okurka. *Cucumis.* Ugorka.
Opat. *Abbas.* Opát Ur.
Orati. Worati. *Ackern.* Aratni. *Metere.*
Orac. Worac. *Agricola.* Arato. *Meſſor.*
Oſten. *Aculeus.* öſztön.
Oſtruha. *Calcar. Stimulus.* Oſtor (*Flagellum,* quod ſtimuli vices ſubit.
Ozralce. *Vinolentus. Ebrius.* Ralceg. Réſzeg.
Paleny. Wjno palene. *Crematum. Vinum aduſtum.* Pálinka.

Pan.

Pan. *Dominus*. Bán. *Banus*.
Pachole. Pacholicek, *ein Bub*, *ein Knechtlein*. Fattyu. Fattyaróka Veczek. Gyerköcze. Ficzko. Suhancz.
Pánew. *Sartago*.
-- -- 'Sar. *Aestus*. *Calor*. 'Serpenö. Serpenyö. *Sartago*.
Panna. *Virgo*. Panna afzfzony. Panda afzfony.
Pára. *Halitus*. Pára.
Párkan. *Pomerium*. *Zwinger*. Párkány. Kerités. Párkányozat.
Pafſtrnák. *Paſtinaka*. Pefzternák.
Pauzdro. *Futteral*. *Pharethra*. Puzdra. Tok. Hüvej.
Pazderj. *Stupa*. Pozdorja.
Paweza. *Chlypeus*. Pai's. Pai'f'fa. *Poſſ*.
Pawla'c. *Erker*. *Podium*. Padla's. Erkely, Fojofo.
Patek. Pietok. *Dies Veneris*. Péntek.
Patak, *ein Fünfpfenniger*. Peták.
Pecene. *Braten*. Pecfenye.
Pecet. *Sigillum*. Pecfét.
Peklo. Orcus. Pokol.
Penize. Penjz. *Numus*. *Penſa*. *Pecunia*. Pénz.
Penjzek. *Nummulus*. Pénzetske.
Pentle. *Stirnband*. Pintli.
Perj. *Pluma*. Perje. Peihe. Pihe. *Perje-fü*. *Gramen*.
Petrzel. *Apium*. Petrezelyem.
Pidj-muzjk. *Nanus*. *Pumilio*. Pidja. Puja-ember.
Pjla. *Serra*. Pijlefz. Firefz. Füréfz.
Pilnjk. *Lima*. Piléfz. Firéfz. Füréfz. Füréfzelö. Refzelö.
Pjti. *Potare*. Pitizálni. Szürtfölni. Hörpögetni.
Pinta. *Maas*. Pint. 2 Itze.
Plech. *Blech*. Pléh.
Podlaha. *Pavimentum*. Padlo. Padlás.
Pohanka. *Heydenkorn*. Pohánka. *Pogánka*.
Poklicka. *Operculum*. Pokrocz.
Poftla'nj. Vftla'nj. *Stratum*. *Stragula*. *Allerley Deckzeug*. *Satteldecke*. Fofzla'ny. Oltfo fejér dolma'nka.
Poliwka. *Juſculum*. Poléka. Pojéka.
Pofmjwac. Smefsny. *Riſor*. *Ridibundus*. Mofojgo. Vigyorgo, Neverö.
Prcka. *Naſenſtüber*. Fricfka. Kontis.
Precljk. *Pretzen*. Perecz.
Preflen. *Verticillus* Perefzlen.
Prucenj. *Mandatum*. Poroncfolat.
Prak. *Funda*. *Schleuder*. Parika. Parittya.

Puda. *Dachboden*. Buda. Padlas. Pad.
Půl wedra. *Metreta*. Fél veder.
Pusta mjsa. *Rauher wilder Ort. Tesqua*. Puszta mezö.
Pussny. *Insolens. Superbus*. Puszke. Büszke. Nyalka. Hetyke.
Kevély. Gögös. Dölfös.
Pradlj. *Lotrix*. Feredli. Feredö- Moso.
Prowaz. *Strick. Funis*. Pa'nyva'zo. Pa'nyva's kötél. Pora'z.
Ra'd. *Ordo*. Rend.
Rucho. *Kleid*. Ruha.
Rudy. *Fulvus. Dunkelroth*. Rut. Verhenyös.
Repjcek. *Starcek. Eupatorium. Agrimonia*. Repcsen. Mu-*ßár*.
Retez. *Catena*. Retesz. La'ntz.
Retkew. *Raphanus*. Retke. Retek.
Rez. Rezna. *Rubigo*. Re'sda. Ro'sda.
Rezati. *Scindere*. Reszelni. Va'gni.
* Rytmowy wers. *Rythmus*. Rigmus-vers.
Rwati. *Rugire*. Ríni. Ríva. Rívok. *Sivok-rivok*.
Sas. *Saxo*. Sza'sz.
* Sanytr. *Salpeter. Nitrum*. Salétrom.
Saumar. *Equus clitellarius*. Szama'r. *Asinus. Italice*. Somaro.
Saused. *Vicinus*. Szomszéd.
Sedlak. *Agricola. Colonus*. 'Sellér.
Seka'cek. *Culter incisorius*. Szaka'ts-*vágo-kés*.
Sekac. *Foeniseca*. Széna va'go. Kasza's.
Sekati. *Secare*. Bontzolni. Vagdalni. Aratni. *Metere*.
-- -- *Secator. Transchierer*. Szaka'ts (*Coquus*). Bontzolo. Vagdalo. Tra'ntsirozo.
Seyr. *Caseus*. Seyt. Sajt.
Sbrebeny. *Cernuus*. Sérény. Meredek. Lefeléhanyatlo.
Ska'la. *Cautes*. Kö-skala. Köszikla.
Skok. *Saltus*. Szök. Szökés.
Skoki. *Saltatio. Tanz*. Szökés. Ta'ntz.
Strinka. *Weinpresse*. Sztrunga. Eszterga. Sajto.
Slabika'r. *Abecedarius. Elementarius*. Silabika'lo.
Slad. *Maltz*. Szalad.
Sladek. Zythopepta. Szalad-ser-fözö.
Slanina. *Lardum*. Szalonna.
Slaup. *Columna*. Oszlop.
Slepice. *Gallina*. Pitye.
Smetj. *Sordes. Quisquiliae*. Szemét.
Sochor. *Vectis. Stange. Hebel. Hebbaum*. Szekér (*Currus*).
Sogka. *Nußhacker*. Szarka.

Sopel.

Sopel. *Mucus. Rotz.* Szopelnyicza. Szopornyicza. *Rotz, eine ansteckende, sehr gefährliche Krankheit bey Pferden.*
Schowanka. *Alumna.* Sova'nka. Sova'ny. Rüdeg. Nevedékeny.
Srati. } *Cacare. Excernere.* {Szarni.
Wyprazniti-se. } {Paráználkodni. Tisztátalankodni.
Starcek. *Eupatorium. Agrimonia.* Mustár.
Strakáty. *Versicolor.* Tarka.
Streda. *Dies Mercurii.* Szereda.
Strep. *Testa* Tserép.
Szobata. *Sabathum.* Szombat.
Stworitel. *Creator.* Teremtö.
Stworenj. *Creatura.* Teremtmény.
Stupadla. *Scabellum.* Padlo. Padlás.
Swetlo. *Lux.* }
Swjka. *Candela.* } Szövétnek. Fákja. Gyértya.
Switedlnice. *Lucerna. Fax.* }
Swetnice. *Hypocaustum.* }
Swoboditel. *Erlöser.* Szabadito.
Syn. *Vestibulum.* Szin.
Synka. *Atrium.* Szinke. Szinetske.
Sypeti. *Sibilare.* Sipolni.
Sytko. } *Cribrum.* {Szita.
Ricice. } {Rosta.
Ssaffar. *Oeconomus.* Sáfár.
Ssaffarsca. *Oeconoma. Schafferin.* Safarina. öreg-aszszony. Koltsárné. Komorna.
Ssalba. *Offuciae. Täuscherey.* Tsalfa. Tsalfaság.
Sseplawy. *Blaesus.* Selyp.
Ssew. *Sutura, eine Naht.* Szegéj.
Ssjpek. *Rubus caninus. Hetsche-petsch.* Sipke gyümölts.
Sskarpal. *Soccus.* Kapcza.
Sskatule. *Schachtel.* Iskatulya.
Sskrecek. *Cricetus.* Hörcsök.
Sskrine. *Scrinium.* Szekrény.
Sslepege. *Vestigium.* Lépés. Leppegés.
Sslich. *Auri ramenta leviora.* Sslik.
Ssorna. *Radula. Schabeisen.* Sorlo. Sarlo.
Sspunt. *Orificium. Spundloch.* Unt. Ont. Ontora. Hordo szája.
Sstebetati. *Garrire.* Ebegni.
Sstebetni. *Garrulus.* Ebegö. Tsevegö. Lots-fets.
Ssterbina. Ssterbnica. *Hiatus. Kerb. Ritz.* Tsorba. Rovás.

Sſuba. *Unterkleid.* Suba.
Sſuſteny. *Murmur.* Suttogás. Szuſzſzanás.
Tabor. *Caſtra.* Tábor.
Tagiti. *Occultare. Verhalten.* Tagadni (*Negare*).
Zatagenj. *Reticentia.* Tagadás.
Tahati. *Trahere.* Taſzitni.
Taſſka. *Taſche.* Táſka.
Tapart. *Cento. Bettlersmantel.* Tapartyos. Tortyos. Rongyos.
Telatko. *Vitulus.* Tulok.
Tenki. Tenka. *Tenuis.* Gyenge.
Tenke ſukno. *Dünnes Tuch.* Gyenge ſzoknya, poſzto.
Tenke platno. *Syndon.* Gyenge váſzon.
Teſar. *Faber lignarius.*
— — *Scheidemacher.* Tſiſzár. Hüvej-tſinálo.
Tehotná. *Gravida.* Teher-viſelö. Terhes. Viſelös. Nehézkes.
Tok. *Alveus fluminis.* Tó. Tója. Tokja. Árka á ſojoviznek.
Trakar. *Schiebkarren.* Targontza.
Treſenj. *Tremor.* Rezzen. Rezegés. Rezzenés.
Treſkot. *Fragor.* Reſzketés. Ropogás. Harrſogás.
Turek. *Turca.* Török.
Twaroh. *Lac coagulatum.* Tarho.
Tworce. *Creator.* Teremtö.
Tulawy. *Vagabundus.* Tolvaj.
Tulich. *Pugio.* Tör. Török.
Turecka. *Turcica.* Toroczk, *eine kleine Art Kanonen.*
Tikati. *Tuiſſare. Dutzen.* Tegetni.
Tyk. *Sudes. Zaunſtecken.* Tőke. Támaſz. Karo.
Urad. Vrad. Aurad. *Officium. Munus.* Uradalom. Uralkodás. Hivatal.
Uradlnjk. Vradlnjk. Auredlnjk. *Officialis. Amtmann.* Uradalnok. Tiſzt. Ur.
Urozeny. Vro-zyn. Vrozeny. *Edel-Knab.* Ur Sohn. Urfi.
Uredlnicy. | *Magnates. Groſse Herren.* Urak.
Neywysſſy auredlnicy. | Uralkodók. Tiſztek. Nemes Urak.
Urózenoſt. Vrozenoſt. *Adel-Stand. Nobilitas.* Uraſág. Nemeſſég.
Ubruſz. *Mappa.* Abroſz.
Udolj. *Vallis.* Udu. Udvas. Völgyes.
Ugaty. *Prehenſus. Angefaſst.* Ugatott. Meg-is-kapott.
Vcene. *Docte.* Böltſen.
Watta. *Warte.* Várda.
* Wandrownik. *Wanderer.* Wándor. Wándorlo.

Wáda. *Tadel. Vitium.* Vád. Otſárlás. Hiba-kereſés.
Wdowec. *Viduus.* Odvek. özvegy.
Wadnauti. *Marceſcere.* Vánnyadni. Fonnyadni.
Wederce. *Situla.* Vederke.
Wek. *Aevum. Seculum.* Vég. *Finis.* Véghetetlen. *Infinitum.* *Quod in ſecula durat.*
Weliki patek. *Paraſceves dies.* Nagy péntek.
Werbowati. *Milites conſcribere.* Verbuválni.
Werſſ. *Verſus.* Vers.
Wertel. *Modiolus.* Fertály.
Wincaur. *Vinitor. Winzer.* Vinczellér.
Winice. *Weingarten.*
— — *Sarmentum. Caules vitis exſiccatae.* Venike.
Wiſák. *Bulga. Satteltaſche.* Iſzák. Altalvető.
Vacek. *Mantica.* Vaſzok. Féſzék. Iſzák.
Wjtez. *Victor.* Vitéz.
Wjdle. *Gabel. Furcella.* Villa.
Wočarowany. *Faſcinatus.* Ocſárolmány. Ocſárolt. Megveſztegetett. Megveſztett.
Wočarowanj. *Magia.* Otſárolás. Meg-veſztés.
Wodnice. *Urna.* Bodonka. Vedres deberke.
Wezti. *Vehere.* Vezetni. Vinni.
Wozenj. *Vectio.* Vezetés. Vivés.
Wozatag. *Auriga. Wagenhüter.* Vezeték. *Arctophylax.*
Witknauti. *Luxare.* Fitzamodni. Menyülni. Marjulni. Hejjiből ki menni.
Wztekly. *Rabioſus.* Veſzett. Dühös.
Wyzyna. *Huſo, Hauſen* Viza.
Wodnj kachna. *Tauch-Ente.* Vad-káczſa.
Woſzkovány. *Wachsleinwand. Tela cerata.* Viaſzolmány. Viaſzas váſzon.

Terminatio haec: *mány*, *vány*, *vánj*, *vénj* videtur ex Bohemico in Hungaricum adoptata eſſe, ut exempla ſequentia docent.

Odſtawény. *Abgeſpähnt.* Vállaſztvány.
Prigjmanj. *Perceptio.* Tapaſztalmány. – *lás.*
Merenj *Dimenſio.* Méremény. *rés.*
Forowánj. *Vectura.* Furmány.
Fintowánj. *Imaginatio.* Fingálmány. Költemény.
Kupowanj. *Emptio.* Váſárolmány.
Koſtowany. *Guſtus.* Koſtolmány.
Nabadanj. *Inſtigatio.* öſztönözvény.

Nadymanj. *Inflatio.* Fuvalkodvány.
Birmowänj. *Confirmatio.* Bérmalvány.
Namáceny. *Intinctio.* Mocskolmány.
Pochybowánj. Hibázmány. *Dubitatio.*
Zagjkati. *Haesitare lingua.* Zakatolni. Akadozni. **Galagyolni.**
Zaltár. *Psalterium.* 'Soltár.
Zawariti. *Defervere.* Zavaritni. **Zavarni.** ***Trüben.***
Záwora. *Obex.* Zár.
Zebrawi. *Bettelhaft.* 'Sobrák.
Ziwy. *Vivus.* Sziv (*Cor*). Szive.
Zlotrili clowek. *Nequam.* Lator. Gonosztévő.
Zwac. *Plauderer.* Zevegö. Csevegö. Zajgo. **Szajko.**
Zwany. *Loquax.* 'Sivány. Kortsomakonn 'Sibongo, **tsevegő.** Lédér.
Zluty. Zeleny. *Viridis.* Zöld.
Zawrenj. *Claustrum.* Záromány. Klastrom.
Zawrti. *Claudere.* Zárni.
Záwora. *Riegel.* Záro.
Zyma.} Mraz.} *Frigus.* Zuzmaráz.
Zridka. *Raro.* Ritka. Ritkánn.

Vocabularium Polonico - Germanico - Hungaricum comparativum.

Badàcz. *Forscher. Chercheur.* Vadász (*Venator*).
Balwan. *Götzenbild.* Bálvány.
Baran. *Schaaf. Lamm.* Bárány.
Barta. *Barte. Axt.* Bárd. Fejsze.
Bawoł. *Büffel.* Biwal.
Bazar. *Markatener Platz im Lager.* Vásár.
Bocik, *ein kleiner Stiefel.* Bocskor. *Pero.*
Bokal. *Pocal. Pocale.* Bokáj. Kantso.
Brat. *Bruder.* Barát. Báty.
Brona. *Egge.* Borona.
Brozda. *Furche.* Borozda.
Bryndza. *Brinse. Käse.* Brindza. Turo. Sajt.
Buba. *Schreckbild.* Buba (*eine Puppe*).
Buda. *Zelt.* Buda. (*Abtritt*).
Bukiew. *Fagus. Buche.* Bik-fa.
Bukszpan. *Buchsbaum.* Puszpáng.
Burka. *Kurzer Mantel.* Burok. **Burka. Burkolni.** Takarodzni.

Buta. *Stolz.* Buta. Büſzke. Nyálka. Hetyke. Gőgös. Gangos. Kevély. Negédes. Goromba.
Buzdygan. *Streitkolbe.* Buzdogány.
* Cedula. *ein Zettelchen.* Czédula.
Cegla. *Ziegel.* Tégla.
Cel. *Ziel.* Czél.
Ciokam. *Streicheln.* Czirokálni.
* Cmyntartz. *Cemeterium.* Czinterem.
Cwykla. *Beta.* Czékla.
* Cyfra. *Zero.* Czifra.
Cygan. *Zingarus.* Czigány.
Czapeczka. Czapka, *ein Mützchen.* Cſepicza. Sapka.
Czekan. *Fauſthammer.* Cſákány.
Czeladny. Czeladz. *Hausgeſindel.* Cſeléd.
Czereśnia. *Ceraſum.* Cſeresnye.
Czlowiek. *Vir quadratus. robuſtus.* Czövek. Oſzlop. Iſtáp. Torony. *Sudes. Palus. Columna. Turris.* Sunt ſymbola fortitudinis, et ſaepe virum fortem exprimunt.
Czlowieczek. *Kerlchen.* Veczek.
Czolnek, *ein Kahn.* Cſolnak.
Czomber. *Satureia.* Cſombor.
Czuch. *Odoratus.* Szag Szaglás.
Czuwacz. *Laurer.* Kuvaſz (*Canis vigilans. Phylax*).
Czyn. *That Werk. Arbeit.* Cſin. Cſinnya van. Tette van.
Czynie. *Thun. Machen.* Cſinálni. Tenni.
Czynnoſc. *Thätigkeit. Ausübung. That.*
— —*Ausgeputzt. Thätig. Sorfältig.* Cſinos. *Szorgalmatos. Gondos.
Czyſto. *Rein. Reinlich.* Tiſzta.
Deſka. *Brett.* Deſzka.
Doboſz. *Tambour.* Dobos.
Dobry dzien. *Ein ſchöner Tag. Guten Morgen!*
Debrecinum. Debreczen. *Civitas celeberrima hungagarica.*
Dolegam. *An etwas ſtoßen, anliegen* Dolgom. Dolgozni. Foglalatoſkodni. *Occupari.*
Doloman. *Waffen Rock. Kurzer Rock.* Dolmány.
Doſtatok. *Vorrath. Ueberfluß.*
Doſtatkiem. *Ueberflüſſig.* Döſztig. Nyakig. Megelégedéſig.
Duchna. *Feder-Mütze.* Dunyha (*Eider-Dunen*).
Duda. *Sack-Pfeifer.* Duda. Dudás.
Dupa, *der Podex.* Dupé.
Durak. *Dummer, ſtolzer Kerl.* Durczás.

 Dzielo.

Dzielo. *Werk. Arbeit.* Dolog.
Figa. *Feige. Ficus.* Fige.
Fortel. *Vortheil.* Fortély.
Gacie. *Unterhosen.* Gatya.
Gay. *Wald* Gaj. Ágbog. Tſepleſz.
Galuſzka. *Klos von Mehl.* Galuſka.
Gegam. *Schreyen, wie eine Gans.* Gágogni.
Larynx. Gége.
Gnoy. *Menſchenkoth. Koth der Thiere.* Ganéj.
Golab, *die Taube.* Galamb.
Gozpodarz *Hauswirth* | Gazda.
Gozpoda. *Freyes Quartier.* |
Gunia. Gunka. *Zottiger Rock von grobem Zeuge.* Gunya.
Interes. *Intereſſe Uſura.* Interes. *U'ſora.*
Junak. *Junger Kerl.* Finak. Inas.
Izba *Stube.* Szoba.
Kalifior. *Blumenkohl. Karfiol.* Kárdifiol.
Kanczug. *Kurze Peitſche.* Kantſuka.
Kantar *Beyzügel.* Kantár.
Karczma. *Schenke.* Korcsma.
Karczmarz. *Schenker* Korcsmáros.
Karwaſz. *Armſchiene am Harniſch.* Kar-vas.
Kaulrapa. *Kohlrabi* Korélábé.
Kazub. *Büchſen von Baumrinden.* Kazup.
☼ Kiebel. *Eimer.* Köböl.
Klatka. *Vogelbauer.* Kalitzka.
Klotka. *Vorhängeſchloß.* Lakotka. Lakat.
Kluza. *Gefängniß.*
Kluz. *Harter Paß, oder Zeltergang der Pferde.*
— -- *Claudiopolis. Urbs Tranſilvaniae.* Klu's *Valachice.*
Kolo's-var, *Hungarice.*
Kobza. *Inſtrumentum muſicum.* Koboz.
Kociel. *Gen.* Kotla. *Keſſel.* Katlan, mellyben az ũſt áll.
Kokoryku. Kokoſz. *die Henne* Kukorékolo. Kokas (*ein Hahn*).
Kokoſzka. *Dim.* Kokaſka (*Hähnlein*).
Kolpak. *Hohe Mütze.* Kalpag.
Komin. *Schornſtein.* Kémény.
Komornik. *Kammerjunker.* Komornyik.
Konitzek. *Kleines Pferd.* Kantza (*Stutte*).
Koperta. *Einſchluß.* Koperta.
Koprowy. *Dille.* Kapor.
Kopitnik. *Aſarum Europäeum.* Kapotnyak.
Kopyto. *Leiſte.* Kapta.

Korbacz.

Korbacz. *Karbatſche*. Korbács.
Korduan. Kordyban. *Korduan-Leder*. Kordovány.
Koronka. *Roſenkranz* Koronka. *Pagus Tranſilvaniae*.
Koſa. *Senſe*. Kaſza.
Koſeczka. *Dim*. Kaſzácska.
Koſzara. *Korb*. Koſa'r.
Kaſzalka. *Dim*. Koſa'rka.
Kotlina. *Feuer-Heerd*. Katlan.
Krag. *Gen*. Kregu. *Kreis*. Kerek. Kerék.
Kubek.] *Becker*. Kupak.
Kubka.] Kupa.
Kuchnia, *die Küche*. Konyha.
Kuchta, *der Küchen-Junge*. Kupta. Kufta.
Kula, *eine Kugel*. Gula. Golo. Golyo. Golyobis.
Kulak. Kulyak. *Fauſt*. Kulyak.
Kulik. *Mewe*. üllü. ölyv.
Kurwa. Kurewka. *Hure*. Kurva.
Kurewnik. *Hurer*. Kurva's.
Kurta. *Kurzer Rock*. Kurta ruha.
Kurwac'iemac'. *Deine Mutter die Hure*. Kurvazanya'd.
Kwas. *Sauerteig*. Kova'ſz.
Kwaſze. *Säuern*. Kova'ſzozni.
Kwaſony. *Geſäuert*. Kova'ſzos.
Lan. Lyan. *Hirſchkuh*. La'ny. Lya'ny. Léa'ny (*Filia*).
Lanca. *Lance*. La'ncſa.
Lan'cuch, *die Kette*. La'ncz.
Lapam. *Fangen*, *haſchen*. Lopom (*ich ſtehle*).
Laweczka. *Bänkchen*. Lapotzka. Padotska.
Lapata.]
Lopatka.] *Schaufel*. Lapàt.
Lektyka, *eine Sänfte*. Lektika.
Lug. *Lauge*. Lug.
Mak. *Papaver*. Ma'k.
Malina. *Himbeere*. Ma'lna.
Maslok. *Maſchlach* (*Türkiſch*). Maſzlag. Opium.
Maza. *Schmutz*. Ma'z.
Miednica. *Becken von Metall*. Medencze.
Mila. *Meile*. Milföld. Mélföld.
Mocze. *Einweichen*. Mosni. Béa'ztatni.
Motowidlo. *Haſpel*. Matolla.
Mozgowcowy, *das Gehirn*. Mozgo, mozgato erö kutfeje. Agy velö.

Niebiegle. *Ungeübt. Unwissend.* Nebelgö. Gyakorlatlan. Tudatlan.
Niemy. *Stumm.* Néma.
Niewola. *Sçlaverey* Nyavalya. Nyomorusa'g. Rabsa'g.
Nota. *Melodey. Ton. L'air.* Nota.
Obiad. *Mittagsmahlzeit.* Ebéd.
Obiądnie. *Prandere* Ebédelni.
Obrecz. Obraczka. *Kleiner Reif.* Abronts. Abrontsotska.
Obráz. *Bild. Abbildung. Vorstellung.* Abra'zat. A'bra'zola's.
Obrona. *Wehr. Schirm* Borona. Pala'nk. Védelem.
Obrus. *Tischtuch.* Abrosz.
Ocet. *Essig. Acetum.* Eczet.
Odlog, *eine Brache.* Parlag.
Ogar. *Jagdhund.* Aga'r.
Ogien. *Feuer.* Egjen *Ardeat.* Egni. *Ardere.*
Okol. *Schoppen. Viehhof.* Akol.
Okular. *Brillenglas.* Okula'r.
Oley. *Oel* Olaj.
Olow. *Bley.* Olom. On.
Orszak. *Versammlung. Gefolge. Begleitung. Regnum.* Orsza'g.
O'sivaly. *Canus* ösz ösz-haj.
O'siwicé *Canescere.* öszillni.
Ozog. *Ofen-Krücke.* A'sag.
Paiak. *Aranea.* Pók.
Palica. *Stock.* Pàlcza.
Palka. *Keule.* Buzogány.
Papa. *Pappe.* Pép.
Para. *Dampf.* Pa'ra.
Parkan. *Planke, Bretterwand.* Pa'rka'ny. Kerités. Kerület.
Pasmo. *Gebinde-Garn von 40 Faden.* Pa'szma.
Pasterski. *Schäfer.* Pa'sztor.
Pasterka. *Schäferin.* Pa'sztorné.
Pasternàk. *Pastinaka.* Peszterna'k.
Patyczka. *Stöckchen.* Botocska.
Pazdzierce. *Hachel-Flachs- oder Lein-Splitter.* Pazdorja.
Perzyna, *glühende Asche nach einem Brande.* Per's. Per'selés.
Perysty. *Brand* Per'selés. Egés.
Piastunka. *Kinderwärterin.* Pesztunka.
Piatek, *der Freitag.* Péntek.
Piatno. *Brandzeichen.* Pattana's. Jegy.
Pietak. *Fünffacher Groschen.* Petàk.
Piwniczka. *Keller.* Pincze.

Pizmo.

Pizmo. *Biesam*. Pe'sma.
Pludry. *Pluder Hosen*. Pulader.
Podloga. *der Fußboden*. Padla's.
Polewka, *eine Suppe*. Polyéka leves.
Poltora. *Anderthalb*.
Poltorak. *Poltraken* Poltura.
Pop. *Heidnischer Pfaffe*. Popa.
Poszargany. *Kothig gemahlt*. *Croté, rempli de boue*. Boszorka'ny. Rémitö, rut forma.
Potok. *Regen-Bach*. *Feld-Fluth*. Patak. A'rada's.
Potwora. *Mißgeburth*. *Un Monstre*. Patvar vigye. *Diabolus rapiat!*
Psztrag. Bsztrag. *Forelle*. Pisztrang.
Pusty. *Wüst*. Puszta.
Puzdra. *Futteral*. *Bestech*. Puzdra (*Pharethra*).
Puszka, *eine Büchse*. *Boëte*.
-- -- *Flinte*. Puska.
Rak. *Krebs*. Ràk.
Rdza. *Rost* Ro'sda.
Rostka. *Sprosse*. *Schößling*. Rost. Rostotska.
Roie. *Bienenschwarm*. Raj.
Saletrowy. *Salpeter*. Salétrom.
Siano. *Heu*. Széna.
Sito, *ein Sieb*. Szita. Rosta.
Slama. *Stroh*. Szalma.
Sliwa. *Pflaume*. Szilva.
Slonina. *Speck*. Szalonna.
Sluga. *Diener*. Szolga.
Slup. *Säule* Oszlop.
Stog. *Heuschober*. Asztag.
Stol. *Tisch* Asztol.
Stra'sa. *Wache*. Stra'sa.
Suman. *Kittel*. Szokma'ny.
Swoboda *Freyheit*. Szabadsa'g.
Szostak. *Sechs Stück*. Susta'k.
Szarancza. *Heuschrecke*. Sa'ska.
Szarawary. *Große Oberhosen*. Salava'rl.
Szereg. *Glied*. *Reihe Soldaten*. *Reihe Leute*. Sereg. Soka-sa'g. Sor. Rend.
Szew, *die Naht* Szegéj.
Szuba *Pelz* Suba.
Szisuk *Spitziger Sturmhuth*. Sisak.
Tabor. *Wagenburg*. Ta'bor.

Taiſtra. *Torniſter.* Tariſznya.
Tata'rka. Pohanka. *Heidekorn. Buchweitzen.* Tata'rka. Pohánka.
Termes. *Abgebrochener Zweig, mit Frucht und Blättern.* Termés. Termett a'g.
Tkacz. *Leinweber.* Taka'ts.
Tok. *Hohles Loch.* Tok. üreg.
Topola. *Pappel.* Topolya'n fa.
Torba. *Ränzel. Schnappſack.* Turba. Altalvetö.
Ugor. *Brachfeld.* Ugar. Parlag.
Wacek. *Geldtaſche. Jägertaſche.* Féſzek. Vaſzok. Iſza'k.
Waz. *Schlange.* Va'z. Ijeſztö (*Terriculamentum*).
Wegrzyn. *Hungarus.* } Magyar.
Wegrzy. *Hungari.* }
Widam. *Oft ſehen, zu ſehen pflegen.* Vigyázni.
— — *Hilaris Jucundus.* Vida'm.
Vidok. *Ausſicht. Próſpect.* Vidék.
Wina. *Schuld.* Bün. Büne.
Wnuk. Wnuczek. *Enkel.* Unoka.
Wodka. *Branntwein.* Vatka.
Wodz. *Führer.* Vezetö.
Wodze. *Führen.* Vezetni.
Woſk. *Wachs.* Viaſzk.
Wrobel. *Sperling.* Veréb.
Widra. *Lutra.* Vidra.
Warzenie, *das Brauen.* Fora'za's.
Wiçwarzam. *Auskochen.* Kifora'zni.
Wyzel. *Gen.* Wyzla, *ein Hühnerhund.* Vi'sla.
Zab. *Zahn.* Zàp-fog.
Zamroz. *Froſt.* Zuzmara'z.
Zapal. *Zunder.* Tapal. Taplo.
Zaſlona. *Vorhang. Nonnenſchleyer. Schirm. Curtine.* Za'ſzlo.
Zaſolonka. Solonka. *Peckelfleiſch.* Szalonna.
Zebrak. *Bettler. Pracher.* 'Sobra'k. Fösvény.
Zenſki. *Weiblich.* Aſzſzonka.
'Zer. *Eichel-Maſt.* Tſer. Tſer-fa.
Zielony. *Grün.* Zöld.
Zloto. *Gold.*
Florenus. Gülden. Izlot. Forint.
Zob. *Vogel-Futter.* Zab (*Avena*).
'Zona. *Eheweib.* 'Sana.
Zorawek. *Kranich.* Daru.
Zorawi. *Kranichs.* Daruvi. Daruhoz valo.
'Zid, *der Jude.* 'Sido.

Deno-

Denominâtiones quorundam Pagorum, Fluviorum, Praediorum et urbium Hungariae, et Transilvaniae, ex linguis Slavicis sumtae.

Komár. *Culex*. Komárom.
Zjla. *Vena*. Zilah.
Vrad. Urad. Avrad. *Officium*. *Munus*. N. Várad. P. Várad. Váradgya (Uradalom. *Dominium*).
'Sivo. *Lebhaft* 'Sibo.
Kroszna. *Machina textoria*. | Kraszni. *Roth*. *Schön*. *Hübsch*. *Heiter*. | Krásznája riba *Stör*. *Schip*. *Hausen*. *Ssewriuga*. } Kraszna. *Fluvius et Oppidulum*.
Inok. *Aper Silvestris*. Inokfalva.
Zágon. *Lira*. *Gartenbeet*. Zágon.
M'sina. *Muscus*. Mu'sina, prope Nagy Enyed.
Csolnók tkátseszki. *Radius textorum*. | Csoln. *Cymba*. *Navicula*. } Tsolnakos.
Koronka. *Rosenkranz*. Koronka.
Gontsaja szobaka. *Canis venatorius*. Gontsága. Gontzága.
Rodnik, *eine Quelle*. Rodna-bor viz forásai.
Gustseritza, *die Eidexe*. Gustseritza prope Cibinium.
Boinitza. *Schießscharte*. Neboinitza. *Turris antiqua in V. Hynyad*.
Vodolei. *Wassermann*. Bodola.
Kozár. *Capras pascens*. Kozár-vár.
Mots. *Virtus*. *Potentia*. *Fortitudo*. Mots.
Osztrov. *Insula* Osztrov.
Peretsen. *Compendium*. *Synopsis*. Peretsen.
Brezovitza. *Birkensaft*. | Breznik. *Birkenwald*. | Bereza. *Birke*. *Betula*. } Brázova.
Bodro. *Munter*. Bodrog *fluvius*.
Bisztro. *Schnell*. Bisztra, *pagus et fluvius*.
Petel. *Gallinaceus*. | Petelka. *Laqueolus*. } Petele.
Plod. *Fructus autumnales*. Plod, *prope Devam*.
Pomazan. *Unctus*. Pomáz.
Rjada. *Contractus*. *Conventio*. | Radwi. *Diligens*. } Ráda pusztája.
Szametz. *Masculus*. Szamos *fluvius*, *qui viriliter rapide fluit*.
Sztrá'sa. *Vigil*. Sztrá'sa, prope Albam Carolinam.

Tsernetz.

Tſernetz. *Monachus*. Tſernetz.
Der'ſavetz. *Dominator*.] Der's.
Der'ſu. *Teneo*.]
Baika. *Fiſtula*. Baika.
Viſzki. *Tempora, die Schläfe*. Viſk.
Dragi. *Precioſus*. Drág.
Ribice. *Piſciculus*. Ribicze.
'Sernov. *Mola manuaria*. *Lapis-molaris*. 'Sarno. *Praedium, vel territorium prope* 'Sombor.
Stſernati. *Nigreſcere*. Tſernáton.
Hraſſté. *Dumus*. *Frutex*. *Gebüſch*. Haraſztos.
Vinice. *Vinea*. Vinicze uttza. *Platea Oppidi* Déva.
Ceſnek. *Allium*. Cſeſznek.
Huſty. *Denſus*. Huſzt.
Nalez. *Sententia*. *Decretum*. Nalátz.
Peſt. *Fauſt*. Peſt. *Celebris Hungariae civitas*.
Turecka. *Turcica*. Toroczko.
Orats. *Agricola*. Arats. *Nomen familiae*.
Botſár. *Faßbinder*. Botſárd.
Barta. *Axt*. Barta. *Nomen familiarum*.
Kluz. *Harter Paß*. *Zeltergang der Pferde*. Kluz. Klu's. *Valachica denominatio urbis* Claudiopolis, *ſeu* Cluſiae, *in Tranſilvania*. Praeter haec, alia adhuc locorum nomina, ut *Debretzen*. *Deva* etc. jam ſuperius pag. 243-247. memoravi.

De voce *Vár*.

Wärja.]
Wäre. } Sveci his vocibus exprimunt: *Caſtellum*. *Fortalitium*.
Wärn.]
Vard.]
Varta.] Apud veteres ſcriptores Germanos ſignificat. *Schloß*. *Burg*.
Vard. Islandis ſignificat hodie *Schloß*.
Warte. Significabat in medio aevo *Turris*. *Obſervatorium*. *Specula*.
Várda]
Várta.] Significat hodie, apud Hungaros: *die Warte, die Wache, die Hauptwache*. *Nagy-Várad*. *Péter Várad*. An ex hoc fonte poteſt deduci? Aut commodius ex Bohemorum: *Vrad*. *Urad*. *Aurad*, quod *Uradalom*, dominium aut diſtrictum ſignificare potuit?

Vár.	Apud Jornandem significabat: *Aquam.*
Var. Chuni.	Vocabantur olim Principes Hunnorum.
Wara. Ware. Wari.	Significabat lapponibus *Montem.* Hinc nomina propria montium in Lapponia: Nasawaari. Keidtkiwaari (*Ketskevár*), Zeknawaari, Cardawaari, Darrawaari, Wallawaari, Portawaari, Passewarra (*Szenthegy*), Waisawaari (*Vasvár*) Attjiakwaari (*Atyákvára*) Kioldawaari, Fierrowaari etc.
Vár.	Hungaris hodie usitatissima locorum denominatio: *Kolosvár, Segesvár, Fejérvár, Világosvár, Petervár, Ovár, Ujvár, Sárvár, Kozárvár, Földvár, Várajja, Várhely. Várhegy.*
Tranquebar. Malabar. Nicobar.	Apud Indos usitata est haec persica terminatio, quae hungaricae valde affinis est: quasi: *Trankevár. Malavár. Nicovár.* De his lege erudite differentem *Hagerum* pag. 27–38. in sua dissertatione de affinitate Hungarorum cum Lapponibus.

Hoc demum perlustratis his vocabulariis notare necessarium est. Ex magna horum vocabulorum Slavicorum in linguam hungaricam assumtorum copia nullam linguae hungaricae cum slavicis similitudinem vel affinitatem deduci posse, maxima enim has intercedit differentia. Ut reliqua numerosa taceam exempla, tria tantummodo adferre sufficiet.

Primo. Adjectivum Slavorum postponitur Substantivo more latino, quod genio linguae hungaricae valde adversatur ex. gr. *Tselovjek dobri.* Homo bonus. *Jo ember Kniga tvoja.* Liber tuus. *Te könyved. Tri tselovjeka szilinikh.* Tres homines robusti. *Három erös emberek. Bljudo olovjannoje.* Patina stannea. *Olom tál. Bik rabotnije.* Bos jugalis. *Rabotas bika. Jármas ökör. Tserepitze kruglaja.* Imbrex. *Horgas tserép.*

Secundo. Copula *Propositionis logicae*, seu Verbum substantivum *Sum* apud Russos in omnibus Per-

sonis

ſonis Praeſ. Ind. utrisque numeri omittitur. Apud Hungaros vero illud non niſi in tertia Perſona Singularis et Pluralis Praeſentis Indicativi omitti poteſt ex. gr.

Sg.	*R.* Ja - -	bogati.	Ti - -	bogati.	On - -	bogati,
	H. én vagyok	gazdag.	Te vagy	gazdag.	ö - - - -	gazdag.
	Ego ſum	dives.	Tu es	dives.	Ille eſt	dives.
Pl.	*R.* Mi - -	bogati.	Vi - -	bogati.	Oni - -	bogati.
H.	Mi-vagyunk	gazdagok.	Ti vagytok	gazdagok.	ök - - -	gazdagok.
	Nos ſumus	divites.	Vos - eſtis	divites.	Illi ſunt	divites.

Tertio. Non habent Slavi voces poſſeſſivas, id eſt tales, quibus Suffixa pronominalia adhaerent, quod linguae hungaricae, et linguis fere omnibus fennicae originis ſingularem concinnitatem et elegantiam conciliat ex. gr.

Hg.	Atyám.	Atyád.	Attya.	Atyánk.	Atyátok.	Attyok:
Lp.	Attjam.	Attjat.	Áttjes.	Mo attjeh.	To attjeh.	Attjehs.
R.	Otetz-moj.	Otetz-tvoj.	Otetz-ſzvoj.	Otetz-nás.	Otetz-vás.	Otetz-ikh.
L.	Pater meus.	Pater tuus.	Pater ſuus.	Pater noſter.	Pater veſter.	Pater eorum.

Supplementum Vocabularii Lapponici pag. 61-92. praemiſſi.

Ara. *Maturus.* Érö. Ért. Compar. Areb. *Maturior.* Érőbb. Értebb.

Aranet. Aranatjet *Matureſcere.* Érni.

Aret. *Mature. Mane.* Ért. Idejekoránn valo.

Arates. *Reliquiae.* *Ex his evidenter videtur poſſe derivari:* Aratas. *Hungarorum*, *quod* Meſſem *ſignificat.*

Arbeje. *Vidua. Orba* Árva. Árvája, *Poſſ.*

Arek. *Lapidum congeries.* Rak. Rakás.

Aſe. } *Montes minores. Colles.* Has. Haſa. Haſatska. Áföld ſok
Aſats. } hellyekenn haſas, dombos mellyékes, halmos, görtſös, tſutſos, pupos, hegyes, völgyes.

Aſto. *Opportunitas temporis.*

-- -- *Annus.* Eſztendö *Eſthonice.* Aaſta.

Attjelaka. *More parentis. Adv.* Atyálag. Atyául *ad normam:* Oldalaslag.

Attjegats. *Paterculus.* Atyátska.

Attjeſikt. *More paterno.* Atyáſonn.

Aut. } *Ante. Prae.* { *Aöt.* Eöt. Elött.
Auta. } Elötte.

Auti.

Auti. *Coram.* Elötte.
Autebb. *Priori vice.* Elöbb.
Autesnam. Mo autem. *Coram me.* Elöttem. Én elöttem.
Kaita mo auteft. *Apage ab adſpectu meo.* Kejj elöllem.
Auteſes. *Coram ſe.* Elötte.
Autek. *Anteceſſor.* Elözö.
Autanet. *Progredi* Elözni.
Autanem. *Progreſſus. Lucrum.* Elözmény. Elömenetel.
Autenak. *Per anticipationem.* Elöre. Eleve.
Autel. Autelen. *Antea.* Eleinten.
Auteleft. *Ab anteriori parte.* Előröl.
Autelesi. *Ante. Prae.* Elöl.
Autelt. *Obviam.* Elé. Elibe. Ellen.
Auteltes. *Quod a parte anteriori eſt.* Eleje.
Auteltes line. *Praecinctorium.* Elö-kötö.
Auteltes helme. *Anterior pars ſinuum tunicae.* Eleje a' köntösnek.
Auteltes hâla. *Quod quis loquitur coram. Adulatio.* — *El*kedés. Hiz-elkedés.
Autelatjen. *Paululum antea.* Elébbetske.
Autetet. *Praevenire.* Elözni.
Autetatjet. *Incipere praevenire.* Elözgetni.
Autetaſtet. *Diminutiv.* Elözdögelni.
Autetattet. *Facere ut aliquid producatur.* Elöztettetni. Elötétetni.
Autetem. Autetes. Autadas. *Progreſſus. Incrementum.* Elözés. Elömenetel.
Autat. *Taedere.* Untat. Untatni. Unni. Juo leb tafte *autam. Jam dudum me ejus rei taedium cepit.* Már azt rég *untam.*
Autſo. *Locus uliginoſus.* Lutſok. Fertö. Ingovány.
Auwe. Auwats. *Cingulum. Parvum cingulum.* öv. övets. övetske.
Awagoi. Awagojo. *Lacus patentior, major.* Habogo. Habozo. Habos (*Fluctuans*).
Årres. Orres. *Mas. Maſculus.* Herés. Monyas. Mén. Bak. Kan.
Balka. *Bacillum. Balke.* Pálcza. Rud. Gerenda. *Slavice.* Pálka. *Ruſſice* Palecz.
Buola. Puola. *Fruſtum panis, aut alius obſonii.* Falat. *Finnice.* Pala.

Buolats.

Buolats. *Dimin.* Falatotska.
Busko. *Frutex.* '*Busch.* Bokor.
Ednen hågga. | Edne hågg. | Anyám hasa, méhe. *Uterus.*
Ednatjam! *Mi mater optima!* Anyátskám!
Ela. Elnli. *Vividus.* Elö. Elöleg.
Emet. *Domina.* Eme. Nöftény. Asszony.
Elem. *Vita.* Elet.
Elet. *Vivere.* Elni.
Elme. *Regio.* Elelme. Elelem. Elet. Jo élö helly.
Esmårke. *Exemplum.* Esmeretke. Esmertetötske. Példa.
Faggatet. *Aliquem quaestionibus plurimis torquere. Examinare. Luctari.* Faggatni.
Faro. *Migratio* Faln. *Pagus. Colonia.*
Fauro. Fauros. *Pulcher. Formosus.* Fura. Furtsa. Szép.
Fuonos. *Malus.* Gonosz.
Fuonoslaka. *Male.* Gonoszlag. Gonoszul.
Gaitsa. *Capra. Geis.* Ketske.
Gård. *Hortus, der Garten.* Kert.
Gardot. *Sepire.* Kertelni. *Hinc* kut Gárgya, kut kertje. *Margo eminens, qui puteum defendit.*
Gunnar. *Gunnarus, nomen viri.* Gunár. *Anser mas.*
Gunnotes. *Miserandus. Dolendus.* Gunyolt. Nyomorult. Gu'slott.
Gusslan. *Gratias ago.* Gösznöm Köszönöm.
Hausa. Hakse. *Navis.* Hajo.
Halitet. *Vehementer* cupere. Ohalytott. Ohalytani.
Halitem. *Desiderium.* Ohajtmány. Ohajtás.
Hanes. *Avarus.* Hamis. *Malignus.*
Harja. *Juba.* Haja Serénnye.
Has. As. *Formula abigendi canes.* Hess. Hiss. Höss. *Formula abigendi aves.*
Heitet. *Dimittere. Deserere.* Haitatni. Haitani.
Heitem. *Rejectio.* Haitomány. Haitás. üzés.
Helle. | Helles. | *Fragilis.* Hajlo. | Hajlós.
Helketett. *Stupere.* Halgatott. Halgatni.
Hena. *Foemina* Né. Nö. Asszony.
Hewes. *Splendidus. Magnificus. Candens. Candidus.* Heves. Tüzes.
Heweb. *Splendidior.* Hevebb.
Huinos. *Moestus. Tristis.* Kinos.
Håiketett. Håiketattet. *Pellere. Facere ut pellatur.* Haitatott. Haitattatott-*ni.*

Hålet.

Hålet. *Loqui*. Hallot. Hallani. *Audire*.
Hålem *Loquela*. Hallomás. *Auditio*.
Hàlegàtet. *Incipere loqui*. Hallogatott-*ni*. *Incipere audire*.
Håletattet. *Posse dici*. Hallathatott-*ni*. *Posse audiri*.
Hàlme. *Sonus*, Hallomány. Hang. Hallás.
Håjo. Håjos. Håjes. *Pauper*. Héjjas. Hijjas. Hijjános. Szűkölködö. Szegeny.
Jalg. Jalgok. Jalges. Jalget. *Planus*. *Aequus*.
— *Pedestris*, *in plano ambulans*. Gyalog. Gyalogok. Gyalogos. Gyalogot. *Vide Esthonum* Jalg *Láb*. Pag. 157.
Jekatet. *Obedire*. Engedett-*ni*.
Jittet *In apertum venire*. Jö'tet. *Accus*. Jött. Jöni. Jöttem.
Jittegåtet. *Incipere provenire*. Jövögetett-*ni*.
Juokegàtet. *Cantare more ebriorum*. Ujjogatott-*ni*. Kurjongatott.
Juokeje. *Cantator*, Ujjogato.
Juolke (*Esthonice* Jalg). *Pes*. Gyalogka. Gyalogło. Láb.
Juolke lapa. *Planta pedis*. Gyalog lapja, talpa, lába.
Juolke pelak *Cui unicus tantum est pes*. Fél-gyalogu. Fél-lábu.
Juolkos. *Pedibus celer*. Jalogos. Gyalogos. Jogyalog.
Jàttet. *Cursum tendere*. *Migrare*. *Progredi*. Juttat. Jut. Jutni. Jött. Eljutni. Elérkezni.
Jàtteles. *Qui facile propellitur*. Jutalmas. Ki könnyen eljut.
Jàttetet. *Promovere*. Juttatott-*ni*.
Kaika. Kaik. *Omnis*. Kikí. *Esthonice* Keåke. Kegi.
Kaik-tieteje. *Omniscius*. Kiki tudoja. Mindentudo.
Kakker. *Stercus renonum*. Kaka. Ganéj.
Kapte. *Tunica*. *Vestis*. Kaftán. Dolmán.
Karet. Karatattet. *Ligare*. *Ligandum curare*. Kerit. Kerittet-*ni*.
Karagàtet. *Incipere ligare* Keritget-*ni*.
Karr. *Cortex*. Kéreg. Monne karr. Mony kéreg. Tojás-haj. Ovorum putamina.
Karres. *Asper* *Durus*. Kérges.
Karreswuot. *Durities*. Kérgesvolta. Kérgesség.
Karrastattet. *Indurare*. Kérgeztetett. Kérgesittetett-*ni*.
Karrotet. *Diras agere*. Kárhoztat-*ni*.
Karrogàtet. *Incipere diris devovere*. Kárhoztatgat-*ni*.
Karrotes. *Dirae*. *Exsecratio*. Karrozat. Kárhozat. Kárhoztatás.

Karro nialme. *Os ad diras agendum pronum.* Kárhoztato nyelv.

Karroles. *Ad diras agendum pronus.* Károlo. Károlós. Kárhoztato. Átkozodo. Káronkodo.

Kartjes. *Angustus. Arctus.* Kartſu. Keſkeny. Szilk. Szoros.

Kartjot. *Angustum fieri.* Kartſudni. Kartſudotſ.

Kartjotet. *Angustiorem reddere.* Kartſitott-*ni.*

Karts. Kartſa. *Lorum* (Kartſu. *Angustum*).

Karwet. *Circumire.* Kerit-*eni.* Kerülni.

Karweje. *Circumeuns.* Kerülö *je.*

Kaſchkos. *Rigidus.* Vaſkos. Izmos. Kemény.

Kaſtas. *Humidus.* Kaſtos. Lutskos. A'ki mind fel-kaſtolja á ſzoknyáját.

Kaſtatet. *Humectare.* Kaſtolodni.

Katjatet. *Quaerere.* Kajtatni.

Katjatakes. *Qui studiose percontatur.* Kajtato. Kajtárkodo.

Katkes. *Funis.* Kötés. Kötél.

Kausjo. Pittjo. *Canis.* Kutyó. Kutya.

Kawak. *Flexuosus.* Kávás. Görbe. öblös.

Kawatet. *Incurvare. Flectere.* Kávázni. Görbitni.

Kawal. *Astutus. Argutus.* Kevél (*Superbus*).

Kerdotattet. *Duplicandum curare.* Sodrattatott-*ni.*

Kirje. *Literae. Scriptura.* Irja. Irjon. Irás.

Kirtem. } Kirtetem. } *Circuitus in gyrum.* Keritmény. Kerület.

Kieletes. *Elinguis.* Nyelvetlen.

Kiäura. *Robustus. Validus.* Kövér. Izmos (*Pinguis. Crassus*).

Kiäurot. *Robustum fieri.* Kövérülni.

Kiäurotet. *Roborare.* Köveritni. Kövéritett.

Kona. Kuna. Pames. *Cinis.* Kamu. Hamu. Hammas.

Koroſet. *Evacuare.* üreſſitni.

Koros kåte. Kåtata. *Dim. Vacuum tugurium.* üres kotetz, kaliba, ól.

Paika kåte (*Finnice Latrina*). Paita kotyetz. Buda.

Mo kullatin. *Me audiente.* Én hallottomra.

Kuopa. *Pedum indumentum laneum, figura calcei.* Kaptza.

Kuowat. *Excavare.* Kuvad a' dio.

Kuwe. *Imago.* Kép. Képe.

Kåta line. *Mantile. Handtuch.* Kézi ruha. Kendö.

Loſſes.

Loffes. *Gravis. Ponderosus.* Lassu. Nehéz.
Luwas. *Madidus. Humidus.* Leves, Nedves.
Margaset. *Murmurare.* Morgolodni. Mérgeskedni.
Metjos. *Procul.* Meszsze.
Metse. *Desertum. Sylva.* Mezö.
Mojos. Mojus. *Risus.* Mosoj. Mosojgás.
Mojotet. *Subridere.* Mosojogni.
Naiwott. *Madescere.* Nedvesedni.
Nelgot. *Esurire* Nyalogatni. Kivánni.
Niaijes. *Hilaris. Subridens.* Nyájas. Mosojgo.
Niammastet. *Exsugere.* Nyalni.
Niasket. *Deglubere.* Nyesegetni.
Niommel. *Lepus.* Nyul.
Njuowet. *Pellem detrahere* Nyuzott. Nyuzni.
Njáketet. *Somniare.* Nyugodott-*ni* (*Quiescere*).
No. *Vide! Ecce!* Né.
Oitet. Vincere. öletett-*ni* (*Occidendum curare*).
Painetet. *Colore imbuendum curare.* Fenetett. Kenni-fenni. Festeni.
Paines. *Inficiens.* Kenős-fenős.
Painek. } *Color.* {Fenölék. Kenőts. Festék.
Paino. } {Fenö. Kenö.
Pakkates. *Poena.* Faggatás. Nyaggatás. Kinzás.
Palgot. *Huc illuc vagari.* Ballagott-*ni.* Koborolni.
Palketet. *Conducendum curare.* Alkuttat-*ni.*
Palka. *Merces.* Alku. Alkudott portéka.
Paltos. *Timendus.* Féltős.
Pankes. *Tumidus.* Pokos.
Pantsar. *Lorica.* Pantzél.
Parapele. *Conjux.* Párja-fele. Felesége. Élete-párja.
Parates. *Quod altero praestantius est.* Páratlan. Nintspárja.
Parbma. *Litus praeruptum.* Part.
Pargetet. *Laborare facere.* Pergetett-*ni.* Forgatni. Forgolodtatni. Dolgoztatni.
Parga ruoi! *Festina!* Peregj. Perdülj. Fordulj. Sieſſ. Erigy hamar!
Pargales. *Laboriosus. Gnavus.* Përdülös. Fordulo. Forgolodo. Dolgos.
Pargo. *Labor.* Pergö. Forgo. Pergés. Forgás. Forgolodás. Dolog (*ex Russico* Djelo) Munka (*ex Russico* Mutsenije).
Paritet. *Provenire in apertum.*

— -- *Schleuder. Funda.* Parittya.
Parketet. *Contorquere.* Pergetett. Sodrott. Sodorni. öfzvefonni.
Part (*Finnice* Pirti) *Balneum* Pördö. Fördö. Feredö.
Part. *Portio.* Az én párt-omon van.
Pafet. *De ulceribus et vulneribus dicitur fuppurantibus, in quibus pus augetur.* Pofhatt. Peshedt. Genvetfégefedett.
Paffat. Paffatet. *Lavare. Lavandum curare.* Mofott. Mofatott-*ni.*
Paffat kåtitat. *Lava manus tuas.* Moffad kezedet.
Paffagåtet. *Incipere lavare.* Mofogatott-*ni.*
Paffatattet. *Lavandum curare.* Mofattatott-*ni.*
Paffe. *Sanctus* Mofott. Ujjáfzületett. Szent.
Paffet. *Igne torrere.* Afzott. Afzalni.
Pator. Paterwa (*Finn.* Pacuri) *Profugus.* Bodori. Bodorgo. Vándor. Bujdoklo.
Peiwot. *Lucere* Fénylett-*ni.*
Peiwe. *Sol. Dies.* Fénylö. Nap.
Pele. *Latus.* Jobb-és bal-*fele*, oldala.
Peljetes. *Surdus.* Fületlen, füket.
Peffe. *Nidus.* Feffe. Fészek.
Peftet. Peftetet. *Amittere. Facere ut amittatur.* Vefztett Vefztetett-*ni.*
Peftetakes. *Qui femper aliquid amittit.* Vefztegetös.
Peftem. *Amiffio.* Vefztem *iny.* Vefztés.
Petfek. *Cauda pifcium.* Pets (*Penis*).
Pinetet. *Affligere.* Büntetni.
Pino. *Cruciatus.* Bün-*tetés.*
Piwet. Piweftet. Piwagåtet. *Calere. Calefcere. Incipere calefieri.* Hevit. Hevefitett. Hevitgetett-*ni.*
Piwales. *Calidus.* Heves. Hevülös.
Piådalet. *Delirare* Bolondult-*ni.*
Piådatet. *Injicere alicui amentiam.* Bolonditott-*ni.*
Plewes. *Verecundus.* Félelmes.
Pofet. *Spirare.* Pofzogni. Pofzfzantani.
Pofotak. *Follis.* Pofzogo. Szelelö. Fuvo.
Puodot. Puodotet. *Tegere. Tegendum curare.* Fedett. Fedetett *ni* Fódarni.
Puodo. *Operculum.* Fedö. Fódo. Folt.
Puojek. *Vefica.* Hojag.
Puoi. *Ventriculus avium.* Begy.

Puojos. *Recens.* Uj. Ujjas.
Puola. Buola. *Frustum, panis aut alius obsonii.* Falat (*Finnice.* Pala).
Puoket. *Ardere.* Gyulatt. Gyult. Gyulni.
Puoldet *Urere.* Gyuldott. Gyuladott. Gyujtott-*ni.*
Puoldetet *Urendum curare.* Gyulytatott-*ni.*
Puolnet. *Marcescere.* Fonnyatt-*dni.*
Puttjet. *Mulgere.* Fejt. Fejni.
Puwestet. *Strangulare. Suffocare.* Fullasztott-*ni.*
Pådnet. *Nere.* Fonni.
Pådnetet. *Nendum curare.* Fonat-*ni.* Fonatott.
Pånos. *Pensum lanae, aut alius materiae nendae.* Fono.
Pållet. *In auram dissipare.* Pallott. Palolni a' lisztet.
Pållås. *Imber.* Pallás. Palolás. Széllyel pallott, széllyel-szort viz. Zápor.
Pårgestet. *Fumare.* Pergelni. Füstölni.
Pårret (*Finn.* Purra). *Mordere. Edere.* Furni. Szurni. Sérteni.
Pårråtet. *Morsui exponere.* Furatott. Szuratott. Sértetett.
Pårrets. *Terebra.* Furu.
Påtet. Påtegåtet. *Minutatim decidere.* Potyogott. Lehullott. Szotyogott-*ni.*
Pålko. Pålkem. *Lis. Rixa. Contentio.* Per. Perlekedés.
Pålkales. *Rixosus.* Peres.
Quotsetakes. Kotsetakes. *Cursitans.* Koslatós. Kotyászós.
Raide. *Tonitru.* Rendülés. Rengés. Dörgés.
Raidetet. *Tonitrua edere.* Renditett. Dörgött-*eni.*
Raido. *Series.* Rend. Sor.
Rakot. *Radere.* Rágott. Rágni. *Rodere.*
Raket. *Hiscere. Rimas agere.* Repedni.
Rasjo. *Pluvia.* Eső.
Rossohet. *Festinare.* Sietni.
Rassohet mannet. *Iter properare.* Sietve menni.
Rattet (*Finn.* Raattelen). *Discerpere. Dissecare.* Rontani. Rontott Rontani.
Repe. *Vulpes* Roka.
Restet. *Extendere. Trahere.* Eresztett. Megeresztett-*ni.*
Rima. *Calendarium Lapponum, ex characteribus bacillo ligneo incisis constans.* Rovás.
Ritelet. *Disceptare. Altercari* Rityolodni. Versengeni. *Székellyes.*
Rito (*Finn.* Ritja). *Lis.* Rityolodás. Perlekedés.

Riåwet. *Terrefieri. Horrere.* Riadott. Megrettent.
Route. *Ferrum.* Ro'sda. *Rubigo ferri.*
Ruwanet. *Celerius ire. Accelerare.* Rohanni.
Råggajes. *Foveis abundans.* Rokkanós. Süllyedezett. Gödrös.
Råkotet. *Latrare.* Ugatott-*ni.*
Råmes. *Deformis.* Rémitö. Iſzonyu.
Sabbrot. *Atteri.* Sepret-*eni. Verrere.*
Sabbrogåtet. *Atteri incipere.* Sepregetett-*ni.*
Saines. *Tardus.* Sainos. Sajnállós. Reſtes.
Saite. *Haſta.* 'Sida. Dárda.
Saket. *Abundanter.* Sokat. *Accus.*
Sargotet. *Diſſecare.* Haſogatott.
Sarjes. *Vulneratus.* Sérjes. Sérelmes. Sérüllt.
Sarjem. *Vulneratio.* Sérelem.
Sarjetet. Sårjitet. *Vulnerare.* Sértett-*teni.*
Sarwats. *Parvum cornu.* Szarvatska.
Sawates. *Optatum.* Ohajtás.
Segges. *Gracilis* Hegyes (*Acutus*).
Sjeudnjetet. *Veſperaſcere.* *Setétedett-ni.*
Silke (*Finn.* Sicki). *Sericum.* Selyem.
Sjuddet. *Suſurrare.* Suddogni. Suttogni.
Sjår. *Glarea* Sár. *Terra. Argilla. Lutum.*
Sjuwelet. *Spontaneum et libentem eſſe.* Szivellett-*eni.*
Skruw. *Cochlea.* Srof.
Suoine tjåle. *Foeni ſtipula unica.* Széna ſzál.
Såle. *Multitudo. Societas. Genus.* Sereg.
Såddos. *Tranquillus. Quietus.* Tſendes.
Takotallet. *Manu blande palpare.* Tapogatott.
Teiwes. *Res.* Tevés. Dolog tevés. Téteméný. Tſelekedet.
Telpes. *Jocoſus.* Tréfás.
Teltet. *Expandere.* Teritett. Terjeſztett-*ni.*
Tjalet. *Sculpere. Sculpendo, et inciſiones faciendo criſpare, ornare.* Gyalulni. Mettze-*ni.*
Tjalmats. *Ocellus.* Szemetske.
Tjalmepelak. *Monoculus.* Szemefelü. Fél-ſzemü.
Tjalmeteme, *Coecus.* Szemetlen. Vak.
Tjatſe. *Aqua.* Lots. Potſoja. Viz.
Tjatſejas. *Aquoſus,* Potſojás. Lotſos.
Tjerot. *Flere.* Sirott. Sirt. Sirni.
Tjetſe. *Patruus.* Etſe.
Tigle. *Later.* Tégla.

Tjinos. *Compactus.* Tſinos. *Comtus.*
Tikkajes. *Pediculoſus.* Tetükés. Tetves.
Tillatellet. *Faciendum curare.* Tſinältatott-*ni.*
Tjokketett. *Recumbere.* *Conſidere.* Gyökkentett. Elſzunnyadott-*ni.*
Tjowot. Tjowotet. *Sequi.* *Incipere ſequi.* Köyetett. Követgetett *ni.*
Tjuoukes. *Lux.* Tündöklés. Fény. Világoſſág.
Tjuoket *Lucere.* Tündöklött *leni.*
Tjupp. *Mitra* Tſúp. Kutsma.. Süveg. Sapka.
Tjurges. *Firmus.* Kérges.
Tjäddek. *Gula.* *Guttur.* Torok.
Tjålg. *Saliva.* Nyál.
Tjåmå. *Cumulus.* Tſomo. Rakás.
Tjåmåtet. *Opplere.* *Cumulare.* Tömetett. Tömve-töltött. Tömni. Nyomatott.
Tjårwe. Tjårwos. *Cornu.* *Corniger.* Szarv. Szarvas.
Tjåtet. *Referare.* Nyitott. Nyitni.
Tjåutetet. *Referandum curare.* Nyittatott. Nyittatni.
Tſåke. *Vadum.* Tſekéj. Gázlo.
Tſåkketet. *Accendere.* Égetett.
Tulwet. *Exundare.* Töltött-*teni.*
Tulwe. *Diluvium.* Telve. Teli. Tellyes.
Tuola. *Legitimus.* *Genuinus.* Tulajdon. Valoſágos.
Tårgetet. *Incipere.* *Contremiſcere.* Dörgetett-*tni.*
Tàrmos. *Rugoſus.* Ormós. Vonáſos. Rántzos.
Tåppor. *Adhaereſcere.* Tapadni.
Tåptjet. *Premere.* Tapotni.
Tåwas. *Repletus.* *Plenus.* Telyes.
Udke. *Recens.* Uj.
Wadſatak. *Via, qua itur.* Vezetèk. Ut.
Wadſetet. *Facere, ut quis eat.* Vezetett-*tni.*
Wahda. *Periculum.* Vád (*Accuſatio*).
Waino. *Deſiderium.* Vágyodás.
Waljo. *Bonus.* Jo.
Wanatakes. *Remittens.* *Qui extendi et relaxari poteſt.* Vonatékos. Vonodhatós. Vonós.
Wardo. *Mons arboribus conſitus.* *Aut qui in confinio Silvae eſt.* Erdö. *Silva.*
Warr. Wara. *Sanguis.* Vér.
Wauls. *Barathrum.* Völgy.
Waulajes. *Profundus.* Völgyes.
Wides. *Amplus.* Vidékes.

Widnar. *Victor.* Vitéz.
Wigget. } *Eniti.* Iggekezni. Igyekezni. ügetni
Wiggetet } *Nisu quidpiam efficere.*
Wikke. *Culpa.* Virke Vétek.
Wuortja. *Cornix.* Varju.
Wuowda. *Arbor cava.* Udva. Odva.
Waldo. *Culpa.* Vád
Wartot. *Serenum fieri.* Viradott. Viradni.
Wartsa. *Vervex.* Berbéts.
Watka *Scalprum* Vésö.
Ågg. *Hamus piscatorius.* Horogg.
Ajaret. *Cibare.* Éret-ni.
Ajewes. *Novus.* Uj.
Åme. *Vetus* O.
Åppetus. *Doctrina.* Oktatás.
Åppetet. *Docere.* Oktatott. Oktatni.
Åwer. *Vis.* Erö.
Ålo. *Grex pecudum.* Nyály.

Supplementum Finnicum, ad pag. 61 sq.

Sisälinnen puhtaus. *Castitas.* Szüzeffégi tifztafág.
Hywää tekemys. *Benignitas.* Hiv tétemeny.
Hywys. *Bonitas.* Hivfég.
Hywä työ. *Beneficium.* Hiv tét. Jotét.
Mesi (*Lapp.* Meszi). *Mulsum.* Méfer.
Raha. *Pecunia.* Árra (*Pretium*).
Juri. *Radix* Jökér. Gyöker.
Witzicko. *Virgultum.* Vefzfzötske.
Cuori. *Cortex.* Kéreg.
Cuwa. *Imago* Kép. Képe.
Mies. Uro. *Esthonice* Mees). *Homo.* Mies. Mives (*Operarius*). Ur (*Dominus*).
Aju (*Esthon.* Aijo). *Cerebrum.* Aju. Agyu. Nagy-agyu. Agy.
Ihmistä. *Hominem.* *Ehm*bert.
Silmäpuoli. *Monoculus.* Szemefele. Fél-fzemü *Esthon.* Uxsilmane. Egyfzemü).
Otza (*Esthon*. Otz) *Frons.* Ortza. *Genae.*

Ikene (*Efthonice* Iggomet). *Gingiva.* Iny. Inyemet. *Ac.*
Cainalon Aluinen (*Efthon.* Olla). *Axilla.* Honalla. Honyallva.
Tådyt *Efthon.* Tew). *Pulmo.* Tüdö.
Sata. *Centum.* Száz.
Tahto. *Voluntas.* Tehetö. Tehettség. *Vis. Potentia.*

Supplementum Efthonicum ad pag. 155 sq.

Jalla tallo. *Planta pedis.* Gyalog-talpa. Láb-talpa.
Uhs aft *Novus annus.* Uj efztendö.
Pohl. *Dimidius.* Fél.
Hywä työ. *Beneficium.* Hiv tétel.
Paha työ. *Noxa.* Puha tétel. Gonofz tfelekedet.
Pahuus. *Nequitia.* Puhaság. Gonofzság.
Pila. *Morio.* Bolond.
Suru. *Triftitia.* Szomoru-ság.

His accedunt voces turcicae sub decursu operis collectae.

Voces Turcarum apud Tataros etiam usitatae, superius multae enumeratae erant, pag, 221, at seqq. sunt potissimum Turcis usuales. Primo loco stant voces turcicae.

Ejll. *Gut.* Jo.
Tschadir, *das Zelt.* Sátor.
Bazar gun. *Sonntag.* Vasárnap.
Tschok. *Viel.* Sok.
Soba. *Stube.* Szoba.
Tabur. *Lager* Tábor.
Tulman, *das Unterkleid.* Dolmány.

Kapu. *Thor. Thür.* Kapu.
Kutſchi *Kutſche.* Kotſi.
Jai, *der Bogen.* Ij. Iv.
Daje, *die Amme.* Dajka.
Kajik, *ein Fahrzeug.* Sajka.
Tſchizme. *Schuh Stiefel.* Tſizma.
Paputſch. *Pantoffel.* Paputs.
Majmon, *der Affe.* Majom.
Karyndge *Ameiſe.* Hangya.
Turna. *Kranich.* Daru.
Sinek, *die Mücke.* Szunyog. Siwri Sinek, *die Gelſe.* Sürü ſzugyog Apro ſzugyog.
Jemiſch, *das Obſt.* Gyümölts.
Dſchuz. Dgewiz, *die Nuß.* Dio. Divo.
Kajſi. *Aprikoſe.* Kajſzin Baratzk.
Totan *Rauchtoback.* Dohány.
Kiz. Kis. *Jungfer. Fräulein.* Kis-aſzſony.
Kurum, *der Ruß* Korom.
Dſchib, *die Taſche.* 'Seb.
Kuntus. *eine Art Oberrock von Frauenzimmern.* Kantus. Köntös.
Schalawar, *eine Art Hoſen.* Salavári.
Bijik. *Schnurbart.* Bajuſz.
Sakal, *der Bart.* Szakál.
El, *die Hand. Schooß.* öl.
Diz, *das Knie* Térd.
Bel, *die Niere.* Bél (*der Darm*).
Ibrik, *der Krug* Ibrik.
Tſchanak *Geſchirr. Napf.* Tſanak.
Bazar. *Markt.* Váſár.
Ketſche. *Spät* Keſö.
Düin. *Geſtern.* Ten-nap.
Jüriſch, *das ofte Gehen.* Járás.
Söiliſch, *das Sprechen.* Szollás.
Süpürmek. *Kehren mit dem Beſen.* Seperni.
Tepſi. *Pfanne. Schüſſel.* Tepſi.
Itſcheim. *Ich trinke* Iſzom.
Wezir. *Anführer.* Vezér.
Hawa. *Zeit Friſt.* Hava. Ho. (*Monath*).
Gülmek. *Kommen, ſich ſammlen.* Gyülni.
Butſchuk. *Werth.* Böts. Bets.
Urdüm. *Verberavi.* Vertem.

Bajgus,

Bajgus, *die Eule*. Bagoj.
Betſchik, *die Wiege* Bötſö.
Bez. Wez. *Leinwand*. Váſzon.
Burdur, *öffentliches Hurenhaus*. Bordély haz.
Kepeneg. *Regen-Mantel*. Köpenyeg.
Kamuka. *Damaſke*. Kamuka.
Kopdſchel, *das Heft*. Kapots.
Dandſchik, *der Rath*. Tanáts.
Dari. *Graupen*. Dara.
Haute, *die Woche*. Hét.
Harami. *ein Räuber*. Haramia.
Harti. *Häutchen*. Hártya.
Has, *der Bauch*. Has.
Jaling, *die Flamme*. Láng.
Jel, *der Wind*. Szél.
Indſchi, *die Perle*. Gyöngy.
Baga. *Froſch*. Béka.
Kara kourbaga, *Kröte*. Varas béka.
Oka, *zwey Pfund*. Oka.
Pambuk. *Baumwolle*. Pamuk. Pamut.
Sirke. *Niſſe in Haaren*. Serke.
Sos, *die Stimme*. Szo.
Tſcheng, *die Schelle* Tſengö. Tſengettyü.
Tſchauka, *die Dohle*. Tſoka.
Urke. *Spinnrocken*. Rokka.
Uſun. *Lang*. Hoſzſzu.
Sarman. *Stroh*. Szalma.
Dek. Deg. *Bisher*. Eddig.
Betſch. *Wien*. Béts.
Erdel. *Siebenbürgen*. Erdély.
Nemtſche, *ein Deutſcher*. Német.
Leh, *ein Polak*. Lengyel.
Tſeh, *ein Böhme*. Tſeh.
Mad'ſar, *ein Ungar* Magyar.
Chorwat, *ein Kroat*. Horvát.
Kolauz. *Wegweiſer* Kalauz.
Rus, *ein Ruſſe*. Oroſz.
Ari, *die Biene*. } Dará's.
Ieban aryſi. *Bourdon*. } Dará's.
Kol, *der Arm*. Kar.
Guöbek. *Nabel*. Köldök.
Sinir, *die Nerven*. Ia. ér.

Deri, *die Haut.* Bör.
Sunour. Limes. Sinor. Határ-mértéke.
Jomrud'ſak. *Peſt.* Nyomoruſág.
Kuju. *Brun.* Kút.
Kilidſ. *Riegel.* Kilints.
Derè. *Thal.* Tér (*eine Ebene*).
Kaſzab. *Fleiſchhacker.* Kaſzabolo. Méſzáros.
Paputſe'ſi. }
Tſizme'ſi. } *Shuſter.* Tſizmadia.
Schundan bundan. Innen-amonnan. Sundán-bundán. *Hinc indeque. Quaſi modo iujuſto acquirendo.*

Lightning Source UK Ltd.
Milton Keynes UK
22 June 2010

155945UK00001B/85/P